Gutjahr / Segeberg (Hg.)
—
Klassik und Anti-Klassik

Klassik und Anti-Klassik

Goethe und seine Epoche

herausgegeben von
Ortrud Gutjahr und Harro Segeberg

Königshausen & Neumann

Umschlagabbildung:
Johann Heinrich Wilhelm Tischbein (1751-1829)
Goethe at the Window of his Apartment on the Via del Corso, Rome, 1787
Freies Deutsches Hochstift – Frankfurter Goethe-Museum
Photo: ©Ursula Edelmann, Frankfurt a.M.

Gedruckt mit freundlicher Unterstützung der
Hamburgischen Wissenschaftlichen Stiftung

Die Deutsche Bibliothek — CIP-Einheitsaufnahme

Ein Titeldatensatz für diese Publikation
ist bei der Deutschen Bibliothek erhältlich.

© Verlag Königshausen & Neumann GmbH, Würzburg 2001
Gedruckt auf säurefreiem, alterungsbeständigem Papier
Satz: Ingrid Ehlers, Hamburg
Umschlag: Hummel / Lang, Würzburg
Bindung: Rimparer Industriebuchbinderei GmbH
Alle Rechte vorbehalten
Dieses Werk einschließlich aller seiner Teile ist urheberrechtlich geschützt.
Jede Verwertung außerhalb der engen Grenzen des Urheberrechtsgesetzes ist
ohne Zustimmung des Verlages unzulässig und strafbar. Das gilt insbesondere
für Vervielfältigungen, Übersetzungen, Mikroverfilmungen und die Einspeicherung
und Verarbeitung in elektronischen Systemen.
Printed in Germany
ISBN 3-8260-2040-5

Inhalt

Vorwort   3

Karl Robert Mandelkow
   Weimarer Klassik. Gegenwart und
   Vergangenheit eines deutschen Mythos   5

Waltraud Wende
   »Die deutsche Kultur und die umliegenden Dörfer halten
   den Atem an«. Zur Wirkungsgeschichte eines Klassikers   19

Angelika Jacobs
   Torquato Tasso: Goethes Antwort auf Rousseau   35

Reiner Wild
   Die moderne Form. Goethes Balladen
   von 1797 als Teil des ›Projekts Klassik‹   63

Bernhard J. Dotzler
   Goethe und sein Ende: Das Medium »Welt-Literatur«   89

Alexander Mehlmann
   Keine Faustregel für Mephisto.
   Spieltheoretische Fingerzeige zu Goethes *Faust*   109

Peter Brandes
   Entstellte Klassik.
   Goethes »barbarische Komposition« des *Faust*   119

Wolfram Malte Fues
   Wanderjahre im Hypertext   137

Stefan Blessin
    Todesbilder in Goethes Romanen
    und einigen Erzählungen von Jean Paul   157

Péter Varga
    Goethes Judenbild und das Goethebild der Juden. Goethes
    Verhältnis zum Judentum: Aktuelles und Historisches   185

Malte Stein
    »Frauen-Schönheit will nichts heißen«.
    Ansichten zum Eros als Bildungstrieb bei Winckelmann,
    Wilhelm von Humboldt und Goethe   195

Ortrud Gutjahr
    Charlotte von Steins *Dido* – eine Anti-Iphigenie?   219

Klaus Bartels
    Die Erhabenheit des Krieges, der Technik und des Mordes.
    Eine neue Ordnung der Dinge bei Heinrich von Kleist   247

Harro Segeberg
    Friedrich Maximilian Klinger. Ein Beitrag
    zur Geschichte der Gegen-Klassik   279

Gerhard R. Kaiser
    Friedrich Justin Bertuch (1747–1822).
    Herzoglicher Geheimsekretär, Literat, Verleger,
    Unternehmer, Politiker im klassischen Weimar   295

Kurzangaben zu den Autorinnen und Autoren   307

Vorwort

In der Wirkungsgeschichte des Weimarer Klassikers Goethe war es lange umstritten, was man sich genau unter Klassik vorzustellen hätte und ob im Zentrum eines wie auch immer zu begründenden Klassik-Begriffes ausschließlich oder doch zumindest vorrangig die Gestalt dieses Weimarer Autors stehen sollte. So konnten sich auch die zugespitzten ideologiekritischen Gegenentwürfe der siebziger und achtziger Jahre des zwanzigsten Jahrhunderts, die sich als Arbeit an der »Klassik-Legende« verstanden, bei genauerem Hinsehen auf eine bis in die Zeit Goethes zurückreichende Geschichte der Klassik-Kritik stützen. Abgesehen von kritischen Einwürfen zu Goethe als Staatsmann und Politiker wurden im Goethe-Gedenkjahr 1999 jedoch weder Feuilletonleser, Radiohörer noch Fernsehzuschauer von kritischen Stimmen verstört. Von Denkmalsstürmung und Legendenzertrümmerung gab es bei den auf nahezu allen Medien-Kanälen dahinrauschenden Würdigungen »kaum einen Hauch« mehr zu verspüren. In dieser Hinsicht läßt sich über die Feierlichkeiten des Goethe-Jahres sagen: über den ›Gipfeln‹ der Weimarer Klassik ›war Ruh‹.

Autorinnen und Autoren dieses Sammelbandes verstehen sich nun nicht als mehr oder weniger verspätete Ruhestörer. Es geht uns mit den vorliegenden Beiträgen vielmehr darum, anhand einer Reihe von Beispielen die historische Besonderheit eines in der Regel sehr überzeitlich gefaßten Konzepts der Weimarer Klassik sowie ihrer oft nicht minder normativen Gegenentwürfe herauszuarbeiten. Die kanonisierte Literatur der Klassik wird unter der Perspektive der sie begleitenden, nachahmenden, konterkarierenden, ironisierenden oder sie in Frage stellenden Literatur untersucht. Somit wird auch die Vorstellung, daß die Weimarer Literatur der Jahre um 1800 deshalb ›Klassik‹ sei, weil sie eine lange bereit liegende Idealvorstellung von klassischer Literatur ebenso vorbildlich wie normativ wirksam verwirklicht habe, von der Literatur aus beleuchtet, die in unmittelbarer Nähe, nicht selten im Schatten der Klassik steht. Dabei zeigt sich, in welch vielfältiger Weise im Zentrum der unterschiedlichen Formulierungen für das Klassische in der deutschen Literatur von Anfang an die Bewertung und Einordnung von Goethes Werk gestanden hat.

So wird etwa unter dem Begriff Klassik die Epoche der deutschen Literatur um 1800 als *seine* Epoche verstanden und damit, wie wir heute wissen, um eine Reihe weiterer wichtiger Repräsentativfiguren erleichtert. Oder aber man meint mit Klassik das Kunstprogramm, das sich im Weimarer Kreis, insbesondere in den Jahren der Zusammenarbeit mit Schiller, herausbilden konnte, wobei dies Kunstprogramm unter dem Stichwort eines ›Weimarer Bündnisses‹ zwischen Goethe und Schiller ungeachtet aller Meinungsverschiedenheiten zwischen beiden oft wie eine konsistente Größe behandelt wurde. In stiltypologischer Hinsicht wird mit dem Klassischen die Orientierung an der Antike und der geschlossenen Form verbunden, wie sie Goethe seit der ersten italienischen Reise in seinem Werk eingelöst hat. Und schließlich wird in einem epochenübergreifenden Sinn das Klassische als das

Normative, Vorbildhafte und Kanonische gefaßt, das in Goethes Werk prominent repräsentiert ist.

Wie keinem anderen Dichter der Kunstepoche wurde in Goethe das Ideal eines klassischen Dichters gesehen, der in der produktiven Auseinandersetzung mit den Literaturen anderer Kulturen die Bildung einer nationalen Kulturtradition begründete und damit die gegenüber anderen europäischen Literaturen verspätete deutsche Klassik auf den Weg brachte. Indem Goethe das Klassische als ästhetisch gestiftete Einheit der Mannigfaltigkeit gefaßt hat, ist für ihn die Ganzheitsvorstellung, die er mit der Antike verband, zum zentralen Bezugspunkt seiner eigenen ›überzeitlichen‹ Kunstauffassung geworden. Wenn aber mit der Literatur der Klassik auf diese Weise stets mehr oder weniger explizit eine normative Ganzheitsvorstellung verbunden wurde, so stellt sich die Frage, wie jene Strömungen und Tendenzen der Epoche, die sich der Vorstellung ästhetischer Einheit widersetzen oder entziehen, einer derart klassisch gewordenen Geschichte der Literatur um 1800 zuzuordnen sind. Goethe selber hat das Klassische als das Gesunde, das Romantische als das Kranke aufgefaßt und damit dazu beigetragen, daß der Begriff »Antiklassik« im Sinne einer oppositionellen Gegenwegung als abgrenzende epochale Kennzeichnung eingesetzt werden konnte. Gegenüber den damit verbundenen Epochenkennzeichnungen fragen die hier vorgelegten Beiträge, ob nicht die Klassik selbst aufgrund der sowohl von ihr in Anspruch genommenen als auch ihr zugeschriebenen normativen Geltungsansprüche ihre eigenen Subvertierungen in Gang gesetzt und damit eine Gegenklassik oder Anti-Klassik hervorgetrieben hat.

Unter dieser Fragestellung möchten die Beiträge dieses Bandes zur Auseinandersetzung mit bisher kaum beleuchteten Aspekten kanonischer Texte wie auch zur Erhellung bisher wenig bekannter Seiten der Klassik einladen. Vorgestellt werden neue Lesarten und Interpretationsansätze zu bereits kanonisierten Werken sowie Texte von Autorinnen und Autoren, die nicht zur Weimarer Klassik im engeren Sinne gezählt werden und deshalb innerhalb der Diskussion um Konzepte des Klassischen bisher nur am Rande Beachtung fanden.

Die Beiträge gehen auf eine Ringvorlesung zurück, die wir anläßlich des 250. Geburtstages Goethes an der Universität Hamburg im Sommersemester 1999 im Rahmen des Allgemeinen Vorlesungswesens veranstaltet haben. Allen, die zur Publikation dieses Bandes beigetragen haben, gilt unser Dank: den Autorinnen und Autoren der hier vorgelegten Beiträge; Ingrid Ehlers, Dr. Angelika Jacobs und Michaela Krug, M.A., für ihre hilfreiche redaktionelle Mitarbeit sowie der Goethe-Gesellschaft Hamburg für einen Druckkostenzuschuß.

Hamburg, im Juli 2000　　　　　　　　　　　　　　Ortrud Gutjahr und Harro Segeberg

Karl Robert Mandelkow

WEIMARER KLASSIK
Gegenwart und Vergangenheit eines deutschen Mythos

Dreimal in diesem Jahrhundert ist die öffentliche Berufung auf Goethe und die Weimarer Klassik zugleich mit einem epochalen historischen Zeitenwechsel in der Geschichte der Deutschen verbunden gewesen: 1919 mit Friedrich Eberts Rede auf der Nationalversammlung in Weimar, seine Beschwörung des »Geistes von Weimar« als Kontrapunkt zum »Geist von Potsdam« nach dem Zusammenbruch des Kaiserreichs; 1932 die Feier von Goethes 100. Todestag am Vorabend der Etablierung der nationalsozialistischen Herrschaft in Deutschland, die mit der Restaurierung des »Geistes von Potsdam« 1933 das Ende des von Ebert ausgerufenen »Geistes von Weimar« bedeutete; 1949 die Feier von Goethes 200. Geburtstag, die im Zeichen der Errichtung zweier deutscher Staaten stand, zugleich der Beginn einer vierzig Jahre währenden ideologischen, politischen und ästhetischen Zweiteilung des Goethe- und Klassikbildes. Der Goethefeier des Jahres 1982, das Gedenken an Goethes 150. Todestag, fehlte dieser direkte zeitgeschichtliche Bezug. Zeitgeschichte prägte jedoch auch jetzt die Gedenkreden in Ost und West. Mein eigener Beitrag war ein Vortrag »West-östliche Goethe-Bilder. Zur Klassikrezeption im geteilten Deutschland«, den ich landauf, landab in den Goethe-Gesellschaften der Bundesrepublik gehalten habe. Reichlich pathetisch heißt es hier zum Schluß:

> Goethe und die Deutschen: Diese Konstellation kennzeichnet nicht nur das Verhältnis einzelner individueller Leser zu einem Dichter der Vergangenheit, sondern die kollektive Geschichte einer Nation auf der Suche nach ihrer kulturellen Identität. Daß diese Geschichte heute die eines in Ost und West geteilten Bildes ist, sollte nicht durch einen privatistischen Rückzug in eine neue Innerlichkeit unterlaufen werden. Sie sollte vielmehr als Herausforderung begriffen werden, den Umgang mit den sogenannten Klassikern produktiv zu vermitteln mit den politischen und gesellschaftlichen Erfahrungen einer unversöhnten und konfliktbehafteten Wirklichkeit.[1]

Für das Goethejahr 1999, gleichzeitig die Feier Weimars als neuer Kulturhauptstadt Europas, ist die Rede von »West-östlichen Goethe-Bildern« bereits ferne Vergangenheit. Welche politische und gesellschaftliche Bedeutung kann das Goethejahr 1999 haben? Gibt es so etwas wie eine allgemeine Orientierung am Gedenkort Weimar und der ihm zugeordneten klassischen Literatur, oder zerfließt dieses

---

[1] Karl-Robert Mandelkow: »West-östliche Goethe-Bilder. Zur Klassikrezeption im geteilten Deutschland«, in: *Aus Politik und Zeitgeschichte*. Beilage zur Wochenzeitung das Parlament 11/82, 20. März 1982, S. 3–16, hier S. 16.

Erinnern in eine karnevalistische Beliebigkeit, die bereits jetzt Züge des Überdrusses hat, die der Bemerkung Richard Alewyns von der »Massenflucht nach Weimar« angesichts der Goetherenaissance 1949 neue Aktualität verschafft?[2]

Bevor ich darauf eine Antwort zu geben versuche, möchte ich zunächst der zentralen Frage nachgehen: Warum sind gerade Weimar und die Literatur der deutschen Klassik als Eckpunkte einer politischen und gesellschaftlichen Orientierung der Deutschen in Anspruch genommen worden? Der Begriff einer Weimarer Klassik hat sich bekanntlich erst sehr spät, Ende der achtziger Jahre des 19. Jahrhunderts, als Kennzeichnung einer auch für die Gegenwart verbindlichen überzeitlichen und unüberholbaren Norm der deutschen Literatur und zugleich als das geistige Zentrum der ideellen Geschichte der Deutschen durchgesetzt. Dieser Begriff, bezogen auf die Dioskuren Goethe und Schiller und zumeist eingeengt auf das sogenannte klassische Jahrzehnt ihrer Zusammenarbeit zwischen 1794 und 1805, ist das Ergebnis einer bereits vor Goethes Tod einsetzenden intensiven Diskussion um Kennzeichnung und Abgrenzung ihrer Werke im Vergleich und in der Auseinandersetzung mit der gesamten zeitgenössischen Literatur, zeitgenössisch bezogen auf die mit ihnen Gleichzeitigen wie mit der gesamten nachklassischen Literatur des 19. Jahrhunderts. Die Abgrenzung erfolgte zunächst in der Auseinandersetzung mit der Epoche der Romantik und wurde im Vormärz auf die politische Oppositionsliteratur der dreißiger und vierziger Jahre ausgedehnt. Erst nach der gescheiterten Revolution von 1848/49 wurde das Bündnis zwischen Goethe und Schiller zur nationalen Basis eines die Bereiche Natur und Geschichte, Dichtung und Philosophie, Weltanschauung und Ethik umgreifenden Mythos. Ernst Rietschel hat dies in seinem bekannten Doppelstandbild vor dem Nationaltheater in Weimar verkörpert. Bereits 1844 hatte Heinrich Laube in einem Festvortrag davon gesprochen, daß die Nation

> zwei Dichter in unauflösliche Nähe den einen zu dem andern gezogen, zwei Dichter, welche ganz voneinander verschiedene Naturen sind, welche weit auseinanderliegende Eigenschaften deutscher Nation in sich darstellen. <u>Zusammen</u> sind sie die vollständige Offenbarung deutscher Fähigkeit, und darum nennt man sie zusammen, und drückt mit dem verschlungenen Namen Schiller und Goethe das Höchste und Beste aus, dessen sich Deutschland rühmen kann. [...] Wenn wir sie daher schreiten sehen Hand in Hand, und wie sie die Hände auswärts segnend ausstrecken über Deutschland, so können wir wohl sagen: da kommt die deutsche Poesie leibhaftig, diese Zwillinge sind Deutschlands Genius und Wappen, und es hieße unser Vaterland verstümmeln, wenn man die Hände, welche sie selbst ineinandergelegt, auseinanderbrechen wollte.[3]

---

[2] Richard Alewyn: »Goethe als Alibi?« [1949]. Wiederabdruck in: *Goethe im Urteil seiner Kritiker. Dokumente zur Wirkungsgeschichte Goethes in Deutschland*, Teil IV, hg., eingeleitet und kommentiert von Karl Robert Mandelkow, München 1984, S. 333–335, hier S. 334.

[3] Heinrich Laube: »Schiller und Goethe nebeneinander« [1844], zit. n.: *Schiller - Zeitgenosse aller Epochen. Dokumente zur Wirkungsgeschichte Schillers in Deutschland, Teil I: 1782–1859*, hg., eingeleitet und kommentiert von Norbert Oellers, Frankfurt a. M. 1970, S. 374 u. 381.

Vor allem die Goethephilologie des neuen Reiches hat nach 1871 diesen Mythos weiterentwickelt. Erst jetzt wird Goethes *Faust* zum Nationalgedicht der Deutschen, gemeinsam mit dem Nibelungenlied das Flaggschiff der jetzt sich als Universitätsdisziplin konstituierenden Germanistik. Die Synthese von Berlin und Weimar hieß jetzt die wilhelminische Zauberformel des Verhältnisses von Macht und Geist in Deutschland.

Schon früh jedoch gab es Kritik an dieser Kanonisierung der auf Goethe und Schiller fixierten Weimarer Klassik. So schreibt Karl Gutzkow 1860 in einem Aufsatz »Nur Schiller und Goethe?«:

> Schiller und Goethe drücken nicht das ganze Gebiet des dichterischen Schaffens aus, bezeichnen nicht die Bahnen, in denen allein die deutsche Literatur zu wandeln hat. Es gibt Notwendigkeiten im geschichtlichen Gang unserer Literatur, für welche sich weder bei Schiller noch bei Goethe der entsprechende Ausdruck findet.[4]

Er erinnert u.a. an Jean Paul, der »in gewissem Sinne mehr als Schiller und Goethe der Vater der ganzen neuern Literatur von Bedeutung geworden ist«.[5] Mit Gutzkows Einspruch beginnt jene Infragestellung des Alleinvertretungsanspruchs einer zur Norm erhobenen Weimarer Klassik, die bis heute die Rezeptionsgeschichte dieser beiden »Klassiker« begleitet und zu einer Blickerweiterung auf den Reichtum und die Vieldimensionalität der mit ihnen gleichzeitigen und ihnen folgenden Literatur geführt hat. Den Anfang macht die Wiederentdeckung der Romantik, die Rudolf Haym in seiner großen Darstellung von 1870 noch als eine mit dem realistischen Geist seiner Zeit nicht mehr kompatible Epoche kritisiert hatte und die jetzt, beflügelt durch die sogenannte Neuromantik, eine wirkungsmächtige Renaissance erfährt. Wenig später entdeckten Stefan George und sein Kreis Hölderlin, es folgten im Einflußbereich des Expressionismus Kleist und Büchner. Diese Wiederentdeckungen waren immer auch Teil einer ästhetischen und politischen Opposition gegen die Weimarer Klassik. Diese Oppositionshaltung bleibt konstitutiv für die Rezeptionsgeschichte der Klassik bis heute.

Besondere Bedeutung gewinnt in diesem Zusammenhang die Entwicklung in der Weimarer Republik. Der von Ebert beschworene »Geist von Weimar« entsprach nur höchst bedingt der realgeschichtlichen und der kunst- und kulturgeschichtlichen Situation in den zwanziger Jahren. Der Zusammenbruch des Kaiserreichs und die Erfahrungen des Ersten Weltkriegs führten seit 1919 zu einer Radikalkritik am wilhelminischen Klassikerkult, an der sich vor allem linksradikale und sozialrevolutionäre Autoren beteiligten. Entscheidend wurde in der Folgezeit die verspätete Entdeckung der europäischen Moderne im Roman und auf dem Theater, die der Krisenstimmung der Nachkriegszeit genauer entsprach als die Fortschreibung konservativ-nationaler Klassikbilder, wie sie die Goethe-Gesellschaft in Weimar noch immer pflegte und gegen den demokratischen »Ungeist« der Zeit zu verteidigen

---

[4] Karl Gutzkow: »Nur Schiller und Goethe?« [1860], in: Mandelkow: *Goethe im Urteil seiner Kritiker* (vgl. Anm. 2), Teil II: 1832–1870, München 1977, S. 460–467, hier S. 464.
[5] Ebd., S. 465.

suchte. Es gab jedoch auch eine völkische und kryptofaschistische Opposition gegen Goethe, deren Wortführer wie Josef Nadler und Alfred Baeumler sich auf Herder und die konservativen Autoren der Spätromantik beriefen und die humanistischen Ideale der Klassik durch einen neuen Kult des Irrationalen, des Blutes und der Nacht und die Ideale von Potsdam überwinden wollten. Eine wichtige Vermittlerrolle spielte jetzt Thomas Mann, der sein neues Bekenntnis zur Weimarer Republik zu verbinden suchte mit einer zeitgerechten Modernisierung des Goethebildes. Den völkischen Tendenzen einer rechten Romantik entgegnete er 1925: »Es ist für Deutschland nicht der Augenblick, sich antihumanistisch zu gebärden. [...] Im Gegenteil ist es der Augenblick, unsere großen humanen Überlieferungen mit Macht zu betonen und feierlich zu pflegen.«[6] Wiederum war es Thomas Mann, der in seiner bedeutenden Festrede 1932 »Goethe als Repräsentant des bürgerlichen Zeitalters« die heraufziehende Gefahr des Jahres 1933 schonungslos benannte:

> Der Bürger ist verloren und geht des Anschlusses an die neue heraufkommende Welt verlustig, wenn er es nicht über sich bringt, sich von den mörderischen Gemütlichkeiten und lebenswidrigen Ideologien zu trennen, die ihn noch beherrschen, und sich tapfer zur Zukunft zu bekennen. Es nützt nichts, die Vernunft zu verhöhnen und einen verstockten Gemüts- und Tiefenkult zu treiben, dessen heutige Gottgeschlagenheit und Lebensverlassenheit sich darin erweist, daß er als eine Art verzweifelter und haßerfüllter Totschlagesentimentalität sich darstellt.[7]

Über das Thema Weimarer Klassik und Nationalsozialismus in der Form eines knappen Überblicks zu sprechen, ist im Rahmen dieses Referats unmöglich. Das Thema ist längst ein Sonderforschungsbereich geworden, den zu überblicken nur noch wenigen Spezialisten möglich ist. Zudem zeichnet sich im Vorfeld der Vorbereitungen zum diesjährigen Goethejubiläumsjahr seit der Wende 1989/90 ein radikaler Blickwechsel auf diesen Gegenstand ab, der uns noch beschäftigen wird. Hier nur einige notwendige Hinweise. Als Nachtrag zum Goethejahr 1982 fand ein Jahr später im Schiller-Nationalmuseum in Marbach eine große Ausstellung »Klassiker in finsteren Zeiten 1933–1945« statt, die in zwei umfangreichen Bänden dokumentiert ist. Im Mittelpunkt standen drei sogenannte Klassiker: Schiller, Hölderlin und Goethe. Daß Goethe in dieser Aufzählung an letzter Stelle genannt wird, entspricht ziemlich genau der Bedeutung, die der Dichter während der NS-Zeit in der offiziellen Rezeption gehabt hat. Die Schwierigkeit, die das NS-Regime mit seinem Werk gehabt hatte, entspricht der Tatsache, daß aus dem Kreis der Parteielite nur einer, Baldur von Schirach, in einer erbärmlichen Rede in Weimar versucht hat, Goethe als Vorläufer des Nationalsozialismus zu reklamieren.[8] Dennoch hat es

---

[6] Zitiert nach: Thomas Mann: *Adel des Geistes. Sechzehn Versuche zum Problem der Humanität*. Stockholm 1948, S. 303.

[7] Thomas Mann: *Essays*, hg. von Hermann Kurzke und Stephan Stachorski, Bd. 3, 1926–1933, Frankfurt a. M. 1994, S. 340f.

[8] Baldur von Schirach: »Goethe an uns«. Rede, gehalten am 14. Juni 1937 zur Eröffnung der Weimar-Festspiele der deutschen Jugend (1937), Erstdruck: *Wille und Macht*, hg. v. Baldur von

natürlich zahlreiche Versuche der Gleichschaltung gegeben, daneben jedoch auch Versuche, in verdeckter und verschlüsselter Rede das humanistische Erbe Goethes und der Klassik zu bewahren, so bei Paul Hankamer, Max Kommerell, Rudolf Alexander Schröder, Eduard Spranger u.a. Wenn schon Hitler Weimar häufig besucht hat, eine Stadt, die bereits seit Mitte der zwanziger Jahre eine Hochburg der Nazis war, hat er die Goethestätten gemieden und sich vornehmlich um seine Verehrerin Elisabeth Förster-Nietzsche gekümmert, die einflußreiche Verwalterin und Verfälscherin des Nachlasses ihres Bruders. Nicht Weimar war im »Dritten Reich« ein kulturpolitischer Kultort, sondern Bayreuth, München, Nürnberg und der Dom von Quedlinburg, die pseudoreligiöse Weihestätte der SS. Aus heutiger Sicht fällt auf, daß in dem kenntnisreich bearbeiteten Katalog der Marbacher Ausstellung der Name Buchenwald kaum erwähnt wird. Richard Alewyns Einleitung zu seiner Kölner Goethevorlesung vom Sommersemester 1949 wird zwar an einer Stelle zitiert, dort auch das Diktum »Zwischen uns und Weimar liegt Buchenwald. Darum kommen wir nun einmal nicht herum.« Der damit in Erinnerung gebrachte Zusammenhang zwischen Deutscher Klassik und Menschenvernichtung im Dritten Reich erfährt jedoch keine weitere Erläuterung. Der von mir erwähnte radikale Blickwechsel auf unser Thema heute ist wesentlich dem Rückgriff auf dieses lange vergessene und verdrängte Diktum Alewyns geschuldet. Die Auseinandersetzung mit der Konstellation Weimarer Klassik und verbrecherischer Gewalt hat offensichtlich erst jetzt wirklich begonnen, wie die Goldhagen- und Walser-Debatten gezeigt haben.

Die Goethefeier 1949 stand im Zeichen der gleichzeitigen Gründung zweier deutscher Staaten. Die Veranstaltungen in Ost und West waren geprägt durch eine beispiellose Goetherenaissance und dienten beiden Staaten zur kulturpolitischen Legitimation ihrer jeweils unterschiedlichen Gesellschaftsordnungen. In der DDR war der Goethekult bis zum Ende der sechziger Jahre ein Zentrum humanistischer Erbepflege, die der Leitung und Lenkung durch die Kulturpolitik der SED unterstand. Weimar blieb, nach längerem politischem Tauziehen, der Austragungsort der Tagungen der Goethe-Gesellschaft und wurde in der Folgezeit, paritätisch besetzt, ein wichtiges Forum der gesamtdeutschen Goethediskussion, auch über den Mauerbau 1961 hinweg. Während in der DDR der Versuch unternommen wurde, die ästhetische Norm der Klassik mit der Praxis einer volkstümlich-realistischen Literatur zu vermitteln, blieb die Goethe- und Klassikrezeption im Westen vielfach ein hochspezialisiertes akademisches und bildungsbürgerliches Reservat, das den Kontakt mit der gleichzeitigen modernen Gegenwartsliteratur in zunehmendem Maße verlor. Zudem war die Beschäftigung mit der Klassik hierzulande lange Zeit politikresistent. Nicht zuletzt diese Diskrepanz von Klassik und Moderne führte zur Goethe- und Klassikkritik Ende der sechziger Jahre.

1970 erschien in der Bundesrepublik die Untersuchung *Werther und Wertherwirkung* von Klaus Scherpe. Mit dieser Pilotstudie begann die Beschäftigung mit

---

Schirach, Jg. 5, 1937; Wiederabdruck in: Schirach: *Revolution der Erziehung. Reden aus den Jahren des Aufbaus*, München 1938, S. 168–180, 3. Aufl. 1942; Wiederabdruck in: *Goethe an uns. Ewige Gedanken des großen Deutschen*. Eingeleitet durch eine Rede Baldur von Schirachs, Berlin 1943, S. 5-11.

Goethe in den Einflußbereich von Rezeptionsgeschichte und Ideologiekritik zu treten. Ein Jahr später erschien der einflußreiche Sammelband *Die Klassik-Legende*, in dem sieben in den USA lehrende deutsche Germanisten sich kritisch mit dem überlieferten Bild der deutschen Klassik auseinandersetzten. Im Vorwort der Herausgeber Reinhold Grimm und Jost Hermand heißt es:

> Es gehört nun einmal zum Wesen der Weimarer Hofklassik, daß hier zwei hochbedeutende Dichter die Forderung des Tages bewußt ignorierten und sich nach oben flüchten: ins Allgemein-Menschliche, zum Idealisch-Erhabenen, zur Autonomie der Schönheit, um dort in Ideen und poetischen Visionen das Leitbild des wahren Menschentums zu feiern.[9]

Das waren unerhörte, bislang nicht vernommene, aufsässige Töne, die hierzulande eine breite Diskussion entfachten und zu einer politisch orientierten Revision überlieferter Klassik-Bilder beitrugen. Diese Töne drangen auch über die Grenze ins andere Deutschland und lösten hier zunächst heftige Proteste aus, war die Klassik in der DDR doch so etwas wie ein Nationalheiligtum, humanistisches Identifikationssymbol der neuen sozialistischen Gesellschaft. Das Erscheinungsjahr der *Klassik-Legende* war jedoch zugleich auch das Jahr des Regierungsantritts von Erich Honecker, das Jahr des VII. Parteitags der SED, das mit der Hoffnung auf eine Liberalisierung der erbedogmatischen Ära Ulbricht verbunden war. Es waren zunächst eine Reihe von DDR-Schriftstellern, die an der Fassade des sogenannten »Klassikzentrismus« rüttelten und auch hier das verordnete Klassikbild in Frage stellten. Der DDR-Literaturwissenschaftler Bernd Leistner hat diese Oppositionsbewegung 1978 in seinem Manifest »Unruhe um einen Klassiker« für die Goetherezeption dargestellt.[10] Wenig später erfolgte auch die Rehabilitation der bislang verschmähten und kritisierten Romantik. Auch hier waren es Schriftsteller wie Christa Wolf und Franz Fühmann, die der erst zögernd folgenden Literaturwissenschaft voranschritten. Gleichzeitig mit diesen Revisionen wurde in beiden deutschen Staaten ein ganzer Literaturbereich neuentdeckt, deren Werke in den gleichen Zeitraum fielen wie die Werke der Klassik, die von der Germanistik bis dahin kaum wahrgenommene Literatur des Jakobinismus. Diese Wiederentdeckung griff auf die gesamte Literatur der Aufklärung über. Damit waren neue ästhetische Standards in den Blick getreten, die die Klassikforschung zu Neuansätzen, vor allem im Hinblick auf die Auseinandersetzung mit der Französischen Revolution und ihrer Auswirkung und Rezeption in Deutschland, provozierte.

Ein wesentliches Resultat der ästhetischen und politischen Debatten der siebziger Jahre war die Infragestellung des Normanspruchs der Klassik im Ensemble der deutschen Literaturgeschichte zwischen 1770 und 1830, der die beiden Nachkriegsjahrzehnte in beiden deutschen Staaten mit je unterschiedlichen Begründungen bestimmt hatte. Es folgte in den achtziger Jahren eine radikale Historisierung und

---

[9] *Die Klassik-Legende*. Second Wisconsin Workshop, hg. von Reinhold Grimm und Jost Hermand, Frankfurt a. M. 1971, S. 11.

[10] Bernd Leistner: *Unruhe um einen Klassiker. Zum Goethe-Bezug in der neueren DDR-Literatur*, Halle/Leipzig 1978.

zugleich Demokratisierung des Gegenstandsbereichs in dem genannten Zeitraum. Beides beinhaltete eine entschiedene Enthierarchisierung der Bewertungskriterien und zugleich die Stillstellung der an Interessen der Aktualisierung der alten Texte im Lichte der Gegenwart orientierten ideologischen und ästhetischen Kontroversen! Gleichberechtigt stehen jetzt die Autoren der Romantik, der Aufklärung, der jakobinischen Parteigänger der Französischen Literatur und die großen Einzelgänger wie Jean Paul und Hölderlin den »Klassikern« Goethe und Schiller gegenüber. Dies entspricht genau den Kriterien einer für die achtziger Jahre für die Bundesrepublik repräsentativen Literaturgeschichte von Gerhard Schulz, *Die deutsche Literatur zwischen Französischer Revolution und Restauration*, deren erster Teil, die Jahre 1789 bis 1806 betreffend, 1983 erschienen war. Hier heißt es programmatisch im Vorwort, der Verfasser habe sich vor »aller raschen Aktualisierung« gehütet. »Wir sollten uns deshalb nicht scheuen, die Literaturgeschichte auch einmal wie ein Museum zu betreten.«[11] Das bedeutet nichts Geringeres als die Absage an die Zeit der aktualisierenden und ideologischen Grabenkämpfe der siebziger Jahre, die nicht zuletzt durch den Ost-West-Gegensatz die Germanistik in beiden deutschen Staaten bestimmt und wohl auch vitalisiert haben und die nun mit dem Postulat eines neuen Historismus als beendet erklärt werden.

Bereits seit Mitte der achtziger Jahre setzt sich in der Bundesrepublik ein neuer Begriff des Klassikers durch. Auslöser dieses Begriffswandels ist die »Bibliothek der deutschen Klassiker«, die 1985 von dem neu gegründeten Deutschen Klassiker Verlag in Frankfurt am Main begründet wird. In dem aus diesem Anlaß erschienenen umfangreichen Almanach des Verlages stellt Martin Walser im Eröffnungsreferat die Frage »Warum Klassiker?« und beantwortet sie lapidar mit dem Satz: »Die uns beleben, die können wir brauchen, das sind Klassiker«.[12] Keine Rede mehr von einer durch autoritative Normen bestimmten Definition. Anything goes. Goethe und Schiller in einer Reihe mit Jakob Böhme, Annette von Droste-Hülshoff, Gottfried Keller, Georg Rollenhagen, Johann Gottfried Seume, Ludwig Tieck und Wolfram von Eschenbach – dies nur eine kleine Auswahl aus der inzwischen auf 36 deutsche Klassiker angewachsenen Zahl des Klassikerverlages. Dieser bemerkenswerten Blüte oder Scheinblüte neuer deutscher Klassiker steht die Tatsache gegenüber, das nach wie vor Goethe mit 45 Bänden der unbestrittene Herr im Hause der als Klassiker firmierenden deutschen Literatur der Vergangenheit ist. Daß sich neben der »Frankfurter Goethe-Ausgabe« gleichzeitig eine ebenso opulente »Münchner Goethe-Ausgabe« etabliert hat, zeigt den Weimarer Klassiker als absoluten Marktführer, zumal die Hamburger Ausgabe ihre Stellung als meistbenutzte Goethe-Ausgabe seit Jahrzehnten noch immer behauptet. Unter dem Gesichtspunkt der Editorik hat Goethe trotz aller Kritik und trotz aller Versuche einer Demokratisierung des Klassikerbegriffs seine alles überragende Sonderrolle nicht nur behaupten,

---

[11] Gerhard Schulz: *Die deutsche Literatur zwischen Französischer Revolution und Restauration. Erster Teil: Das Zeitalter der Französischen Revolution 1789–1806*, München 1983, S. XII.

[12] Martin Walser: «Was ist ein Klassiker?«, in: *Warum Klassiker? Ein Almanach zur Eröffnungsedition der Bibliothek deutscher Klassiker*, hg. v. Gottfried Honnefelder, Frankfurt a. M. 1985, S. 3–10, hier S. 10.

sondern sie in einer bisher ungekannten Weise ausbauen und erweitern können. Entspricht dies jedoch der tatsächlichen Einschätzung Goethes und seiner Werke heute? Dieser Frage wenden wir uns jetzt zu. Eine vernichtend pessimistische Antwort auf diese Frage hat vor kurzem Joachim Fest anläßlich der Wiedereröffnung des Frankfurter Goethe-Museums gegeben.[13] Der Titel seines Festvortrags lautet »Das Zerreißen der Kette« und meint das Zerreißen der Traditionskette, die die Weimarer Klassik mit der jeweiligen Gegenwart bislang verknüpft habe. »Aller Streit und generationenlanger Widerspruch hatten Goethe immer wieder in die Gegenwart geholt. Jetzt erstmals schien sich seine Sterblichkeit zu offenbaren.« Am umfassendsten habe sich das Zerreißen der Kette in der Jugendrevolte der späten sechziger Jahre manifestiert. »Es begann mit der Abschaffung des Literaturkanons an den Schulen und setzte sich fort über die Ausweitung des sogenannten Textbegriffs.« Gleichzeitig löste sich die Klasse, die allein noch für die Kontinuität einer Bewahrung der klassischen Bildung einstand, das sogenannte Bildungsbürgertum, auf, und verlor seine normsetzende Führungsrolle.

Am 14. Januar dieses Jahres erschien im Feuilleton der ZEIT ein Leitartikel mit der Überschrift »Das Ende des Bildungsbürgers.«[14] Sein Verfasser ist der Siegener Germanist und Kultursoziologe Georg Bollenbeck, Autor des Buches *Bildung und Kultur. Glanz und Elend eines deutschen Deutungsmusters* (1994). Auch Bollenbeck verbindet das Ende des Bildungsbürgers mit dem Ende des Mythos ›Weimarer Klassik‹. Seine Argumentation dagegen steht in schroffem Gegensatz zu den kulturkonservativen Thesen von Joachim Fest. Ich komme darauf noch ausführlich zurück.

Vier historische Eckdaten einer öffentlichen Berufung auf Goethe und die Weimarer Klassik in diesem Jahrhundert habe ich als Orientierungspunkte meinen Ausführungen zugrundegelegt: 1919, 1932, 1949 und 1982. Wie nimmt sich das Jahr 1999 im Lichte dieser Daten aus? Was unterscheidet unsere unmittelbare Gegenwart von den bisherigen Goethe-Gedenkfeiern unseres Jahrhunderts, an dessen Ende wir stehen? Eine zutreffende Antwort darauf zu geben wäre mehr als hybrid, zumal das diesjährige Goethegedenken gerade erst begonnen hat und wir nicht ohne Besorgnis und Skepsis dessen harren, was noch alles auf uns zukommen wird. Zunächst die Vorbemerkung: Dieses Festjahr ist eine Doppelfeier, sie gilt dem 250. Geburtstag Goethes und der Ernennung Weimars zur Kulturstadt Europas. Zunächst die Kulturstadt Europas, die zugleich, das wird zumeist vergessen, das Interregnum der zwei Goethekultorte, Weimar und Frankfurt, Symbol des geteilten Deutschlands, beendet. Die beiden Zentren der alten Bundesrepublik, Bonn und Frankfurt, müssen den neuen Zentren Berlin und Weimar weichen. Damit ist gewissermaßen der alte Zustand der Reichsgründung von 1871 wiederhergestellt, Macht und Geist wieder an ihre angestammten Orte zurückgekehrt. Es ist kein Zufall, daß unter der Publizistik im Vorfeld des diesjährigen Festjahrs Bücher über Weimar den ersten Platz einnehmen. Weimar als Kulturstadt Europas scheint dem 250jährigen Goethe den Rang abzulaufen. Das ist im Vergleich mit den bisherigen Goethefeiern neu, ja

---

[13] Joachim Fest: »Das Zerreißen der Kette. Goethe und die Tradition«, in: *Frankfurter Allgemeine Zeitung* vom 21. Juni 1997. (Bilder und Zeiten).
[14] Georg Bollenbeck: »Das Ende des Bildungsbürgers«, in: DIE ZEIT, 14. Januar 1999, S. 29.

Weimar und die politische Geschichte dieser Stadt treten zum erstenmal voll ins Licht publizistischer Öffentlichkeit. Daß die Nationalversammlung der ersten deutschen Republik 1919 in Weimar tagte, war eher eine Notlösung gewesen, um den erwarteten Gegnern der neuen Verfassung in Berlin auszuweichen. Der Begriff Weimarer Republik ist also eigentlich ein Etikettenschwindel. Außerdem hatte die Stadt wenig mit dem von Ebert beschworenen »Geist von Weimar« zu tun, sondern entwickelte sich in den zwanziger Jahren zunehmend zu einer Hochburg konservativer, völkischer, antisemitischer Strömungen und wurde ein Zentrum antimodernistischer Heimatkunst. So konnte Thomas Mann während seines Besuchs in Weimar 1932 konstatieren:

> Ganz eigenartig berührte die Vermischung von Hitlerismus und Goethe. Weimar ist ja eine Zentrale des Hitlerismus. Überall konnte man das Bild von Hitler usw. in nationalsozialistischen Zeitungen ausgestellt sehen. Der Typus des jungen Menschen, der unbestimmt entschlossen durch die Stadt schritt und sich mit dem römischen Gruß begrüßte, beherrscht die Stadt.[15]

1949 stand Weimar ganz im Zeichen der ideologischen Inbesitznahme durch die neugegründete DDR, während hierzulande der Wiederaufbau des im Zweiten Weltkrieg zerstörten Geburtshauses Goethes zum Symbol der geistigen und wirtschaftlichen Restauration wurde. 1982 war Weimar in Westdeutschland ein weithin exotischer Ort, nur wenigen bekannt als Austragungsort der Tagungen der gesamtdeutschen Goethe-Gesellschaft und als Sitz des für die Forschung unentbehrlichen Goethe- und Schiller-Archivs. Mit der Wende wurde dies anders. Weimar wird wieder ein vielbesuchter Wallfahrtsort des Kultur-Tourismus, und die Stadtväter bangten um die Tragfähigkeit der Decken im Haus am Frauenplan.

Mit der Wende wurden zugleich erstmals die in der DDR unter Verschluß gehaltenen Archive zur Geschichte Weimars und der mit dieser Stadt verbundenen Institutionen der internationalen Forschung zugänglich. Sie zeigten ein anderes Weimar als das von der offiziellen Kulturpolitik hochstilisierte Zentrum eines sozialistischen Humanismus im Geiste der deutschen Klassik. Im Oktober 1995 wurde das von der neuen Stiftung Weimarer Klassik initiierte Forschungsprojekt »Die völkische und nationalsozialistische Instrumentalisierung kultureller Traditionen in Weimar seit Ende des 19. Jahrhunderts« in Angriff genommen. Es war der Versuch, wie die Leiter des Projekts Lothar Ehrlich und Jürgen John in der Einleitung zu dem ersten Tagungsband *Weimar 1930. Politik und Kultur im Vorfeld der NS-Diktatur* (1998) formulierten, die »jahrzehntelang verdrängte Schattenseite Weimarer Traditionspflege endlich kritisch aufzuarbeiten.«[16] Auch außerhalb Weimars ist die kritische Auseinandersetzung mit dem Klassikerort Gegenstand einer fast täglich anschwellenden Literatur. Als Beispiele nenne ich das 1998 erschienene Buch *Mythos Weimar. Zwischen Geist und Macht* von Peter Merseburger und die gerade erschienene Untersuchung *Hitler in Weimar. Der Fall einer deutschen Kulturstadt*

---

[15] Thomas Mann: *Gesammelte Werke*. Stockholmer Ausgabe, Bd. 13, Frankfurt a. M. 1974, S. 71.
[16] *Weimar 1930. Politik und Kultur im Vorfeld der NS-Diktatur*, hg. von Lothar Ehrlich und Jürgen John, Köln/Weimar/Wien 1998, S. IX.

von Volker Mauersberger. Es entsteht der Eindruck, wir hätten es hier mit einer Neuauflage der Goethe- und Klassikkritik der siebziger Jahre zu tun. Bezog sich diese jedoch vorrangig auf die Werke Goethes selbst, so steht jetzt die Institution Weimar in Gegenwart und Vergangenheit am Pranger. Ein prägnantes Beispiel dafür ist das kontrovers diskutierte Buch des amerikanischen Germanisten W. Daniel Wilson, *Das Goethe-Tabu. Protest und Menschenrechte im klassischen Weimar*.[17] Es geht Wilson hier um den Nachweis von Menschenrechtsverletzungen, an denen Goethe als Mitglied des Geheimen Consiliums beteiligt gewesen sei. Diese Kritik an dem Politiker Goethe ist nicht neu, neu allerdings ist die Schärfe, mit der der Autor die »politische Legende Weimar« als »die zentrale Ikone der deutschen Literatur« entlarven und verabschieden zu können meint.[18] Diese Akzentverschiebung hat Gründe, die nur bedingt einer veränderten Sicht auf das Werk Goethes geschuldet sind, sondern in einer neuen Qualität der Aufarbeitung des Verhältnisses von totalitärer Gewalt und der Berufung auf den »Geist von Weimar« ihren Ursprung hat und für das Weimar in der Rückschau auf die Geschichte der Deutschen exemplarische Bedeutung gewinnt. Es gilt, sich einem Verdrängungsprozeß zu stellen, der durch die lange verschwiegene oder heruntergespielte Beziehung zwischen Weimar und Buchenwald bestimmt war. Der Begegnung mit dieser Vergangenheit liegt auch die Konzeption der sogenannten »Zeitreisen zu Fuß« zugrunde, die dem Weimar-Besucher im Jubiläumsjahr Stationen dieser Vergangenheit wortwörtlich vor Augen führen sollen. »Wer mit dem Zug anreist«, so beginnt ein in der FAZ vom 28. Juli erschienener Artikel »Die Kulturstadt erinnert sich«, »wird gleich auf dem Bahnhofsvorplatz daran erinnert, wo er gerade angekommen ist: ›Weimar liegt bei Buchenwald‹. Zu einer Nische aufgebaut sind wetterfeste Text- und Bildwände, die über das nationalsozialistische Konzentrationslager auf dem nahen Ettersberg informieren.«[19] An dieser Stelle komme ich noch einmal auf den bereits erwähnten Leitartikel von Georg Bollenbeck zurück. Hatte Joachim Fest noch 1997 die Auflösung des Bildungsbürgertums als Trägerschicht der Bewahrung des klassischen Erbes mit der Studentenrevolte der siebziger Jahre begründet, so hat für Bollenbeck das »Ende des Bildungsbürgers« und mit ihm auch das Ende einer Kontinuität der Klassikrezeption einen anderen Grund. Lapidar heißt es bei ihm: »Die Puppenstube des deutschen Bildungsbürgertums mit ihren Olympiern, Museen, Archiven, Standbildern, Gedenk- und Ruhestätten ist eine Puppenstube mit Todesrauch.«[20] Auch er zitiert im Anschluß an diesen Satz Richard Alewyn. Auf die Gefahr hin, mißverstanden und mit Martin Walser verwechselt zu werden[21], möchte ich gegenüber der jetzt grassierenden Mode der Berufung auf Alewyns Text »Goethe als

---

[17] W. Daniel Wilson: *Das Goethe-Tabu. Protest und Menschenrechte im klassischen Weimar*, München 1999.

[18] Ebd., S. 291f.

[19] Siegfried Stadler: »Kafka in Weimar. Immer diese Konservativen: die Kulturstadt erinnert sich«, in: Frankfurter Allgemeine Zeitung vom 28. Juli 1999, S. 47.

[20] Bollenbeck: Das Ende des Bildungsbürgers.

[21] Vgl. Martin Walser: *Erfahrungen beim Verfassen einer Sonntagsrede*. Friedenspreis des Deutschen Buchhandels 1998, Frankfurt a. M. 1998.

Alibi?« dessen Frage umkehren zu dem Titel »Buchenwald als Alibi?« Die heute üblich gewordene Fixierung der Koinzidenz von klassischer Literatur und der Barbarei des NS-Regimes auf den Kultort Weimar führt zu einem gefährlichen Entlastungseffekt, derart, daß diese Koinzidenz auf die »Puppenstube« des deutschen Bildungsbürgertums beschränkt bleibt, eine »Puppenstube mit Todesrauch«. Nicht erst die Errichtung des KZ Buchenwald hat die deutschen Städte während der NS-Zeit mit »Todesrauch« überzogen, sondern bereits die Reichsprogromnacht 1938, so auch der Brand der Synagoge in Frankfurt am Main am 8. November, der anderen Kultstadt Goethes in Deutschland. Darauf hat bereits Dolf Sternberger in einem berühmten Artikel zur Diskussion über den Wiederaufbau von Goethes Geburtshaus im Aprilheft 1947 in der Zeitschrift *Die Wandlung* hingewiesen.[22] Der Todesrauch der Vernichtung der Juden über den deutschen Städten, welche hier ihren gewaltsamen Anfang nahm, war ein universelles, ganz Deutschland betreffendes Phänomen und nicht auf Weimar beschränkt. Ihn auf die Puppenstadt Weimar zu fixieren, hieße Buchenwald als Alibi für ein alle Deutschen betreffendes Phänomen effektvoll zu isolieren. Und nicht nur das. Die augenblicklich zur Mode gewordene Weimar-Kritik ist eine maßlose Überschätzung dieser Stadt als das alleinige Zentrum des Goethe- und Klassikkults in Deutschland, der viele Orte und viele Namen kennt, die mit Weimar nichts zu tun haben. Die reaktionäre, rechtskonservative und faschistische Entwicklung dieser Stadt zum Kriterium einer Bewertung und Beurteilung der Werke der deutschen Klassik zu machen, bedarf keiner Widerlegung. Die Rezeptionsgeschichte eines historischen Phänomens wie die Werke Goethes ist kein Kriterium ihrer Beurteilung heute. Diese Werke leben und haben einen in die Zukunft gerichteten Appellcharakter aus der beständigen Erneuerung eines Perspektivwandels, dessen Träger Bürger sind, die sich auch weiterhin auf Bildung berufen können, ohne damit zum Klischee des sogenannten Bildungsbürgertums zu gehören. Die gegenwärtige Aneignung der deutschen Klassik kann jedoch nicht bei Null beginnen, sondern hat Teil am Schuldzusammenhang jedweder Überlieferung, so auch an der Überlieferung Weimar.

Literatur

Alewyn, Richard: »Goethe als Alibi?« [1949]. Wiederabdruck in: *Goethe im Urteil seiner Kritiker. Dokumente zur Wirkungsgeschichte Goethes in Deutschland,* Teil IV, hg., eingeleitet und kommentiert von Karl Robert Mandelkow, München 1984, S. 333–335.

Bollenbeck, Georg: »Das Ende des Bildungsbürgers«, in: DIE ZEIT, 14. Januar 1999, S. 29.

---

[22] Dolf Sternberger: »Das Frankfurter Goethehaus«, in: *Die Wandlung* (1947), S. 191–197.

Ehrlich, Lothar, und John, Jürgen (Hg.): *Weimar 1930. Politik und Kultur im Vorfeld der NS-Diktatur*, Köln/Weimar/Wien 1998.

Fest, Joachim: »Das Zerreißen der Kette. Goethe und die Tradition«, in: *Frankfurter Allgemeine Zeitung* vom 21. Juni 1997, (Bilder und Zeiten).

Grimm, Reinhold, und Hermand, Jost (Hg.): *Die Klassik-Legende*. Second Wisconsin Workshop. Frankfurt a. M. 1971.

Gutzkow, Karl: »Nur Schiller und Goethe?« [1860], in: *Goethe im Urteil seiner Kritiker. Dokumente zur Wirkungsgeschichte Goethes in Deutschland, Teil II: 1832–1870*, hg. v. Karl Robert Mandelkow, München 1977, S. 460–467.

Klassiker in finsteren Zeiten 1933–1945, Dokumentation zur Ausstellung des Deutschen Literaturarchivs im Schiller-Nationalmuseum 1983, Ausst. u. Katalog: Bernhard Zeller u.a., 2 Bde., Marbach 1983.

Laube, Heinrich: »Schiller und Goethe nebeneinander« [1844], zit. n.: *Schiller - Zeitgenosse aller Epochen. Dokumente zur Wirkungsgeschichte Schillers in Deutschland, Teil I: 1782–1859*, hg., eingeleitet und kommentiert von Norbert Oellers, Frankfurt a. M. 1970.

Leistner, Bernd: *Unruhe um einen Klassiker. Zum Goethe-Bezug in der neueren DDR-Liteatur*, Halle/Leipzig 1978.

Mandelkow, Karl Robert (Hg.): *Goethe im Urteil seiner Kritiker. Dokumente zur Wirkungsgeschichte Goethes in Deutschland. 1773–1982*, 4 Bde., München 1975–1984.

Mandelkow, Karl Robert: *Goethe in Deutschland. Rezeptionsgeschichte eines Klassikers. 1773–1982*, 2 Bde., München 1980–1989.

Mandelkow, Karl Robert: »West-östliche Goethe-Bilder. Zur Klassikrezeption im geteilten Deutschland«, in: *Aus Politik und Zeitgeschichte*. Beilage zur Wochenzeitung *Das Parlament* 11/82, 20. März 1982, S. 3–16.

Mann, Thomas: *Adel des Geistes. Sechzehn Versuche zum Problem der Humanität*. Stockholm 1948.

Mann, Thomas: *Essays*, hg. von Hermann Kurzke und Stephan Stachorski, Bd. 3, 1926–1933, Frankfurt a. M. 1994.

Mann, Thomas: *Gesammelte Werke*. Stockholmer Ausgabe, Bd. 13, Frankfurt a. M. 1974.

Schirach, Baldur von: »Goethe an uns«. Rede, gehalten am 14. Juni 1937 zur Eröffnung der Weimar-Festspiele der deutschen Jugend, Erstdruck: *Wille und Macht*, hg. v. Baldur von Schirach, Jg. 5, 1937; Wiederabdruck in: Schirach: *Revolution der Erziehung. Reden aus den Jahren des Aufbaus*, München 1938, S. 168–180, 3. Aufl. 1942; Wiederabdruck in: *Goethe an uns. Ewige Gedanken des großen Deutschen*. Eingeleitet durch eine Rede Baldur von Schirachs, Berlin 1943, S. 5–11.

Schulz, Gerhard: *Die deutsche Literatur zwischen Französischer Revolution und Restauration. Erster Teil: Das Zeitalter der Französischen Revolution 1789–1806*, München 1983.

Stadler, Siegfried: »Kafka in Weimar. Immer diese Konservativen: die Kulturstadt erinnert sich«, in: Frankfurter Allgemeine Zeitung vom 28. Juli 1999, S. 47.

Sternberger, Dolf: »Das Frankfurter Goethehaus«, in: *Die Wandlung* (1947), S. 191–197.

Walser, Martin: *Erfahrungen beim Verfassen einer Sonntagsrede*. Friedenspreis des Deutschen Buchhandels 1998, Frankfurt a. M. 1998.

Walser, Martin: »Was ist ein Klassiker?«, in: *Warum Klassiker? Ein Almanach zur Eröffnungsedition der Bibliothek deutscher Klassiker*, hg. v. Gottfried Honnefelder, Frankfurt a. M. 1985, S. 3–10.

Wege nach Weimar. Auf der Suche nach der Einheit von Kunst und Politik. Eine Ausstellung des Freistaats Thüringen in Zusammenarbeit mit dem Deutschen Historischen Museum Berlin, hg. v. Hans Widerotter und Michael Dorrmann, Berlin 1999.

Wilson, W. Daniel: *Das Goethe-Tabu. Protest und Menschenrechte im klassischen Weimar*, München 1999.

Waltraud Wende

»DIE DEUTSCHE KULTUR UND DIE UMLIEGENDEN DÖRFER HALTEN DEN ATEM AN«
Zur Wirkungsgeschichte eines Klassikers[1]

Im Jahr 1999 feiern wir Goethes zweihundertundfünfzigsten Geburtstag – Anlaß genug, dieses Ereignisses zu gedenken. Dies geschieht 1999 von Hamburg bis München, natürlich in Frankfurt und Weimar, in den Printmedien, im Rundfunk und im Fernsehen. Wohin der Kulturinteressierte auch schaut, überall begegnet ihm die Erinnerung an Goethe und dessen Werk, man und frau haben kaum eine Chance, dieser Erinnerung zu entkommen. Das Gedenken an Goethe und seine Leistungen ist allerdings nicht neu, Goethe-Jubiläumsfeiern haben bereits Tradition: So wurde beispielsweise schon vor fünfzig Jahren, 1949, Goethes zweihundertster Geburtstag in großem Rahmen gefeiert.

Die Goethe-Feierlichkeiten vor fünfzig Jahren hat Erich Kästner zu Beginn des damaligen Goethe-Jahres vorausschauend kommentiert:

> Die deutsche Kultur und die umliegenden Dörfer halten den Atem an. Es kann sich nur noch um Sekunden handeln. Da! Endlich ertönt der Startschuß! Die Federn sausen übers Papier. Die Finger jagen über die Tasten. Die Rotationsmaschinen gehen in die erste Kurve. Die Mikrophone beginnen zu glühen. Ein noch gut erhaltener Festredner bricht plötzlich zusammen. Das Rennen des Jahres hat begonnen: das Goethe-Derby über die klassische 200-Jahr-Strecke! Das olympische Flachrennen! Ein schier unübersehbares, ein Riesenfeld! (Hinweis für den Setzer: Vorsicht! Nicht Rieselfeld!) Ein Riesenfeld! Was da nicht alles mitläuft! ›Goethe und der Durchschnitt der Landengen‹, ›Faust II, Law und die Emission von Banknoten‹, ›Klopstock, Goethe und der Schlittschuhsport‹, ›Weimar und der historische Materialismus‹, ›Erwirb ihn, um ihn zu besitzen‹, ›Das Genie und die zyklische Pubertät‹, ›Goethe und die Bekämpfung der Kleidermotten‹, ›Die abgerundetste Persönlichkeit aller Zeiten‹, ›Sesenheim, ein Nationalheiligtum‹, ›Goethe und die Leipziger Messe‹, ›Goethe als Christ‹, ›Goethe als Atheist‹, ›Goethe als Junggeselle‹, ›War Johann Wolfgang ein schwererziehbares Kind?‹, ›Goethe und der Sozialismus‹, ›Goethe und der Monopolkapitalismus‹, ›Goethe auf Carossas Spuren‹. [...] Es dürfte ziemlich schrecklich werden. Keiner wird sich lumpen lassen wollen, kein Redakteur, kein Philologe, kein Pastor, kein Philosoph, kein Dichter, kein Rektor, kein Bürgermeister und kein Parteiredner. Seine Permanenz, der Geheimrat Goethe! [...] Sind diese Befürchtungen übertrie-

---

[1] Der Aufsatz basiert auf: Waltraud Wende: *Goethe-Parodien. Zur Wirkungsgeschichte eines Klassikers*, 2. Aufl., Stuttgart 1999.

ben? Von der falschen Feierlichkeit bis zur echten Geschmacklosigkeit wird alles am Lager sein, und wir werden prompt beliefert werden.[2]

Erich Kästner intendiert mit seiner satirischen Glosse keine kritische Auseinandersetzung mit dem Klassiker oder seinem Werk: Nicht Goethe und sein Œuvre stehen im Visier seiner Kritik, sondern es geht Kästner um die Art und Weise, wie Goethe befeiert wird. Kästners Kritik zielt auf das vom Jubiläum ausgelöste publizistische Spektakel und auf den sich darin dokumentierenden Umgang mit kultureller Überlieferung. Wobei die große Zahl der von Kästner aufgezählten Festvorträge mit ihren selbstparodistischen Titeln wie ein ermüdendes Endlosprogramm ohne Höhepunkte wirkt: Der ›Geist‹ des Klassikers geht ganz offensichtlich auf der ›200-Jahr-Derby-Strecke‹ verloren. In der »Hinwendung zu Goethe«[3] manifestiert sich nämlich vor allem eines, und zwar der Wunsch der Feiernden, selbst zu glänzen, und sei es auch nur in dem »geborgten«, aber scheinbar unvergänglichen »Glanz eines längst Verblichenen«[4]. Das olympische Ausmaß des Goethe-Rummels korrespondiert mit der Vorstellung, Goethe und sein Werk seien der absolute Höhepunkt der deutschen Literatur- und Kulturgeschichte. Goethe ist Klassiker, der Autor und sein Werk werden – sieht man von wenigen Kritikern einmal ab – nicht mehr in Frage gestellt. Und Goethe-Experten – oder solche, die sich dafür halten – wollen vor allem eines beweisen, daß Goethe großartige Wahrheiten verkündet habe und daß sein Werk mit ehrfurchtsvoll-demütiger Bewunderung zu behandeln sei.

Aber: Goethe ein Klassiker, was heißt das überhaupt? Mit dem Terminus ›Klassik‹ verbinden sich zwei semantische Deutungsmuster, die miteinander korrespondieren: Der Begriff ›Klassik‹ meint ›harmonisch‹, ›ausgeglichen‹, ›maßvoll‹ und ›edel‹ sowie ›kanonisch‹, ›normativ‹, ›mustergültig‹ und ›vorbildhaft‹.[5] Und daran schließen sich dann gleich noch mehrere Fragen an: Seit wann ist Goethe vorbildhaft? Seit wann ist Goethe aus keiner deutschen Literaturgeschichte wegzudenken? Seit wann sind Goethe und sein Werke feste Bestandteile des Deutschunterrichts?

Die »Einbürgerung«[6] Goethes in den Unterrichtsstoff des Gymnasiums läßt bis nach seinem Tode auf sich warten. Denn zu Lebzeiten Goethes spielt der Deutschunterricht der Gymnasien – vergleicht man ihn mit dem Unterrichtsangebot in den klassischen Fächern (Latein und Griechisch) – in der Schulwirklichkeit lediglich eine untergeordnete Rolle. Für Friedrich den Großen – beispielsweise – gibt es die deutsche Literatur nicht, und Deutsch spricht er allenfalls mit seinem Pferd. Erst nach Goethes Tod, im Verlauf der vierziger Jahre des vergangenen Jahrhunderts entwickelt man nach und nach die Überzeugung, daß der Anteil des Deutschunter-

---

[2] Erich Kästner: »Das Goethe-Derby«, in: *Pinguin* 4 (1949), H. 2, S. 28.

[3] Karl Robert Mandelkow: *Goethe in Deutschland. Rezeptionsgeschichte eines Klassikers*. Bd. 2: 1919–1982, München 1980, S. 135.

[4] Winfried Freund / Walburga Freund-Spork: Kommentar, in: Dies. (Hg.): *Deutsche Prosa-Parodien aus zwei Jahrhunderten*, Stuttgart 1988, S. 234.

[5] Zur Definition des Terminus ›Klassik‹ vgl. Heinz Otto Burger: Einleitung, in: *Begriffsbestimmung der Klassik und des Klassischen*, hg. v. Heinz Otto Burger, Darmstadt 1971, S. IX–XVII.

[6] Wolfgang Leppmann: *Goethe und die Deutschen. Der Nachruhm eines Dichters im Wandel der Zeit und der Weltanschauungen*. Erweiterte Neufassung, Stuttgart 1982, S. 202.

richts zu stärken sei, da er die noch nicht realisierte nationalstaatliche Einheit der Deutschen ideell vorbereiten könne.[7] So plädiert beispielsweise der Pädagoge Robert Hiecke (Autor der 1842 erschienenen Schrift *Der deutsche Unterricht auf deutschen Gymnasien*) für ein nationales ›Bildungsprogramm‹. Hiecke fordert die systematische Berücksichtigung deutscher Literatur im gymnasialen Unterricht. Im Zentrum der von Hiecke vorgeschlagenen Literaturauswahl stehen Goethe und Schiller, in ihrem Werk komme der »nationale Geist«[8] besonders deutlich zum Ausdruck. Das ›Bildungsprogramm‹ Hieckes ist allerdings nicht unumstritten, vor allem christliche Pädagogen erheben Einwände gegen das ›Heidentum‹ der beiden Klassiker. Hieckes Vorstellungen setzen sich jedoch trotz dieser Kritik langsam aber sicher durch, einflußreiche Pädagogen – genannt seien Rudolf von Raumer und Ernst Laas – bestätigen und bekräftigen die von Hiecke vorgeschlagene Lektüreauswahl für die Gymnasien. Dabei ist wichtig zu betonen, daß das für den gymnasialen Deutschunterricht zusammengestellte Literaturkompendium den in der Literaturgeschichtsschreibung ihrer Zeit vorgenommenen Akzentsetzungen entspricht.[9]

Die Literaturgeschichtsschreibung des neunzehnten Jahrhunderts ist integraler Bestandteil der in der ersten Hälfte des neunzehnten Jahrhunderts an den deutschen Universitäten eingerichteten Germanistik. Die Zielsetzung der Germanistik besteht – was heute vielfach vergessen wird – darin, die real-politisch noch nicht vorhandene Nationalstaatlichkeit der Deutschen geistig-kulturell vorzubereiten. Deshalb sind die Germanisten des neunzehnten Jahrhunderts in erster Linie auf der »Suche nach (dem) Geist und (dem) Wesen der Nation«[10]. Darüber hinaus und damit zusammenhängend besteht die zentrale Zielsetzung der an den Universitäten betriebenen Literaturgeschichtsschreibung in der Kanonisierung der literaturgeschichtlichen Überlieferung, d. h., die Literaturgeschichtsschreibung wählt aus und legt fest, was als die repräsentative und wichtige Überlieferung zu gelten hat. Besteht noch in der ersten Hälfte des neunzehnten Jahrhunderts durchweg Unsicherheit über den zu tradierenden Kanon der deutschen Literatur (Gervinius/Hettner), so sind sich die einflußreichsten Vertreter der Literaturgeschichtsschreibung nach 1848 über den zu tradierenden Kanon weitgehend einig. Sowohl Wilhelm Scherer – Begründer des Positivismus – wie auch Wilhelm Dilthey – Vater der geisteswissenschaftlichen Methode – stimmen zumindest in einem vollkommen überein, daß die Werke Goethes und Schillers die absoluten ›Höhepunkte‹ der deutschsprachigen Dichtung markieren.

Die beiden Dichter werden zu ›Klassikern‹ stilisiert, und ihre Werke werden als ›klassisch‹ bezeichnet. Man rühmt sie als »geistige Führer auf dem Weg zur nationalen Einheit«. Vergleicht man allerdings die Goethe und Schiller entgegengebrachte Bewunderung, so fällt auf, daß zunächst nicht Goethe, sondern Schiller als ›der‹

---

[7] Vgl. Georg Jäger: *Schule und literarische Kultur*, Stuttgart 1981.
[8] Robert Hiecke: *Der deutsche Unterricht auf deutschen Gymnasien*, Leipzig 1842, S. 106.
[9] Genannt sei der im Jahr 1887 in achtzehnter Auflage *Zum Gebrauche an höheren Unterrichtsanstalten* publizierte *Leitfaden zur Geschichte der deutschen Literatur* von Heinrich Kurz.
[10] Thomas Nipperdey: *Deutsche Geschichte 1800–1866. Bürgerwelt und starker Staat.* 6., durchges. Aufl., München 1993, S. 303ff.

Nationalautor der Deutschen gefeiert wird. Wobei bis zum Scheitern der 48er Revolution die Freiheitsideen und nach dem Scheitern der bürgerlichen Revolution von 1848/49 das Nationalpathos Schillerscher Prägung im Zentrum der Schiller-Rezeption stehen. Nach der Reichsgründung – 1871 – findet dann eine Neuorientierung der bildungsbürgerlichen Eliten statt: Die Goethe gezollte Verehrung ist nunmehr ungleich größer als die auf Schiller und sein Werk bezogenen Huldigungen. Dabei richtet man die Aufmerksamkeit vorzugsweise auf die überzeitlichen Themata im Werk des ›Weimarer Dichterfürsten‹. Goethe und nicht Schiller steht im »Vordergrund des Interesses«[11], der Weimarer Geheime Rat und nicht der Jenaer Geschichtsprofessor avanciert zu ›dem‹ kanonisierten Dichter des Deutschen Reiches. Goethe-Begeisterung und Goethe-Philologie nehmen einen gewaltigen Aufschwung.

Werden ein Autor und sein Werk im Verlauf des Rezeptionsprozesses übermäßig glorifiziert, dann ist zu erwarten, daß sich irgendwann auch Widerstand gegen diese ›Verherrlichung‹ – gegen die Übermacht kanonisierter Kulturüberlieferung – artikuliert. Eine frühe Stil-Parodie auf die üblichen Gedächtnisfeiern zu Ehren von Goethe und Schiller stammt aus der Feder des Münchner Kabarettisten und Parodisten Hanns von Gumppenberg. Unter dem sprechenden Pseudonym ›Professor Dr. Immanuel Tiefbohrer‹ veröffentlicht Gumppenberg in seiner Parodien-Sammlung *Das teutsche Dichterroß – In allen Gangarten vorgeritten* (1901) gleich *Zwei Weimarer Festvorträge: Goethes ›Weder – Weder‹ und Schillers ›Noch – Noch‹*. Möglicherweise hat Gumppenberg diese Parodie auch als Kabarett-Nummer inszeniert und in einem literarischen Kabarett, die um die Jahrhundertwende zu Hauf gegründet wurden, zum Besten gegeben. Gumppenberg läßt Professor Tiefbohrer seine Aufmerksamkeit auf die Deutung zweier Zeilen aus dem *Faust* richten, und zwar auf jene Stelle, wo Gretchen auf Faustens Annäherung entgegnet: »Bin weder Fräulein, weder schön, / Kann ungeleitet nach Hause gehn.«

> Warum ließ Goethe an jener Stelle sein Gretchen ›weder – weder‹ sagen, und nicht ›weder – noch‹? Die Antwort lautet (...), weil Goethe ein ›Klassiker‹ war und sich dementsprechend auch immer streng-klassisch ausdrücken mußte. Denn was allein läßt sich als streng-klassische Ausdrucksweise bezeichnen? Offenbar nur jene Ausdrucksweise, welche der Antike am innigsten angenähert ist. Wie aber sagte der antike Kulturmensch für ›weder – noch‹? Er sagte als Römer ›neque – neque‹ (...).[12]

Im Zentrum der parodistischen Attacke stehen weder Goethe noch sein Werk, sondern der nationale Goethe-Kult seiner Zeit, die pseudoästhetische Argumentationsweise und der sinnentleerte Formalismus der Goethe-Philologie. Wenn Gumppenberg Prof. Tiefbohrer in seinem sogenannten *Festvortrag* von der ›kühnen

---

[11] Karl Robert Mandelkow: *Goethe in Deutschland. Rezeptionsgeschichte eines Klassikers.* Bd. 1: 1773–1918, München 1980, S. 135.
[12] Hanns von Gumppenberg: *Das teutsche Dichterroß. In allen Gangarten geritten.* Mit einem Nachwort von Armin Eichholz und einer Einleitung von Josef Hofmiller, München 1971 (Erstauflage: München 1901), S. 140ff.

Überzeugungssicherheit‹, der ›unbeirrbar elementaren Treffsicherheit‹, dem ›strengklassischen Formbewußtsein‹ und der ›reizvoll-aparten Formgebung‹ des Klassikers sprechen läßt, dann ist dies nichts anderes als Realsatire. Realsatire auf Goethe-Forscher, denen jedwede Distanz zu ihrem Gegenstand abhanden gekommen zu sein scheint, die sich dem Klassiker ausschließlich in demütiger Bewunderung und ehrfurchtsvoller Hochschätzung nähern können, für die die ästhetische Vorbildhaftigkeit des Klassikers außer Frage steht. Die Deutung der ersten Worte Gretchens parodiert jene Interpreten, die – weil sie vom ›hohen Rang‹ des interpretierten Dichters voreingenommen sind – in ihren Arbeiten in erster Linie genau diesen ›hohen Rang‹ bestätigen wollen.

So viel zu Gumppenberg und seiner Kritik an den Auswüchsen der Goethe-Philologie der Jahrhundertwende. Versucht man die Situation um 1900 zu beschreiben, dann kann die Popularität Goethes kaum überschätzt werden. So gibt es in Frankfurt – seit 1885 – ein ›Goethe-Nationalmuseum‹, und in Weimar – ebenfalls seit 1885 – eine ›Goethe-Gesellschaft‹. Goethe-Biographien haben Hochkonjunktur.[13] Der Absatz der Goetheschen Werke ist groß, er reicht von den broschierten Reclam-Heftchen bis hin zu den verschiedenen Glanzleder-Prunkausgaben. Interessant dabei ist, daß der Reclam Verlag, der seine ›Universalbibliothek‹ 1867 startet, bezeichnenderweise mit Goethes *Faust* beginnt, so daß die Lektüre dieses Werkes auch für schmalere Budgets möglich wird. Daß andererseits viele Glanzleder-Prunkausgaben – vor allem wenn es sich um ›Gesammelte Werke‹ handelt – weniger gelesen als im Bücherschrank zur Schau gestellt werden, entspricht dem ausgeprägten Bedürfnis nach äußerer Teilnahme an der bürgerlichen ›Bildungswelt‹.

Und genau darauf reagiert 1918 Heinrich Mann in seinem Roman *Der Untertan*, wenn er das Toilettenpapier des studierten Fabrikbesitzers Diederich Heßling mit Klassiker-Zitaten ›veredelt‹. Heinrich Mann hätte seine Kritik an der zur Schau gestellten – sogenannten – ›Bildung‹ des ›Wilhelminischen Bürgertums‹ kaum wirkungsvoller in Szene setzen können als durch den banal-trivialen Umgang, den sein Romanheld mit kultureller Tradition zu haben pflegt. Ein Jahr später, 1919, setzt sich der österreichische Autor und Publizist Karl Kraus im zweiten Akt seiner Tragödie *Die letzten Tage der Menschheit* dann mit einem ganz anderen Phänomen auseinander, nämlich mit der Tatsache, daß eine Vielzahl von zweit- und drittklassigen Autoren Goethe-Originale umdichten, um die eigene Einfallslosigkeit zu kaschieren. Das Anknüpfen an die poetische Ausstrahlungskraft der Goetheschen Vorlage soll den fehlenden Esprit der eigenen literarischen Produktion vergessen lassen:

Florianigasse.
Hofrat i. P. Dlauhobetzky von Dlauhobetz und Hofrat i.P. Tibetanzl treten auf.
Dlauhobetzky von Dlauhobetz: Bin neugierig, ob morgen in der Mittagszeitung – du, das is mein Lieblingsblatt – ob morgen also mein Gedicht erscheint, gestern hab ich ihr's eingeschickt. Willst es hören? Wart – (Zieht ein Papier hervor.)

---

[13] Von den zahlreichen Goethe-Biographen der Jahrhundertwende seien hier nur Albert Bielschowsky, Karl Heinemann, Richard Moritz Meyer und Eugen Wolff namentlich genannt.

Tibetanzl: Hast wieder ein Gedicht gemacht? Worauf denn?
Dlauhobetzky von Dlauhobetz: Wirst gleich merken worauf. Wanderers Schlachtlied.
Das ist nämlich statt Wanderers Nachtlied, verstehst –
Über allen Gipfeln ist Ruh,
über allen Wipfeln spürest du
kaum einen Hauch –
Tibetanzl: Aber du – das ist klassisch – das ist ja von mir!
Dlauhobetzky von Dlauhobetz: Was? Von dir? Das ist klassisch, das ist von Goethe!
Aber paß auf, wirst gleich den Unterschied merken. Jetzt muß ich noch einmal anfangen.
Über allen Gipfeln ist Ruh,
über allen Wipfeln spürest du
kaum einen Hauch.
Der Hindenburg schlafet im Walde,
Warte nur balde
Fällt Warschau auch.
Ist das nicht klassisch, alles paßt ganz genau, ich hab nur statt Vöglein Hindenburg gesetzt und dann den Schluß auf Warschau. Wenn's erscheint, laß ich mir das nicht nehmen, ich schick's dem Hindenburg, ich bin ein spezieller Verehrer von ihm.
Tibetanzl: Du, das is klassisch. Gestern hab ich nämlich ganz dasselbe Gedicht gemacht. Ich habs der Muskete einschicken wollen, aber –
Dlauhobetzky von Dlauhobetz: Du hast dasselbe Gedicht gemacht? Gehst denn nicht –
Tibetanzl: Ich hab aber viel mehr wie du verändert. Es heißt: Beim Bäcken.
Über allen Kipfeln ist Ruh,
beim Weißbäcken spürest du
kaum einen Rauch.
Dlauhobetzky von Dlauhobetz: Das is ja ganz anders, das is mehr gspassig!
Tibetanzl:
Die Bäcker schlafen im Walde
Warte nur balde
Hast nix im Bauch.
Dlauhobetzky von Dlauhobetz: Du, das is förmlich Gedankenübertragung!
Tibetanzl: Ja, aber jetzt hab ich mich umsonst geplagt. Jetzt muß ich warten, ob deins erscheint. Wenn deins erscheint, kann ich meins nicht der Muskete schicken. Sonst glaubt man am End, ich hab dich paradiert![14]

Das Interessante an dieser kleinen Szene ist, daß hier das, was wie satirische Erfindung daherkommt, tatsächlich – wie fast alle Satire bei Kraus – nur Zitat ist. Nachtlied-Nachdichtungen, in denen der Inhalt des Originals durch einen anderen effektvoll ersetzt wird, findet Kraus zu Hauf in der damaligen Tagespresse. Für den Sprachkritiker Kraus gibt es allerdings nichts Schlimmeres als diese »ekelhafte Vertraulichkeit« mit einem »Gipfelwerk« der deutschen Literaturtradition.[15] Der Sprach- und Kulturkritiker empört sich über »die Ruchlosigkeit des Einfalls« derer, die, indem sie ein Goethe-Gedicht nachahmen, mit dem Original »Schindluder«

---

[14] Karl Kraus: *Die letzten Tage der Menschheit. Tragödie in fünf Akten mit Vorspiel und Epilog*, 2 Bde., München 1964, 1. Bd., S. 204f.
[15] Karl Kraus: »Goethes *Volk*«, in: *Die Fackel* 454–456 (1917), S. 1–4, hier S. 2.

treiben. Respektloser Umgang mit der Tradition indiziere nichts anderes als einen geistigen Verfallsprozeß.

Mit der Verurteilung der parodistischen Imitation einer Vorlage steht Kraus in einer Tradition. Das Ansehen der oftmals als ›parasitär‹ beschimpften parodistischen Schreibweise ist relativ gering, und das, obwohl deren faktische Beliebtheit bei den Lesern bereits aus der großen Zahl auflagenstarker Parodie-Anthologien abgelesen werden kann. Das Verhältnis zwischen Original und Parodie wird gern und immer wieder als Gegensatz von ›geniehafter‹ Originalität und ›frevelhafter‹ Imitation, ›echtem‹ Kunstwerk und ›After‹-Kunst, ›wahrer‹ Dichtung und ›uneigentlicher‹ Nachdichtung, ›hoher‹ Literatur und ›minderwertiger‹ Trivialität beschrieben. Die Geringschätzung des Parodierens zieht sich geradezu als historische Konstante durch die Bewertungsgeschichte parodistischen Schreibens: Auch Goethe war – obwohl er sich in jungen Jahren der parodistischen Schreibweise ab und an selbst bedient hat – kein Freund der Parodie: In *Dichtung und Wahrheit* erklärt er sich 1824 zum »Todfeind« der parodistischen Schreibweise, da hierdurch das »Hohe, Grosse, Edle, Gute, Zarte« heruntergezogen und »ins Gemeine verschleppt«[16] werde.

Aber was genau ist eine Parodie? Begreift man Literatur als Netzwerk unterschiedlichster Beziehungen zwischen Autoren, Texten und Lesern, dann ist die Parodie geradezu ein Musterbeispiel eines Textes, der nur in Interaktion mit einem oder mehreren anderen Texten sein Bedeutungspotential überhaupt entfalten kann. Das Verhältnis zwischen Original und Parodie kann als eine Form der ›Intertextualität‹ interpretiert werden: Die Parodie lebt aus dem Spannungsverhältnis von Nachahmung und Veränderung, Imitation und Verfremdung. Der Autor einer Parodie imitiert ein Original, wobei er ganz unterschiedliche »Veränderungsoperationen«[17] an dem Original vornehmen kann: So kann er Elemente des Originals umstellen, verkürzen, erweitern, ersetzen oder überzeichnen. Diese Veränderungsoperationen werden vom Parodisten zwar vorsätzlich vorgenommen, sind aber gleichzeitig durch Momente des Willkürlichen charakterisiert, sie gehorchen nicht den Gesetzen abgewogen-reflektierter Literaturkritik. Der Parodist kann dem Original mit Sympathie oder mit Kritik begegnen, er kann ihm aber genausogut unentschieden oder ambivalent gegenüberstehen. Der quantitative Umfang der am Original vorgenommenen Veränderungen ist grundsätzlich variabel.[18] Dem quantitativen Ausmaß der jeweiligen Veränderungen sind jedoch klare Grenzen gesetzt, denn zwischen Vorlage und Parodie müssen erkennbare Ähnlichkeitsrelationen bestehen bleiben. Die Parodie muß formal-stilistische und/oder inhaltlich-semantische ›Wiedererkennungsmarken‹ enthalten, damit der Leser der Parodie überhaupt die Möglich-

---

[16] Johann Wolfgang von Goethe: *Über die Parodie bei den Alten*, in: Ders.: *Sämtliche Werke*, Jubiläums-Ausgabe, hg.. v. Eduard von der Hellen, Stuttgart/Berlin o.J., 37. Bd., S. 292f. Ob sich in dieser Bewertung der parodistischen Schreibweise durch Goethe die herrschende Meinung über die Parodie spiegelt oder ob diese durch Goethes Verdikt erst zur herrschenden wurde, läßt sich nicht mehr überprüfen.

[17] Erwin Rotermund: *Die Parodie in der modernen deutschen Lyrik*, München (Diss.) 1963, S. 18.

[18] Die Veränderungen können die rhythmisch-klangliche Strukturschicht, den Wort-, Reim- und Metaphernbereich und die Semantik eines Textes betreffen.

keit hat, die Parodie auf das Original rückzubeziehen. D. h., das für Original und Parodie charakteristische Spannungsverhältnis zwischen Nachahmung und Veränderung darf nicht überstrapaziert werden, denn ein Leser, der die intertextuelle Dialogbeziehung zwischen Original und Parodie nicht registriert, ist nicht länger Leser einer Parodie, sondern agiert als Leser eines ›Quasi-Originals‹.

Warum wird gerade Goethe immer wieder parodiert? Eine erste Antwort ist naheliegend und ergibt sich aus dem zuvor Entwickelten: Goethe wird parodiert, weil man ihn kennt. Parodisten müssen – um dies noch einmal zu wiederholen – daran interessiert sein, daß ihre Leser eine Beziehung zwischen Original und Parodie herstellen können, denn nur dann kann die Parodie ihr Wirkpotential entfalten. Damit ist das parodistische ›Spiel‹ mit den Werken Goethes also indirekt ein Indikator für deren Ruhm und Popularität. Begreift man jede Parodie als eine Facette der Goethe-Rezeption, dann kann man die Veränderungsoperationen, die der Parodist an dem Originalwortlaut einer Vorlage vorgenommen hat, auf die damit verbundenen Motive hin untersuchen. Zu fragen ist: Soll der Leser in erster Linie humorvoll unterhalten werden, oder verfolgt der Parodist weitergehende Zielsetzungen? Wird das Original affirmativ bejaht, oder wird es kritisch attackiert? Dient die Parodie dem Ziel, Aussagen über Literatur oder den Literaturbetrieb zu formulieren, oder dient sie in erster Linie als Medium für über die Literatur und den Literaturbetrieb hinausgehende Diskurse?

Versucht man die in den vergangenen zweihundert Jahren entstandenen Goethe-Parodien mit Blick auf dieses Frageraster zu ordnen, dann ergibt sich das folgende Bild: Der noch nicht zum Klassiker kanonisierte Goethe gerät wiederholt ins Visier der Parodie, weil sein Werk literaturkritisch in Frage gestellt wird. In diesem Fall dient die Parodie als Medium der Literaturkritik. Vor allem Goethes *Werther* gerät massiv in das Schußfeuer parodistischer Kritik. Einer dieser Kritiker heißt Christoph Friedrich Nicolai. Er veröffentlicht bereits ein Jahr nach dem Erscheinen der *Leiden des jungen Werther* ein Büchlein, dem er den Titel *Die Freuden des jungen Werthers* (1775)[19] gibt. Nicolai ist ein bedeutender Repräsentant der auf vernünftige und moralische Lebensführung drängenden Aufklärungsbewegung des achtzehnten Jahrhunderts, so daß ihm sowohl der Individualismus wie die Gefühlswirren Werthers in höchstem Maße suspekt erscheinen müssen; und erst recht nicht tolerieren kann Nicolai den Selbstmord Werthers.

Und weil dem so ist, ist Nicolai in seiner Parodie auf Goethes *Werther* darum bemüht, den Goetheschen Titelhelden auf den Weg sinnvoller Lebensführung zu bringen. Dies geht wie folgt: Bei Nicolai scheitert Werthers Selbstmordversuch, weil Albert seine Pistole mit Hühnerblut gefüllt hat, außerdem verzichtet Albert auf Lotte, so daß Werther und Lotte heiraten können. Durch Werthers Eheschließung mit Lotte wird eine Persönlichkeitsentwicklung initiiert, die den Romanhelden Schritt für Schritt für bürgerliche Werthorizonte und bürgerliche Formen der Lebenshaltung gewinnt. Werther wird Bürger und übernimmt die damit einhergehenden Aufgaben und Pflichten: Er ist fleißig und sparsam und findet zum rechten Gott-Glauben. Ziel

---

[19] Christoph Friedrich Nicolai: *Freuden des jungen Werthers / Leiden und Freuden Werthers des Mannes / Voran und zuletzt ein Gespräch*, Berlin 1775.

der Nicolaischen Parodie ist es, die empfindsame Gefühlswelt des Goetheschen Titelhelden als lächerlich-exaltiert, vernunftwidrig und unzweckmäßig zu demaskieren.

Goethe hat sich über Nicolais Kritik sehr geärgert, mehrere Spottgedichte auf Nicolai belegen dies. Vor allem aber hat Goethe mit einer Parodie auf Nicolais Parodie reagiert. In der *Anekdote zu den Freuden des iungen Werthers* inszeniert Goethe einen zärtlich-liebevollen Dialog zwischen Werther – im Hausfrack – und Lotte im Negligé. Beide kritisieren Nicolai, da Werther den Selbstmordversuch zwar überlebt hat, seine Augen jedoch durch den von Nicolai erdachten Schuß mit Hühnerblut verletzt wurden, so daß er Lotte – das geliebte Objekt – nun zwar besitzt, sie aber nicht mehr sehen, sondern nur mehr befühlen kann.

Kritisiert wird aber nicht nur der *Werther*, sondern auch der *Wilhelm Meister* der Goetheschen *Lehrjahre*: Der christlich-konservative Theologe Pustkuchen veröffentlicht 1821 eine *Wilhelm-Meister*-Variante der Goetheschen *Lehrjahre*, in der der Wilhelm Meister Goethes amoralischen Anschauungen und ziellosen Lebensführungen eine Absage erteilt, religiöse Indifferenzen überwindet und statt dessen zu einer sinnvollen Lebensgestaltung auf der Basis christlicher Werte findet.[20] Pustkuchen hat seine Parodie, der er den Titel *Wilhelm Meisters Wanderjahre* gibt, anonym veröffentlicht, so daß ein großes Rätselraten um den Verfasser stattfindet, ja sogar Goethe selbst als Verfasser vermutet wird. Brisant ist die Unternehmung Pustkuchens nicht zuletzt auch deshalb, weil die Parodie des Theologen den gleichen Titel trägt wie die Goethesche Fortsetzung der *Lehrjahre*, die zeitgleich mit der Parodie veröffentlicht wird. Goethe ist empört über Pustkuchens Unternehmung und antwortet – als der Verfasser der Parodie schließlich bekannt wird – wie seinerzeit auf Nicolai mit mehreren Spottgedichten auf den ›Pusterich‹.

Der noch nicht zum Klassiker avancierte Goethe gerät also wiederholt in das Schußfeuer parodistischer Kritik. Die Situation ändert sich erst im weiteren Verlauf des neunzehnten Jahrhunderts: Goethe wird – um dies noch einmal zu wiederholen – zum Klassiker erhoben und löst nun die Produktion einer Vielzahl affirmativ, das Original positiv bejahender Parodien aus. Das parodistische ›Spiel‹ mit einem als mustergültig angesehenen Original eröffnet Laien- und Gelegenheitsautoren die Möglichkeit, sich gemeinsam mit ihrem Publikum an der eigenen Belesenheit und damit an der eigenen ›Bildung‹ zu erfreuen. Hintergrund für diese Entwicklung ist die im neunzehnten Jahrhundert entstehende bürgerliche Leistungsgesellschaft, die eng an die Schichtung nach ›Bildung‹ und ›Bildungsabschlüssen‹ gekoppelt ist. Zielt das von Wilhelm von Humboldt postulierte Primat der ›zweckfreien‹ und ›allgemeinen Bildung‹ der Idee nach auf gleiche ›Bildungschancen‹ für alle und damit auf soziale Mobilität zwischen den Ständen, so sieht die Realität des Schulalltags etwas anders aus. Das Gymnasium ist Schule der Söhne aus höheren Schichten, und die dort vermittelte ›Bildung‹ ist Sache der bürgerlichen Welt. Bildung und Bildungszertifikate sind die Basis für Karriere und sozialen Status.

---

[20] Johann Friedrich Wilhelm Pustkuchen: *Wilhelm Meisters Wanderjahre – Wilhelm Meisters Tagebuch – Gedanken einer frommen Gräfin – Wilhelm Meisters Meisterjahre*, Quedlinburg und Leipzig 1821–1824.

›Bildungswissen‹ dient dem ›Gebildeten‹ als Form der Selbstdarstellung, es stabilisiert ›Wir-Gefühle‹ mit seinesgleichen; und es gibt dem ›Gebildeten‹ die Gelegenheit der Grenzziehung gegenüber weniger ›Gebildeten‹. Die in einem zeitaufwendigen Sozialisationsprozeß erworbene ›Bildung‹ – kognitive Fähigkeiten, Kulturtechniken, ästhetischer Geschmack und kulturelle Präferenzen – fungiert als »kulturelles Kapital«[21] des ›gebildeten Bürgertums‹, das sich auf diese Weise von den ›ungebildeten‹ Schichten distanzieren kann. Die Rezeption von ›kanonisierter‹ und ›anspruchsvoller‹ Literatur ist ein Teil des Lebens dieser Schicht. Der Gedankenaustausch über zuvor Gelesenes ist ein Bereich der geselligen Unterhaltung: »Lektüre sollte gerade nicht von geselligem Umgang entfernen, sondern dafür ertüchtigen.«[22] Wobei sich bürgerliche Geselligkeitsformen – Kränzchen, Salons, Lesegesellschaften, Vereine, Stammtische und Studentenverbindungen – positiv auf das Leseverhalten auswirken, denn Lektürewissen ermöglicht die Teilnahme an der geselligen Konversation.

Darüber hinaus bieten die Formen der bürgerlichen Geselligkeitskultur einen fruchtbaren Boden für den Aufschwung des spielerisch-parodistischen Umgangs mit Texten. Im geselligen Miteinander bietet sich häufig die Gelegenheit, ernstes und heiteres Gedicht- und Liedgut zitierend lebendig zu erhalten und entwickelt sich leicht eine ausgelassene Stimmung, die dann das gemeinsame Realisieren parodistischer Einfälle begünstigt. Weil die Werke der Klassiker von nicht wenigen Lesern ganz oder teilweise auswendig gelernt werden müssen, fordern sie zum Parodieren – zum ›Spiel‹ mit literarischer ›Bildung‹ – geradezu heraus. Dabei spielt der ›Dilettant‹ – der gebildete Laie – eine große Rolle. Das parodistische ›Spiel‹ mit literarischer ›Bildung‹ eröffnet dem ›Dilettanten‹ die Chance der ›Selbstdarstellung‹, und es gibt ihm gleichzeitig die Möglichkeit, das Ausmaß der ›Bildung‹ seiner Vereinsfreunde spielerisch, vergnügsam und unterhaltend auf die Probe zu stellen.

Tendiert der in den Gymnasien vermittelte ›anspruchsvolle‹ und ›hohe‹ Kunst- und Literaturbegriff des ›gebildeten‹ Bürgertums dazu, den Aspekt der Unterhaltung und des Vergnügens zu vernachlässigen, so bietet die parodistische Bearbeitung eines Goetheschen Originals die Chance, den Bezug auf die ›hohe‹ Literatur mit dem Bedürfnis nach Unterhaltung und der Thematisierung menschlich-allzumenschlicher Lebenssituationen zu verknüpfen. Als Beleg sei eine aus dem Jahr 1886 stammende Parodie auf das Goethesche *Harfner-Lied* zitiert, der anonyme Parodist inszeniert den kulinarischen Verpflegungsnotstand eines nicht-beweibten Mannes als *Stoßseufzer eines Junggesellen*[23]:

---

[21] Pierre Bourdieu: »Ökonomisches Kapital, kulturelles Kapital, soziales Kapital«, in: Reinhard Kreckel (Hg.): *Soziale Ungleichheiten, Soziale Welt*, Sonderband 2, Göttingen 1983, S. 183ff.

[22] Siegfried J. Schmidt: *Die Selbstorganisation des Sozialsystems Literatur im 18. Jahrhundert*, Frankfurt a. M. 1989, S. 97.

[23] Zitiert nach: Wolfgang Hecht (Hg.): *Frei nach Goethe. Parodien nach klassischen Dichtungen Goethes und Schillers*, Berlin 1965, S. 123.

Wer nie versalzne Suppe aß,
Wer nie vor lederzähen Klößen
Und halbverbrannten Schnitzeln saß,
Vor dem will ich mein Haupt entblößen,
Ihn fragen froh und freudiglich:
›Wo speisen Sie denn eigentlich?‹

Trivial-affirmative Parodien – wie die zuvor zitierte – wollen nicht inhaltlich-semantische oder formal-stilistische Aspekte des Originals kritisieren, sondern sie wollen im ›Spiel‹ mit ›Bildung‹ Unterhaltung bieten. Und wenn der Leser einer Parodie den originalen Vorlagetext verifizieren kann, dann darf er sich für ›belesen‹ halten. Dabei ist – mit Blick auf die Schulverhältnisse des neunzehnten Jahrhunderts – davon auszugehen, daß sowohl die Parodien-Schreiber wie die Parodien-Leser mehrheitlich bürgerlicher Herkunft sind, denn nur sie haben Zugang zur gymnasialen Bildung. Gleichwohl ist die Popularität der von der professionellen Literaturgeschichtsschreibung kanonisierten und im gymnasialen Deutschunterricht vermittelten ›Hochliteratur‹ auch bei den sogenannten ›einfachen Lesern‹ in der zweiten Hälfte des neunzehnten Jahrhunderts nahezu beispiellos. Da ›Bildungswissen‹ – also u. a. die Kenntnis von Literatur – die Basis für Karriere und sozialen Status liefert, bedeutet Lesen für einen Teil des Kleinbürgertums – vor allem für Angestellte – nicht nur kurzweilige Unterhaltung und Ablenkung von Alltagsnöten, sondern oftmals zudem die Hoffnung, über den Erwerb »kulturellen Kapitals«[24] die eigenen gesellschaftlichen Aufstiegschancen zu erhöhen und soziale Grenzziehungen nach ›unten‹ vornehmen zu können. Aber auch führende Vertreter der damals noch jungen Sozialdemokratie – Wilhelm Liebknecht, Ferdinand Lassalle und Walter Mehring – betonen die Bedeutung der ›Weimarer Klassik‹. ›Bildung‹ wird geradezu zum »Zauberwort«[25] der Arbeiterpolitik. Und die Entleihquoten der Fabrikbibliotheken[26] dokumentieren tatsächlich, daß die an Literatur interessierten Arbeiter auch tatsächlich nicht nur Unterhaltungsliteratur, sondern ebenso die Werke von Goethe und Schiller ausleihen, d. h., daß auch die sogenannten ›einfachen Leser‹ als Ansprechpublikum für Goethe-Parodien in Frage kamen.

Die Beliebtheit des parodischen Umgangs mit Bildungswissen spiegelt sich nicht zuletzt in den Verkaufserfolgen der Bücher *Das Buch Biedermeiers* (1869) von Ludwig Eichholz, *Nach berühmten Mustern* (8. Aufl., 1878) von Fritz Mauthner und *Das deutsche Dichterroß – In allen Gangarten vorgeritten* (1901) von Hanns von Gumppenberg, den drei bedeutendsten Parodisten der Dezennien um 1900. Oft stellt sich das Parodieren – und das damit verbundene artifiziell-artistische ›Spiel‹ mit Literatur – als geistreiche Übung des ›subtilen‹ Verstandes dar; der Parodist versucht, dem Gegenstandsbereich des Originals neue Aspekte abzugewinnen oder den Inhalt des Originals durch einen anderen effektvoll zu substituieren. So schreibt

---

[24] Pierre Bourdieu: »Ökonomisches Kapital«, S. 183ff.
[25] Nipperdey: *Deutsche Geschichte 1800–1866*, S. 738.
[26] Dieter Langewiesche / Klaus Schönborn: »Arbeiterbibliotheken und Arbeiterlektüre im Wilhelminischen Deutschland«, in: *Archiv für Sozialgeschichte* 16 (1976), S. 135–204.

der Gymnasiallehrer und Gelegenheitsautor Johann Konrad Nänny z. B. eine *Mignon-Lied*-Parodie, in der er den Lesehunger, den Dilettantismus und die Publikationsflut seiner Zeit ›auf die Schippe nimmt‹.[27] Der Parodist kritisiert nicht das Goethesche Original, sondern er instrumentalisiert die Bekanntheit des Goethe-Gedichts – das Faszinosum und die poetische Ausstrahlungskraft des Originals – als Katalysator für eine eigene über das Original hinausgehende Aussage.

Nachdem die Aufmerksamkeit bisher vorzugsweise dem neunzehnten Jahrhundert und der Zeit um 1900 galt, soll abschließend ein Ausblick auf die Gegenwart geworfen werden. Was unterscheidet die Situation heute von damals? Konnte der sogenannte ›Bildungsbürger‹ noch bis in die sechziger Jahre hinein ›seinen‹ Goethe – in Teilen – auswendig zitieren, so ist dies für die Gegenwart nicht mehr zu erwarten. Zwar sind Goethe und sein Werk nach wie vor in der Regel gymnasiale Schulpflichtlektüre, doch stellt sich die Frage, inwieweit aus dieser Lektüre ein produktiver und lebendiger Umgang mit den Wissensbeständen der literarischen Tradition folgt. Fest steht: Die Pluralisierung von Wissenssystemen und kulturellen Praktiken, die Vielfalt des Kulturangebots, die umfassende Vermarktung der Freizeit und die in rasantem Tempo sich entwickelnden audio-visuellen Medien – Unterhaltungselektronik, Film, Fernsehen – lassen dem potentiellen Leser kaum mehr Zeit, literarisches Traditionswissen aufzubauen. Und mit der Erosion des literarischen Traditionswissens reduziert sich die Chance erfolgreichen Parodierens.

Vergleicht man die Zahl der aus dem neunzehnten Jahrhundert überlieferten Goethe-Parodien mit der gegenwärtigen Situation, dann fällt auf, daß Goethe zwar nach wie vor ein Autor ist, der immer wieder mal ins parodistische Visier genommen wird, daß aber rein quantitativ gegenüber dem vergangenen Jahrhundert ein Rückgang des parodistisch inszenierten ›Spiels‹ mit literarischem ›Bildungswissen‹ zu verzeichnen ist. Eine Parodie auf *Iphigenie*, die *Wahlverwandtschaften*, den *König in Thule* oder gar die *Xenien* würde vom heutigen Leser, selbst wenn er einen gymnasialen Schulabschluß hat, wohl kaum sofort als Parodie erkannt, ihm sind die entsprechenden Literaturkenntnisse längst nicht mehr so präsent wie dem Leser ›bildungsbürgerlicher‹ Herkunft der zweiten Hälfte des neunzehnten Jahrhunderts. Parodiert werden *Nachtlied* und der *Erlkönig*, bekannte Textstellen aus dem *Faust* und das *Mignon-Lied* des *Wilhelm Meister*, d. h. Texte, die aus dem Literaturunterricht der Gymnasien als bekannt vorausgesetzt werden können.

Außerdem ist mit Blick auf den gymnasialen Deutschunterricht der Gegenwart festzuhalten, daß Versuche, einen lebendigen Umgang mit der klassischen Literaturüberlieferung durchzusetzen, bislang nur wenig Erfolg gehabt haben. Die Art und Weise des Deutschunterrichts ist wohl häufig nicht dazu geeignet, den Schülern zu vermitteln, welchen Beitrag die Lektüre Goethes zu ihrer Wirklichkeitsorientierung und Ich-Findung leisten könnte. Häufig werden Goethe und sein Werk nach wie vor zu einem kulturellen Denkmal stilisiert. Und weil dem so ist, entsteht auch heute immer wieder der Wunsch, die Klassiker zu parodieren. Dabei geht es in Differenz zum neunzehnten Jahrhundert nicht mehr darum, durch Imitation am Glanz des

---

[27] Johann Konrad Nänny: »Das Roman-Land«, in: Z. Funck (Hg.): *Das Buch deutscher Parodieen und Travestieen*, 1. Bd., Erlangen 1840/41, S. 208–209.

Klassikers zu partizipieren, sondern das Parodieren des Klassikers dient dazu, durch einen witzig-originellen Einfall anerkannt und offiziell ›Großes‹ in seinem Geltungsanspruch spielerisch relativiert wird. Das Parodieren des Klassikers kann damit als Versuch gedeutet werden, sich aus der »drückenden Allmacht sogenannter Kulturgüter«[28] zu befreien. Schulpflichtlektüre provoziert Abwehrmechanismen, weckt das Bedürfnis nach einem gegen die Übermacht des klassischen ›Erbes‹ gerichteten – häufig parodistisch inszenierten – Befreiungsversuch.

Im Zusammenhang mit dem Seminar ›Schulpraktische Studien‹, das ich gemeinsam mit zwölf Studierenden des Lehramtsstudiengangs in einem Deutsch-Grundkurs der Jahrgangsstufe 12 eines Siegener Gymnasiums durchgeführt habe, entstand – als den Schülern von ihrem Fachlehrer die Aufgabe gestellt wurde, ein ihnen zentral und bedeutsam erscheinendes Zitat aus Goethes *Faust* an die Tafel zu schreiben – spontan der folgende Text:

> Da steh' ich nun im großen Tor,
> Ich habe Angst wie nie zuvor!
> Und seh', daß ich nichts machen kann,
> Der Ball kommt immer näher ran!
> Wann wird es bloß den Schlußpfiff geben,
> Es möcht kein Hund so länger leben!

Als der betreffende Schüler anschließend nach seinen Motiven für die Umdichtung des *Faust*-Monologs befragt wurde, gab er die lapidare Antwort: »Ist doch lustig – oder? Ich hab jetzt wirklich die Nase voll von diesen ollen Kamellen.« Ein Jahr später konnte ich dann eine ganz andere Beobachtung machen. Ein an den ›Schulpraktischen Studien‹ des vorausgegangenen Wintersemesters beteiligter Student, der auf meine Anregung damals eine Unterrichtsstunde über parodistische Goethe-Texte gehalten und sich dafür – nach eigener Aussage – erstmals mit den Spezifika des parodistischen Schreibens beschäftigt hatte, begegnete mir im Siegener Laienkabarett *Lyzmix*. Dort gab er eine *Faust*-Umdichtung zum besten: Mephistopheles impft Faust diabolisch mit deutschnationalem Ideengut. Anlaß genug zu fragen, ob der Vexierspiegel parodistischer Textverarbeitung nicht vielleicht auch dazu beitragen kann, die vom Denkmalsockel gestoßenen Klassiker ›neu‹ zu lesen und einen ›anderen‹ – auch kreativen – Umgang mit literarischer Tradition in die Wege zu leiten. Zumal ausschließlich an ästhetischen Bewertungskategorien orientierte Negativurteile über das Parodieren übersehen, daß Literatur – ob nun anspruchsvoll oder trivial – immer erst dann zu leben beginnt, wenn ein Leser nicht ehrfurchtsvoll-bewundernd vor ihr erstarrt, sondern etwas mit ihr tut. Und selbst etwas mit Literatur zu tun, ist allemal wichtiger als totes Literaturwissen.

---

[28] Peter Rühmkorf: *Über das Volksvermögen. Exkurse in den literarischen Untergrund*, Reinbek bei Hamburg 1967, S. 112.

Literaturverzeichnis

Bourdieu, Pierre: »Ökonomisches Kapital, kulturelles Kapital, soziales Kapital«, in: Reinhard Kreckel (Hg.): *Soziale Ungleichheiten, Soziale Welt*, Sonderband 2, Göttingen 1983, S. 183–198.

Burger, Heinz Otto: *Einleitung*, in: *Begriffsbestimmung der Klassik und des Klassischen*, hg. v. Heinz Otto Burger, Darmstadt 1971, S. IX–XVII.

Freund, Winfried / Walburga Freund-Spork: Kommentar, in: Dies. (Hg.): *Deutsche Prosa-Parodien aus zwei Jahrhunderten*, Stuttgart 1988.

Goethe, Johann Wolfgang von: *Über die Parodie bei den Alten*, in: Ders.: *Sämtliche Werke*, Jubiläums-Ausgabe, hg.. v. Eduard von der Hellen, Stuttgart/ Berlin o.J., 37. Bd., S. 292–293.

Gumppenberg, Hanns von: *Das teutsche Dichterroß. In allen Gangarten geritten*. Mit einem Nachwort von Armin Eichholz und einer Einleitung von Josef Hofmiller, München 1971 (Erstauflage: München 1901).

Hecht; Wolfgang (Hg.): *Frei nach Goethe. Parodien nach klassischen Dichtungen Goethes und Schillers*, Berlin 1965.

Hiecke, Robert: *Der deutsche Unterricht auf deutschen Gymnasien*, Leipzig 1842.

Jäger, Georg: *Schule und literarische Kultur*, Stuttgart 1981.

Kästner, Erich: »Das Goethe-Derby«, in: *Pinguin* 4 (1949), H. 2, S. 28.

Kraus, Karl: »Goethes *Volk*«, in: *Die Fackel* 454–456 (1917), S. 1–4.

Kraus, Karl: *Die letzten Tage der Menschheit. Tragödie in fünf Akten mit Vorspiel und Epilog*, 2 Bde., München 1964.

Kurz, Heinrich: Zum Gebrauche an höheren Unterrichtsanstalten publizierter Leitfaden zur Geschichte der deutschen Literatur, o. O., 18. Aufl. 1887.

Langewiesche, Dieter / Schönborn, Klaus: »Arbeiterbibliotheken und Arbeiterlektüre im Wilhelminischen Deutschland«, in: *Archiv für Sozialgeschichte* 16 (1976), S. 135–204.

Leppmann, Wolfgang: *Goethe und die Deutschen. Der Nachruhm eines Dichters im Wandel der Zeit und der Weltanschauungen*, erweiterte Neufassung, Stuttgart 1982.

Mandelkow, Karl Robert: *Goethe in Deutschland. Rezeptionsgeschichte eines Klassikers*. Bd. 1: 1773–1918, Bd. 2: 1919–1982, München 1980.

Nänny, Johann Konrad: »Das Roman-Land«, in: Z. Funck (Hg.): *Das Buch deutscher Parodieen und Travestieen*, 1. Bd., Erlangen 1840/41, S. 208–209.

Nicolai, Christoph Friedrich: *Freuden des jungen Werthers/ Leiden und Freuden Werthers des Mannes/ Voran und zuletzt ein Gespräch*, Berlin 1775.

Nipperdey, Thomas: *Deutsche Geschichte 1800–1866. Bürgerwelt und starker Staat.* 6., durchges. Aufl., München 1993.

Pustkuchen, Johann Friedrich Wilhelm: *Wilhelm Meisters Wanderjahre - Wilhelm Meisters Tagebuch - Gedanken einer frommen Gräfin - Wilhelm Meisters Meisterjahre*, Quedlinburg und Leipzig 1821–1824.

Rotermund, Erwin: *Die Parodie in der modernen deutschen Lyrik*, München (Diss.) 1963.

Rühmkorf, Peter: *Über das Volksvermögen. Exkurse in den literarischen Untergrund*, Reinbek bei Hamburg 1967.

Schmidt, Siegfried J.: *Die Selbstorganisation des Sozialsystems Literatur im 18. Jahrhundert*, Frankfurt a.M. 1989.

Wende, Waltraud: *Goethe-Parodien. Zur Wirkungsgeschichte eines Klassikers*, 2. Aufl., Stuttgart 1999.

Angelika Jacobs

TORQUATO TASSO: GOETHES ANTWORT AUF ROUSSEAU

Tasso zwischen Klassiken

Schon zu Lebzeiten spricht man Torquato Tasso (1544-1595) den Rang eines ›klassischen‹ Autors zu, und als solcher wird er auch in kommenden Jahrhunderten rezipiert und diskutiert. Als eine der prominenten Dichtergestalten der italienischen Renaissance verkörpert er an der Schwelle zur Neuzeit die Orientierung an der monumentalen Norm der antiken Literatur, welche zuerst in Italien die Grundlage einer neuen literarischen Kultur bildet. In der Folgezeit erscheint die Norm des Klassischen in den blütezeitlichen Gewändern verschiedener Nationalphilologien, bis sie im 18. Jahrhundert im Prozeß fortschreitender Historisierung ihre Unantastbarkeit verliert. Diese Entwicklung ist dem als ›deutsche Klassik‹ in die Literaturgeschichte eingegangenen Weimarer Kunstprogramm eingeschrieben, das um 1800 im Kontext der westeuropäischen Literaturen die Position des Spätlings innehat: Ihm geht mit der italienischen Renaissance Petrarcas, Dantes, Tassos und Ariosts, mit dem Elisabethanischen England Shakespeares, dem spanischen *Siglo d'Oro* im 16. und 17. Jahrhundert und dem *siècle classique* unter Ludwig XIV. eine ganze Abfolge von ›Klassiken‹ voraus. Die Reflexion auf die eigene historische Position unter dem Vorzeichen allgemeiner Verzeitlichung ist daher als ein Spezifikum der deutschen Klassik (wie der konkurrierenden Romantik) anzusehen. Als ein weiteres, sozialhistorisches Spezifikum der meist mit dem Weimarer Jahrzehnt der gemeinsamen Arbeit Goethes und Schillers identifizierten Klassik ist der Umstand zu betrachten, daß sich das gemeinsame Projekt einer ›ästhetischen Erziehung‹ inmitten politischer Machtlosigkeit und kleinstaatlicher Zersplitterung, ohne den Rekurs auf die übergreifenden institutionellen Strukturen einer Zentralgewalt etablieren mußte. Obwohl die literarische Klassik in Deutschland demnach »nicht aus einem goldenen Zeitalter festgefügter Kultur erwuchs, sondern eher eine geschichtlich fragile Kultursituation vergoldete«[1], hat diese Situation in der nationalen Literaturgeschichtsschreibung immer wieder nur den dunklen Hintergrund gebildet, von dem sich das sendungsbewußte Weimarer Doppelgestirn glanzvoll und siegessicher abhebt.[2] Distanz zu diesem Bild schafft nicht erst der internationale Vergleich. Schon die innerdeutsche Perspektive schwächt den Nimbus des deutschen Klassik-Mythos, der im 19. und 20.

---

[1] Hans-Georg Werner: »Über den Terminus ›Klassische deutsche Literatur‹«, in: Wilhelm Voßkamp (Hg.): *Klassik im Vergleich. Normativität und Historizität europäischer Klassiken*, Stuttgart 1993, S. 12–24, hier S. 22.

[2] Vgl. dazu die historischen Ausführungen von Karl Robert Mandelkow in diesem Band.

Jahrhundert zu einem identitätsstiftenden Konstrukt der Nationalgeschichte wurde. Die langgehegte Vorstellung einer »Hegemonie der Weimarer Dichter über den zeitgenössischen Sprachraum« gerät schon beim Gedanken daran ins Wanken, daß sich gleichzeitig im benachbarten Jena die Romantik mit Novalis und den Brüdern Schlegel formierte, daß sich eine bemerkenswerte Spätaufklärung in Mitteldeutschland, Berlin und der Schweiz zu Wort meldete und Autoren wie Hölderlin in Baden-Württemberg, Kleist in Berlin und Jean Paul in Bayreuth schrieben.[3] Im Anschluß an Gerhard R. Kaiser kann daher von einem vielschichtigen Mit- und Gegeneinander klassischer, romantischer und selbst noch empfindsamer Tendenzen um 1800 ausgegangen werden.[4]

Ein Blick in die zeitgenössischen Programmschriften derer, die heute ›deutsche Klassiker‹ sind, führt uns diese Zusammenhänge plastisch vor Augen. Dort erscheint die historisch-politische Situation als das große Hemmnis, welches es in Hinblick auf die Begründung einer eigenen Literaturtradition zu überwinden gilt. Goethes und Schillers Reflexionen über die seit jeher ungünstigen Entwicklungsbedingungen für »klassische Nationalautoren« und eine nationale Theaterkultur belegen dies in aller Deutlichkeit. Goethes Auseinandersetzung mit den Ursachen für das Fehlen einer literarischen Klassik in Deutschland in seiner Streitschrift *Literarischer Sansculottismus* von 1795 erfolgt dabei in signifikanter Abgrenzung zum revolutionären Frankreich, zur Terreur-Phase der Republik unter Robespierre. Ausgehend von der Feststellung, daß man einen »Nationalschriftsteller« nur von der Nation fordern könne, wird die desolate deutsche Situation so mit der aktuellen französischen Entwicklung abgeglichen, daß sie – bonum durch malum – letztlich gar als kleineres Übel erscheinen möchte: »Aber auch der deutschen Nation darf es nicht zum Vorwurf gereichen, daß ihre geographische Lage sie eng zusammenhält, indem ihre politische sie zerstückelt. Wir wollen die Umwälzungen nicht wünschen, die in Deutschland klassische Werke vorbereiten könnten.«[5] Dies ändert jedoch nichts daran, daß demjenigen, der sich anschickt, ein Klassiker zu werden, an dieser Stelle nur die auf künftige Leistungen hindeutende, defizitäre Bestandsaufnahme bleibt, entschuldigt durch den klaren Verweis auf den fehlenden »Mittelpunkt gesellschaftlicher Lebensbildung«, auf ein ungeschultes, »große[s] Publikum ohne Geschmack« und die somit mangelnde Gelegenheit zur organischen Entwicklung einer nationalen Tradition (à la française): »die Bildung der höheren Klassen durch fremde Sitten und ausländische Literatur, so viel Vorteil sie uns gebracht hat, hinderte doch den Deutschen, als Deutsche sich früher zu entwickeln.«[6] Hier verdichtet sich das Bewußtsein

---

[3] Manfred Windfuhr: »Kritik des Klassikbegriffs«, in: *Études Germaniques* 29 (1974), S. 302–318, hier S. 314.

[4] Gerhard R. Kaiser: »›Jede große Stadt ist eine Moral in Beispielen‹. Bertuchs Zeitschrift *London und Paris*«, in: ders. und Siegfried Seifert (Hg.): *Friedrich Justin Bertuch (1747-1822) – Verleger, Schriftsteller und Unternehmer im klassischen Weimar*, Tübingen 2000, S. 547–576.

[5] Johann Wolfgang Goethe: *Literarischer Sansculottismus*, in: Karl Richter u. a. (Hg.), *Johann Wolfgang Goethe. Sämtliche Werke nach Epochen seines Schaffens. Münchner Ausgabe*, 20 Bände in 26 Teilen und 1 Registerband, München 1985–1998 (künftig zitiert als MA); Bd. 4.2, S. 15–20, hier S. 17.

[6] Ebd., S. 18.

der fehlenden kulturellen Einheit des deutschen Sprachraums in scharfer Abgrenzung zu den bisher aus dem Ausland übernommenen literarischen Traditionen sowie zum aktuellen Verlauf der Revolution in Frankreich. Nach dem Tod Schillers, welcher politisches Reich und geistige Nation getrennt gedacht hatte, und dem Zusammenbruch des Reiches 1806 unterliegt diese Perspektive einer radikalen Veränderung. Goethe bewegt sich in der Folgezeit auf das alternative, affirmativ vom Zentrum des westlichen Kulturraums auf andere, vor allem auch ferne Nationen und Kulturen ausgreifende Konzept der ›Weltliteratur‹ der zwanziger Jahre zu, in dem die engen Bezüge zu Frankreich keineswegs fehlen. Mit der weltliterarischen Perspektive transponiert auch er den seit jeher defizitären und nunmehr zerstörten respektive usurpierten politisch-nationalen Zusammenhang – jenseits der Möglichkeit neuer nationaler Selbstbestätigung durch den Sieg über Napoleon – in die Sphäre von Bildung und Kultur. Diese konstituiert sich nun nicht mehr über die Abgrenzung vom Fremdkulturellen, sondern gerade über dessen Aufwertung und Integration unter dem Signum der Universalität und Verstehbarkeit, im Erinnerungsraum einer ästhetisierten Weltgeschichte[7]. Mit diesem Schritt über die mangelnde politische Nationalkultur hinweg trägt Goethe dazu bei, den mit Winckelmann beginnenden Weg in ein kompensatorisches Bewußtsein deutscher ›Kulturnation‹ zu ebnen.[8]

In diesem Zusammenhang wäre es eine eigene, umfangreiche Aufgabe, den komplexen, an Wechselfällen und Gegenstrebigkeiten reichen Prozeß einer Distanzierung vom kulturhegemonialen Anspruch Frankreichs im 18. und 19. Jahrhundert nachzuzeichnen, der mit dem Siebenjährigen Krieg, der Revolution und den Napoleonischen Kriegen innerhalb starker politischer Spannungsfelder verläuft. Hier kann nur am prominenten Beispiel der traditionellen Regelpoetik darauf verwiesen werden, daß die deutsche Literatur sich im 18. Jahrhundert maßgeblich, affirmativ wie abgrenzend, an der französischen orientiert, ohne damit die Bezüge zu anderen Literaturen, besonders zur englischen, nivellieren zu wollen. Der junge Goethe hat sich damit auseinanderzusetzen, daß die großen Dramen der höfischen Klassik unter Louis XIV. und das ihnen eingeschriebene poetologische Regelwerk der ›klassischen Doktrin‹ bis in die zweite Hälfte des 18. Jahrhunderts hinein als Vorbild für die deutschsprachige Poetik fungieren. Diese Ausrichtung wird durch Lessings Frontstellung gegen deren Hauptvertreter Gottsched massiv in Frage gestellt, der sich in seiner *Critischen Dichtkunst* (1730) besonders streng an der französischen Auffassung des *bon goût* und der klassizistischen Poetik Boileaus orientiert. Lessing bricht in seiner Konzeption des ›Bürgerlichen Trauerspiels‹ mit der traditionellen Ständeklausel. Seiner vehementen Opposition gegen die klassische Doktrin folgt bald die

---

[7] Vgl. Hannelore Schlaffer und Heinz Schlaffer: *Studien zum ästhetischen Historismus*, Frankfurt a. M. 1975, S. 7–22.

[8] Conrad Wiedemann: »Römische Staatsnation und griechische Kulturnation. Zum Paradigmenwechsel zwischen Gottsched und Winckelmann«, in: Albrecht Schöne (Hg.): *Akten des VII. Internationalen Germanisten-Kongresses Göttingen 1985*, Bd. 9 (*Deutsche Literatur in der Weltliteratur. Kulturnation statt politischer Nation?*, hg. v. Franz Norbert Mennemeier und Conrad Wiedemann), Tübingen 1986, S. 173–178, hier S. 178.

Revolte der Stürmer und Dränger gegen das Regelkorsett, deren programmgebende Werke vom jungen Goethe und von Herder stammen.

Im folgenden sollen Aspekte dieses ambivalenten Orientierungsrahmens beleuchtet werden, die für Goethes Beschäftigung mit dem Renaissance-Dichter Torquato Tasso im weiteren Entstehungskontext des gleichnamigen Dramas von 1789 relevant sind. Zunächst wird für die grob skizzierte deutsche Tasso-Rezeption des späteren 18. Jahrhunderts die Bedeutung zweier grundverschiedener Verbindungswege zur französischen Literatur und Philosophie nachgezeichnet, die Goethe selbst reflektiert. Diese Reflexionen verbleiben jedoch im Allgemeinen und geben keinen Aufschluß über konkretere Anknüpfungspunkte für die Gestaltung seines Tasso-Stückes, obwohl eine nähere Verbindung zu Rousseau und seiner Tasso-Rezeption zu vermuten steht. Es gilt daher, für diesen französisch-deutschen Transfer mentalitätsgeschichtliche und intertextuelle Bezüge von den philosophischen und literarischen Werken Rousseaus zu Goethe zu rekonstruieren, und zwar anhand einschlägiger Texte aus dem Umkreis der Empfindsamkeit und Empfindsamkeitskritik. Auf diese Weise kann eine latente rezeptiongeschichtliche Linie aufgezeigt werden, die von Rousseaus epochemachendem Briefroman *Julie ou la Nouvelle Héloïse* (1761) über Goethes *Werther* (1774) zu *Torquato Tasso* (1789) führt, den Goethe selbst dezidiert als »gesteigerten Werther« bezeichnet. Hierauf aufbauend wird schließlich eine Lesart des *Tasso* entwickelt, die der bisher für Goethe wenig beachteten Verbindung zur Entzweiungsphilosophie Rousseaus Rechnung trägt und diese Perspektive auf den Horizont der Weimarer Klassik, aber auch auf den simultanen der Romantik bezieht.

Spuren einer verschwiegenen Rezeptionsgeschichte[9]

In der zweiten Hälfte des 18. Jahrhunderts kann in Deutschland von einer direkten, systematischen Zuwendung zur italienischen Literatur noch keine Rede sein. Zwar gibt Johann Nicolaus Meinhard mit seinen *Versuche[n] über den Charackter und die Werke der besten Italienischen Dichter*[10] in den sechziger und siebziger Jahren einen ersten, rudimentären Überblick über Hauptwerke der italienischen Literatur; doch werden dort die Verdienste Petrarcas, Dantes, Ariosts und sogar Machiavellis, nicht aber die Leistungen Torquato Tassos gewürdigt. Ebenso spärlich ist das literarische *Cinquecento* wenig später bei Johann Christoph Jagemann, dem Betreuer der herzoglichen Bibliothek in Weimar, vertreten. Auch in Jagemanns Studien zur italienischen Kunst- und Wissenschaftsgeschichte aus den siebziger und achtziger Jahren[11] bleibt Tasso unerwähnt. Unabhängig davon, daß die zeitgenössische Italianistik (wie die

---

[9] Angelika Jacobs: *Goethe und die Renaissance. Studien zum Konnex von historischem Bewußtsein und ästhetischer Identitätskonstruktion*, München 1997, S. 131–225.

[10] Johann Nicolaus Meinhard: *Versuche über den Charackter und die Werke der besten Italienischen Dichter*, 3 Bände, Braunschweig 1763/1764/1774.

[11] Johann Christoph Jagemann: *Geschichte der freyen Künste und Wissenschaften in Italien*, 5 Bände in 3 Teilen, Leipzig 1777–1781; Ders.: *Magazin der italienischen Litteratur und Künste*, 8 Bände, Weimar 1780–81/Dessau und Leipzig 1782–83/Halle 1785.

moderne Literaturgeschichtsschreibung überhaupt) noch an den Anfängen ihrer Entwicklung steht, ist Tassos Position als Schulautor im 18. Jahrhundert neben Petrarca und Ariost jedoch unbestritten. Dies zeigen vielfältige Nachahmungen und Verarbeitungen seiner Werke in Schäferromanen, dramatisierten pastoralen Episoden und Sonetten bis hin zu Opern und bildnerischen Darstellungen. Der Renaissance-Dichter ist fester Bestandteil des bürgerlich-intellektuellen Bildungskanons. Die Lektüre des oft übersetzten christlichen Heldenepos *Das befreite Jerusalem* aus der väterlichen Bibliothek in der an Manso und de Charnes orientierten Übersetzung von Koppe gehört daher zu den frühen und prägenden Lektüreerlebnissen des jungen Goethe. Tassos Position als Schulautor signalisiert, wie sehr sich mit seinen Werken, namentlich mit dem *Befreiten Jerusalem*, ein normatives Interesse verbindet.

Dieses Interesse manifestiert sich vor allem im Kontext der französischen Klassik, in den Auseinandersetzungen der *Querelle des Anciens et des Modernes*, einer weit ins 17. Jahrhundert zurückreichenden poetologischen Kontroverse, die ihre Kreise im 18. Jahrhundert bis nach Deutschland zieht. In diesem langandauernden Streit um die normative Geltung der antiken Literatur wird die unhinterfragte Vorbildhaftigkeit der großen antiken Autoren von der Partei der ›Modernen‹ bestritten. Umgekehrt erfährt Tasso als prominenter Vertreter der modernen Epik harte Kritik von seiten der ›Alten‹. Dagegen führen die ›Modernen‹ namhafte Verteidiger ins Feld: Neben dem französischen Tasso-Biographen de Charnes (*La Vie du Tasse, Prince des Poëtes Italiens*, 1690) stehen Voltaire mit seiner fortschrittsgeschichtlichen Argumentation zugunsten Tassos im *Essai sur la poésie épique* (1728), Diderot, d'Alembert und andere. Und da steht auch Rousseau, dessen Zivilisationskritik mit ihrer Sicht der Neuzeit als unaufhaltsamem Verfallsprozeß ihn mit dem Lager der ›Alten‹ verbindet, der aber zeit seines Lebens ein glühender Tasso-Verehrer ist. Auch in Deutschland finden sich Tasso-Verteidiger: Johann Georg Jacobi bezieht 1763 in einer Disputation gegen Boileau und Bouhours Position. Den klischeehaften Nachhall dieser in Deutschland recht spät rezipierten Diskussionen[12] dokumentieren die Leipziger Briefe des jungen Goethe an seine Schwester Cornelia, in denen noch nach hundert Jahren das frühe Tasso-Verdikt Boileaus zitiert wird. Des weiteren gibt der Studiosus seiner bildungshungrigen Schwester Anweisung, an welchen Vorbildern die Daheimgebliebene ihren literarischen Geschmack zu schulen habe. Als führende Vertreter eines gehobenen lyrischen Prosastils im Italienischen werden natürlich Ariost und Tasso empfohlen. Auch hier ist offensichtlich, daß Tassos Werk sich, ungeachtet aller Fehden und Diskussionen, kontinuierlicher Wertschätzung und Beliebtheit erfreut. Die Präsenz der *Querelle* in den Argumentationen des angehenden Autors verweist auf den französisch-deutschen Orientierungs-

---

[12] Hans Robert Jauß: »Schlegels und Schillers Replik auf die ›Querelle des Anciens et des Modernes‹«, in: Ders.: *Literaturgeschichte als Provokation*, Frankfurt a. M. 1970, S. 67–106; Peter Kapitza: *Ein bürgerlicher Krieg in der gelehrten Welt. Zur Geschichte der Querelle des Anciens et des Modernes in Deutschland*, München 1981; Wilfried Barner: »Das ›Fremde‹ des ›griechischen Geschmacks‹. Zu Winckelmanns *Gedancken über die Nachahmung*«, in: Eijiro Iwasaki (Hg.): *Begegnung mit dem ›Fremden‹: Grenzen – Traditionen – Vergleiche. Akten des VIII. Internationalen Germanisten-Kongresses Tokyo 1990*, Bd. 7 (hg. v. Yoshimori Shichiji), München 1991, S. 122–128.

rahmen, der hinsichtlich der Beschäftigung mit Tasso von der jüngst vergangenen höfischen Klassik Frankreichs zur Entstehung einer bürgerlichen Klassik in Deutschland am Ende des Jahrhunderts reicht, an deren Beginn, nach der *Iphigenie*, Goethes Künstlerdrama steht. Der Rückgriff auf das in der Renaissance aktualisierte kulturelle Erbe einer normgebenden Antike unterliegt dabei in Deutschland zunehmend der Historisierung.

Über den Status als ›Klassiker‹ und Schulautor hinaus ist in Deutschland auch ein zunehmendes Interesse an Tassos Person und seiner Lebensgeschichte zu verzeichnen, und zwar ausgehend vom Kontext der Geniebewegung. Nach einer stark geniehaft geprägten biographischen Darstellung von Heinse 1774 in der *Iris* und einer Portraitskizze des dichterischen Genius in Wielands *Briefen an einen jungen Dichter* (1782 im *Teutschen Merkur*) findet Tassos Vita auch Eingang in die Dichtung. Sie wird 1778 in einem Drama von Ch. L. Sanders (*Golderich und Tasso*) verarbeitet, das wesentlich von Heinse beeinflußt ist. Zwei Jahre später beginnt Goethe mit der Ausarbeitung seines *Tasso*, dessen Rohfassung in Prosaform von 1780/81 nicht erhalten ist. Goethe konzipiert das Stück 1788 während seines Italienaufenthaltes um und beendet es nach seiner Rückkehr in Weimar, wo es 1789 vorliegt. Zur sehr erfolgreichen Erstaufführung am Weimarer Theater kommt es erst 1807, in einer von Goethe stark gekürzten und veränderten Bühnenfassung. Mit dem Schauspiel *Torquato Tasso* schafft Goethe das erste reine Künstlerdrama der deutschen Literatur, das eine Flut von Nachahmungen auslöst und gleichzeitig wegweisend für die Entwicklung eines romantischen Hauptthemas wird, das der Dichotomie von genialer Künstlerexistenz und Realität – in Goethes Worten die »Disproportion des Talents mit dem Leben«[13].

Den Wurzeln des Goetheschen Interesses an der Figur des Renaissance-Dichters auf die Spur zu kommen, ist ein subtileres Unterfangen, will man nicht dabei stehenbleiben, den goethephilologischen Topos von der narzißtischen Spiegelung des Meisters im Glanze früherer Größen zu bemühen. Daß Goethe das Schicksal des Dichters in gewohnter Weise frei ausgestaltet und den historischen Kontext der Gegenreformation sowie die starke religiöse Orientierung der Hauptfigur eliminiert hat, ist offensichtlich. Diese und andere Züge sind in seinem Drama durch eine moderne, geniehaft geprägte Dichterphysiognomie ersetzt, deren Facetten in einer Handlung zur Entfaltung kommen, die vollkommen im Subjektiven, in inneren Konflikten und gesprächsweisen Auseinandersetzungen verläuft. Die Zeitgenossen suchen angesichts der Fremdheit und Unzugänglichkeit des Dramas ratlos nach einem konkreten Anhaltspunkt zu seinem Verständnis, und zwar in Form eines realen Vorbildes, das Goethe für seine Dichterfigur im Sinn gehabt haben müsse. Recht erfolglos mutmaßt man in Deutschland, es könne sich um Wieland oder

---

[13] Äußerung zitiert im Brief von Caroline Herder an Herder vom 20.3.1789, in: Johann Wolfgang von Goethe: *Werke. Hamburger Ausgabe in 14 Bänden*, hg. v. Erich Trunz, durchges. Aufl. München 1988 (künftig zitiert als HA), Bd. 5, S. 500.

Klopstock handeln, während französische Rezensenten wie Madame de Staël[14] oder Ampère zielsicher auf die Person Rousseaus und die Auswirkungen des Rousseauismus bis in die Romantik hinein verweisen.[15] Es lohnt sich, den zeitgenössischen Hinweisen der französischen Rezeptionszeugnisse auf Rousseau und damit auf den gesamteuropäischen Kontext der Vorromantik[16] nachzugehen, in den sowohl die literarischen Werke Rousseaus als auch die deutsche Empfindsamkeit eingeordnet werden können.

In dieser Hinsicht ist für Goethe und sein Dichterdrama ein Zugang zu Tasso relevant, der weniger an die klassizistischen Kontroversen der Poetologen um die Geltung des Antiken als an den dominanten Bezug zum Biographischen gebunden ist, wie er im Kontext der geniebewegten siebziger Jahre erscheint. Es handelt sich dabei generell um die Genese einer neuen, subjektiven Art und Weise der Rezeption, die auf Identifikation abzielt. Goethe, der diesen Modus in Deutschland maßgeblich etabliert und prägt, übernimmt in dieser Hinsicht besonders viel von Rousseau.

Allerdings läßt sich keine direkte Verbindung zu Rousseaus eigener identifikatorischer Beschäftigung mit Tasso nachweisen. Tassos Leben ist zwar schon 1745 Thema in einem nie zur Aufführung gekommenen *Ballet héroïque* mit dem Titel *Les Muses Galantes*, dessen erster Akt vor allem die unmögliche Liebe des Dichters zur Prinzessin von Este zum Gegenstand hat. Dieser Tasso-Akt muß jedoch ersetzt werden, der Text geht verloren. Demnach offenbart erst der posthum publizierte zweite Teil der *Confessions* (Genf 1789) die psychologische Tragweite der Rousseauschen Identifikation mit Tasso. Ein direkter Einfluß dieses Identifikationsmusters auf Goethes Schauspiel ist damit, trotz auffälliger Parallelen in der Gestaltung der masochistisch agierenden Hauptfigur, auszuschließen. Doch präfiguriert der verlorene Tasso-Akt der *Muses Galantes* sowohl die autobiographische Spiegelung in den *Confessions* als auch die Grundkonstellation der *Nouvelle Héloïse* und verweist damit auf die strukturelle Ebene der konzeptuellen Grundfiguren in den literarischen Werken Rousseaus, die sich aus seiner Philosophie der gesellschaftlichen Entzweiung herschreiben.[17] Hiervon ausgehend gerät für Goethe die rezeptionsgeschichtliche Linie von der *Nouvelle Héloïse* zu *Werther* und *Tasso* in den Blick, in

---

[14] S. folgende rousseauistisch inspirierte Passage aus *De l'Allemagne* (zit. in: Jacobs: *Goethe und die Renaissance*, S. 133, meine Übersetzung): »Die kränkelnde Empfindlichkeit der Literaten ist bei Rousseau, bei Tasso und noch häufiger bei den deutschen Schriftstellern zutage getreten. [...] Goethe hätte Rousseaus Leben als Beispiel für diesen Kampf zwischen der Gesellschaft wie sie ist und der Gesellschaft wie ein poetischer Geist sie sieht oder wünscht wählen können, aber Rousseaus Situation bot der Phantasie viel weniger Raum als Tassos. Tasso [...] ist ein großartiges Exempel für alle Licht- und Schattenseiten eines bewundernswerten Talents.«

[15] Bezüge zwischen Rousseau, dem Rousseauismus und der deutschen Empfindsamkeit nimmt in Deutschland die Literaturgeschichtsschreibung seit dem späteren 19. Jahrhundert (Scherer, Korff) distanziert in den Blick.

[16] Winfried Schröder: »Préromantisme«, in: Manfred Naumann (Hg.): *Lexikon der französischen Literatur*, Leipzig 1987, S. 344f.

[17] Karlheinz Stierle: »Theorie und Erfahrung. Das Werk Jean-Jacques Rousseaus und die Dialektik der Aufklärung«, in: Klaus von See (Hg.): *Neues Handbuch der Literaturwissenschaft*, Bd. XIII (*Europäische Aufklärung III*, hg. v. Jürgen von Stackelberg u. a.), Wiesbaden 1980, S. 159–208.

welcher der Tasso-Bezug als sich konsolidierende Spur einer mit und auch gegen Rousseau geführten Auseinandersetzung in Hinblick auf die Rolle des modernen Dichters erscheint.

Hypochonder, Dilettant, fragile Künstlernatur:
Figurationen entzweiter Identität zwischen Rousseau und Goethe

Goethes eigene Äußerungen zu seinem Stück lassen zunächst tatsächlich vermuten, daß bei der Konzeption eine im wesentlichen autobiographische Motivation im Vordergrund stand, wenn er von einer unreflektierten Vermischung der historischen Dichter-Vita mit der eigenen Lebenssituation und der Problematik seiner Künstlerexistenz spricht.[18] Dabei spielt für die Beschäftigung mit Tasso über die reine Selbstspiegelung hinaus die Orientierung an Jean-Jacques Rousseau eine wichtige Rolle, den Hans Robert Jauß zu Recht als ein »heimliches Vorbild« nicht nur des jungen Goethe bezeichnet hat[19]. Der von Goethe selten offen und nie ausführlich thematisierte Bezug zu dieser epochalen Leitfigur erschließt sich erst aus dem komplexen Geflecht und Themengefüge seiner autobiographischen Schriften, vor allem in *Dichtung und Wahrheit* und in der *Italienischen Reise*. Hier zeigt sich, daß die Figur Rousseaus nur chiffrenhaft repräsentiert ist, z. B. durch Pygmalion-Referenzen; daß Rousseaus literarische Werke strukturgebend für Goethes empfindsame und empfindsamkeitskritische Konzeptionen künstlerischer Identität gewesen sein müssen, lassen knappe Anspielungen nur erahnen. Goethes Werke sprechen demgegenüber eine deutlichere Sprache: Immer wieder beschreibt er den instabilen Typus des jugendlichen Hypochonders, der an sich selbst und am Leben leidet und verzweifelt, sei es in der autobiographischen Selbstbeschreibung, sei es in der Gestaltung fiktiver Figuren wie Werther und Tasso oder doch einmal, streiflichtartig, im direkten Bezug auf Rousseaus Schicksal, das in krisenhaften Momenten innerer Isolation[20] ganz selbstverständlich assoziiert wird. Goethe gestaltet mit diesem Typus eine neuartige, sich aus dem inneren Defizit heraus entwickelnde Identifikationsfigur, die sich in rezeptionsgeschichtlicher Sicht aus der epochalen Wirkung des Rousseauschen Werkes und der damit eng assoziierten Biographie herschreibt: Rousseaus Diagnose eines zutiefst entzweiten Verhältnisses von bürgerlichem Individuum und Gesellschaft prägt das Denken und Empfinden der folgenden Generationen. Die quer zum aufklärerischen Fortschrittsoptimismus stehende, sensationelle Zivilisationskritik seiner beiden Abhandlungen über die Auswirkungen des wissenschaftlichen und künstlerischen Fortschritts auf die Gesellschaft und über die Wurzeln der Ungleichheit in den fünfziger Jahren des 18. Jahrhunderts schlägt sich auch in seinen ästhetischen Arbeiten nieder. Mit Stierle ist hier in erster Linie die Verbindung zur *Nouvelle Héloïse* zu ziehen, einem Jahrhundertbestseller, der noch

---

[18] Goethes Gespräch mit Eckermann vom 6.5.1827, in: MA, Bd. 19, S. 571.
[19] Hans Robert Jauß: »Rousseaus *Nouvelle Héloïse* und Goethes *Werther* im Horizontwandel zwischen französischer Aufklärung und deutschem Idealismus«, in: Ders.: *Ästhetische Erfahrung und literarische Hermeneutik*, Frankfurt a. M. ³1984, S. 585–653.
[20] MA, Bd. 15, S. 262 (*Italienische Reise*, 17.3.1787).

im Erscheinungsjahr 1761 binnen weniger Wochen ins Deutsche übersetzt wird. Dieser Roman mit seiner entzweiungstheoretisch geprägten Grundstruktur, der für die zeitgenössischen Rezipienten aller Schichten ein unerhörtes Identifikationspotenial birgt, ist wegweisend für die Entwicklung des jungen Goethe, insbesondere für seinen *Werther*, dessen Wirkung vergleichbar groß ist. Im *Werther* nämlich nimmt Goethe, folgt man der These von Hans Robert Jauß, den Grundkonflikt der *Nouvelle Héloïse* auf, »um weiterzuspielen, was aus der Leidenschaft Saint-Preux' hätte werden können, von deren Ausgang Rousseaus Roman nichts mehr vermeldet.« Dabei nutzt er die mit Rousseaus Roman aufgerufenen Erwartungen »um dem deutschen Leser 1774 mit seiner Antwort auf Rousseau den Weg einer neuen Erfahrung – der tragischen Erfahrung des autonomen Selbstwertgefühls – zu eröffnen.«[21] Diese Verbindungslinie ergibt sich, wie zu zeigen ist, über den neuen Typus des *homme sensible* und die durch ihn verkörperte Problematik der inneren Entzweiung. Die charakteristische innere Zerrissenheit am Rande der Ichdissoziation, die den jungen Goethe und seine jugendlichen Antihelden kennzeichnet, wird Teil der empfindsamen Epochenphysiognomie in Deutschland, welche – wie Ralph-Rainer Wuthenow und andere ausführlich dargelegt haben[22] – durch die Wirkung des Rousseauschen Werkes[23] wesentlich mitgeprägt ist.

Der Zusammenhang zum Phänomen der inneren Entzweiung läßt sich an einem fragmentarischen Text Goethes aufzeigen, der zwar erst 1796 niedergeschrieben und 1808 zusammen mit einem zweiten Teil publiziert wird, sehr wahrscheinlich aber die Aufzeichnungen zu den frühen Schweizerreisen 1775 und 1779 verarbeitet. Er gehört in die literarische Rezeptionslinie von der *Nouvelle Héloïse* über den *Werther* zum *Tasso*, denn Goethe bezeichnet die Erste Abteilung der *Briefe aus der Schweiz* auch als »Werthers Reise«, da hier die Dokumentarfiktion der Werther-Briefe durch eine kurze Vorgeschichte erweitert wird.

Diese Vorgeschichte ist dem Briefroman vollkommen unverbindlich zugeordnet: Der Herausgeber präsentiert Briefkopien, die möglicherweise dem Nachlaß Werthers entstammen, Reisenotizen aus der Zeit vor seiner Bekanntschaft mit Lotte, deren Verbindungen zum Schicksal Werthers der einfühlsame Leser selbst beurteilen möge. Deutlicher als in *Werthers Leiden* zeigen hier die bissigen Bemerkungen über die angebliche Freiheit der Schweizer – »ein altes Märchen in Spiritus aufbewahrt« – den Abstand zu jeglicher politischen Utopie: Aus der glorreichen Abschaffung der Tyrannei sei in der Schweiz ein ganzes Volk kleiner Tyrannen entstanden. Mit

---

[21] Jauß: *Ästhetische Erfahrung*, S. 627.
[22] Ralph-Rainer Wuthenow: »Rousseau im ›Sturm und Drang‹«, in: Walter Hinck (Hg.): *Sturm und Drang. Ein literaturwissenschaftliches Studienbuch*, Frankfurt a. M. ²1989, S. 14–54.
[23] Neuere Literatur in Auswahl: Helmut Kreuzer: *Rousseau und Rousseauismus*, Göttingen 1996; Herbert Jaumann (Hg.): *Rousseau in Deutschland. Neue Beiträge zur Erforschung seiner Rezeption*, Berlin und New York 1995; Ursula Link-Heer: »Rousseauismus«, in: Joachim Ritter u. a. (Hg.): *Historisches Wörterbuch der Philosophie* Bd. 8, Basel 1992, Sp. 1086–1091; Dies.: »Facetten des Rousseauismus. Mit einer Auswahlbibliographie zu seiner Geschichte«, in: *Zeitschrift für Literaturwissenschaft und Linguistik* 63 (1986), S. 127–163.

dieser Feststellung wird der zeitgenössische Philhelvetismus[24] konterkariert, dem die Schweiz als Muster freiheitlicher, republikanischer Gesellschaftlichkeit und urwüchsiger Naturverbundenheit galt, Inbegriff des Idyllischen und Erhabenen und zudem Heimat und Zuflucht des verkannten Propheten Rousseau samt seiner erfolgreichsten Romanfiguren, Julie und Saint-Preux. Aus der Sicht des Verfassers der Reisenotizen kann von Idylle keine Rede sein. Für ihn bricht die Entzweiung in seinem eigenen Inneren auf, denn er fühlt sich nicht imstande, zu einer eigenständigen Position zu finden. Glühend wünscht er sich, zum kreativen Ausdruck jener ›Ganzheit‹ zu gelangen, welche die Natur in ihm, abseits von der Gesellschaft, als Sehnsucht und Vorgefühl wachruft.[25] Aus dem grundlegenden Antagonismus von »großer, herrlicher Natur« und morbider Gesellschaft entsteht die biographische Figur einer dauerhaft konfliktuösen, weil im Dilettantismus steckenbleibenden künstlerischen Entwicklung, die eben nicht zur ersehnten Übereinstimmung mit sich selbst führt:

> Was weiß ich, wie es zugeht! daß die Gesellschaften mich drücken, daß die Höflichkeit mir unbequem ist, daß das was sie mir sagen mich nicht interessiert, daß das was sie mir zeigen mir entweder gleichgültig ist, oder mich ganz anders aufregt. Seh' ich eine gezeichnete, eine gemalte Landschaft, so entsteht eine Unruhe in mir, die unaussprechlich ist. Die Fußzehen in meinen Schuhen fangen an zu zucken, als ob sie den Boden ergreifen wollten, die Finger der Hände bewegen sich krampfhaft, ich beiße in die Lippen, und es mag schicklich oder unschicklich sein; ich suche der Gesellschaft zu entfliehen, ich werfe mich der herrlichen Natur gegenüber auf einen unbequemen Sitz, ich suche sie mit den Augen zu ergreifen, zu durchbohren, und kritzle in ihrer Gegenwart ein Blättchen voll, das nichts darstellt und doch mir so unendlich wert bleibt, weil es mich an einen glücklichen Augenblick erinnert, dessen Seligkeit mir diese stümperhafte Übung ertragen hat. Was ist denn das, dieses sonderbare Streben von der Kunst zur Natur, von der Natur zur Kunst zurück? Deutet es auf einen Künstler, warum fehlt mir die Stetigkeit? rufts mich zum Genuß, warum kann ich ihn nicht ergreifen?[26]

Die Antwort auf dieses Dilemma einer mißlingenden Entwicklung jenseits des gesellschaftlichen Kontextes zum autonomen *homo aestheticus* bleibt aus. Was der Verfasser der Briefe selbst vergebens anstrebt, wird darum anderweitig aufgesucht. Er präsentiert zunächst eine ganz anders geartete, ihm selbst nicht gemäße Form ganzheitlicher, unentfremdeter Existenz, wenn er im folgenden davon spricht, wie sehr er die Handwerker beneide, weil sie in ihrem Beruf der Natur näher stünden als jede andere Profession. Sie seien »in der Beschränkung glücklich«, da sie es nicht mit fremdbestimmten Anforderungen zu tun hätten, sondern mit überschaubaren Aufgaben, die aus lebenspraktischen, naturnahen Funktionszusammenhängen erwüchsen. Hier wird nicht nur erneut die Sehnsucht nach Naturnähe und nach

---

[24] Peter Faessler: »Reiseziel Schweiz. Freiheit zwischen Idylle und ›großer‹ Natur«, in: Hermann Bausinger/Klaus Beyrer/Gottfried Korff (Hg.): *Reisekultur. Von der Pilgerfahrt zum modernen Tourismus*, München ²1999, S. 243–248, hier S. 247.
[25] MA, Bd. 4.1, S. 632.
[26] Ebd., S. 632f.

Unabhängigkeit von gesellschaftlichen Zwängen deutlich, sondern auch das Bedürfnis nach Entlastung von der intellektuellen Reflexion und dem Zwang zur Rechtfertigung des eigenen Tuns. Hiervon, so betont der Erzähler, seien die Handwerker frei. In der Unzugänglichkeit dieser quasi autarken Existenz des ›ganzen Menschen‹ setzt sich der anfangs satirisch produzierte Abstand zum Mythos der Schweizer Freiheit fort, das Handwerker-Idyll fungiert deutlich als nicht begehbares Gegenbild zur unvermeidlichen Eingebundenheit in die Sozietät. Die an dieser Lebensform betonten psychischen und mentalen Aspekte verweisen auf das vom Verfasser vergeblich angestrebte Lösungsmodell des autonomen Künstlertums und die ihm zugrundeliegende Problematik innerer Entzweiung zurück. Von daher ist die anschließende Wendung ins Komisch-Satirische ebenso logisch wie sie den auf Ausweglosigkeit eingestimmten Leser überrascht. Es folgt nämlich ein Abenteuer, in dem der verhinderte Künstler zumindest einen Reflex der ihm verschlossenen Dimension von Sorglosigkeit und Naturnähe erlebt: Nach der Schilderung eines zarten Flirts im Kreise einer wohlanständigen Schweizer Familie gibt der reisende Dilettant eine pikantere Episode preis, in der aus der Liebe zur Kunst keineswegs aussichtslose Ansätze zur Kunst der Liebe erwachsen. Von einem lebensgroßen Bildnis der Danae (den Goldregen empfangend) inspiriert, folgt er dem Ruf der Natur und gibt sich ebenso spontan wie dezidiert der Faszination des menschlichen Körpers hin. Sich bewußt über die eingeschränkten bürgerlichen Lebensformen hinwegsetzend, möchte er sich nunmehr realiter mit dem »Meisterstück der Natur« beschäftigen, und zwar nicht nur mit der männlichen, sondern auch mit der ihm unbekannten weiblichen Anatomie. Bei einem flugs arrangierten Bad im See hat er zunächst Gelegenheit, den vollkommenen Körperbau seines Begleiters in Augenschein zu nehmen. Um aber auch »ein Mädchen in dem Naturzustande zu sehen«, bedarf es einiger zusätzlicher Anstrengungen. In seiner Eigenschaft als Maler, dessen dilettantische Züge diesmal der Vergessenheit anheimgegeben werden, gelingt es ihm schließlich, in Genf ein Modell anzuwerben, das sich nach viel Überredungskunst und natürlich gegen angemessene Bezahlung hüllenlos präsentiert. Über den Ausgang dieser reizvollen Studien wird vermeldet, daß lediglich die Einbildungskraft des Jünglings entzündet ward, dies allerdings so sehr, daß er dringend der Abkühlung bedurfte. Der allerletzte Eindruck gilt jedoch wieder der verlockenden Schönen im Halbschlaf, die ihn zu sich ins Bett zu rufen scheint. Der solchermaßen in das Spiel der Phantasie entlassene Leser der *Schweizer Briefe* darf nun nach Gutdünken den Vorhang zum *Werther* öffnen. Aus der Sicht der Vorgeschichte wird hier die Konstellation von verhindertem Künstlertum und verbotener erotischer Erfüllung scheinbar fortgeschrieben, letztlich aber tragisch auf die Grundproblematik einer tiefgehenden inneren Entzweiung und Destabilisierung verwiesen, die beiden Kompensationsstrategien zugrunde liegt.

Im *Werther* beginnt Goethe, ausgehend vom epochalen Identitätsproblem in der von Rousseau hinterlassenen Ausprägung, damit, eine eigene literarische Analytik der inneren Entzweiung zu formulieren, die zur Konturierung der Rolle des modernen Dichters im *Tasso* führt. Bei Rousseau hingegen werden die Funktion des Ästhetischen und die Aufgabe des Dichters weder systematisch reflektiert noch affirmativ gefaßt.²⁷ Entsprechend dient ihm die Vita Torquato Tassos, wie der zweite Teil der *Confessions* (Genf 1789) belegt, primär als Projektionsfläche für eigene seelische Befindlichkeiten. Rousseau spiegelt sich und die ganze Unbill seiner Existenz als Autor in der Figur des noch ganz vom Hof abhängigen Renaissance-Dichters und positioniert sich damit als Ausgeschlossener der Gesellschaft. Goethe dagegen siedelt den Konflikt in *Torquato Tasso* vor allem in der Innerlichkeit der Hauptfigur an und reflektiert die Funktion des Dichtens für die Sozietät wie für den Künstler selbst.

Vier Jahre nach dem Erscheinen des *Werther* wird in Weimar ein Stück aufgeführt, in dem Goethe den im Briefroman gestalteten neuen Außenseiter-Typus als Teil der empfindsamen Epochenphysiognomie einordnet: Mit dem *Triumph der Empfindsamkeit* schließt er 1778 nicht nur eine Lebens- und Schaffensperiode ab, er stellt den empfindsamen Verhaltenskodex einer ganzen Generation, deren intellektuelle Vertreter vom Naturevangelium Rousseaus geprägt sind, kritisch-satirisch zur Schau. Noch prononcierter als im *Werther* akzentuiert er hier die Vermittlung dieses Habitus über die Literatur.²⁸ In dieser Retrospektive auf die epochalen Zusammenhänge wurzelt die Goethesche Reflexionsfigur der Verwechslung von Wunsch und Wirklichkeit, mit dem *Der Triumph der Empfindsamkeit* innerhalb der Entwicklung vom verhinderten Künstlertum des *Werther* zum Funktionswandel des Künstlertums im *Tasso* eine Art Gelenkfunktion erfüllt.

Die spätere Bezeichnung des Stückes als »dramatische Grille« verweist auf das realitätsferne Schwärmen und Phantasieren des Empfindsamen. Die Pathologie dieses Typus wird hier in den dekadentesten Zügen vorgeführt: Die Figur des Prinzen Oronaro ist reine Staffage, eine hoffnungslose Karikatur ihrer selbst. Oronaro ist seinem Gastgeber, dem König Andrason, ein Dorn im Auge, weil er mit seinem überspannten Wesen die gesamte Aufmerksamkeit der Königin Mandandane auf sich zieht. Deren seelischer Zustand hat sich bereits nachhaltig verändert: Sie vernachlässigt ihre gewohnte Umgebung, »geht im Mondschein spazieren, schlummert an Wasserfällen, und hält weitläufige Unterredungen mit den Nachtigallen.«²⁹ Zudem findet sie Gefallen an der Aufführung modischer Monodramen (kurze, musikalisch begleitete Sprechdramen für eine Person). Der eifersüchtige König, der in seiner Not Hilfe bei einem Orakel sucht, zeichnet daher ein wenig schmeichelhaftes Bild vom »schmachtend und traurig« daherkommenden Prinzen, wenn er den Hoffräulein rät, Oronaros Verhalten zu imitieren, um seine Aufmerksamkeit zu erregen:

> Erstlich immer den Leib vorwärts gebogen, und mit den Knieen geknickt, als wenn ihr kein Mark in den Knochen hättet! Hernach immer eine Hand an der Stirne und eine am Herzen, als wenn's euch in Stücken springen wollte;

---

²⁷ Georg Maag: »Das Ästhetische als echte und als scheinbare Negativgröße bei Rousseau«, in: *Romanistische Zeitschrift für Literaturgeschichte* 1981 (H. 4), S. 415–442.
²⁸ Vgl. Ralph-Rainer Wuthenow: *Im Buch die Bücher oder der Held als Leser*, Frankfurt a. M. 1980, S. 65–74.
²⁹ MA, Bd. 2.1, S. 171.

mitunter tief Atem geholt, und so weiter. Die Schnupftücher nicht vergessen!³⁰

Oronaros Kavalier hingegen sieht seinen Herrn mit einer unvergleichlichen Aura ausgestattet: Er sei »der empfindsamste Mann von allen Männern, der für die Schönheiten der Natur ein gefühlvolles Herz trägt, der Rang und Hoheit nicht so sehr schätzt, als den zärtlichen Umgang mit der Natur.«³¹ Die hypochondrische Kehrseite desselben sind allerdings »äußerst empfindsame Nerven«, die hochsensibel auf Temperaturschwankungen, ungewohnte Düfte, Mücken und andere Härten des authentischen Naturlebens reagieren. Der Prinz verschafft sich deshalb ungetrübten Genuß, indem er sich sein Idyll in der Stube auf das Aufwendigste nachbauen läßt, von der sprudelnden Quelle über das Vogelgezwitscher und den Mondschein bis zum kühlen Lüftchen, das aus Frankreich importiert werden muß, alles transportfähig in Kisten und Kasten verpackt. Die Natur wird zur theatralischen Illusion, zur Kulisse eines Monodramas mit dem Prinzen als einsamem Akteur. Allerdings verehrt er in der Einsamkeit seiner Idylle noch eine weibliche Gottheit, die inmitten der künstlichen Szenerie postiert ist. Sie erregt die Neugier der Hoffräulein, die in ihr seine Geliebte vermuten. Zu ihrem Schrecken stellen sie fest, daß diese Geliebte ihrer Königin gleicht, die aber derzeit in der Traumwelt ihrer eigenen monodramatischen Fiktion lebt und den Bezug zum König wie zum höfischen Leben verloren hat. Bei näherer Untersuchung der geheimnisvollen Figur stellt sich heraus, daß es sich lediglich um eine ausgestopfte und mit einer Maske versehene Puppe handelt, in deren Inneren sich ein Leinensack mit einigen Büchern verbirgt: »Empfindsamkeiten«, wie Andrason feststellen muß. Als »Grundsuppe« dieser Sammlung kommen schließlich Rousseaus *Nouvelle Héloïse* und Goethes *Werther* zum Vorschein! Statt der Natur die Kulisse, statt der realen Geliebten eine vergötterte Puppe, deren Reize sich aus den literarischen Phantasien im Gemüt des Betrachters speisen – letztere Entdeckung kränkt die hinzugekommene Königin, die fest von der Liebe Oronaros zu ihrer Person überzeugt war und an eine solche Albernheit nicht glauben mag. Um Klarheit zu gewinnen, läßt sie sich auf ein Experiment ein: Ebenfalls unter einer Maske verborgen, erwartet sie den Prinzen, zusammen mit der Puppe, die ihr gegenüber in Positur gebracht wird. Als Oronaro eintrifft, wendet er sich der seelenlosen Puppe zu, ohne auch nur zu stutzen oder gar Mandandanes Gegenwart zu bemerken. Im Gegensatz zu Andrason kann er das Rätsel des ihm zuteil gewordenen Orakelspruchs nicht auflösen. Er findet den Ausweg aus seiner Scheinwelt nicht mehr. Hingegen hat die Königin die schwärmerisch-empfindsamen Verirrungen ihres Gemüts erkannt und versöhnt sich mit ihrem Gemahl.

Auch hier ergeben sich Verbindungen zu Rousseau, vor allem intertextuell über das mehrfach zitierte Genre des Monodramas, das hier sinnbildlich für ein quasi autistisches Weltverhältnis, ein pseudonatürliches Leben in der Fiktion erscheint, in das der empfindsame Kode mündet. Oft kopiertes Vorbild dieser zeitgenössischen

---

³⁰ Ebd., S. 173.
³¹ Ebd., S. 175.

Modegattung ist nämlich Rousseaus *Pygmalion* (1770)[32], eine an den im Umlauf befindlichen antiken Mythos angelehnte *scène lyrique*, in welcher der Bildhauer die selbstgeschaffene Statue der Galathée durch sein leidenschaftliches Begehren nach ihrer perfekten Schönheit zum Leben erweckt. Die Leiden Werthers wie die künstlerischen Studien seines schweizerischen Vorgängers, vor allem aber die Tasso-Figur, die ja an dem Vorhaben scheitert, die eigenen Wünsche aus der literarischen Phantasie in die Realität zu übersetzen, liegen von der Handlungsstruktur her in Reichweite zu Rousseaus Text, der das Modethema ›Pygmalion‹[33] mit der passenden Gattung en vogue verbindet. Goethe zitiert Rousseaus *Pygmalion* noch im 11. Buch von *Dichtung und Wahrheit* kritisch als Exempel jener unhaltbaren Vermischung von Fiktion und Realität, die Rousseaus Verhältnis zur Kunst generell kennzeichnet.[34] Damit erschließt sich insgesamt eine rezeptionsgeschichtliche Linie, die von der zeitgenössischen Gattung des Monodramas und ihrem Prototyp, Rousseaus *Pygmalion*, über die Rezeption der *Nouvelle Héloïse* zu einem Leitthema in Goethes Gesamtwerk führt, das die Jugendautobiographie in einer ihrer zentralen Reflexionsfiguren formuliert: die Verwechslung von Fiktion und Leben. In *Dichtung und Wahrheit* wird Jahrzehnte später kommentiert, was Goethe bereits im *Triumph der Empfindsamkeit* auf satirische Weise demonstriert, die Verkehrung von Wunschbild und Realität als Signum einer über die Literatur vermittelten, von Rousseau und Goethe selbst inspirierten, ›präromantischen‹ Empfindsamkeit.

Auf diese Weise eröffnen sich bei der Beschäftigung mit dem neuen literarischen Typus des empfindsamen, innerlich zerrissenen jugendlichen Antihelden in Goethes Frühwerk Verbindungen zum »heimlichen Vorbild« Rousseau und zur epochalen Wirkung seines philosophischen und literarischen Oeuvres. Der *Werther* und die ihm zugeordneten *Briefe aus der Schweiz* zeugen von einer grundlegenden Auseinandersetzung mit der Rousseauschen Diagnose der Entzweiung von Individuum und Gesellschaft, die beim jungen Goethe als individuelles Problem einer instabilen Innerlichkeit und mißlingenden Selbstfindung gefaßt wird. In diesem Selbstfindungsprozeß stellen Kunst und Literatur dem Ausdruck der eigenen Gefühlswelt zwar eine Sprache zur Verfügung; sie können letztlich aber nicht die erhofften stabilisierenden Funktionen für die eigene Identität übernehmen. Goethe spitzt das Dilemma im *Triumph der Empfindsamkeit* noch weiter zu, wo die destabilisierende Wirkung empfindsamer Lektüren ins Visier genommen wird, welche die Kluft zur Wirklichkeit überhaupt erst in ernst zu nehmendem Maße aufbrechen lassen. Um diese Kluft

---

[32] 1775 in Paris uraufgeführt (s. Bernard Gagnebin und Marcel Raymond (Hg.): Jean-Jacques Rousseau: *Oeuvres Complètes*, Bd. II, Paris 1964, S. 1926–1930).

[33] Vielfältige Perspektiven und reichhaltiges Material zu den Metamorphosen des Mythos bietet, gerade in Hinblick auf Rousseau und Goethe, der Band von Mathias Mayer und Gerhard Neumann (Hg.): *Pygmalion. Die Geschichte des Mythos in der abendländischen Literatur*, Freiburg i. Br. 1997.

[34] Heinz-Dieter Weber: »Ästhetische Identität. Über das Fiktive in *Dichtung und Wahrheit*«, in: *Der Deutschunterricht* 1989 (H. 2), S. 21–36.

rankt sich das Dichterdrama *Torquato Tasso*[35]. Das Leitthema der Verwechslung von Wunschwelt und Realität wird zur Strukturvorgabe für das gesamte Stück, das mit der Identitätsproblematik der in sich schwankenden Dichterfigur auch die Funktionen des Fiktiven reflektiert, wie im *Triumph der Empfindsamkeit* bereits auf kritische Weise geschehen.

Torquato Tasso als Antwort auf Rousseau

Über die Appellqualitäten des Goetheschen *Tasso* ist nicht nur zum Zeitpunkt seines Erscheinens lebhaft diskutiert worden. Das Gewicht der lyrisierenden Züge, eine schwer zu ergründende, romanhafte Handlung und die in sich schwankende Heldenfigur scheinen die Gattungsgrenzen des Bühnendramas zu sprengen und das Stück in die Sonderkategorie der Lesedramen zu verweisen. Diesen Eindruck unterstützen die massiven Eingriffe, die Goethe selbst an seinem Text im Hinblick auf die Weimarer Aufführung vornimmt.[36] Hundert Jahre später läßt Hugo von Hofmannsthal, Autor einer Vielzahl lyrischer Dramen, die Eigenheiten des Goetheschen Stückes in seiner *Unterhaltung über den ›Tasso‹ von Goethe* (1906) durch den Dichter unter den vier Gesprächsteilnehmern als eigenen Dramentypus würdigen:

> Hier ist eine andere Welt als die Welt Shakespeares. Hier ist, was dort aus den Figuren heraustritt, als ein tatsächliches Tun, in sie hineingenommen als ein stets mögliches Tun, ein formgewordenes Tun. [...] Das Ereignis, durch das scheinbar alles ins Rollen kommt, ist belanglos, ja es ist wesenlos, ist bloßer Augenbetrug [...]. Das Geschehen wird symbolisch. Wir erkennen die Signatur von Menschen. Eigentlich geschieht nichts. *Es entschleiert sich etwas.* Und nicht etwas, das einmal geschehen ist, sondern *ein unabänderliches Verhältnis*.[37]

In der Komposition des Stückes werden die »nirgends erschlaffende Bezogenheit aller Teile« und die besonders in den Übergängen zutage tretende »fließende Bewegung« des Ganzen hervorgehoben.[38] – Für diese Charakteristika zeichnet der grundlegende Umstand verantwortlich, daß Goethes *Tasso* aus der Konfiguration heraus gestaltet ist.[39] Die Situation am Hof von Belriguardo wird permanent aus verschiedenen Figurenperspektiven präsentiert, die Dynamik der Handlung ergibt sich aus der Entwicklung des Beziehungsgeflechts und den darin entfalteten Dimen-

---

[35] Zitiert wird mit der Verszahl aus der Edition von Lieselotte Blumenthal in der Hamburger Ausgabe (HA, Bd. 5, S. 73–167).

[36] MA, Bd. 6.1, S. 674–748, Erstausg. 1954 durch Blumenthal in Bd. 4/1 der Akademie-Ausgabe. Der Text ist v. a. um lyrisch-poetische Elemente und wesentliche Züge der Pathologie Tassos, somit um zentrale Aspekte der Rousseau-Rezeption, verkürzt.

[37] Hugo von Hofmannsthal: *Unterhaltung über den ›Tasso‹ von Goethe*, in: Ders.: *Sämtliche Werke. Kritische Ausgabe*. Veranstaltet vom Freien Deutschen Hochstift, hg. v. Rudolf Hirsch u. a., Frankfurt a. M. 1984–1991, Bd. XXXI (hg. v. Ellen Ritter, Frankfurt a. M. 1991), S. 107–117, hier S. 112f.

[38] Ebd., S. 112, Hervorhebung von mir.

[39] Vgl. Gerhard Neumann: *Konfiguration. Goethes ›Torquato Tasso‹*, München 1965.

sionen der Innerlichkeit. Sie ist nicht von externen Entwicklungen, höherer Gewalt oder unkalkulierbaren Zufällen bestimmt, sondern lebt ganz aus den jeweiligen Figurenkonstellationen heraus. Der Dichter Tasso steht permanent im Mittelpunkt der allgemeinen Aufmerksamkeit. Auseinandersetzungen werden in erster Linie durch sein den höfischen Konventionen wenig angepaßtes Verhalten ausgelöst. Das Geschehen ist auf ihn und seine innere Befindlichkeit zentriert, ohne daß die Sichtweise der Dichterfigur dominant würde. Tassos Verhalten wird vielmehr konsequent aus der Außenperspektive, durch die oft kritischen Kommentare der übrigen Protagonisten, reflektiert und relativiert. Dennoch scheint der Dichter für jedes einzelne Mitglied des Fürstenhofes eine ganz besondere Bedeutung zu haben, wie die individuellen Bedeutungszuschreibungen der Akteure in bezug auf Tasso zeigen. Diesen Zuschreibungen ist ein Fluchtpunkt gemeinsam, auf den die scheinbar so unterschiedlichen und unvereinbaren Sichtweisen zulaufen: Sie artikulieren in ihrer Gesamtheit ein Grundproblem, das in Rousseaus Zivilisationstheorie als das Phänomen der ›komparativen Existenz‹ beschrieben wird. Gemeint ist die Konkurrenz, der Kampf um die gesellschaftliche Anerkennung, in dem der natürliche Reflex des Mitleids und die friedfertige Weise der Selbsterhaltung (*amour de soi*), die den Naturzustand auszeichnen, verlorengehen und durch aggressive Selbstliebe (*amour propre*) ersetzt werden. Analog ist das Tasso-Drama in der Ausrichtung der Figurenperspektiven und -konstellationen auf eine Problematik der Selbsterhaltung strukturiert, die ihren Ausdruck im ubiquitären Konkurrenzempfinden der handelnden Personen findet. Mit Ausnahme des Herzogs sind die Figuren zu konkurrierenden Paaren arrangiert.

Für Alfons, den Herzog, ist Tasso in erster Linie Hofdichter und damit »Austeiler des Ruhms«, wie Jacob Burckhardt die Funktion der Dichter in der Renaissance beschreibt. Alfons will im kulturellen Wettstreit der italienischen Fürstenhöfe der erste sein und an seinem Hof die größten Talente versammeln. Er fürchtet daher, daß Konkurrenten wie die Medici ihm seinen großen Hofdichter abspenstig machen könnten (2841ff.)[40]. Seine Nachsicht Tassos Schwächen gegenüber verdankt sich jedoch nicht allein dem Interesse am Herrscherlob des Dichters (2935ff.). Die Figur des Herzogs ist mit den aufklärerischen Zügen eines väterlichgütigen Souveräns ausgestattet, der – wie auch die Prinzessin und Leonore Sanvitale – Tasso zu mehr Vertrauen und Geselligkeit bewegen möchte. Eher rat- und verständnislos denn autoritär versucht er, den Dichter menschlich zu lenken und ihm zu einer ausgeglicheneren Führung seiner Persönlichkeit zu verhelfen (283–301). Bildung und Welterfahrung sind die Forderungen dieses modernen Regenten, dem Tassos Werkbesessenheit und hypochondrische Isolation nur als medizinisches Problem nachvollziehbar sind. Er ehrt Tasso als Dichter für seine Verdienste, so wie er Antonios Leistungen als Staatsmann anerkennt, und fordert beide nach Maßgabe ihrer Persönlichkeit. Aus der Sicht der Prinzessin ist einzig der Herzog, ihr Bruder,

---

[40] »Das hat Italien so groß gemacht, / daß jeder Nachbar mit dem andern streitet, / Die bessern zu besitzen, zu benutzen. / Ein Feldherr ohne Heer scheint mir ein Fürst, / Der die Talente nicht um sich versammelt. / Und wer der Dichtkunst Stimme nicht vernimmt, / Ist ein Barbar wer er auch sei.« (2843–2849).

glücklich, weil er die defizitäre Bilanz seines Lebensglücks mit dem Gleichmut eines »großen Herzens« erträgt (1783–1797). Die Rolle des Herzogs hat katalysierende Funktion und bleibt daher im Ensemble der Protagonisten ohne Gegenpart.

Die beiden Frauengestalten sind insofern Konkurrentinnen, als sie mit der Person des Dichters auf sehr unterschiedliche Weise ihr Lebensglück verbinden. Leonores Ehrgeiz ist es, wie Petrarcas Laura in Tassos Dichtungen als Schönheit verherrlicht zu werden. Nicht Liebe, sondern Selbstliebe läßt ihr Tasso attraktiv erscheinen, jenes Bedürfnis nach ewiger Schönheit und unvergeßlicher Geltung, das immer wieder gegen den drohenden Einbruch der Vergänglichkeit beschworen werden muß:

> Wie reizend ist's, in seinem schönen Geiste
> Sich selber zu bespiegeln! Wird ein Glück
> Nicht doppelt groß und herrlich, wenn sein Lied
> Uns wie auf Himmelswolken trägt und hebt?
> Dann bist du erst beneidenswert! Du bist,
> Du hast das nicht allein, was viele wünschen,
> Es weiß, es kennt auch jeder, was du hast!
> Dich nennt dein Vaterland und sieht auf dich,
> Das ist der höchste Gipfel jedes Glücks.
> Ist Laura denn allein der Name, der
> Von allen zarten Lippen klingen soll?
> Und hatte nur Petrarch allein das Recht,
> Die unbekannte Schöne zu vergöttern?
> Wo ist ein Mann, der meinem Freunde sich
> Vergleichen darf? Wie ihn die Welt verehrt,
> So wird die Nachwelt ihn verehrend nennen.
> Wie herrlich ist's, im Glanze dieses Lebens
> Ihn an der Seite haben! so mit ihm
> Der Zukunft sich mit leichtem Schritte nahn!
> Alsdann vermag die Zeit, das Alter nichts
> Auf dich, und nichts der freche Ruf,
> Der hin und her des Beifalls Woge treibt:
> Das was vergänglich ist, bewahrt sein Lied.
> Du bist noch schön noch glücklich, wenn schon lange
> Der Kreis der Dinge dich mit fortgerissen.
> Du mußt ihn haben, und ihr nimmst du nichts:
> Denn ihre Neigung zu dem werten Manne
> Ist ihren andern Leidenschaften gleich:
> Sie leuchten wie der stille Schein des Monds
> Dem Wandrer spärlich auf dem Pfad der Nacht;
> Sie wärmen nicht und gießen keine Lust
> Noch Lebensfreud umher. (1928–1959)

Leonore Sanvitale kann ihr eigentlich erfülltes Leben nur im Spiegel ewigen Ruhms schätzen und genießen. Hinter ihrer Verehrung für Tasso verbirgt sich primär der Versuch der Selbstverklärung vor dem Forum einer bewundernden Gesellschaft.

Demgegenüber empfindet die gebildete Prinzessin, die von der sinnlicheren Leonore als eine der »großen Frauen« ihrer Zeit präsentiert wird, allem Anschein nach eine tiefere Leidenschaft für den Dichter, die sie jedoch verheimlicht. Sie beneidet die Gräfin Sanvitale um ihre Spontaneität, die ihrer eigenen zurückhaltenden Art fremd ist (104–133). Im Rahmen der Hofgesellschaft lassen nur ihr mitfühlendes, fürsorgliches Verhalten und der innige Ton beim Akt der Bekränzung auf eine besondere Zuneigung zu Tasso schließen. Im Zwiegespräch mit ihm achtet sie streng darauf, die Grenzen ihrer Rolle als lebenserfahrenere Ratgeberin zu wahren – eine goethetypische Konstellation des Begehrens, in der die Beziehung zu Charlotte von Stein mitschwingt. Das Verhalten der Prinzessin Tasso gegenüber ist also nicht frei von Ambivalenzen: Hinter dem dominanten Moment klarer Distanznahme existiert ein wohlgehüteter Wunsch nach Nähe. Diese Kontrolle ihrer innersten Wünsche und auch die Bescheidenheit, mit der Leonore von Este es vermeidet, sich in den Vordergrund zu stellen, sind kein reiner Altruismus. Beides gehört zur pessimistischen Lebenssicht der Prinzessin (III,2). Ihre Außenseiterposition als Kranke mündet in eine Haltung der Entsagung, deren Prüfstein der Verzicht auf die Liebe zu Tasso ist. Letztlich kann sie ihm gegenüber ihre Empfindungen nicht ganz verhehlen, und ausgerechnet Leonore Sanvitale vertraut sie erstmals ihr Leid an. Für die Prinzessin ist nicht der Ruhm ihrer Schönheit, sondern die Hoffnung auf Liebe einziges Heilmittel angesichts eines Lebensgefühls der unauslöschlichen »bangen Sehnsucht« (1900–1904). Dennoch zögert die Gräfin Sanvitale keinen Augenblick, sie der Gegenwart des Dichters zu berauben – was nicht schwer ist, denn die Prinzessin unterläßt jeden Versuch, ihr Glück beim Schopfe zu packen. Sie zieht es vor, dessen Instabilität und Unberechenbarkeit zu beklagen. Diese pessimistische Genügsamkeit erfüllt nicht zuletzt die Funktion, vor unvermeidlichem Verlust und den Risiken einer unkontrollierbaren Leidenschaft (1840–1848) zu schützen, denn: »Nur halb ist der Verlust des schönsten Glücks, / Wenn wir auf den Besitz nicht sicher zählten.« (1779f.).[41] Die entsagende Grundhaltung, die der Prinzessin innere Stabilität und Unabhängigkeit garantieren soll, wird nun durch die aufkeimende Hoffnung auf das Glück einer erfüllten Liebe zu Tasso durchbrochen:

> Mit jugendlicher Sehnsucht griff ich nie
> Begierig in den Lostopf fremder Welt,
> Für mein bedürfend unerfahren Herz
> Zufällig einen Gegenstand zu haschen.
> Ihn mußt ich ehren, darum liebt ich ihn;
> Ich mußt ihn lieben, weil mit ihm mein Leben
> Zum Leben ward, wie ich es nie gekannt.
> Erst sagt ich mir, entferne dich von ihm!

---

[41] Vgl. Karl Heinz Bohrer: *Der Abschied. Theorie der Trauer*, Frankfurt a. M. 1996, S. 390: »Das melancholische Bewußtsein erkennt in der Leidenszuschreibung seine Sinnhaftigkeit. Im Zusammenhang wird die Definition des Leidenscharakters zu einer Definition der Ästhetik des ganzen Werks: der Arzt verbietet der Prinzessin auch den Gesang, ihr ›Leiden‹ soll sich aufgipfeln im ›Verstummen‹. Man erkennt hier unschwer die Umkehrung von Tassos endgültiger emphatischer Selbstdefinition [...]. Auf der Textebene vollzieht die Prinzessin gerade die Kapazität ›zu sagen‹, wie sie ›leide‹.«

Ich wich und wich und kam nur immer näher.
So lieblich angelockt, so hart bestraft!
Ein reines wahres Gut verschwindet mir,
Und meiner Sehnsucht schiebt ein böser Geist
Statt Freud und Glück verwandte Schmerzen unter. (1884–1896)

Tasso wird für die Prinzessin, jenseits des höfischen Verhaltenskodex und seiner repräsentativen Funktion als Hofdichter, zum Vermittler einer bisher ungekannten seelischen Intimität, die ein neues Lebensgefühl jenseits des Leidens verheißt.

Enger und krasser ist das Gespann der beiden männlichen Hauptfiguren aufeinander bezogen. »Tasso und Antonio: ja sie sind einander bis zur Auflösung gefährlich, indem sie bloß da sind. Sie sind jeder ein grenzenloser Zustand, wie Werther der grenzenlose Zustand der Jugend ist.«, heißt es bei Hofmannsthal.[42] Dieses Verhältnis ist ganz darauf angelegt, die Dynamik des Konkurrenzgefühls zu demonstrieren. In den aggressiven Wortwechseln der beiden Protagonisten tritt der psychologische Zusammenhang von Selbstentwurf und Konkurrenzempfinden besonders deutlich zutage. Als Staatssekretär verkörpert Antonio den auf diplomatischem Parkett agierenden Typ des gewandten *cortegiano*. Wie Tasso hat er wegen seiner großen Erfolge eine Sonderrolle am Hof des Herzogs von Este inne. Sein äußerst gereiztes und provozierendes Verhalten dem jugendlichen Dichter gegenüber ist angesichts der professionellen Fähigkeit zur Selbstbeherrschung nur als Ausdruck eines tiefen Gefühls von Neid zu verstehen, der sich auf dessen vermeintlich anstrengungslosen und unverdienten Erfolg bezieht. Er nimmt Tasso zunächst nur als unreifen, verweichlichten, um sich selbst kreisenden Narziß wahr, dem der literarische wie der amouröse Erfolg in den Schoß fällt, während er selbst sich seine Siege hart verdienen muß: Von Tasso erwartet man »nichts weiter« als die Vollendung seines Epos. Ausgerechnet der weltgewandte Antonio hat es in seiner Eifersucht nötig, dem verwöhnten »Müßiggänger« gegenüber seinen Vorsprung an Erfahrung und Leistung hervorzukehren und sich bei Leonore bitter darüber zu beklagen, daß Tassos launischer Stolz der Verläßlichkeit von Menschen seines Schlages vorgezogen werde (2104–2109). Im Unterschied zum Dichter, der in bezug auf die höfische Etikette einige Privilegien genießt, darf er sich keineswegs unreflektiert seinen Gefühlen hingeben. Antonio kritisiert daher an Tasso den Mangel an Affektkontrolle, gesteht Leonore (III,4) aber seine Eifersucht auf dessen poetisches Talent und die unverdiente Gunst der Frauen[43]. Umgekehrt ist Tasso sich sicher, daß Antonio ihm nicht nur die Vorzugsstellung beim Fürsten neidet, sondern vor allen Dingen sein Genie: »Er, der mit steifem Sinn / die Gunst der Musen zu ertrotzen glaubt? / Der, wenn er die Gedanken mancher Dichter / Zusammenreiht, sich selbst ein Dichter scheint?« (2318–2336). Daß Antonio es ablehnt, Tasso im gesellschaftlichen Leben des Hofes als Vorbild zu dienen und Freundschaft mit ihm zu schließen, verdankt sich allein seinem scharfen Konkurrenzempfinden. Dies wird für

---

[42] Hofmannsthal: *Unterhaltung über den ›Tasso‹*, S. 112.
[43] »Er rühmt sich zweier Flammen! knüpft und löst / Die Knoten hin und wider, und gewinnt / mit solchen Künsten solche Herzen! Ist's / Zu glauben?« (2095–2098).

ihn erst in dem Moment belanglos, in welchem er die existentielle Not hinter dem unerhörten Verhalten Tassos begreift und sich entschließt zu helfen.

Auch der Dichter muß den Schritt über seine Haßlust hinaus tun (2339–2353), die mit Rousseaus Formel von der »Befriedigung durch das Unglück des anderen« treffend umschrieben ist. Im Gegensatz zu Antonio macht er aus seiner Verunsicherung durch den Konkurrenten keinen Hehl. Er empfindet im Vergleich mit ihm vor allem seine eigene Tatenlosigkeit als Manko: Die höfischen Tugenden der Tapferkeit und Ehre sind nicht sein Geltungsbereich. Dementsprechend sieht er zwischen sich und dem zum »Halbgott« verklärten Antonio eine unüberbrückbare Kluft: Dieser besitzt, was ihm selbst fehlt, innere Stabilität, Tatkraft und Lebenserfahrung (943f.). Der Prinzessin vertraut Tasso seine tiefe Verunsicherung an:

> Doch ach! je mehr ich horchte, mehr und mehr
> Versank ich vor mir selbst, ich fürchtete
> Wie Echo an den Felsen zu verschwinden,
> Ein Widerhall, ein Nichts mich zu verlieren. (797–800)

Der Akzent ist damit vom äußeren, gesellschaftlichen Ereignis, dem Eintreffen Antonios, auf die innere Problematik der fehlenden Selbstanerkennung verschoben, welche die eigene Identität erschüttert und bedroht. Tassos Bilanz ist entmutigend:

> Wie lehrreich wäre mir sein Umgang, nützlich
> Sein Rat in tausend Fällen! Er besitzt,
> Ich mag wohl sagen, alles was mir fehlt.
> Doch – haben alle Götter sich versammelt
> Geschenke seiner Wiege darzubringen? (941–946)

Kurz darauf schlägt der masochistische Vergleich dank Antonios Provokationen in offene Angriffslust um und zieht die Verwicklungen nach sich, die den weiteren Verlauf des Stückes bestimmen.

Deutlich wird in allen Figurenperspektiven die Verstrickung des menschlichen Strebens nach Glück und Anerkennung in die konkurrenzgeprägte gesellschaftliche Realität, die unterschiedliche Strategien der Selbsterhaltung provoziert. Dies wird in Tassos zerrissener Gemütsverfassung ganz besonders offenkundig. Und doch ist der fragile *homme sensible* als Dichter derjenige, welcher für andere zum Mittler eines glückhaften Daseinsgefühls wird (3093f.). Das Tasso-Drama präsentiert keine rein pessimistische Perspektive auf das gesellschaftliche Miteinander. Goethe ordnet die fehlende Selbstübereinstimmung der einzelnen unter dem Signum der Natur dem Horizont einer ideal gedachten ›Ganzheit‹ zu. So bezeichnet Leonore Sanvitale Tasso als Seher und Propheten, der den »Einklang der Natur« (160) vernehme. Den Politiker, der vom Dichten träumt, und den Dichter, dem es an Tatkraft und Realitätsbezug mangelt, betrachtet sie, das offensichtliche Konkurrenzverhältnis positivierend, als komplementäre Seiten des menschlichen Wesens:

> Zwei Männer sind's, ich hab es lang gefühlt,
> Die darum Feinde sind, weil die Natur
> Nicht e i n e n Mann aus ihnen beiden formte. (1704ff.)

Diese Dimension evoziert auch Tasso, wenn er, frisch bekränzt, in Berufung auf die Antike den Topos der Unzertrennlichkeit von Dichter und Held zitiert und so eine Wunschphantasie des Einvernehmens und der intakten Identität entwirft:

> O säh ich die Heroen, die Poeten
> Der alten Zeit um diesen Quell versammelt!
> O säh ich hier sie immer unzertrennlich,
> Wie sie im Leben fest verbunden waren!
> So bindet der Magnet durch seine Kraft
> Das Eisen mit dem Eisen fest zusammen,
> Wie gleiches Streben Held und Dichter bindet. (545–551)

Wenn auch der weitere Verlauf der Handlung diese Vision ins Reich arkadischer Wunschvorstellungen verweist, so scheint zumindest am Schluß ein Stück jenes »gleichen Strebens« auf, das durch die Realität der komparativen Existenz desavouiert wird: Hier bietet Antonio Tasso brüderlich seine Hand und verhindert mit dieser von Hofmannsthal hervorgehobenen, in modernen Aufführungen hingegen gern übersehenen Geste, daß der an sich selbst verzweifelnde Dichter in den Wahnsinn abgleitet. Ausgerechnet der schärfste Konkurrent verweist den haltlosen, in den Fallstricken seiner Innerlichkeit strauchelnden Tasso auf die Möglichkeit, die bisher destruktiv wirkende Bewußtseinsstruktur der Konkurrenz nicht mehr nur als existenzielle Bedrohung zu empfinden, sondern sie zum Ausgangspunkt einer positiven, Identität konstituierenden und stabilisierenden Selbstwahrnehmung zu machen: »Und wenn du ganz dich zu verlieren scheinst, / Vergleiche Dich! erkenne, was du bist!« (3419f.), so lautet das Motto der Individuation des Dichters. Mit dieser Würdigung seines Talents ist das Grundproblem der inneren Entzweiung und fehlenden Selbstanerkennung für Tasso keineswegs gelöst. Doch wird hier ein versöhnlicher Akzent gesetzt, der die Krise nicht in der Katastrophe enden läßt. Sie wird zur Grenzerfahrung transformiert, welche in die neue Aufgabe der Selbststabilisierung mündet und damit auch einen Funktionswandel des Dichtens einleitet. Der im ambivalenten Schlußbild des Schiffbruchs kulminierende Transformationsprozeß wird zuvor von den geduldigen Bemühungen der übrigen Protagonisten begleitet. Diese versuchen immer wieder vergeblich, dem jungen Dichter den Weg aus seiner Egozentrik und Isolation zu weisen: Er müsse den Rückzug in die Einsamkeit aufgeben und sich dem gesellschaftlichen Leben öffnen, um innere Stabilität zu erlangen. Damit erscheint auch die Gesellschaft insgesamt nicht mehr nur als Hort der Konkurrenz. Vielmehr wird auf den Horizont einer Gemeinschaft Gleichgesinnter verwiesen, die dem Ideal der Humanität und der Idee der Bildung verpflichtet ist. Sie fungiert dem einzelnen gegenüber als Korrektiv und potentielles Gegengewicht zur ›komparativen Existenz‹. Die Dichotomie von Kunst und Leben, welche auf die romantischen Künstlerfiguren vorausweist, erfährt mit der gegen Rousseau und den

Typus des empfindsamen Anti-Helden gerichteten Einsamkeitskritik eine Ausrichtung auf das klassische Humanitätsideal.

Den Handlungsverlauf bestimmt jedoch ohne Frage die Demonstration innerer Entzweiung, auf welche die Konfiguration des Stückes abgestimmt ist, die das Syndrom der ›komparativen Existenz‹ kaleidoskopartig aus dem Ensemble der Figurenperspektiven spiegelt. Die Glücksvorstellungen der einzelnen Protagonisten, die sich von dieser Grundgegebenheit ausgehend entwickeln, haben sämtlich den Charakter von Gegenwelten. In Goethes Dichterdrama übernehmen die Gegenwelten des Arkadischen, des Antiken und der erfüllten Liebe die Aufgabe, das Leben in einer wenig glückverheißenden Realität zu ermöglichen: Sie müssen erreichbar scheinen, ohne es je wirklich zu sein. Ihr Projektionscharakter erfordert die Aufrechterhaltung von Distanzen und zeichnet für jene Ambivalenz verantwortlich, aus der sich die am Leitthema der Verwechslung von Fiktion und Leben, Wunsch und Wirklichkeit orientierte Handlungsführung des Stückes generiert. Rückblickend schreiben sich diese subjektiv entworfenen, vom Grundgefühl der Sehnsucht nach dem Unerreichbar-Verlorenen geprägten inneren Wunschräume von Rousseau her, bei dem sie die entzweiungstheoretische Perspektive auf die Ebene des subjektiven Gefühls transponieren. Im Blick auf eine künftige Ästhetik moderner Verlusterfahrung kann mit Karl Heinz Bohrer auch von der »Abschiedsstruktur« des Tasso-Stückes gesprochen werden.[44]

Den höfischen Konkurrenzverhältnissen ist das arkadische Ambiente der ersten Szenen gegenübergestellt, in denen eine tagtraumartig entrückte, sorglos-heitere Frühlingswelt evoziert wird. Im Zentrum dieser Eingangssituation steht die Poesie – die »goldne Zeit der Dichter« des Altertums – und Tasso als ihr moderner Repräsentant, der kurz darauf für die Vollendung seines Epos gekrönt wird. Gleichzeitig erfolgt jedoch der Einbruch der komparativen Existenz in diese heile Welt in Gestalt Antonios: »Dein Geist verunreint dieses Paradies« (1390) wird Tasso ihm in höchster Erregung entgegenschleudern. Die anfängliche Idylle wird im weiteren Verlauf der Handlung schrittweise zerstört. Rüdiger Stephan verweist diesbezüglich auf die Strukturanalogie zu Rousseaus *Nouvelle Héloïse*.[45] Im Prozeß der Destruktion des Arkadischen spielt das Phantasma erfüllter Liebe, welches Tasso mit der Prinzessin verbindet und das von beiden Seiten auf konträre Weise als große Glücksvision ins Spiel gebracht wird, die zentrale Rolle. Der bewußt uneindeutig motivierten Zurückhaltung der Prinzessin stehen Tassos hartnäckige Versuche gegenüber, seine kühnsten Träume, die er heimlich in seinen Dichtungen ausgesprochen und verewigt hat (1092-1108), in die Realität umzusetzen, obwohl die soziale Hierarchie des Renaissance-Hofes eine Annäherung oder gar ernsthafte Verbindung ausschließt. Tasso betet, wie einst Petrarca und dessen moderne Nachfolger Saint-Preux und Werther, eine Unerreichbare an, deren Gegenwart und Zuneigung existenzielle Bedeutung für ihn haben (868–888). Er setzt sich dabei über die gesellschaftlichen

---

[44] Bohrer: *Abschied*, S. 360–386.
[45] Rüdiger Stephan: »›L'Arcadie‹ de Goethe et l'idée d'un monde meilleur«, in: *Études Germaniques* 31 (1976), S. 258–280.

Schranken hinweg und übergeht selbst die deutlichsten Distanzsignale der Prinzessin. Aus seinen dichterischen Wunschphantasien will er, ermutigt durch die Gefühle, die sie im Verborgenen für ihn hegt, handgreifliche Ansprüche ableiten: Das imaginäre Arkadien seines literarischen Werkes soll Wirklichkeit werden. Virulent wird der Versuch, die Grenze der arkadischen Gegenwelt zu überschreiten, in der großen Diskussion mit der Prinzessin um die Existenz der Goldenen Zeit (II,1). Während Tasso ihr seine Liebe gesteht und sich von der Erfüllung dieser Leidenschaft auch die Auflösung der bestehenden Schwierigkeiten in seinem Verhältnis zur höfischen Gesellschaft, besonders zu Antonio, verspricht, warnt die Prinzessin vor dem Rückzug in die eigene Phantasie- und Wunschwelt:

> Auf diesem Wege werden wir wohl nie
> Gesellschaft finden, Tasso! Dieser Pfad
> Verleitet uns durch einsames Gebüsch,
> Durch stille Täler fortzuwandern; mehr
> Und mehr verwöhnt sich das Gemüt, und strebt
> Die goldne Zeit, die ihm von außen mangelt,
> In seinem Innern wiederherzustellen,
> So wenig der Versuch gelingen will. (970–987)

Der Vorstellung natürlicher Liebesfreiheit, die Tasso über sein Schäferstück *Aminta* in die Diskussion eingespielt, um seine Avancen zu legitimieren, wird eine klare Absage erteilt:

> Mein Freund, die goldne Zeit ist wohl vorbei:
> Allein die Guten bringen sie zurück;
> Und soll ich dir gestehen wie ich denke,
> Die goldne Zeit, womit der Dichter uns
> Zu schmeicheln pflegt, die schöne Zeit, sie war,
> So scheint es mir, so wenig als sie ist,
> Und war sie je, so war sie nur gewiß,
> Wie sie uns immer wieder werden kann.
> Noch treffen sich verwandte Herzen an
> Und teilen den Genuß der schönen Welt;
> Nur in dem Wahlspruch ändert sich, mein Freund,
> Ein einzig Wort: Erlaubt ist was sich ziemt. (995–1006)

– und nicht, wie Tasso findet, was gefällt! Präsentiert der Dichter unter Berufung auf seinen *Aminta* eine bukolische Gegenwelt zum gesellschaftlich hierarchisierten Hofleben, so entwirft die Prinzessin mit dem Verweis auf das zeitgenössische Gegenkonzept des Arkadischen[46], Guarinis *Il pastor fido*, eine eigene Vision der goldenen Zeit, die den Wunsch nach Distanz jedoch nicht, wie es naheliegend wäre,

---

[46] Jacobs: *Goethe und die Renaissance*, S. 189–208. Zur ikonographischen Entwicklung des Arkadientopos vgl. Bernhard Buschendorf: »Die Tradition der Landschaftsmalerei und des neuzeitlichen Arkadien in den *Wahlverwandtschaften*«, in: Ders.: *Goethes mythische Denkform. Zur Ikonographie der ›Wahlverwandtschaften‹*, Frankfurt a. M. 1986, S. 66–122.

aus der sozialen Stellung, sondern aus der Sicht der »edlen Frauen« ableitet (1013–1047). Tasso will diese Antwort nicht verstehen. Er zieht es vor, sich weiter in seine eigenen Fiktionen zu verrennen, bis er schließlich die endgültige Abweisung der Prinzessin provoziert, indem er sie leidenschaftlich umarmt. Der Versuch, Arkadien zu verwirklichen, ist definitiv gescheitert, und damit auch die Projektion zerstört. Tasso hat sein einziges Leitbild verloren und mit ihm einen Wunschtraum, der ihm das Leben in den konkurrenzgeprägten Strukturen der höfischen Realität ermöglichte und seine allzu angreifbare Psyche stabilisierte. Daher droht ihm nun der Verlust der eigenen Identität, vor dem ihn Antonio – aus Tassos Sicht »der Fels an dem er scheitern sollte« – knapp bewahrt. Mit seiner Hilfe gelingt es ihm, anstelle der unreflektierten Vermischung fiktiver Wunschwelten mit der Realität deren kategoriale Getrenntheit anzuerkennen:

> Nein, a l l e s ist dahin! – Nur e i n e s bleibt:
> Die Träne hat uns die Natur verliehen,
> Den Schrei des Schmerzens, wenn der Mann zuletzt
> Es nicht mehr trägt – Und mir noch über alles –
> Sie ließ im Schmerz mir Melodie und Rede,
> Die tiefste Fülle meiner Not zu klagen:
> Und wenn der Mensch in seiner Qual verstummt,
> Gab mir ein Gott zu sagen, wie ich leide. (3426–3433)

Tasso wird sich hier der identitätsstiftenden Funktion seines Dichtens bewußt, nachdem er, ähnlich wie Werther, das Scheitern seiner Selbststabilisierungsversuche erleben mußte und seine existenzielle Gefährdung erkennt. Damit ist ein Funktionswandel beschrieben, der auf die Diagnose der modernen Entfremdung bezogen bleibt: Das dichterische Talent, das bisher im Sinne Rousseaus die Behauptung eines Glücksanspruchs gegen die widerständige Realität ermöglichen sollte, wird bei Goethe zur bewußt wahrgenommenen Möglichkeit der Stabilisierung innerhalb des Entzweiungszustands, der sich am stärksten im zerrissenen Gemüt des Dichters manifestiert und diesen in die Produktivität zwingt:

> Wenn ich nicht sinnen oder dichten soll,
> So ist das Leben mir kein Leben mehr.
> Verbiete du dem Seidenwurm zu spinnen,
> Wenn er sich schon dem Tode näher spinnt.
> Das köstliche Geweb entwickelt er
> Aus seinem Innersten und läßt nicht ab
> Bis er in seinen Sarg sich eingeschlossen.
> O geb ein guter Gott uns auch dereinst
> Das Schicksal des beneidenswerten Wurms,
> Im neuen Sonnental die Flügel rasch
> Und freudig zu entfalten. (3081–3091)

Das Dichten wird zum Modus der Selbsterhaltung – in *Dichtung und Wahrheit* spricht Goethe von der »sichersten Base«[47] des Talents. Tasso verabschiedet sich von der Vorstellung, es könne der naive Ausdruck einer verlorenen, sehnsüchtig entbehrten ›Ganzheit‹ sein. Erst indem er es aufgibt, sich an subjektive Glücksfiktionen zu klammern, wird es ihm möglich, seine eigene »Not« zum neuen, bewußten Gegenstand des Dichtens zu machen. Dies bedeutet, sich innerhalb einer defizitären Lebensrealität zwischen dem Gewünschten, Entbehrten und dem real Gegebenen objektivierend, vermittelnd bewegen zu müssen und die eigene Identität über die ästhetische Erfahrung zu sichern und zu begründen. Tassos Dichten wird folglich zum sentimentalischen Ausdruck der Trauer und des Trostes zugleich: »Träne der Natur«.

Damit ist am Schluß des Dramas die Aufgabe einer Aufklärung der eigenen Subjektivität umrissen, die in die ästhetisch vermittelte Selbstreflexion führt. Voraussetzung dieses Erkenntnisprozesses ist, mentalitätsgeschichtlich betrachtet, wiederum ein Grundgedanke der Rousseauschen Anthropologie, die den Menschen als perfektibles Mängelwesen sieht, das der Vervollkommnung bedarf.[48] Diese Option auf die menschliche Entwicklungsbedürftigkeit erfährt bei Herder, der von der gemeinschaftlichen Existenz der menschlichen Gattung ausgeht, und im Bildungsgedanken der Weimarer Klassik eine neue Ausrichtung. Goethe mildert in seinem Tasso-Drama den sozialen Pessimismus, der dem von Rousseau artikulierten epochalen Identitätsproblem zugrunde liegt. Er verweist auf die identitätsstabilisierenden Funktionen des Fiktiven und setzt hinsichtlich der Rolle der Kunst, die bei Rousseau marginal bleibt, zu einer Neubestimmung in Richtung auf das Projekt der ›ästhetischen Erziehung‹ an. Dabei werden weder die Abgründigkeiten der inneren Entzweiung, die das Stück in ihren vielfältigen Abschattungen auffächert und am psychischen Leid Tassos exemplifiziert, noch das Fehlen einer echten Lösung beschönigt: Das Drama des Dichters mit seiner glatten, klassizistisch domestizierten Sprache mündet mit dem Bild des Schiffbrüchigen in einen offenen Schluß. Die Entzweiungsproblematik bleibt bestehen und schreibt sich fort, auch in die romantische Dichotomie von Kunst und Leben hinein.

---

[47] HA, Bd. 10, S. 47.
[48] Günther Buck: *Rückwege aus der Entfremdung. Studien zur Entwicklung der deutschen humanistischen Bildungsphilosophie*, München 1984, S. 109f., 139ff.

Literatur

Barner, Wilfried: »Das ›Fremde‹ des ›griechischen Geschmacks‹. Zu Winckelmanns Gedancken über die Nachahmung«, in: Eijiro Iwasaki (Hg.): Begegnung mit dem ›Fremden‹: Grenzen – Traditionen – Vergleiche. Akten des VIII. Internationalen Germanisten-Kongresses Tokyo 1990, Bd. 7 (hg. v. Yoshimori Shichiji), München 1991, S. 122–128.

Bohrer, Karl Heinz: *Der Abschied. Theorie der Trauer*, Frankfurt a. M. 1996.

Buck, Günther: *Rückwege aus der Entfremdung. Studien zur Entwicklung der deutschen humanistischen Bildungsphilosophie*, München 1984.

Buschendorf, Bernhard: *Goethes mythische Denkform. Zur Ikonographie der ›Wahlverwandtschaften‹*, Frankfurt a. M. 1986.

Faessler, Peter: »Reiseziel Schweiz. Freiheit zwischen Idylle und ›großer‹ Natur«, in: Hermann Bausinger/Klaus Beyrer/Gottfried Korff (Hg.): *Reisekultur. Von der Pilgerfahrt zum modernen Tourismus*, München ²1999, S. 243–248.

Goethe, Johann Wolfgang von: *Werke. Hamburger Ausgabe in 14 Bänden*, hg. v. Erich Trunz, durchges. Aufl. München 1988 (= HA).

Goethe, Johann Wolfgang: *Sämtliche Werke nach Epochen seines Schaffens. Münchner Ausgabe*, hg. v. Karl Richter in Zusammenarbeit mit Herbert G. Göpfert, Norbert Miller und Gerhard Sauder, 20 Bände in 26 Teilen und 1 Registerband, München 1985–1998 (= MA).

Hofmannsthal, Hugo von: *Unterhaltung über den ›Tasso‹ von Goethe*, in: Ders.: *Sämtliche Werke. Kritische Ausgabe*. Veranstaltet vom Freien Deutschen Hochstift, hg. v. Rudolf Hirsch u. a., Frankfurt a. M. 1984–1991, Bd. XXXI (hg. v. Ellen Ritter, Frankfurt a. M. 1991), S. 107–117.

Jacobs, Angelika: *Goethe und die Renaissance. Studien zum Konnex von historischem Bewußtsein und ästhetischer Identitätskonstruktion*, München 1997.

Jagemann, Johann Christoph: *Geschichte der freyen Künste und Wissenschaften in Italien*, 5 Bände in 3 Teilen, Leipzig 1777–1781.

Jagemann, Johann Christoph: *Magazin der italienischen Litteratur und Künste*, 8 Bände, Weimar 1780–81/Dessau und Leipzig 1782–83/Halle 1785.

Jaumann, Herbert (Hg.): *Rousseau in Deutschland. Neue Beiträge zur Erforschung seiner Rezeption*, Berlin und New York 1995.

Jauß, Hans Robert: *Literaturgeschichte als Provokation*, Frankfurt a. M. 1970.

Jauß, Hans Robert: *Ästhetische Erfahrung und literarische Hermeneutik*, Frankfurt a. M. ³1984.

Kaiser, Gerhard R.: »›Jede große Stadt ist eine Moral in Beispielen‹. Bertuchs Zeitschrift *London und Paris*«, in: Ders. und Siegfried Seifert (Hg.): *Friedrich Justin Bertuch (1747-1822) – Verleger, Schriftsteller und Unternehmer im klassischen Weimar*, Tübingen 2000, S. 547–576.

Kapitza, Peter: *Ein bürgerlicher Krieg in der gelehrten Welt. Zur Geschichte der Querelle des Anciens et des Modernes in Deutschland*, München 1981.

Kreuzer, Helmut: *Rousseau und Rousseauismus*, Göttingen 1996.

Link-Heer, Ursula: »Facetten des Rousseauismus. Mit einer Auswahlbibliographie zu seiner Geschichte«, in: *Zeitschrift für Literaturwissenschaft und Linguistik* 63 (1986), S. 127–163.

Link-Heer, Ursula: »Rousseauismus«, in: Joachim Ritter u. a. (Hg.): *Historisches Wörterbuch der Philosophie* Bd. 8, Basel 1992, Sp. 1086–1091.

Maag, Georg: »Das Ästhetische als echte und als scheinbare Negativgröße bei Rousseau«, in: *Romanistische Zeitschrift für Literaturgeschichte* 1981 (H. 4), S. 415–442.

Mayer, Mathias und Neumann, Gerhard (Hg.): *Pygmalion. Die Geschichte des Mythos in der abendländischen Literatur*, Freiburg i. Br. 1997.

Meinhard, Johann Nicolaus: *Versuche über den Charackter und die Werke der besten Italienischen Dichter*, 3 Bände, Braunschweig 1763/1764/1774.

Neumann, Gerhard: *Konfiguration. Goethes ›Torquato Tasso‹*, München 1965.

Rousseau, Jean-Jacques: *Oeuvres Complètes*, Bd. II, hg. v. Bernard Gagnebin und Marcel Raymond, Paris 1964.

Schlaffer, Hannelore und Schlaffer, Heinz: *Studien zum ästhetischen Historismus*, Frankfurt a. M. 1975.

Schröder, Winfried: »Préromantisme«, in: Manfred Naumann (Hg.): *Lexikon der französischen Literatur*, Leipzig 1987, S. 344f.

Stephan, Rüdiger: »›L'Arcadie‹ de Goethe et l'idée d'un monde meilleur«, in: *Études Germaniques* 31 (1976), S. 258–280.

Stierle, Karlheinz: »Theorie und Erfahrung. Das Werk Jean-Jacques Rousseaus und die Dialektik der Aufklärung«, in: Klaus von See (Hg.): *Neues Handbuch der Literaturwissenschaft*, Bd. XIII (*Europäische Aufklärung III*, hg. v. Jürgen von Stackelberg u. a.), Wiesbaden 1980, S. 159–208.

Trousson, Raymond und Eigeldinger, Frédéric S. (Hg.): *Dictionnaire de Rousseau*, Paris 1996.

Weber, Heinz-Dieter: »Ästhetische Identität. Über das Fiktive in *Dichtung und Wahrheit*«, in: *Der Deutschunterricht* 1989 (H. 2), S. 21–36.

Werner, Hans-Georg: »Über den Terminus ›Klassische deutsche Literatur‹«, in: Wilhelm Voßkamp (Hg.): *Klassik im Vergleich. Normativität und Historizität europäischer Klassiken*, Stuttgart 1993, S. 12–24.

Wiedemann, Conrad: »Römische Staatsnation und griechische Kulturnation. Zum Paradigmenwechsel zwischen Gottsched und Winckelmann«, in: Albrecht Schöne (Hg.): *Akten des VII. Internationalen Germanisten-Kongresses Göttingen 1985*, Bd. 9 (*Deutsche Literatur in der Weltliteratur. Kulturnation statt politischer Nation?*, hg. v. Franz Norbert Mennemeier und Conrad Wiedemann), Tübingen 1986, S. 173–178.

Windfuhr, Manfred: »Kritik des Klassikbegriffs«, in: *Études Germaniques* 29 (1974), S. 302–318.

Wuthenow, Ralph-Rainer: *Im Buch die Bücher oder der Held als Leser*, Frankfurt a. M. 1980.

Wuthenow, Ralph-Rainer: »Rousseau im ›Sturm und Drang‹«, in: Walter Hinck (Hg.): *Sturm und Drang. Ein literaturwissenschaftliches Studienbuch*, Frankfurt a. M. [2]1989, S. 14–54.

Reiner Wild

DIE MODERNE FORM.
Goethes Balladen von 1797 als Teil des ›Projekts Klassik‹

Arthur Henkel zum 85. Geburtstag

I.

Die Zuwendung Goethes und Schillers zur Gattung der Balladen im Jahr 1797 hat der literaturwissenschaftlichen Forschung stets Schwierigkeiten bereitet; es fiel ihr schwer, das »Balladenstudium«[1] mitten im ›klassischen Jahrzehnt‹ in ihr Bild der Weimarer Klassik einzufügen. Goethe und Schiller, so heißt es etwa in Emil Staigers Goethe-Buch, hätten ihre Balladen keineswegs für »eine große Errungenschaft« gehalten: »Sie leisten sie sich; sie gönnen sich zwischen den schweren Geschäften eine Lizenz.«[2] Wenig später stellt Staiger fest, Goethes »unbotmäßige Phantasie« habe sich mit Gegenständen beschäftigt, »welche er nach der italienischen Reise als verantwortungsbewußter Künstler verdammen muß«, und diese seien »unter der Etikette ›Ballade‹« in der Epoche der Klassik »durchgeschmuggelt« worden.[3] Karl Otto Conrady notiert in seiner Goethe-Biographie, dass die Balladen Goethes und Schillers von 1797 »insgesamt nur deshalb ›klassische Balladen‹ heißen dürfen, weil sie in jenen Jahren entstanden sind, die als die Zeit der ›Klassik‹ tituliert werden«[4]. Und noch 1987 konstatiert Karl Eibl im Kommentar der Frankfurter Goethe-Ausgabe, dass die Balladen »nicht so recht zum Bild des nachitalienischen ›Klassikers‹« passten. Allerdings fragt Eibl auch, ob nicht die Ausschließung der Balladen aus der klassischen Lyrik damit zusammenhänge, dass »unsere Deutungsschablonen« möglicherweise zu eng seien, und er vermerkt als eine wichtige Gemeinsamkeit der lyrischen Produktion Goethes in den neunziger Jahren, dass die

---

[1] So Goethe an Schiller am 22. Juni 1797, MA 8.1, 360. Goethes Werke, die Briefe an Schiller eingeschlossen, werden nach der *Münchner Ausgabe* zitiert, Johann Wolfgang Goethe: *Sämtliche Werke nach Epochen seines Schaffens*, hg. v. Karl Richter in Zusammenarbeit mit Herbert G. Göpfert, Norbert Miller und Gerhard Sauder. 20 Bde. in 32 Teilbänden und 1 Registerband, München 1985–1998; der Nachweis erfolgt unter der Sigle MA mit Band- und Seitenzahl jeweils nach dem Zitat.

[2] Emil Staiger: *Goethe*, Bd. 2, Zürich ³1962, S. 306.

[3] Staiger: *Goethe*, Bd. 2, S. 308.

[4] Karl Otto Conrady: *Goethe. Leben und Werk, Bd. 2: Summe des Lebens*, Königstein/Ts. 1985, S. 180.

Gedichte durchweg, die Balladen ebenso wie die Elegien und Epigramme in antikisierendem Versmaß, »hochartistische Gebilde« seien.[5]

Die Schwierigkeiten, die Balladen von 1797 im Kontext der lyrischen Produktion Goethes in den neunziger Jahren angemessen zu situieren, sind wesentlich in einem Verständnis der klassischen Lyrik begründet, das den Bezug zur Antike, nicht zuletzt in formaler Hinsicht, zu deren konstitutiver und notwendiger Bedingung macht. Zur klassischen Lyrik zählen damit im Grunde allein die Gedichte in antikisierendem Versmaß. In seiner Einführung in die »Zeit der Klassik« in der Hamburger Ausgabe, deren Bedeutung für das Goethe-Bild der letzten Jahrzehnte nicht hoch genug einzuschätzen ist, kommt Erich Trunz lediglich zweimal auf die Balladen zu sprechen.[6] Beide Male bleibt es bei knappen Nennungen. Beim Hinweis auf die Zusammenarbeit mit Schiller heißt es: »Und durch diesen [Schiller] wurde auch die Balladendichtung belebt, die nun zu einigen großen Leistungen führte«[7]. Gegen Ende der Einführung weist Trunz darauf hin, dass Goethe »in der Zeit von der Italien-Reise bis zu den Napoleonischen Kriegen« nicht nur antikisierende Verse geschrieben habe; dazu vermerkt er: »Zu den Balladen paßten nur neuzeitliche Reimstrophen, auch vielerlei anderes Lyrische blieb bei diesen Formen«[8]. Zwischen diesen beiden Erwähnungen der Balladen ist in der insgesamt acht Seiten umfassenden Einführung in die klassische Lyrik Goethes ausschließlich von den Gedichten in antikisierenden Versmaßen die Rede. Einem solchen, auf den Antike-Bezug reduzierten Verständnis der klassischen Lyrik Goethes und darüber hinaus der Weimarer Klassik überhaupt konnten die Balladen, die Goethe selbst, sie einem südlich-mediterran bestimmten Antike-Bild entgegensetzend, »recht nordisch« genannt hat[9], nur als Fremdkörper erscheinen. Die Balladen wurden aus der klassischen Lyrik ausgegrenzt und lediglich als einzelne Texte oder als in sich geschlossene Gruppe, nicht jedoch als Teil der klassischen Lyrik beachtet und gedeutet; gleiches geschah mit den weiteren und immerhin nicht wenigen Gedichten in nichtantiken, ›modernen‹ Formen, etwa den Liedern, die Goethe in den neunziger Jahren schrieb. Im Gegenzug dazu soll hier versucht werden, die Balladen als einen integrativen Bestandteil der klassischen Lyrik zu erweisen, was eine Veränderung des Klassikbegriffs notwendig einschließt.[10]

---

[5] Johann Wolfgang Goethe: *Sämtliche Werke. Briefe, Tagebücher und Gespräche*, hg. v. Hendrik Birus u. a., *Frankfurter Ausgabe*. Bd. I, 1.1: *Gedichte 1756–1799*, hg. v. Karl Eibl, Frankfurt a. M. 1987, S. 1219.

[6] Johann Wolfgang von Goethe: *Werke. In 14 Bänden*, hg. von Erich Trunz. *Hamburger Ausgabe*. Bd. 1: *Gedichte und Epen*, München [14]1989, S. 567–575: »Die Zeit der Klassik«.

[7] Ebd., S. 567.

[8] Ebd., S. 574.

[9] »An Johann Heinrich Meyer. 21. Juli 1797«, in: *Werke*, hg. im Auftrage der Großherzogin Sophie von Sachsen, Weimar 1887–1919. *Weimarer Ausgabe. Abt. IV. Bd. 12*, S. 200 (WA IV 12, 200).

[10] Vgl. auch den Kommentar des Verfassers zu den Balladen von 1797 in MA 4,1: »Wirkungen der Französischen Revolution 1791–1797«, hg. v. Reiner Wild, München 1988, vor allem S. 1213f.; dort werden die Balladen vornehmlich unter dem Aspekt des literarischen Experiments und des Erprobens poetischer Möglichkeiten, der die Lyrik der neunziger Jahre insgesamt bestimmt, in die klassische Periode von Goethes Lyrik integriert. Das hier Vorgetragene ist als Fortführung und Erweiterung dieser

II.

Es ist nicht zu bestreiten, dass der Bezug zur Antike ein wesentliches Moment der Lyrik Goethes in den neunziger Jahren ausmacht. Die antike Dichtung hat den Charakter des Vorbilds. In den *Römischen Elegien*, dem ersten großen Ertrag seiner produktiven Annäherung an das antike Versmaß[11], orientiert sich Goethe an der römischen Liebeselegie, insbesondere an den Gedichten der drei römischen Elegiker Tibull, Catull und Properz; sie bilden das Muster, dem der moderne Dichter nacheifert. Hinzu kommen Ovid mit seiner Liebeslyrik sowie, für einige im Umkreis der *Römischen Elegien* entstandene Gedichte, die *Carmina Priapea*. In den *Venezianischen Epigrammen*, die im Anschluß an die *Römischen Elegien* entstanden sind, kehrt diese Struktur von Muster und Adaption wieder. An die Stelle der ›Klassiker‹ der römischen Liebeselegie ist hier der nachaugusteische Epigrammatiker Martial getreten; teilweise orientiert sich Goethe auch an Horaz. Am Beginn der Zusammenarbeit mit Schiller, nach einer Phase bemerkenswert geringer lyrischer Produktion, nimmt Goethe diese Orientierung am antiken Muster wieder auf. So greift er bereits in den *Episteln*, den beiden ersten Gedichten, die in dieser Zusammenarbeit entstanden sind und mit denen die beiden ersten Hefte von Schillers *Horen* vom Januar und Februar 1795 eröffnet wurden, auf eine antike Form zurück. Mit dem Titel und mit der Wahl des Hexameters schließt er vor allem an die *Epistulae* des Horaz an, zu denen als sein wohl bekanntestes Briefgedicht die Epistel *De arte poetica* gehört. Für die *Xenien* schließlich, das Gemeinschaftswerk von Goethe und Schiller, gibt erneut Martial das Muster, nunmehr mit den *Xenia*, einer Sammlung von zumeist zweizeiligen satirischen Distichen. Martial wird ausdrücklich genannt; die Berufung auf ihn dient nicht zuletzt der Legitimation der Polemik, welche die *Xenien* bestimmt:

> *Martial*
> Xenien nennet ihr euch? Ihr gebt euch für Küchenpräsente?
>   Ißt man denn, mit Vergunst, spanischen Pfeffer bei euch?
>
> *Xenien*
> Nicht doch! Aber es schwächten die vielen wäßrigten Speisen
>   So den Magen, daß jetzt Pfeffer und Wermut nur hilft.
>
>   (MA 4.1, 819)

Mit der Struktur von Muster und Adaption ist jedoch die Annäherung an die antike Form in der klassischen Lyrik keineswegs zureichend beschrieben; gerade die Produktivität dieser Annäherung ist damit nicht erfasst. Bereits in den *Römischen Elegien* gewinnt diese Struktur eine spezifische Ausprägung. In diesem Ensemble wird die Inszenierung einer Begegnung mit Rom und darin mit der Antike präsentiert; die Bezüge, welche die *Römischen Elegien* mit der römischen Liebeslyrik der augusteischen Zeit verbinden, sind Teil dieser Inszenierung. Mit den ›Reminiszen-

---

Überlegungen zu verstehen, vgl. dazu vor allem die Studie des Verfassers: *Goethes klassische Lyrik*, Stuttgart 1999, insbesondere S. 172–257: Kap. 7: »Antike und Moderne«.

[11] Zu den früheren, noch stark bildungsorientierten Erprobungen antiker Versmaße in den achtziger Jahren vgl. Wild: *Klassische Lyrik*, S. 2–12.

zen‹[12] an diese Lyrik und mit den Anspielungen auf antike Mythologeme, die den Zyklus gleichfalls durchziehen, wird ein Erinnerungsraum eröffnet, in dem sich Antike und Moderne begegnen. Die Beziehung der *Römischen Elegien* zur Antike ist damit die der Erinnerung; die Hinwendung zur Antike geschieht im Bewußtsein des historischen und literaturhistorischen Abstandes. Sichtbar wird dies nicht zuletzt darin, dass zum Anspielungsbereich der *Römischen Elegien* auch die nach-antike Tradition der Elegie gehört, voran die neulateinische des 16. und 17. Jahrhunderts. Ausdrücklich wird der Sprecher der Gedichte, der als Reisender, Liebender und Dichter erscheint, als ein ›moderner‹ Dichter charakterisiert. Er spricht von Friedrich dem Großen oder vom englischen Feldherrn Marlborough; er liest, wie es in der fünften Elegie heißt, die »Werke der Alten« und gedenkt der antiken »Zeiten« (MA 2.2,46). So inszenieren die *Römischen Elegien* die Begegnung des modernen Dichters mit der Antike und realisieren damit in ihrer Struktur die poetologische Voraussetzung, welche sie in ihrer Eigenart überhaupt erst möglich macht. Für die *Venezianischen Epigramme* gilt Ähnliches. Beide Ensembles beginnen mit der Situation der Reise und mit der Ankunft des Reisenden in Italien; deutlicher noch als in den *Römischen Elegien* erscheint in den *Venezianischen Epigrammen* der Sprecher als moderner Dichter. Sichtbar wird dies etwa in der unterschiedlichen Darstellung der Stadt in beiden Ensembles. Denn anders als das Rom der *Römischen Elegien*, das vor allem als Stadt der Antike erscheint, wird Venedig in den *Venezianischen Epigramme* vor allem als eine gegenwärtige Stadt charakterisiert, als ›moderner‹ Ort etwa des Handels und der Waren:

> Ruhig saß ich in meiner Gondel und fuhr durch die Schiffe
> Die in dem großen Canal viele befrachtete stehn.
> Jede Ware findest du da für jedes Bedürfnis
> Weizen, Wein und Gemüs Scheitholz und leichtes Gesträuch.
>
> (MA 3.2, 86)

Der Differenz in der Erfahrung der Stadt entsprechen formale Unterschiede. Während die *Römischen Elegien* im Wechselspiel von Antike und Liebe ein durchgehendes und einheitstiftendes Motiv haben und so die einzelnen Gedichte eng aufeinander bezogen sind, erscheinen die *Venezianischen Epigramme* in ihrer Anordnung eher disparat und erwecken so den Anschein des Beliebigen und Fragmentarischen. Diese Anordnung aber ist die formale Repräsentanz der Wahrnehmung des Reisenden; sie gibt seinen Blick auf das moderne städtische Leben wieder, dessen Kennzeichen Bewegung und Mannigfaltigkeit, Vielfalt und Disparatheit sind. So erzwingt die Erfahrung der modernen Stadt eine moderne Form,[13] wobei Goethe jedoch auch hierin Anregungen des antiken Vorbilds Martial aufnimmt, dessen *Libri Epigrammaton* sich gleichfalls durch solche beliebig erscheinende und zugleich kunstvoll arrangierte Anordnung auszeichnen. So folgen beide

---

[12] Diese Bezeichnung hat Georg Luck geprägt, vgl. »Goethes ›Römische Elegien‹ und die augusteische Liebeselegie«, in: *Arcadia* 2 (1967), S. 173–195.

[13] Vgl. Rasch, Wolfdietrich: »Die Gauklerin Bettine in Goethes *Venezianischen Epigrammen*«, in: Stanley A. Corngold u. a. (Hg.): *Aspekte der Goethezeit*, Göttingen 1977, S. 68–92.

Ensembles, unbeschadet ihrer Differenz, dem gleichen Modell der produktiven Annäherung des modernen Dichters an die Antike. Im Bewusstsein der eigenen Modernität, also der historischen Differenz und mithin der unüberwindbaren Trennung von Antike und Moderne, unternimmt der moderne Dichter den Versuch, dem antiken Vorbild nahezukommen, nicht also die Antike zu wiederholen, sondern als ›Moderner‹ erneut zu erreichen, was an der Literatur der Antike als gültig und musterhaft erscheint: *Nicht Nachahmung bestimmt die Beziehung zur Antike, sondern Wettstreit.* Dieser Wettstreit prägt zutiefst die klassische Lyrik; er bildet die Grundstruktur der Lyrik Goethes in den neunziger Jahren (und, so läßt sich wohl verallgemeinernd sagen, der Bemühungen Goethes und Schillers im klassischen Jahrzehnt überhaupt).

Auch in den *Episteln* äußert sich deutlich genug der moderne Dichter. Der Adressat der Briefgedichte ist der Herausgeber der *Horen*; er wird mehrfach als »Freund« angesprochen (vgl. MA 4.1, 660–666). In Rede stehen damit vornehmlich die Intentionen, die Schiller mit der Zeitschrift verfolgte und die er in den *Briefen über die ästhetische Erziehung*, die in den *Horen* erschienen, ausführlich begründete und rechtfertigte. Dabei stimmt Goethe das Pathos der Programmatik Schillers herab; ihrem Ernst wird eine heitere Skepsis entgegengesetzt.[14] Mit der Wahl des Briefgedichts als Form dieser Herabstimmung werden aber auch Horaz und dessen *Ars poetica* zum Gegenstand spielerisch-heiterer Auseinandersetzung. So wird, wenn vom »Wort [...] von Erze gestempelt« gesprochen wird, deutlich auf die selbstbewusste Aussage des Horaz angespielt: »Exegi monumentum aere perennius« – ›Ein Denkmal habe ich mir gesetzt, dauerhafter als Erz‹[15]. Zugleich aber wird, wie zuvor Schillers Programm, auch dieser Anspruch herabgestimmt. Die Anspielung steht am Schluss einer Passage, in der der Sprecher sich selbst und zugleich das, was er geschrieben hat, zurücknimmt; zudem spielt Goethe gegen das horazische Bild des aus Erz gegossenen und die Zeiten überdauernden Denkmals das der »gedruckte[n] Kolumne« aus, die nicht selbst aus Erz ist, sondern lediglich ein Abdruck, »gestempelt« mit »Lettern« aus Blei:

> Was mein leichter Griffel entwirft ist leicht zu verlöschen,
> Und viel tiefer präget sich nicht der Eindruck der Lettern
> Die, so sagt man, der Ewigkeit trotzen; denn freilich an viele
> Spricht die gedruckte Kolumne, doch bald, wie jeder sein Antlitz,
> Das er im Spiegel gesehen, vergißt, die behaglichen Züge,
> So vergißt er das Wort wenn auch von Erze gestempelt.

(MA 4.1, 660f.)

In der spielerischen und gleichsam doppelt geführten Auseinandersetzung mit der poetologischen Aussage des Horaz wie mit dem ästhetischen Programm Schillers artikuliert sich deutlich der moderne Dichter. Denn in der Wiederaufnahme der Form der Epistel, gerade auch der poetologischen nach horazischem Muster, wird diese Form zugleich verändert: Hier wird keine normative Poetik mehr verkündet, viel-

---

[14] Vgl. dazu im einzelnen Wild: *Klassische Lyrik*, S. 111–114.
[15] Od. III, 30, 1.

mehr eine skeptisch-ironische Reflexion auf aktuelle Möglichkeiten der Literatur und der Dichtung geboten.

Auch die *Xenien* gelten der Auseinandersetzung mit der aktuellen literarischen Szene. Die antike Form schützt hier gewissermaßen die Polemik gegen die Zeitgenossen und legitimiert sie zugleich. Orientierung am antiken Muster und Auseinandersetzung mit der Gegenwart sind so eng miteinander verknüpft. Die *Xenien* sind Teil der Inszenierung, mit der Goethe und Schiller ihre Zusammenarbeit seit 1795 öffentlich präsentieren; deren Bühne sind wesentlich die Zeitschriften Schillers. Zu dieser Inszenierung aber gehört von Beginn an der Bezug zur Antike und der Wettstreit mit ihr; so erscheinen jetzt auch in Schillers *Horen* und in seinem *Musen-Almanach* die *Römischen Elegien* und die *Venezianischen Epigramme*. Und in den *Xenien* werden Anspruch und Selbstbewusstsein, mit dem beide diesen Wettstreit aufnehmen, deutlich artikuliert; eines der Distichen, in dem die *Xenien* selbst und deren Autorschaft thematisiert werden, lautet:

> Wem die Verse gehören? Ihr werdet es schwerlich erraten,
>   Sondert, wenn ihr nun könnt, o Chorizonten, auch hier!

(MA 4.1, 787)

Der hier formulierte Anspruch ist hoch. Als »Chorizonten«, die hier aufgefordert werden, zwischen Goethe und Schiller zu sondern, werden antike Gelehrte bezeichnet, die lediglich die *Ilias*, nicht aber die *Odyssee* als Werk Homers anerkannten; das Xenion spielt auf die damals aktuelle Diskussion an, ob *Ilias* und *Odyssee* von einem einzelnen Autor stammten oder aus verschiedenen Liedern kompiliert seien. Goethe und Schiller stellen sich damit, allerdings ausdrücklich in ihrer Gemeinsamkeit, ebenbürtig neben Homer. Im Dezember 1796, nach der Veröffentlichung der *Xenien* und in der Endphase der Fertigstellung des gleichnamigen Epos, schrieb Goethe die Elegie *Herrmann und Dorothea*; sie war nicht zuletzt eine Antwort auf die gerade einsetzende, zumeist sehr scharfe Kritik an den *Xenien*. Die ersten Zeilen benennen, vorgetragen als selbstbewusste Zurückweisung von Vorwürfen und Angriffen, den Bezug zur Antike:

> Also das wäre Verbrechen, daß einst Properz mich begeistert;
>   Daß Martial sich zu mir auch, der Verwegne, gesellt?
> Daß ich die Alten nicht hinter mir ließ, die Schule zu hüten;
>   Daß sie nach Latium gern mir in das Leben gefolgt?
> Daß ich Natur und Kunst zu schaun mich treulich bestrebe;
>   Daß kein Name mich täuscht, daß mich kein Dogma beschränkt?
> Daß des Lebens bedingender Drang nicht den Menschen verändert;
>   Daß ich der Heuchelei dürftige Maske verschmäht?
> Solcher Fehler, die du, o Muse, so emsig gepfleget,
>   Zeihet der Pöbel mich; Pöbel nur sieht er in mir.
> Ja, sogar der Bessere selbst, gutmütig und bieder,
>   Will mich anders; doch du, Muse, befiehlst mir allein.

(MA 4.1, 858)

Der Wettstreit des ›Modernen‹ mit der Antike dient der Legitimation der eigenen Existenz und der eigenen Tätigkeit, als Dichter, der sich an Properz und Martial misst, als kunst- und naturverständiger Autor und als Amtsträger. Etwa in der Mitte der Elegie wird, in der Metaphorik des Kampfes, dieser Wettstreit auch benannt:

> Denn wer wagte mit Göttern den Kampf? und wer mit dem Einen?
> Doch Homeride zu sein, auch nur als letzter, ist schön.
> Darum höret das neuste Gedicht! [...]
>
> (MA 4.1, 859)

Mit dem »neuste[n] Gedicht« ist das Epos *Herrmann und Dorothea* gemeint, in dem Goethe in der Erneuerung des antiken Epos, als »Homeride«, der mit Homer den »Kampf« wagt, die zentrale Erfahrung der aktuellen Gegenwart, die der Französischen Revolution, zum Gegenstand macht und damit auch beim Epos den Wettstreit mit der Antike versucht. Die Elegie *Herrmann und Dorothea* artikuliert, vor dem Hintergrund des Epos und in der poetischen Rechtfertigung klassischer Positionen, die hohe Selbstgewissheit des Modernen in diesem Wettstreit. Wohl nicht zuletzt deshalb hat Schiller diese Elegie hoch geschätzt.[16]

Im Prozess der lyrischen Produktion Goethes in den neunziger Jahren verändert sich bei diesem Wettstreit allerdings die Beziehung des modernen Dichters zur Antike und mit ihr die Darstellung des Verhältnisses von Antike und Moderne. Die Selbstgewissheit als moderner Dichter nimmt deutlich zu; dazu komplementär werden in steigendem Maße spezifisch moderne Erfahrungen artikuliert, und entsprechend werden zunehmend Modernität oder Moderne in ihrer Differenz zur Antike gestaltet. Ein Moment solcher Differenzierung bildet die sich verstärkende poetologische Reflexion in den Gedichten und damit die Erweiterung der für die klassische Lyrik insgesamt charakteristischen selbstreflexiven Dimension. Ein weiteres und zugleich bedeutsames Moment ist die Darstellung spezifischer Erfahrungen von Zeit und Zeitlichkeit. In den *Römischen Elegien* werden Liebe, Glück und die Erfahrung des erfüllten Augenblicks im poetischen Schein der Gegenwärtigkeit vorgestellt. So erscheinen Zeit und Zeitlichkeit aufgehoben; die Zeit wird gewissermaßen negiert. Dagegen bieten die späteren Elegien, die Goethe in seinen Werkausgaben unter die Rubrik *Elegien II* gestellt hat, die Darstellung von Zeit, Zeitlichkeit und von deren Erfahrung; zugleich sind sie selbst, vornehmlich in der Gestaltung von Erinnerung, Darstellung von Zeit. In besonderer Weise ist dies in *Alexis und Dora* oder, in expliziter Durchführung der Thematik, in *Euphrosyne* der Fall, aber ebenso in *Der neue Pausias und sein Blumenmädchen* und in der bereits vor 1795 entstandenen Elegie *Das Wiedersehen*. In der Anordnung, die Goethe den Elegien in den Werkausgaben gegeben hat, werden gleichermaßen ihre selbstreflexiv-poetologische Dimension wie die Thematik von Zeit und Zeitlichkeit hervorgehoben, mithin die den Elegien spezifische Modernität. In den *Römischen Elegien* tritt der moderne Dichter zwar explizit als ein ›Moderner‹ auf; er versucht jedoch, die Antike in der Moderne gleichsam zu wiederholen, und blendet deshalb spezifische Erfahrungen

---

[16] Vgl. dazu seinen Brief an Goethe vom 9. Dezember 1796, MA 8.1, 285–287.

von Modernität aus (die allerdings im komplementären Zyklus der *Venezianischen Epigramme* durchaus zur Sprache kommen). In den *Elegien II* hingegen werden Moderne und Modernität selbst thematisch. In diesem Sinne sind diese Elegien trotz ihres antiken Gewandes moderne Gedichte. Während sich Goethe in den *Römischen Elegien* noch der Überlegenheit der Antike unterstellt, die er in den *Venezianischen Epigrammen* freilich auch schon unterläuft, erreicht er mit den *Elegien II* im Wettstreit mit der Antike die Ebenbürtigkeit gerade als moderner Dichter. Gewahrt bleibt dabei in diesem Teilbereich der lyrischen Produktion der neunziger Jahre allerdings die Musterhaftigkeit der antiken Form; der moderne Dichter schreibt im antiken Maß.

III.

Die ›klassischen‹ Balladen hat Goethe innerhalb einer relativ kurzen Zeitspanne geschrieben. Am 21. Mai 1797 entstand als erste Ballade *Der Schatzgräber*, Ende Mai oder Anfang Juni folgte die *Legende*. Am 4. und 5. Juni schrieb Goethe *Die Braut von Corinth* und unmittelbar danach, zwischen dem 6. und dem 9. Juni, *Der Gott und die Bajadere*. Einen jedenfalls vorläufigen Abschluß bildete dann *Der Zauberlehrling*, der Anfang Juli 1797 geschrieben wurde.[17] In diesen Wochen schrieb Goethe zudem noch einige Lieder; am Beginn der Balladenproduktion, zwischen *Der Schatzgräber* und *Legende*, entstand die Elegie *Der neue Pausias und sein Blumenmädchen*, und gleichzeitig stellte er das Versepos *Herrmann und Dorothea* fertig. So nützt also Goethe in zeitlicher Parallelität gleichermaßen Formen der Moderne wie Ballade oder Lied und solche der Antike wie Elegie oder Epos. Diese Mischung von antiker und moderner Form wiederholt sich bei der Publikation der Lyrik. Schillers *Musen-Almanach für das Jahr 1798*, der die Balladen vom Frühsommer 1797 und Schillers ›klassische‹ Balladen enthält, wird mit der Elegie *Der neue Pausias und sein Blumenmädchen* eröffnet; als weitere Dichtungen Goethes enthält er einige Lieder sowie das Gedicht in Distichen *Der neue Amor*. Dies wiederholt sich im nächsten *Musen-Almanach*; er bringt von Goethe die *Müllerin*-Gedichte, einige Lieder sowie die beiden Elegien *Euphrosyne* und *Amyntas* und das Lehrgedicht in Distichen *Die Metamorphose der Pflanzen*. So sind in dieser Zeit antike und moderne Formen in Produktion und Publikation miteinander vermischt.

Zu den Gründen, die Goethe und Schiller zum gemeinsamen »Balladenstudium« führten, gehört die Erörterung gattungstheoretischer Fragen, die 1797 in ihrem Briefwechsel eine große Rolle spielen. Diese Briefdiskussion dreht sich vor allem um die adäquate Bestimmung des Epischen und Dramatischen, und sie ist eng mit den dichterischen Hauptgeschäften beider in dieser Zeit verknüpft, mit *Herrmann*

---

[17] Eine Art Nachtrag zur Produktion der Balladen im Frühsommer 1797 ist die Entstehung der *Müllerin*-Gedichte im Herbst dieses Jahres während der Reise in die Schweiz; diese Gedichte, welche durchaus in den Kontext des ›Balladenstudiums‹ gehören, sich von den Balladen des Frühsommers allerdings auch unterscheiden, bleiben hier weitgehend außer Betracht; an ihnen lassen sich ähnliche Gegebenheiten wie bei den Balladen vom Frühsommer zeigen, vgl. dazu Wild: *Klassische Lyrik*, S. 258–276.

Die moderne Form. Goethes Balladen von 1797 als Teil des ›Projekts Klassik‹

und *Dorothea* und mit *Wallenstein.* In diesem Kontext bot sich die Gattung der Ballade als eine poetische Möglichkeit, Episches und Dramatisches zu verknüpfen, geradezu an. Dabei ging es 1797 weniger um eine Definition der Gattung Ballade, wie sie Goethe Jahrzehnte später in der berühmt gewordenen Bestimmung vom »lebendigen Ur-Ei« versuchte, in dem die »drei Grundarten der Poesie« vereinigt seien (MA 13.1, 505). Vielmehr war das Schreiben von Balladen vor allem eine praktisch-poetische Erprobung theoretisch gewonnener Einsichten; poetologische Reflexion und poetische Praxis sind hier aufs engste miteinander verknüpft. In diesem Sinne bildet die Balladenproduktion von 1797 ein Experiment; der *Musen-Almanach* für 1798 ist gleichsam dessen Protokoll. Der experimentelle Charakter wird nicht zuletzt in der bemerkenswerten Vielfalt der Balladen sichtbar. Die *Legende* hat Goethe in Knittelversen und in Strophen wechselnder Länge geschrieben; für die vier anderen, streng strophisch gebauten Balladen hat er jeweils eigene Strophenformen erfunden, wobei er überkommene Strophenformen nützt und mit eigenen Erfindungen kombiniert. Auch im Sujet variieren die Balladen. In *Legende* und *Der Schatzgräber* greift Goethe auf Volkstümliches, auch auf christliche Überlieferung zurück; *Der Zauberlehrling* und *Die Braut von Corinth* folgen antiken Quellen, und für *Der Gott und die Bajadere* bildet ein Reisebericht über Indien die Vorlage. Diesen Unterschieden entsprechend differieren die Balladen in ihrer sprachlichen und stilistischen Gestaltung. Zum Experiment gehört aber vor allem, dass die Balladen, als poetische Erprobungen poetologischer Reflexion, mit hoher künstlerischer Bewusstheit gemachte Texte sind. Eines ihrer kennzeichnenden Merkmale ist ihre Artifizialität; darin allerdings gleichen sie den Gedichten Goethes im antiken Maß, insbesondere den nach 1796 entstandenen Elegien.

Goethe beschließt das Balladenexperiment mit dem *Zauberlehrling.* Zentrales Thema dieses für mannigfache Deutungen offenen Gedichts ist das Verhältnis von Meisterschaft und Dilettantismus. Durchgeführt aber wird dieses Thema in einem höchst kunstvoll gearbeiteten Text.

Der Zauberlehrling

Hat der alte Hexenmeister,
Sich doch einmal wegbegeben!
Und nun sollen seine Geister
Auch nach meinem Willen leben.
Seine Wort und Werke
Merkt ich, und den Brauch,
Und mit Geistesstärke
Tu ich Wunder auch.
    Walle! walle!
    Manche Strecke,
    Daß zum Zwecke,
    Wasser fließe,
    Und, mit reichem vollem Schwalle,
    Zu dem Bade sich ergieße.

Und nun komm du alter Besen,
Nimm die schlechten Lumpenhüllen,
Bist schon lange Knecht gewesen,
Nun erfülle meinen Willen.
Auf zwei Beinen stehe,
Oben sei ein Kopf,
Eile nun und gehe
Mit dem Wassertopf.
    Walle! walle!
    Manche Strecke,
    Daß, zum Zwecke,
    Wasser fließe,
    Und, mit reichem vollem Schwalle,
    Zu dem Bade sich ergieße.

Seht er läuft zum Ufer nieder,
Wahrlich ist schon an dem Flusse,
Und mit Blitzesschnelle wieder
Ist er hier mit raschem Gusse.
Schon zum zweitenmale!
Wie das Becken schwillt!
Wie sich jede Schale
Voll mit Wasser füllt!
    Stehe! Stehe!
    Denn wir haben
    Deiner Gaben
    Vollgemessen!
    Ach ich merk es, wehe! wehe!
    Hab ich doch das Wort vergessen!

Ach! das Wort, worauf am Ende
Er das wird was er gewesen.
Ach er läuft und bringt behende,
Wärst du doch der alte Besen!
Immer neue Güsse
Bringt er schnell herein,
Ach! und hundert Flüsse
Stürzen auf mich ein.
    Nein nicht länger
    Kann ichs lassen,
    Will ihn fassen,
    Das ist Tücke!
    Ach! nun wird mir immer bänger!
    Welche Miene! welche Blicke!

O! du Ausgeburt der Hölle!
Soll das ganze Haus ersaufen?
Seh ich über jede Schwelle
Doch schon Wasserströme laufen.

Die moderne Form. Goethes Balladen von 1797 als Teil des ›Projekts Klassik‹

> Ein verruchter Besen
> Der nicht hören will!
> Stock! der du gewesen,
> Steh doch wieder still!
>   Willst am Ende
>   Gar nicht lassen;
>   Will dich fassen,
>   Will dich halten,
>   Und das alte Holz behende
>   Mit dem scharfen Beile spalten.
>
> Seht da kommt er schleppend wieder!
> Wie ich mich nun auf dich werfe,
> Gleich, o Kobold! liegst du nieder,
> Krachend trifft die glatte Schärfe.
> Wahrlich brav getroffen!
> Seht er ist entzwei,
> Und nun kann ich hoffen,
> Und ich atme frei!
>   Wehe! wehe!
>   Beide Teile
>   Stehn, in Eile,
>   Schon als Knechte
>   Völlig fertig in die Höhe!
>   Helft mir ach ihr hohen Mächte!
>
> Und sie laufen! Naß und nässer
> Wirds im Saal und auf den Stufen,
> Welch entsetzliches Gewässer!
> Herr und Meister! hör mich rufen!
> Ach! da kommt der Meister!
> Herr, die Not ist groß,
> Die ich rief die Geister
> Werd ich nun nicht los,
>   »In die Ecke,
>   Besen! Besen!
>   Seids gewesen.
>   Denn als Geister
>   Ruft euch nur zu seinem Zwecke,
>   Erst hervor der alte Meister.
>   (MA 4.1, 874–877)

Für die zweiteilige, vierzehn Zeilen umfassende Strophe der Ballade kombiniert Goethe unterschiedliche strophische Elemente. Dabei nützt er im ersten Strophenteil zwei in der deutschen lyrischen Tradition beliebte Vierzeiler, während der zweite, aus einem Vier- und einem Zweizeiler bestehende Strophenteil seine eigene Erfindung ist. Im Verlauf der Strophe wird durch die stete Abnahme der Hebungen in den Vierzeilern der Eindruck einer zunehmenden und unaufhaltsamen Beschleunigung vermittelt, die im abschließenden und wieder längeren Zweizeiler gleichsam aufgefangen wird. Dabei sind der Bericht des Geschehens und die beschwörende oder aufgeregte Reaktion des Lehrlings auf die beiden Strophenteile verteilt. Die zunehmende Aufregung und Verzweiflung des Lehrlings findet so ihren adäquaten Ausdruck, wobei zudem in der Abfolge der Strophen eine deutliche Steigerung in den jeweiligen Schlusszeilen zu beobachten ist; in der vorletzten Strophe kann der Lehrling schließlich nur noch ausrufen: »Helft mir ach ihr hohen Mächte!« Die Ballade besteht allein aus Figurenrede; sie präsentiert das Geschehen in dramatischer Vergegenwärtigung und bietet gleichsam eine Inszenierung, in der jedoch, in der Figurenrede des Lehrlings, zugleich erzählt wird. Dabei spricht, mit der einen Ausnahme des zweiten Teiles der Schlussstrophe, durchweg der Lehrling. Dieser zweite Teil der letzten Strophe gehört dem Meister. Seine Worte und darin das Wort »Meister« selbst bilden den Schluss der Ballade, und in diesen Worten des Meisters finden Aufregung und Verzweiflung ihre Beruhigung. So schließt die Ballade mit der Demonstration der Meisterschaft, wobei nicht zuletzt im Kontrast der lapidaren Kürze der Meisterworte mit dem Wortschwall des Lehrlings das Verhältnis von Meisterschaft und Dilettantismus vorgeführt wird.

Im Thema des Dilettantismus, in der gekonnten formalen Umsetzung dieses Themas und in der Gestaltung der Ballade insgesamt, in der lyrische Form, dramatische Vergegenwärtigung und Erzählen verbunden sind, bildet der *Zauberlehrling* einen poetischen Kommentar zum »Balladenstudium«. Das Gedicht reflektiert das Experiment und ist insofern auch dessen angemessener Abschluss, wobei in der leichten Komik, mit der der Lehrling in seiner Aufgeregtheit bedacht ist, auch das spielerische Element dieses Experiments mitzuhören ist. Zugleich bietet der *Zauberlehrling* eine Probe poetischer Meisterschaft, gleichsam ein ›Meisterstück‹; und das Gedicht ist insbesondere ein Musterbeispiel der Gattung Ballade, jedenfalls gemäß der Bestimmungen, die sich Goethe und Schiller in der gemeinsamen Reflexion auf das Epische und das Dramatische erarbeitet hatten. Dies gilt ebenso für die anderen Balladen Goethes von 1797 (und in vergleichbarer Weise für die Balladen Schillers). In diesem Sinne aber sind die Balladen Verwirklichungen eines Vorsatzes, den Goethe im Kontext des *Xenien*-Streits ausgesprochen hatte. Am 15. November 1796 – die erste Auflage des *Musen-Almanachs* mit den *Xenien* war bereits ausverkauft, und die zweite wurde gerade vorbereitet – schrieb er an Schiller: »nach dem tollen Wagestück mit den Xenien müssen wir uns bloß großer und würdiger Kunstwerke befleißigen und unsere proteische Natur, zu Beschämung aller Gegner, in die Gestalten des Edlen und Guten umwandeln« (MA 8.1, 271). Das Experiment der Balladen ist ein solcher Versuch, sich »großer und würdiger Kunstwerke« zu befleißigen; zu ihm gehört der Anspruch, musterhafte, gleichsam ›gültige‹ Texte zu schaffen. In dieser intendierten Musterhaftigkeit aber, bei der die ›Meister‹ zeigen, wie »große und würdige Kunstwerke« beschaffen sein müssen, fügen sich die Balladen ein in das Projekt der Klassik. Zu ihm gehört, durchaus im Sinne des Experiments, die Erprobung poetischer Möglichkeiten. Die Adaption der antiken Muster in den Gedichten in antikem Maß, die unter dem Anspruch erfolgt, in der Nachfolge des Vorbilds die gültige Umsetzung der Muster in die Moderne zu erreichen, ist gleichfalls eine solche Erprobung. Darin kommen die antikisierenden Gedichte, die Elegien und Epigramme, mit den Balladen überein. Im Wort des Meisters am Ende des *Zauberlehrlings* und damit am Ende des Balladenexperiments findet so die selbstbewusste sprachliche Geste der Elegie *Herrmann und Dorothea*, die etwa ein halbes Jahr vor den Balladen entstand, ihre Entsprechung.

Mit der Wahl der Form der Ballade wandten sich Goethe und Schiller einem in den neunziger Jahren durchaus aktuellen und zugleich noch immer neuen Genre zu; insofern fehlt auch der Balladenproduktion die für die antikisierende Lyrik charakteristische Struktur von Muster und Adaption. Zugleich galt die Ballade seit den siebziger Jahren als ein volkstümliches Genre. Für Gottfried August Bürger, der mit seinen Balladen, voran mit der *Lenore*, wesentlichen Anteil an der Ausbildung der Kunstballade hat, war »Popularität« ein Leitwort seines lyrischen Schreibens. »Alle darstellende Bildnerei kann und soll volksmäßig sein. Denn das ist das Siegel ihrer Vollkommenheit«, schreibt er in der Vorrede der ersten Ausgabe seiner *Gedichte* von 1778;[18] in der Vorrede der Auflage von 1789 heißt es: »Popularität eines poetischen Werkes ist das Siegel seiner Vollkommenheit.«[19] Bekanntlich hat Schiller in seiner Rezension der *Gedichte* von 1789 Bürgers Vorstellungen von Volkstümlichkeit scharf kritisiert.[20] Bürger habe sich, so lautet sein zentraler Vorwurf, der »Fassungskraft des großen Haufens« (NA 22, 248) anbequemt: »Hr. B. *vermischt* sich nicht selten mit dem Volk, zu dem er sich nur herablassen sollte, und anstatt es scherzend und spielend zu sich hinaufzuziehen, gefällt es ihm oft, sich ihm gleich zu machen« (NA 22, 259). Dagegen setzt Schiller einen emphatischen Kunstbegriff, von dem auch bei »Gedichten, welche für das Volk bestimmt sind«, nichts »nachgelassen« werden dürfe (NA 22, 250); zu ihm gehört als eine »erste unerläßliche Bedingung«, dass das Kunstwerk »einen von der verschiednen Fassungskraft seiner Leser durchaus unabhängigen absoluten, innern Wert« (NA 22, 249f.) besitze. Schiller formuliert in der Bürger-Rezension in einer ersten Skizze Grundsätze seines Programms der ästhetischen Erziehung, das er in den *Briefen über die ästhetische Erziehung*, einem Grundtext klassischer Programmatik, ausfalten wird. Programmatischen Charakter gewinnt diese Rezension gerade auch im Hinblick auf die Balladenproduktion von 1797. Sie kann gleichsam als die Formulierung der Bedingungen des Experiments, als eine Art Projektbeschreibung gelten. In den Balladen wenden sich Goethe und Schiller einem breiteren Publikum zu; sie setzen auf ›Popularität‹ und schreiben ›volkstümlich‹. Diese ›Popularität‹ aber bleibt eingebettet in das Programm ästhetischer Erziehung (das Goethe, wenngleich auch mit merklich anderer Akzentsetzung, mit Schiller teilt). Goethes Absichtserklärung im Brief vom 15. November 1796, sich »großer und würdiger Kunstwerke« zu befleißigen,

---

[18] Gottfried August Bürger: *Sämtliche Werke*, hg. v. Günter und Hiltrud Häntzschel, München 1987, S. 717 f.

[19] Bürger: *Werke*, S. 14.

[20] Friedrich Schiller: *Werke. Nationalausgabe*, hg. v. Julius Petersen, Norbert Oellers u. a., Weimar 1943 ff., Bd. 22: *Vermischte Schriften*, hg. v. Herbert Meyer, Weimar 1958, S. 245–264: »Über Bürgers Gedichte«; daraus die folgenden Zitate, mit Angabe der Seitenzahl hinter dem Zitat.

entspricht der in der Bürger-Rezension Schillers formulierten Forderung Schillers nach »Idealisierkunst«:

> Eine der ersten Erfordernisse des Dichters ist Idealisierung, Veredlung, ohne welche er aufhört, seinen Namen zu verdienen. Ihm kommt es zu, das Vortreffliche seines Gegenstandes (mag dieser nun Gestalt, Empfindung oder Handlung sein, *in* ihm oder *außer* ihm wohnen) von gröbern, wenigstens fremdartigen Beimischungen zu befreien, die in mehrern Gegenständen zerstreuten Strahlen von Vollkommenheit in einem einzigen zu sammlen, einzelne, das Ebenmaß störende Züge der Harmonie des Ganzen zu unterwerfen, das Individuelle und Lokale zum Allgemeinen zu erheben.
> (NA 22, 253)

Ausdruck und Bedingung solcher Idealisierung im Kunstwerk, durch die (um es in der Begrifflichkeit der *Briefe über die ästhetische Erziehung* zu formulieren) im schönen Schein der Kunst die Erfahrung von Freiheit vermittelt werden soll, ist die Form. In der Bürger-Rezension spricht Schiller vom »verfeinerten Kunstsinn«, »den nie der Reichtum, sondern die weise Ökonomie, nie die Materie, nur die Schönheit der Form, nie die Ingredienzien, nur die Feinheit der Mischung befriedigt« (NA 22, 254).

In formaler Hinsicht, jedenfalls in ihrer äußeren Gestalt, sind die Balladen von den antikisierenden Gedichten weit entfernt. Ihr formales Konstituens ist – statt des vorgegebenen metrischen Maßes der antikisierenden Gedichte – der Reim; hinzu kommt als ein weiteres Differenzmerkmal ihre strophische Gestaltung. Die Balladen bieten also moderne Form. Gleichwohl läßt sich in komplementärer Entsprechung zu dieser Distanz gerade auch in der formalen Eigenheit der Balladen die Anknüpfung an die antikisierenden Gedichte und damit an den Wettstreit mit der Antike erkennen. Mit der einen Ausnahme der *Legende* hat Goethe 1797 für die Balladen höchst kunstvolle Formen gewählt. Sie sind durchweg strophisch, wobei jede Ballade ihre eigene Strophenform hat. Alle diese Strophenformen sind Erfindungen Goethes. Beim *Schatzgräber* gilt dies für die Strophenform in ihrer Gänze, bei den drei anderen Balladen, bei *Die Braut von Corinth*, *Der Gott und die Bajadere* und *Der Zauberlehrling*, bildet Goethe einen ersten Strophenteil aus gebräuchlichen Strophenformen und fügt diesem einen zweiten, stets kürzeren Teil eigener Erfindung an. Auffällig ist dabei die Entgegensetzung der beiden Strophenteile, die sich metrisch und rhythmisch deutlich unterscheiden, wobei mit der Reimgestaltung in durchaus virtuoser Weise sowohl die Eigenständigkeit beider Teile betont als auch Verbindungen zwischen ihnen hergestellt werden. Im metrischen und rhythmischen Wechsel innerhalb der Strophe gewinnen die Balladen eine spezifische Dynamik, in der sie sich vom Gleichmaß der antiken Metrik, gerade auch des Distichons, das Goethe für seine Elegien nützt, deutlich unterscheiden; der Bewegung und dem in der metrischen und rhythmischen Variation gestalteten Bewegungswechsel in den Balladen stehen Ruhe und Konstanz des antiken Maßes in den Elegien gegenüber. Zugleich jedoch folgen die Balladen in der Komplexität ihrer Reimgebung, in ihrer metrischen Anlage und vor allem in ihrer strophischen Gestaltung einer durchaus strengen Form. Solche Strenge der Form, der sich Goethe bei der Produktion unterstellt (wenngleich auch bei den Balladen einer selbstgestalteten), ist damit den Balladen und den Gedichten im antiken Maß gemeinsam.[21] In beiden Genres, der Lyrik im antiken Maß wie der Balladen, signalisiert die Formstrenge Artifizialität und macht so den Kunstcharakter des Gestalteten sichtbar. Darin aber schließt das Experiment der Balladen an den Wettstreit mit der Antike an, und die Balladen von 1797 erweisen sich als ein integraler Bestandteil des Projekts der Klassik. Goethe erprobt in den Balladen und damit in der modernen Form, was er zugleich, verteilt allerdings auf einen größeren Zeitraum, im antiken Maß versucht. Er hat bei diesem Experiment gleichsam die Arena gewechselt. Er verlässt den Schauplatz der Antike, in den er als ein Moderner eingetreten war, und führt nun den Wettstreit in der Moderne selbst. Damit aber ist er in diesem Versuch nicht mehr der Nachbildende und Nachfolgende, der den vorgegebenen Regeln der Antike folgt. Vielmehr setzt er nun seine eigenen Regeln: die der Moderne. Dies hat seinen deutlichsten Ausdruck darin, dass er, an vorgegebenen Formen zwar orientiert, diese aber verändernd, eigene ›moderne‹ Formen erfindet.

Die Zugehörigkeit der Balladen zum Projekt Klassik wird weiter darin deutlich, dass Balladen und Elegien, ihrer formalen Distanz zum Trotz, durch inhaltliche Bezüge miteinander verbunden sind. Immerhin hat Goethe für zwei der Balladen, für den *Zauberlehrling* und die *Braut von Corinth*, antike Quellen verwendet und also antike Sujets in das moderne Genre gekleidet. Vor allem aber werden in den Balladen vom Frühsommer 1797 Problemstellungen bearbeitet, die gleichermaßen in den Elegien, ebenso in den Epigrammen gestaltet sind. Insbesondere in den beiden bedeutendsten Balladen von 1797, in *Die Braut von Corinth* und *Der Gott und die Bajadere*, wird diese Nähe von modernem und antikem Genre sichtbar.

Die Braut von Corinth
Romanze

Nach Corinthus von Athen gezogen
Kam ein Jüngling, dort noch unbekannt,
Einen Bürger hofft er sich gewogen,
Beide Väter waren gastverwandt,
Hatten frühe schon
Töchterchen und Sohn
Braut und Bräutigam, in Ernst, genannt.

Aber wird er auch willkommen scheinen
Wenn er teuer nicht die Gunst erkauft?
Er ist noch ein Heide mit den Seinen,
Und sie sind schon Christen und getauft.
Keimt ein Glaube neu,
Wird oft Lieb und Treu
Wie ein böses Unkraut ausgerauft.

---

[21] Wobei zudem festzuhalten ist, dass es Goethe bei den Balladen wie bei den antikisierenden Gedichten in meisterhafter Weise gelingt, die Strenge der Form mit den Erfordernissen des natürlichen Sprachflusses zu verbinden.

Und schon lag das ganze Haus im stillen,
Vater, Töchter, nur die Mutter wacht,
Sie empfängt den Gast mit bestem Willen
Gleich ins Prunkgemach wird er gebracht
Wein und Essen prangt
Eh er es verlangt,
So versorgend wünscht sie gute Nacht.

Aber bei dem wohlbestellten Essen
Wird die Lust der Speise nicht erregt,
Müdigkeit läßt Speis' und Trank vergessen,
Daß er angekleidet sich aufs Bette legt,
Und er schlummert fast,
Als ein seltner Gast
Sich zur offnen Tür hereinbewegt.

Denn er sieht, bei seiner Lampe Schimmer
Tritt mit weißem Schleier und Gewand,
Sittsam still ein Mädchen in das Zimmer
Um die Stirn ein schwarz und goldnes Band.
Wie sie ihn erblickt,
Hebt sie, die erschrickt,
Mit Erstaunen eine weiße Hand.

Bin ich, rief sie aus, so fremd im Hause
Daß ich von dem Gaste nicht vernahm?
Ach! so hält man mich in meiner Klause!
Und nun überfällt mich hier die Scham.
Ruhe nur so fort,
Auf dem Lager dort
Und ich gehe schnell so wie ich kam.

Bleibe schönes Mädchen! ruft der Knabe,
Rafft von seinem Lager sich geschwind,
Hier ist Ceres, hier ist Bacchus Gabe
Und du bringst den Amor liebes Kind.
Bist für Schrecken blaß,
Liebe komm und laß
Laß uns sehn, wie froh die Götter sind.

Ferne' bleib, o Jüngling! bleibe stehen,
Ich gehöre nicht den Freuden an
Schon der letzte Schritt ist, ach! geschehen,
Durch der guten Mutter kranken Wahn,
Die genesend schwur:
Jugend und Natur
Sei dem Himmel künftig untertan.

Und der alten Götter bunt Gewimmel
Hat sogleich das stille Haus geleert,
Unsichtbar wird einer nur im Himmel,
Und ein Heiland wird am Kreuz verehrt,
Opfer fallen hier,
Weder Lamm noch Stier,
Aber Menschenopfer unerhört.

Und er fragt und wäget alle Worte,
Deren keines seinem Geist entgeht,
Ist es möglich? daß am stillen Orte
Die geliebte Braut hier vor mir steht!
Sei die meine nur!
Unsrer Väter Schwur
Hat vom Himmel Segen uns erfleht.

Mich erhältst du nicht, du gute Seele,
Meiner zweiten Schwester gönnt man dich,
Wenn ich mich in stiller Klause quäle,
Ach! in ihren Armen denk an mich,
Die an dich nur denkt,
Die sich liebend kränkt,
In die Erde bald verbirgt sie sich.

Nein! bei dieser Flamme seis geschworen,
Gütig zeigt sie Hymen uns voraus,
Bist der Freude nicht und mir verloren,
Kommst mit mir in meines Vaters Haus.
Liebchen bleibe hier,
Feire gleich mit mir
Unerwartet unsern Hochzeitschmaus.

Und schon wechseln sie der Treue Zeichen,
Golden reicht sie ihm die Kette dar,
Und er will ihr eine Schale reichen,
Silbern, künstlich wie nicht eine war.
Die ist nicht für mich,
Doch ich bitte dich
Eine Locke gib von deinem Haar.

Eben schlug die dumpfe Geisterstunde
Und nun schien es ihr erst wohl zu sein.
Gierig schlürfte sie mit blassem Munde
Nun den dunkel blutgefärbten Wein,
Doch vom Weizenbrot
Was er freundlich bot,
Nahm sie nicht den kleinsten Bissen ein.

Und dem Jüngling reichte sie die Schale,
Der wie sie nun hastig lüstern trank,
Liebe fordert er beim stillen Mahle,
Ach! sein armes Herz war Liebekrank.
Doch sie widersteht,
Wie er immer fleht,
Bis er weinend auf das Bette sank.

Und sie kommt und wirft sich zu ihm nieder:
Ach! wie ungern seh ich dich gequält!
Aber ach! berührst du meine Glieder,
Fühlst du schaudernd was ich dir verhehlt.
Wie der Schnee so weiß,
Aber kalt wie Eis
Ist das Liebchen, das du dir erwählt.

Heftig faßt er sie mit starken Armen
Von der Liebe Jugendkraft durchmannt:
Hoffe doch bei mir noch zu erwarmen
Wärst du selbst mir aus dem Grab gesandt!
Wechselhauch und Kuß!
Liebesüberfluß!
Brennst du nicht und fühlest mich entbrannt?

Liebe schließet fester sie zusammen,
Tränen mischen sich in ihre Lust,
Gierig saugt sie seines Mundes Flammen
Eins ist nur im andern sich bewußt;
Seine Liebeswut
Wärmt ihr starres Blut,
Doch es schlägt kein Herz in ihrer Brust.

Unterdessen schleichet auf dem Gange
Häuslich spät die Mutter noch vorbei,
Horchet an der Tür und horchet lange,
Welch ein sonderbarer Ton es sei?
Klag und Wonne Laut,
Bräutigams und Braut,
Und des Liebestammelns Raserei.

Unbeweglich bleibt sie an der Türe
Weil sie erst sich überzeugen muß,
Und sie hört die höchsten Liebesschwüre
Lieb und Schmeichelworte mit Verdruß –
Still der Hahn erwacht
Aber Morgennacht
Bist du wieder da? – und Kuß auf Kuß.

Länger hält die Mutter nicht das Zürnen
Öffnet das bekannte Schloß geschwind –
Gibt es hier im Hause solche Dirnen
Die dem Fremden gleich zu Willen sind?–
So zur Tür hinein!
Bei der Lampe Schein
Sieht sie, Gott! sie sieht ihr eigen Kind.

Und der Jüngling will im ersten Schrecken
Mit des Mädchens eignem Schleierflor,
Mit dem Teppich die Geliebte decken,
Doch sie windet gleich sich selbst hervor;
Wie mit Geists Gewalt
Hebet die Gestalt,
Lang und langsam sich im Bett' empor.

Mutter! Mutter! spricht sie hohle Worte,
So mißgönnt ihr mir die schöne Nacht!
Ihr vertreibt mich von dem warmen Orte,
Bin ich zur Verzweiflung nur erwacht?
Ists euch nicht genug;
Daß ins Leichentuch
Daß ihr früh mich in das Grab gebracht?

Aber aus der schwerbedeckten Enge
Treibet mich ein eigenes Gericht,
Eurer Priester summende Gesänge,
Und ihr Segen haben kein Gewicht;
Salz und Wasser kühlt
Nicht wo Jugend fühlt,
Ach die Erde kühlt die Liebe nicht.

Dieser Jüngling war mir erst versprochen,
Als noch Venus heitrer Tempel stand.
Mutter habt ihr doch das Wort gebrochen
Weil ein fremd, ein falsch Gelübd euch band!
Doch kein Gott erhört,
Wenn die Mutter schwört
Zu versagen ihrer Tochter Hand.

Aus dem Grabe werd ich ausgetrieben,
Noch zu suchen das vermißte Gut,
Noch den schon verlornen Mann zu lieben,
Und zu saugen seines Herzens Blut,
Ists um den geschehn,
Muß nach andern gehen
Und das junge Volk erliegt der Wut.

Schöner Jüngling, kannst nicht länger leben,
Du versiechest nun an diesem Ort,
Meine Kette hab ich dir gegeben,
Deine Locke nehm ich mit mir fort.
Sieh sie an genau,
Morgen bist du grau,
Und nur braun erscheinst du wieder dort.

Höre Mutter nun die letzte Bitte
Einen Scheiterhaufen schichte du,
Öffne meine bange kleine Hütte,
Bring in Flammen Liebende zur Ruh.
Wenn der Funke sprüht,
Wenn die Asche glüht,
Eilen wir den alten Göttern zu.

(MA 4.1, 866–871)

Der Gott und die Bajadere
Indische Legende

    Mahadöh, der Herr der Erde,
    Kommt herab zum sechstenmal,
    Daß er unsers gleichen werde,
    Mit zu fühlen Freud und Qual.
    Er bequemt sich hier zu wohnen,
    Läßt sich alles selbst geschehn,
    Soll er strafen oder schonen,
    Muß er Menschen menschlich sehn.
Und hat er die Stadt sich als Wandrer betrachtet,
Die Großen belauert, auf Kleine geachtet,
Verläßt er sie Abends um weiter zu gehn.

    Als er nun hinausgegangen
    Wo die letzten Häuser sind,
    Sieht er, mit gemalten Wangen,
    Ein verlornes schönes Kind:
    Grüß dich Jungfrau! – dank der Ehre,
    Wart, ich komme gleich hinaus –
    Und wer bist du? – Bajadere!
    Und dies ist der Liebe Haus.
Sie rührt sich die Cymbeln zum Tanze zu schlagen,
Sie weiß sich so lieblich im Kreise zu tragen,
Sie neigt sich und biegt sich und reicht ihm den Strauß.

Schmeichelnd zieht sie ihn zur Schwelle,
Lebhaft ihn ins Haus hinein.
Schöner Fremdling, lampenhelle
Soll sogleich die Hütte sein,
Bist du müd', ich will dich laben,
Lindern deiner Füße Schmerz;
Was du willst das sollst du haben,
Ruhe, Freuden oder Scherz.
Sie lindert geschäftig geheuchelte Leiden,
Der Göttliche lächelt, er siehet, mit Freuden,
Durch tiefes Verderben ein menschliches Herz.

Und er fordert Sklavendienste
Immer heitrer wird sie nur,
Und des Mädchens frühe Künste
Werden nach und nach Natur.
Und so stellet nach der Blüte
Bald und bald die Frucht sich ein,
Ist Gehorsam im Gemüte
Wird nicht fern die Liebe sein.
Aber sie schärfer und schärfer zu prüfen
Wählet der Kenner der Höhen und Tiefen
Lust und Entsetzen und grimmige Pein.

Und er küßt die bunten Wangen
Und sie fühlt der Liebe Qual,
Und das Mädchen steht gefangen,
Und sie weint zum erstenmal,
Sinkt zu seinen Füßen nieder
Nicht um Wollust noch Gewinst,
Ach und die gelenken Glieder
Sie versagen allen Dienst.
Und so zu des Lagers vergnüglicher Feier,
Bereiten den dunklen behaglichen Schleier
Die nächtlichen Stunden das schönste Gespinst.

Spät entschlummert unter Scherzen,
Früh erwacht nach kurzer Rast,
Findet sie an ihrem Herzen
Tot den vielgeliebten Gast,
Schreiend stürzt sie auf ihn nieder,
Aber nicht erweckt sie ihn,
Und man trägt die starren Glieder
Bald zur Flammengrube hin.
Sie höret die Priester, die Totengesänge
Sie raset und rennet und teilet die Menge.
Wer bist du? was drängst du zur Grube dich hin?

> Bei der Bahre stürzt sie nieder,
> Ihr Geschrei durchdringt die Luft:
> Meinen Gatten will ich wieder!
> Und ich such ihn in der Gruft.
> Soll zu Asche mir zerfallen
> Dieser Glieder Götterpracht?
> Mein! er war es, mein vor allen!
> Ach! nur eine süße Nacht!
> Es singen die Priester: wir tragen die Alten,
> Nach langem Ermatten und spätem Erkalten,
> Wir tragen die Jugend noch eh sies gedacht.
>
> Höre deiner Priester Lehre:
> Dieser war dein Gatte nicht,
> Lebst du doch als Bajadere,
> Und so hast du keine Pflicht.
> Nur dem Körper folgt der Schatten
> In das stille Totenreich
> Nur die Gattin folgt dem Gatten
> Das ist Pflicht und Ruhm zugleich.
> Ertöne Trommete zu heiliger Klage
> O! nehmet ihr Götter die Zierde der Tage,
> O! nehmet den Jüngling in Flammen zu euch.
>
> So das Chor, das ohn Erbarmen
> Mehret ihres Herzens Not,
> Und mit ausgestreckten Armen
> Springt sie in den heißen Tod,
> Doch der Götter-Jüngling hebet
> Aus der Flamme sich empor,
> Und in seinen Armen schwebet
> Die Geliebte mit hervor,
> Es freut sich die Gottheit der reuigen Sünder,
> Unsterbliche heben verlorene Kinder
> Mit feurigen Armen zum Himmel empor.
>
> (MA 4.1, 872–874)

Beide Balladen bieten eine durchaus radikale Kritik am Christentum. Damit nimmt Goethe ein Thema auf, das er bereits in den *Venezianischen Epigrammen* gestaltet hat (allerdings vornehmlich in Epigrammen, die er nicht veröffentlichte) und das auch in den *Römischen Elegien* anklingt. Zugleich wird in *Die Braut von Corinth* eine fundamentale Differenz von Christentum und Antike thematisiert. Das in der Ballade erzählte Geschehen spielt in der Zeit des Übergangs von der antiken zur christlichen Religion. Die Konfrontation von sinnlich-heiterer Antike, als »noch Venus heitrer Tempel stand«, und asketischem Christentum ist eindeutig, und die Ablehnung christlicher Askese wird als Rede der Tochter, des Opfers des religiösen, des »kranken Wahn[s]« der Mutter, radikal formuliert:

> Und ein Heiland wird am Kreuz verehrt,
> Opfer fallen hier,
> Weder Lamm noch Stier,
> Aber Menschenopfer unerhört.

In *Die Braut von Corinth* wird die Kritik in unmittelbarer Polemik, als Anklage der geopferten Tochter vorgetragen; in *Der Gott und die Bajadere* ist sie versteckter, auch unpolemisch, gleichwohl aber deutlich genug. Dass Mahadöh wie »unsers gleichen« wird, ist eine Anspielung auf die Menschwerdung Christi, denn wie Christus erleidet auch dieser Gott in seinem Menschsein den Tod. Zu seinem Menschsein aber gehören Liebe und insbesondere auch Sexualität; vor allem aber ist die Himmelfahrt am Schluss, wenn der »Götter-Jüngling« die »Geliebte« »empor hebt«, durchaus unchristlich. In der Bajadere wird auf die Geschichte der ›großen Sünderin‹ angespielt, von der Lukas 7, 36–50 erzählt, und die in der christlichen Tradition mit Maria Magdalena verbunden wurde, die zu den Frauen unter dem Kreuz gehört und dann als erste den Auferstandenen sieht. Von der ›großen Sünderin‹ aber sagt Jesus, ihr seien »viele Sünden vergeben, denn sie hat viel geliebt« (Lukas 7, 47), und so findet die Bajadere ihre Erlösung auch nicht – in ironischer Wendung gegen das Zitat aus Lukas 15, 7 in der drittletzten Zeile der Ballade – durch Reue und Buße, sondern im Gegenteil durch ihre Liebe, welche Sexualität unabdingbar einschließt. Und wie *Der Gott und die Bajadere* endet auch *Die Braut von Corinth* mit einem Bild von Auferstehung und Erlösung: Die Liebenden werden erlöst im Feuer, in den Flammen ihrer Liebe.

Zentrales Moment dieser Kritik ist die christliche ›Versündigung‹ von Liebe und Sexualität: »Salz und Wasser kühlt / Nicht wo Jugend fühlt«. Sie ›tötet‹ das Leben, bringt es »in das Grab« und schafft so die unstillbare und tödliche Sehnsucht der Wiedergängerin nach Leben und Liebe:

> Aus dem Grabe werd ich ausgetrieben,
> Noch zu suchen das vermißte Gut,
> Noch den schon verlornen Mann zu lieben,
> Und zu saugen seines Herzens Blut.

Dem Christentum wird das Bild einer Antike entgegengesetzt, in der es solche Versündigung der Liebe nicht gab. So erscheint das Christentum als eine Barriere, welche die Gegenwart von der Antike trennt und den unmittelbaren Zugang zur Antike versperrt. Zur Moderne, wie sie hier erscheint, gehört damit eine gleichsam doppelte Distanz: die zur christlichen Tradition, weil sie Entfremdung produziert hat, aber ebenso die zur Antike, weil der Zugang zu ihr durch die nachantike christliche Geschichte versperrt ist. Beide Balladen reflektieren daher ein spezifisches Bewusstsein von Modernität, ein nachchristliches, für das die Absetzung von der christlichen Tradition die notwendige Bedingung dafür ist, die in der Antike erfahrene Vorbildlichkeit wieder zu gewinnen und die dort erfahrene Humanität neu begründen zu können. Zur Gestaltung solcher Modernität nützt Goethe die Ballade; die moderne Form thematisiert Modernität.

Allerdings sind die beiden Balladen auf Kritik an christlicher Religion allein nicht zu reduzieren, auch nicht auf Religionskritik überhaupt. Die Konfrontation von Antike und Christentum in *Die Braut von Corinth* ist auch als Kritik an ideologisch motivierter Unterdrückung schlechthin zu lesen. In *Der Gott und die Bajadere* bewährt sich die Liebe der Bajadere nicht zuletzt gegen die vom Chor der Priester reklamierte »Pflicht«; ihre Liebe übersteigt in jeder Hinsicht die sozial gesetzten Normen, und die Bajadere gewinnt ihre Erlösung gerade dadurch, dass sie sich gegen diese Normen durchsetzt. Die Ballade wird so zur Darstellung sich bewährender Menschlichkeit, zu der allerdings unabdingbar Liebe und Sexualität, »des Lagers vergnügliche Feier«, gehören. Damit aber wird in beiden Balladen eine zentrale Problemstellung der Klassik verhandelt. Denn immer wieder wird in den Dichtungen der Klassik danach gefragt, wie sich Sittlichkeit des Individuums und Ordnung menschlichen Zusammenlebens vereinen lassen. Prüfstein dafür aber ist bei Goethe, ob Liebe und privates Glück möglich sind. Immer wieder gestalten die Dichtungen dieser Zeit die Bedingungen und Möglichkeiten oder die Verhinderungen von Liebe und Glück im Zusammenleben der Menschen. Das gilt für die Balladen ebenso wie für die Elegien und Epigramme, so schon in den *Römischen Elegien* und den *Venezianischen Epigrammen*, dann in *Alexis und Dora*, *Amyntas* oder *Der neue Pausias und sein Blumenmädchen* und weiter in der *Metamorphose der Pflanzen* oder auch in *Euphrosyne*; gleiches gilt für das Epos *Herrmann und Dorothea*. Liebe und ihre Bewährung werden so zur elementaren und maßgeblichen Probe. Dabei ist diese Probe darauf, ob die Verhältnisse dem Anspruch der Menschlichkeit genügen, konzentriert auf das Paar; Erfüllung oder Scheitern seiner Liebe und seines Glücks bilden den Maßstab, an dem Menschlichkeit gemessen wird. Das liebende, in seiner Liebe glückliche Paar wird zum Inbild gelingender Beziehungen und humaner Ordnung, sein Scheitern ist Ausdruck der Inhumanität der Verhältnisse. So scheitert, was in den *Römischen Elegien*, auch im Epos *Herrmann und Dorothea* als utopische Möglichkeit des Glücks, in *Alexis und Dora* als Wunsch auf Erfüllung, in der *Metamorphose der Pflanzen* als Versprechen einer umfassenden Ordnung erscheint, in *Die Braut von Corinth* katastrophal an ideologischem Zwang; die Apotheose liebender Hingabe, die in *Der Gott und die Bajadere* erzählt wird, geschieht um den Preis des Lebens.[22]

Die Probe auf Humanität ist so in den Balladen und den Gedichten in antiker Form unterschiedlich gestaltet. Die Elegien und ebenso wenigstens einige der *Venezianischen Epigramme* bieten Bilder des Glücks und des gelingenden Lebens. Die Balladen hingegen, jedenfalls *Die Braut von Corinth* und *Der Gott und die Bajadere*, präsentieren die Verhinderungen des Glücks: *Die moderne Form ist, im Unterschied zur antiken, Medium und Ausdruck der Kritik.* So wird in den Elegien der utopische Entwurf in positiver Darstellung vorgeführt; in *Die Braut von Corinth* und *Der Gott und die Bajadere* erscheint hingegen die Utopie allein in negativer

---

[22] Zweifellos wird in diesen Problemstellungen und ihren Gestaltungen die Erfahrung der Französischen Revolution bearbeitet; auf diesen immerhin zentralen Aspekt des Projekts der Klassik kann hier nicht näher eingegangen werden, vgl. dazu Wild: *Klassische Lyrik*, vor allem S. 82–96, 101–110 u. passim.

Gestalt. Zugleich zeigen die Elegien, dass Goethe die Darstellung der Utopie des gelingenden Lebens in seiner Positivität und mithin eine Ästhetik der Positivität nur noch möglich waren in einer Kunst höchster Artifizialität. Deren Voraussetzung ist die in der antiken Form gesetzte Distanz, mit der von vornherein der Abstand zwischen den Bedingungen der Moderne, in der die Gedichte geschrieben sind, und dem Entwurf im Schein der Kunst markiert ist. In der Elegie *Euphrosyne* ist gerade dies dargestellt: Die in dieser Elegie gestaltete Utopie einer Kunst, die den Tod zu bannen vermag, ist nur möglich als Vision auf »des höchsten Gebirgs beeisten zackigen Gipfeln« (MA. 4.1, 906); am Ende bleibt allein das Hoffnungsbild der Dichtung: »über dem Wald kündet der Morgen sich an« (MA 4.1, 911). Es ist Goethe gelungen, in den klassischen Elegien die Entfremdungs- und Trennungserfahrungen der Moderne im Kunstwerk aufzuheben und diesen Erfahrungen die Kunst selbst und die in ihr gestaltete Utopie des gelingenden Lebens entgegenzusetzen. Die Balladen allerdings dementieren zugleich diese Möglichkeit der Kunst; unter den Bedingungen entwickelter Moderne erscheint die Utopie nur noch in ästhetischer Negation möglich. Beides aber ist Klassik; zu ihr gehört von Beginn an das Spannungsverhältnis von ästhetischer Utopie und literarischer Reflexion der Wirklichkeit, von Utopie und Realität, das die Dichtung der Klassik insgesamt bestimmt und das in der klassischen Lyrik Goethes zunächst im Mit- und Gegeneinander von *Römischen Elegien* und *Venezianischen Epigrammen* seinen Ausdruck findet, in den späteren Gedichten im einzelnen Text aufgehoben wird und zugleich in der Komplementarität von Balladen und Gedichten im antiken Maß eine andere Gestalt gewinnt. In dieser Komplementarität aber erscheinen die Elegien – wohl bereits zur Zeit Goethes und mehr noch heute – als ein fernes Versprechen; und die Balladen erweisen sich, als Ausdruck von Kritik und als Reflexion auf Negativität, in spezifischer Weise als die eigentlich ›moderne‹ Form in der klassischen Lyrik.

Literatur

Bürger, Gottfried August: *Sämtliche Werke*, hg. v. Günter und Hiltrud Häntzschel, München 1987.

Conrady, Karl Otto: *Goethe. Leben und Werk, Bd. 2: Summe des Lebens*, Königstein/Ts. 1985.

Goethe, Johann Wolfgang: *Sämtliche Werke nach Epochen seines Schaffens. Münchner Ausgabe*, hg. v. Karl Richter in Zusammenarbeit mit Herbert G. Göpfert, Norbert Miller und Gerhard Sauder. 20 Bde. in 32 Teilbänden und 1 Registerband, München 1985–1998 (MA).

Goethe, Johann Wolfgang: *Sämtliche Werke. Briefe, Tagebücher und Gespräche. Frankfurter Ausgabe,* hg. v. Hendrik Birus u. a. Bd. I, 1.1: *Gedichte 1756–1799,* hg. v. Karl Eibl, Frankfurt a. M. 1987 (FA).

Goethe, Johann Wolfgang: *Werke. Weimarer Ausgabe,* hg. im Auftrage der Großherzogin Sophie von Sachsen, Weimar 1887–1919. (WA).

Goethe, Johann Wolfgang: *Werke. Hamburger Ausgabe in 14 Bänden,* hg. v Erich Trunz. Bd. 1: *Gedichte und Epen,* München ^{14}1989 (HA).

Luck, Georg: »Goethes ›Römische Elegien‹ und die augusteische Liebeselegie«, in: *Arcadia* 2 (1967), S. 173–195.

Rasch, Wolfdietrich: »Die Gauklerin Bettine in Goethes *Venezianischen Epigrammen*«, in: Stanley A. Corngold u. a. (Hg.): *Aspekte der Goethezeit,* Göttingen 1977, S. 68–92.

Schiller, Friedrich: *Werke. Nationalausgabe,* hg. v. Julius Petersen, Norbert Oellers u. a., Weimar 1943 ff.

Staiger, Emil: *Goethe,* Bd. 2, Zürich ^{3}1962.

Wild, Reiner: *Goethes klassische Lyrik,* Stuttgart 1999.

Bernhard J. Dotzler

GOETHE UND SEIN ENDE:
DAS MEDIUM »WELT-LITERATUR«

»Ich kenne Goethe sehr genau und intime, von ganzer Seele verachte ich diesen schlechten Kerl« – es ist bekannt, daß Goethe nicht nur Lobeshymnen, sondern auch mancherlei Polemik ausgelöst hat. Die eben zitierte floß aus der Feder des Freiherrn von Zach, Vermessungsingenieur, Mathematiker, Astronom des Gothaischen Observatoriums auf dem Seeberg. 1754, fünf Jahre nach Goethe geboren, teilt er mit diesem das Todesjahr 1832. Ein Zeitgenosse also, in ziemlich genauer Übereinstimmung von Lebensdaten wie Lebensraum, und nur aus solcher Intimkenntnis konnte man wohl genötigt sein, in der Weise wie der Fürstendiener von Zach über den Fürstendiener von Goethe zu urteilen. Was sollte auch heute noch der »Kerl« von Interesse sein. Den Nachgeborenen bleibt nur sein Werk.[1] Auch, wenn es um Goethe und sein Ende geht, kann nur von dieser Hinterlassenschaft die Rede sein. Ob er zuletzt »Mehr Licht« oder »Mehr nicht« gesagt haben mag – gleichviel. Relevant ist allenfalls, daß er als letztes Lebenszeichen noch einmal eine Reihe von Buchstaben in die Luft gestikuliert haben soll. So hat es Karl Vogel, Goethes Leibarzt, berichtet: »Als nun das Sprechen ihm immer schwerer wurde, und er doch noch Darstellungs- und Mittheilungsdrang fühlte, zeichnete er erst mit gehobener Hand in die Luft, wie er auch in gesunden Tagen zu thun pflegte; dann schrieb er mit dem Zeigefinger der Rechten in die Luft einige Zeilen.«

I.

Aber auch den hinterbliebenen Schriften kann man selbstredend mit Verachtung begegnen. Seit sie begangen werden, haben die Goethe-Gedenkjahre neben der pflichtschuldigen Jubilatorik immer auch trotzige Einreden heraufbeschworen. Deren berühmteste dürfte vermutlich *Goethe und kein Ende* heißen. Unter diesem Titel nutzte Emil Du Bois-Reymond am 15. Oktober 1882 die Gelegenheit seiner Ernennung zum Rektor der Königl. Friedrich-Wilhelms-Universität zu Berlin für eine

---

[1] Johann Wolfgang Goethe: *Gesamtausgabe der Werke und Schriften in 22 Bänden*, Stuttgart o.J. (= Neue Gesamtausgabe des Originalverlags). – Zitatnachweise im Text unter Angabe entweder zuerst des Bandes, dann der Seitenzahl oder der Versnummer. Briefe Goethes werden nach verschiedenen, gerade zugänglichen Ausgaben zitiert und unter Angabe des Empfängers und des Datums nachgewiesen.

Antrittsrede, die zugleich Verabschiedungsrede war.² Ihr Schluß – und nicht erst der – findet deutliche Worte:

> Schliesslich was kommt darauf an, und was ist gleichgültiger als der grössere oder geringere Werth der naturwissenschaftlichen Studien, welche die Pausen in GOETHE's dichterischer Thätigkeit ausfüllten? Gewiss wird diese vielbesprochene Seite des erhabenen Mannes jeden Gebildeten einmal interessieren; ihre Kenntniss wird zum Verstehen mancher seiner Dichtungen beitragen; und es ist in GOETHE's Sinne gehandelt, wenn man das in Bezug auf ihn verfehlte Maass, auch zu seinem Nachtheil, wieder herstellt. Wie aber neben FRIEDRICH's Thaten als Held und Herrscher, ja neben seinem sonstigen Verdienst als Schriftsteller, die Frage nach dem Werth seiner Gedichte zurücktritt, so verschwindet in GOETHE neben dem Dichter der Naturforscher, und man sollte letzteren endlich in Ruhe lassen, anstatt ihn immer wieder der hierin nicht urtheilsfähigen Menge übertrieben anzupreisen, und die Gegenrede mehr kritisch Gestimmter herauszufordern. (GE 25)

Du Bois-Reymond, geübt auf dem Gebiet der akademischen Epideixis³, scheint damit in jeder Hinsicht zum Schluß gekommen zu sein. Da ist zum einen der perfide Hinweis, nur in Goethes höchsteigenem Sinne zu seinem Nachteil gesprochen zu haben. Und da ist zum anderen der simple Abgesang. Man höre auf, »die Gegenrede mehr kritisch Gestimmter herauszufordern«, sagt er noch – und verstummt. Vielleicht ist alles, was er bis dahin – beginnend mit dem Motto: »Und will in Kunst und Wissenschaft/Wie immer protestiren«⁴ – gesagt hat, mit dem Vorbehalt beschränkter Haftung versehen. Es ist ein Einspruch und daher vielleicht beschränkt auf die bloße Verneinung. Ernst Haeckel hatte kurz zuvor auf der 55. Versammlung Deutscher Naturforscher und Ärzte zu Eisenach *für* Goethes naturwissenschaftliche Größe gesprochen.⁵ *Dagegen* hält nun Du Bois-Reymond, und vielleicht hält er wirklich *nur* dagegen. Goethe als Naturforscher soll vom Podest gehoben werden: Womöglich ist darauf der Einspruch begrenzt, und womöglich zeugt er damit nur von einem Unverständnis, das – trotz solcher Gegenbeispiele wie Haeckel – die

---

² *Goethe und kein Ende*. Rede bei Antritt des Rectorats der Königl. Friedrich-Wilhelms-Universität zu Berlin am 15. October 1882 gehalten von Emil du Bois-Reymond, Berlin 1882. – Zitatnachweise im Text unter Verwendung der Sigle GE.

³ Vgl. zuletzt Jochen Zwick: »Akademische Erinnerungskultur, Wissenschaftsgeschichte und Rhetorik im 19. Jahrhundert. Über Emil Du Bois-Reymond als Festredner«, in: *Scientia Poetica* 1 (1997), S. 120–139.

⁴ Aus dem Gedicht:»Dem 31. Oktober 1817« (I, 575).

⁵ Vgl. Ernst Haeckel: *Die Naturanschauung von Darwin, Goethe und Lamarck*. Vortrag auf der 55. Versammlung Deutscher Naturforscher und Ärzte zu Eisenach am 18. September 1882, Jena 1882, worauf sich Du Bois-Reymond explizit bezieht (s. GE 23). Zu dieser Konstellation s. Karl Robert Mandelkow: *Goethe in Deutschland. Rezeptionsgeschichte eines Klassikers, Bd. I: 1773–1918*, München 1980, S. 174–201, sowie jüngst noch einmal ders.: »Natur und Geschichte bei Goethe im Spiegel seiner wissenschaftlichen und kulturtheoretischen Rezeption«, und Hans Werner Ingensiep: »Metamorphosen der Metamorphosenlehre. Zur Goethe-Rezeption in der Biologie von der Romantik bis in die Gegenwart«, beide in: Peter Matussek (Hg.): *Goethe und die Verzeitlichung der Natur*, München 1998, S. 233–275 bzw. S. 259–275.

Naturwissenschaft insgesamt dem poetischen Denken entgegenbringt. Die Kritik an Goethe, weiß dergestalt die Rezeptionsgeschichte zu resümieren, »erfuhr in dem einflußreichen Physiologen Emil Du Bois-Reymond eine agressive Radikalisierung. Seine berühmt-berüchtigte Berliner Rektoratsrede ›Goethe und kein Ende‹ von 1882, in der er mit beißendem Spott im Namen der offiziellen Naturwissenschaften den Stab über den Naturforscher Goethe brach, blieb bis heute das Dokument eines vermeintlich borniertes Unverständnisses der positivistischen Wissenschaft Goethe gegenüber.«[6]

Tatsächlich ist Du Bois-Reymond leicht zu ertappen. Wie die Mehrzahl der Interpreten folgt seine Rede über weite Strecken der Selbstdarstellung Goethes: *Aus meinem Leben. Dichtung und Wahrheit.* Aber Du Bois-Reymond verwechselt den Titel. »Wahrheit und Dichtung« nennt er seine Berufungsinstanz (GE 6). Soll man auch darin besondere Raffinesse erkennen? Die Umkehrung der Rangfolge, an der dann Maß zu nehmen wäre, ist bezeichnend genug. Vielleicht auch hatte der Redner die von Goethe selbst oft und lange verwendete Wortstellung im Sinn (z.B. VIII, 1212). Diese im fraglichen Kontext zu übernehmen, bliebe dennoch ein Lapsus.

Andererseits führt Du Bois-Reymond seinen Goethe sonst so genau und auswendig im Mund, wie es heute selbst die Germanistik sich nicht mehr träumen läßt. Der Titel seiner Rede konterkariert keine der naturwissenschaftlichen Arbeiten, sondern einen *literaturtheoretischen* Aufsatz Goethes, und das mit Bedacht. Unschwer erkennt man die Anspielung auf *Shakespeare und kein Ende!*. Aber Goethe antwortete mit diesem Aufsatz bereits sich selbst, wenn auch verschwiegen, seiner eigenen frühsten Prosa: *Zum Schäkespears Tag.* Diese acht Seiten (in der Handschrift[7]) formulieren bekanntlich die Poetologie des *Götz* wie der spätere Shakespeare-Aufsatz die Poetologie des *Faust*. Der liefert denn auch das Hauptangriffsziel für Du Bois-Reymond. Was soll man auch halten »von der poetischen Übertreibung, dass Faust sich das Leben nehmen will, weil er sieht, dass wir nichts wissen können«? »In keines Menschen Brust ist der Wissensdrang heftiger als die jedem Lebendigen eingeborene Lust zu leben« – so Du Bois-Reymond (GE 11). Sein Argument aber stammt beinahe wörtlich aus Goethes früher Ansprache *Zum Schäkespeares Tag*, die ebenfalls die Überzeugung teilt, »daß jeder Mensch [...] eher alles müd wird, als zu leben« (XV, 28).

Die Fest- und zugleich Schmährede *Goethe und kein Ende* weiß ihren Gegner mithin auf ganzer Linie zu treffen. Goethes Schaffen ist von seinen ersten, vor die von Goethe selbst in seine mehreren Werkausgaben aufgenommenen Schriften zurückreichenden Zeilen bis zum bei Lebzeiten versiegelten Vermächtnistext *Faust Zweiter Teil* involviert. Darum mag es zunächst so aussehen, als nähme Du Bois-Reymond immerhin den Dichter in Schutz, um nur den Naturforscher abzukanzeln. Schließlich aber lenkt er doch den Blick auf »eine Lücke« selbst »in GOETHE's sonst so vollständigem Dichterkranze«. Goethe, bekannt für seine Skepsis gegenüber »scharfsinniger Analyse und verwickelten experimentellen Anordnungen«, habe das

---

[6] Mandelkow: *Goethe in Deutschland* I, S. 189 f.
[7] Vgl. die acht Bilddateien auf der CD-ROM zu: *Der junge Goethe in seiner Zeit. Texte und Kontexte*, hg. v. Karl Eibl, Fotis Jannidis und Marianne Willems, Frankfurt a. M./Leipzig 1998.

»Talent [...] mechanischen Construirens« gefehlt und infolge dieses Mangels auch »die zwar untergeordnete, doch schätzbare Gabe, eine Handlung sinnreich anzulegen und sie sich künstlich mehr und mehr verschlingen zu lassen, um die scheinbar in's Rathlose gesteigerte Verwirrung auf der Höhe überraschend und gefällig zu lösen« (GE 21).

Sei dahingestellt, ob es mehr Talent verrät, wenn etwa zum *Faust* der Gegenvorschlag ergeht, »dass Faust, statt an Hof zu gehen, ungedecktes Papiergeld auszugeben, und zu den Müttern in die vierte Dimension zu steigen, besser gethan hätte Gretchen zu heiraten, sein Kind ehrlich zu machen und Elektrisirmaschine und Luftpumpe zu erfinden« (GE 16).

Wichtiger ist, daß bereits die anfängliche Inschutznahme des Dichters auf Vernichtungskurs geht. Hätte Goethe bloß nie etwas anderes getan als gedichtet, lautet ihr Tenor. Denn als Dichter war er groß, ja sogar »der erste Lyriker aller Zeiten«! Nur leider habe sich die »Tiefe und Zartheit seiner Empfindung, die Stärke seiner Phantasie« allein einer »Naturanlage« verdankt, die »nicht eben zu einem Bilde besonderer Tatkraft« gereichte, die kaum dazu angetan war, »zu rasch entschlossenem Handeln« zu befähigen. Statt dessen führte sie dahin, daß Goethe, diese Schwäche kompensierend, wo nicht überkompensierend, erstens »nicht müde« wurde, »der Welt das Evangelium der That zu predigen«, und zweitens sich selber auf dementsprechende »Abwege« zwang. Du Bois-Reymond schreibt:

> Zur Zeit etwa, welcher der Schluss von ›Wahrheit und Dichtung‹ [!] entspricht, merkwürdigerweise kurz nach den unerhörten Triumphen des Götz und Werther, fängt er an, mit Geringschätzung auf ein rein beschauliches Leben zu blicken. Ihn ergreift die Sehnsucht nach dem Leben in der Wirklichkeit, nach praktischer Beschäftigung. Er folgt dem fürstlichen Freunde nach Weimar in der ausgesprochenen Absicht, sich an Geschäften zu betheiligen. Er stürzt sich in diese Bahn mit nachhaltigem Ernst, und verschmäht nicht, von allen Einzelheiten technischer Verwaltungszweige, wie des Bergbaues, genaue Kenntniss zu nehmen. Während der Jahre, welche sonst das Blüthenalter productiver Kraft sind, sieht man das grösste poëtische Talent der Neuzeit sich von der Production abwenden, und einer theoretischen Maxime zu Liebe in einer praktischen Thätigkeit aufgehen, in der weit unterlegene Menschen ihn leicht überflügelt hätten, bis endlich die ausgetriebene Natur mit Gewalt wiederkehrt, und die Hedschra von Carlsbad nach Rom eine neue Periode künstlerischen Schaffens eröffnet. (GE 6)

Es ist die gängige Goethe-Biographie, die hier erneut ihren Nacherzähler findet. Als ob nicht die italienische Reise auch ein Tagebuch voller botanischer Beobachtungen zur Frucht gehabt hätte, soll nur das Resümee gelten, das Goethe selber kurz vor seiner Rückkehr nach Weimar gezogen hat: »Ich habe mich in dieser eineinhalbjährigen Einsamkeit wiedergefunden; aber als was? – als Künstler.«[8] Ebenso hat Goethe selbst das Erstaunen genährt, daß er seine schriftstellerische Laufbahn auf der Höhe ihres Ruhms unterbrach: »In der Zeit meines ›Clavigo‹ wäre es mir ein

---

[8] Brief an Carl August, 17.3.1788.

leichtes gewesen, ein Dutzend Theaterstücke zu schreiben; an Gegenständen fehlte es nicht, und die Produktion ward mir leicht; ich hätte immer in acht Tagen ein Stück machen können, und es ärgert mich noch, daß ich es nicht getan habe.«[9] Desgleichen geht die Ätiologie, die den Wunsch nach Tatkraft aus konstitutioneller Entschlußlosigkeit erklärt, auf das Zeugnis Mitlebender zurück. »Es wurde Goethen, der [...] vielleicht jederzeit zu Bedächtigkeit und Umständlichkeit neigte, im höheren Alter ungemein schwer, Entschlüsse zu fassen«, so Vogel, der Leibarzt. »Er [Goethe] selbst war der Meinung, diese Eigentümlichkeit, welche er geradezu als Schwäche ansprach, rühre daher, daß er niemals in seinem Leben rasch zu handeln genötigt gewesen sei, und er pries den Stand eines praktischen Arztes gelegentlich auch deshalb, weil dem Arzte nie erlaubt sei, seine Resolutionen zu vertagen.«[10] Und schließlich ist ja, daß Goethe in dieser und vielfältiger anderer Weise für sich wie für die Mit- und die Nachwelt das »Evangelium der That« gepredigt haben soll, nichts als buchstäbliche Repetition seines Werks. Als Belege nennt Du Bois-Reymond, »dass der mystische Knabe dem Schatzgräber [in der gleichnamigen Ballade] guten Rath ertheilt, dass Wilhelm Meister den Hamlet auslegt und selber, der Kunst entsagend, zum gemeinen Leben sich bequemt« sowie »dass Charlotte und der Hauptmann uns mit ihrer Landschaftsgärtnerei beschwerlich fallen«, indes die Formulierung selbst (»Evangelium der That«) fraglos auf die Szene zurückgeht, in der »der Faust des ersten Theils [V. 1224–37] den Λογος mit *That* übersetzt« (GE 6f.).

Aber mit dieser Evokation der Faust-Figur hört die Treue zu Goethe dann auf: zu Goethe, zur Goethe-Philologie und zur Goethe-Verehrung jenseits der Philologie. Referat und Zitat bleiben wörtlich (was allein schon gegen den alludierten Goethe-Passus verstößt), doch der bereits im Verweis auf die *Wahlverwandtschaften* merkliche Hohn nimmt überhand, wenn Du Bois-Reymond die Reihe seiner Belege damit beschließt, daß der Faust des zweitens Teils die Tat nicht mehr nur predigt, sondern dies Evangelium zu verwirklichen sucht, indem er

> es für den höchsten Augenblick erklärt, eine technische Anlage vollendet zu sehen, bei der kein holländischer Wasserbaumeister sich etwas Besonderes denken würde. Auf dies Denkmal aus Stein, Sand und Mörtel gründet sogar der sterbende Faust sein *Exegi monumentum cet.*:
>> Es kann die Spur von meinen Erdentagen
>> Nicht in Aeonen untergehn. [V. 11583f.] (GE 7)

Damit erreicht die Tat-Verherrlichung Goethes ihren Gipfel, und auf die Spitze getrieben wird damit auch der Spott gegen sie, nicht nur, weil er kaum überbietbar scheint, sondern weil er sich auf ein Dreifaches verdichtet. Involviert sind erstens der

---

[9] Johann Peter Eckermann: *Gespräche mit Goethe in den letzten Jahren seines Lebens*, hg. v. Fritz Bergemann, Frankfurt a. M./Leipzig 1994, S. 167 (26.7.1826).
[10] Zit. n. Ernst Robert Curtius: »Goethes Aktenführung« (1951), in: Bernhard J. Dotzler (Hg.): *Grundlagen der Literaturwissenschaft. Exemplarische Texte*, Köln/Weimar/Wien 1999, S. 166.

Aspekt einer buchstäblichen Kon-kurrenz von Literatur und Technik, zweitens die Frage der Technik überhaupt und drittens Literatur als solche.

II.

1. *Exegi monumentum aere perennius* – der Spott zitiert die berühmte 30. Ode im dritten Buch der *Carmina* von Horaz: »Hochauf schuf ich ein Mal dauernder noch als Erz,/ Majestätischer als der Pyramiden Bau,/ Das kein Regen zernagt, rasenden Nordes Wut/ Nicht zu stürzen vermag, noch der Jahrhunderte// Unabsehbare Reihn oder der Zeiten Flucht./ Nein, ich sterbe nicht ganz, über das Grab hinaus/ Bleibt mein edleres Ich; und in der Nachwelt noch/ Wächst mein Name [...].«[11] Dichtung verleiht Unsterblichkeit, und zwar in höherem Maße als die auf Dauer gestellten technischen Wunderwerke, von denen – der Hinweis auf die Pyramiden ist deutlich – der Anspruch doch übernommen ist. »Das, was vergänglich ist, bewahrt mein Lied«, heißt die Devise.[12] Doch wie nun Faust am Anfang das Wort mit Worten verachtet, übertragen die letzten von ihm gesprochenen Verse die Unvergänglichkeit, die ihnen als klassischen Versen gehört, zurück auf die Technik.

2. Diese Technik aber steht nicht nur hinsichtlich der mediokren Leistung Fausts zur Debatte. Die kleine Bosheit, daß »kein holländischer Wasserbaumeister« sich bei der Errichtung eines Deichs »etwas Besonderes denken würde«, ist eine treffsicher gesetzte Pointe, dabei allerdings von unüberhörbarem Populismus. Die Germanistin oder der Germanist mag sogleich einwenden, daß doch »die tiefe Ironie der Szene« nicht übersehen werden darf: »daß hier ein Blinder seine Arbeiter zur technischen Höchstleistung antreibt und dabei nicht merkt, wie sie ihm das eigene Grab schaufeln.«[13] Aber mit einer solchen Entgegnung ist man schon wieder im Geleise der Überschätzung der »Dämme« und »Buhnen« (V. 11545). Außerdem geht es nicht um Werktreue. Der Spott ist vielmehr auf das populäre Faust-Bild gemünzt, das »die Techniker-Interpreten des 19. Jahrhunderts«[14] heraufbeschworen haben. Deshalb wählt die Erwiderung ihrerseits das populistische Niveau. Es geht um das Phänomen, daß – weit über diesen Einspruch hinaus – Bücher wie die *Ruhmesblätter der Technik* mit der Berufung auf Faust beginnen;[15] daß scheinbar weltweit der »faustische Erfinder und Entdecker«, die »faustische Technik« zum Topos geworden

---

[11] Horaz: *Sämtliche Werke*. Lateinisch und deutsch, München 1993 (Sammlung Tusculum), S. 171.

[12] Goethe: *Torquato Tasso* (V. 1950), hier in der Anverwandlung (»mein« für »sein«) durch Thomas Mann: *Lotte in Weimar*, in ders: *Gesammelte Werke in dreizehn Bänden*, Frankfurt a. M. 1974, Bd. II, S. 759.

[13] Peter Matussek: *Goethe zur Einführung*, Hamburg 1998, S. 206.

[14] Harro Segeberg: *Literatur im technischen Zeitalter. Von der Frühzeit der deutschen Aufklärung bis zum Beginn des Ersten Weltkriegs*, Darmstadt 1997, S. 88.

[15] Franz Maria Feldhaus: *Ruhmesblätter der Technik. Von den Urerfindungen bis zur Gegenwart*, Leipzig 1910, S. 6. Ausdrücklich wird hier auf Goethe und nicht etwa auf die »Auffassung der Faustsage und des Faustschauspiels vergangener Zeiten« Bezug genommen.

sind;[16] oder daß selbst »ein weltberühmter amerikanischer Erfinder: Herr Edison« nur in seiner Vergleichbarkeit mit Faust in die »Weltliteratur« Eingang fand.[17] Es geht, mit einem Wort, um Faust als Identifikationsfigur der Ingenieure. Nicht umsonst richten sich die unmittelbar vorhergehenden Ermahnungen Du Bois-Reymonds an die Studenten unter seinen Hörern. Ihnen, glaubt er, muß der Lobgesang der Tat besonders verführerisch in den Ohren klingen. »Grau [...] ist alle Theorie,/ Und grün des Lebens goldner Baum« (V. 2038f.) – welches junge Gemüt möchte daraus nicht die Aufforderung heraushören, »nur dem praktischen Erfolg zu huldigen, und an der Beschäftigung mit der Wissenschaft nur die gewinnbringende Seite in's Auge zu fassen« (GE 5)? Hier gilt es den Anfängen zu wehren, um so mehr als zugleich die institutionelle Neuerung von (wie man heute sagen würde) Fachhochschulen und Technischen Universitäten im Hintergrund steht. »Den mancherlei praktischen Hochschulen gegenüber, die neben der alten Universität sich aufthun, sollte dieser als Gepräge bleiben, dass in ihr die Wissenschaft [um] ihrer selber willen geschätzt, gelehrt und angebaut werde« (GE 5), lautet das Plädoyer: Reine Wissenschaft statt technischer Anwendungen – es ist, sei erinnert, eine Rektorats-, eine hochschulpolitische Rede, die die Gelegenheit des Goethejahrs 1882 ergreift.

3. Mit den beiden Polen Wissenschaft und Universität vs. praktische Hochschulen und Technik aber ruft Du Bois-Reymond zugleich den Horizont des von Goethe geprägten Begriffs der »Welt-Literatur« auf den Plan. Oder zumindest bringt er die Literatur als solche ins Spiel. »Meine Herren«, so beginnt Du Bois-Reymond:

> Ich weiss nicht, ist die Bemerkung alt oder ist sie neu – was lässt sich wohl Neues noch über GOETHE's Faust sagen – jedenfalls verdient sie einmal bei akademischer Feierlichkeit gebührend in's Licht gestellt zu werden. Der Held des modernen deutschen Nationalgedichts ist kein auf der Menschheit Höhen einherschreitender gekrönter Sterblicher, er ist kein erobernder Krieger, kein fahrender Ritter, kein verliebter Abenteurer, kein asketischer Nachtwandler durch Himmel und Hölle. Er ist, nennt er sich auch nur Magister und Doctor, ein Universitätsprofessor [...]. Die Gewalt, mit welcher das Gedicht die Nation weithin ergriff, entsprang, wir sagen es stolz, zu nicht kleinem Theile daher, dass das Universitätsleben einen so bedeutenden Platz im deutschen Leben einnimmt. (GE 3)

Genau denselben Platz aber nimmt seit der Zeit von Goethes *Faust* die Literatur als solche ein. Zumindest die deutsche Literatur oder die Literatur »im deutschen Leben«. »Die Deutschen bilden gleichsam den Vortrab [*les éclaireurs*: die Aufklärer, Vorhut, Avant-garde] des menschlichen Geistes«, so hat Madame de Staël diesen Sachverhalt zugespitzt, *De l'Allemagne*, zweiter Teil: »Literatur und Kunst«, zweites

---

[16] Oswald Spengler: *Der Untergang des Abendlandes. Umrisse einer Morphologie der Weltgeschichte* (1918/23), München 1991, S. 1186; hieran anknüpfend noch J. David Bolter: *Turing's Man* (1984), dt.: *Der digitale Faust. Philosophie des Computer-Zeitalters*, Stuttgart/München 1990, S. 259ff.

[17] Jean-Marie Villiers de l'Isle-Adam: *Die Eva der Zukunft* (1886), Frankfurt a. M. 1984, S. 7.

Kapitel: »Wie man in England über deutsche Literatur urteilt«.[18] Und für das Urteil des »Englischen Publicum[s]« hat August Wilhelm Schlegel diese Zuspitzung aufgegriffen, um sie zu einem *Abriß von den europäischen Verhältnissen der deutschen Litteratur* aufzugliedern (einem seiner weniger bekannten, erst jetzt wieder zu entdeckenden Texte).[19] Schlegel nennt dabei die Universität nicht direkt beim Namen. Aber es ist der Ort, von dem aus er spricht. Zudem gemahnt er ausdrücklich an die »wissenschaftliche Freiheit« (A 10) von Reden wie der seinen, und das referiert deutlich genug auf eben jene Berliner Universität[20], an der er wenig vorher seine akademische Laufbahn als Professor für »Litteratur und schöne Wissenschaft, deutsche Sprache und Litteratur« begonnen hatte. *Ueber die akademische Freiheit der deutschen Universitäten* heißt dann nicht umsonst auch die Rektoratsrede, die Hermann von Helmholtz dort hielt, um erstens die im Titel angesprochene »Lehrfreiheit im modernen Sinne« als den »innere[n] Grund« der »Blüthe unserer Universitäten« sowie zweitens den Umstand zu erhellen, weshalb in »Deutschland alls Wissenschaft Professorenwissenschaft sei«. Vergleiche mit England und Frankreich lassen dabei auch Helmholtz' Ausführungen zu einer Art Abriß von den europäischen Verhältnissen der deutschen Universität geraten, und indem dieser Abriß die Arbeit »an den Grenzen des menschlichen Wissens« zum Merkmal wahrhaft universitärer Gelehrsamkeit erklärt, gibt er das Wort unmittelbar weiter an Du Bois-Reymond. Die Rektoratsrede Helmholtz'[21] handelt implizit von Faust, wie die Faust-Abrechnung Du Bois-Reymonds explizit Rektoratsrede war.

III.

Was damit als Ortsbestimmung der deutschen Literatur im Hintergrund steht, ist zugleich zentraler Aspekt für Goethes Bestimmung der »Welt-Literatur«. Daß der *Abriß* August Wilhelm Schlegels unmittelbar zu Goethes Konzept hinüberführt,

---

[18] Anne Germaine de Staël: *Über Deutschland*, Frankfurt a. M. 1985, S. 141.

[19] Zur langwährenden Mißachtung des Texts vgl. die vernichtende Bemerkung in: *Deutsche National-Litteratur. Historisch-kritische Ausgabe*, hg. v. Joseph Kürschner, 143. Bd.: *August Wilhelm und Friedrich Schlegel. In Auswahl* hg. von Dr. Oskar F. Walzel, Stuttgart o.J., Einleitung, S. LXXII: »Was er [A.W. Schlegel] nebenbei in den letzten Jahren seines Lebens fertig gestellt hat, macht einen recht unangenehmen Eindruck. Die Berliner Vorlesungen von 1827 über die Theorie und Geschichte der bildenden Künste hätte er im Interesse seines Ruhmes besser nicht gehalten. Das Traurigste bietet der ›Abriß von den europäischen Verhältnissen der deutschen Literatur‹ (1825) [...].« Zur Karlheinz Barck zu dankenden Neuentdeckung s. den Wiederabdruck: August Wilhelm Schlegel: »Abriß von den europäischen Verhältnissen der deutschen Litteratur« (1825), in: Dotzler: *Grundlagen der Literaturwissenschaft. Exemplarische Texte*, S. 5–11. – Zitatnachweise im folgenden unter Verwendung der Sigle A.

[20] Vgl. die beiden Sammlungen von Dokumenten zur Gründung der Berliner Universität: *Die Idee der deutschen Universität*, hg. v. Ernst Anrich, Darmstadt 1956, und: *Gelegentliche Gedanken über Universitäten*, hg. v. Ernst Müller, Leipzig 1990.

[21] Hermann von Helmholtz: »Ueber die akademische Freiheit der deutschen Universitäten. Rede, gehalten beim Antritt des Rectorats an der Friedrich-Wilhelms-Universität zu Berlin, 1877«, in: ders., *Vorträge und Reden*, Braunschweig 1903 (5. Aufl.), Bd. II, S. 191–212 (Zitate: 194f., 204 und 209).

macht sein vollständiger Titel ohne weiteres plausibel. Gewissermaßen der Intuition entgegen wirkt jedoch die Verbindung, die tatsächlich zwischen beiden besteht. Anders, als man es heute erwarten würde, betreibt Schlegels Skizze fast keine Komparatistik. Jedenfalls nicht in dem Sinne, daß er Literaturbeispiele deutscher Sprache mit solchen der anderen europäischen Sprachen vergleichen würde. Die Literatur der verschiedenen Nationen wird – im Hinblick auf ihre jeweilige Klassizität – nur kurz gestreift. Hauptaugenmerk ist statt dessen die »Geschichte der Cultur überhaupt« (A 9). Was, fragt Schlegel, sind die »characteristischen Bestandtheile der Europäischen Cultur« (A 8)? Seine Antwort bestimmt bis heute das Schulwissen. Es sind 1. »die Besitznahme von der reichen geistigen Erbschaft« der Antike, 2. »die Reformation«, 3. der »Kampf der Meynungen« oder die Aufklärung, 4. die »beispiellose Entfaltung der beobachtenden und berechnenden Naturwissenschaften« und 5. die »Entdeckung der Welttheile und Oceane«, ihre Entdeckung und Eroberung: der Weltverkehr als der »Verkehr mit den gesammten menschlichen Bewohnern unsers Planeten« (A 7f.). Hierauf bezogen gelte es zu prüfen, welchen Anteil die deutsche Literatur wohl hat.

Denn es ist klar, daß die beiden zuletzt genannten Elemente, Naturwissenschaft und Welthandel, zur Zeit Schlegels *nicht* die Stärke der Deutschen sind oder waren. Als deren Glanz führt Schlegel vielmehr ihre »philologischen und historischen Untersuchungen« an, und so stünde denn doch die übliche Komparatistik im Blick: »Erforschung und Deutung der Denkmale«, »Vergleichung der Sprachen«, »Vergleichung der Sagen« (A 8f.). Nur erschöpft sich darin die Literatur noch lange nicht. Die von Schlegel formulierten »Ansprüche auf Europäische Anerkennung« (A 5) der deutschen Literatur zielen im Gegenteil gerade auf die Bereiche, für die er die Leistungen von deutscher Seite zuvor als gering bezeichnet hat. »Zum Welthandel und folglich zur Weltumseglung waren die Deutschen durch ihre geographische Lage weniger berufen«, schreibt Schlegel, »jedoch haben sie keine Begünstigung der Umstände versäumt, um auch zur Erforschung der Länder und Meere ihren Beitrag zu liefern; und ein einziger Weltumsegler der Wissenschaft, wie Alexander von Humboldt, wiegt manche berühmte Namen auf« (A 8).

Das kennzeichnet den »Zustand des litterarischen und wissenschaftlichen Deutschlands« (A 10). Die Literatur ist von – internationaler – Validität, insofern sie die Welt als Wissen erschließt. Das »und« in Schlegels Adressierung des »litterarischen und wissenschaftlichen Deutschlands« darf als Gleichheitszeichen gelesen werden. Es geht um den literarischen = wissenschaftlichen, den wissenschaftlichen = literarischen Anspruch auf Anerkennung. Dem ordnet Schlegel sogar den Vergleich der Literaturen im engeren Sinne unter, und diese Unterordnung des Schönen der Literatur, diese Überordnung ihrer Funktion als Medium der Wissensvermittlung definiert dann auch den Einfall Goethes, sein »hoffnungsreiches Wort« (XV, 785) von der »Welt-Literatur« zu riskieren.

> Wenn aber auch unsre Litteratur denen, welche bei Erlernung einer fremden Sprache wie bei einer Erholungs-Reise, nur Befriedigung der Einbildungskraft und des Geschmacks, und einen erweiterten Kreis belebter Unterhaltung beabsichten, weniger Anlockungen darböte, als manche andre; so dürften wir

doch dem Denker, dem Gelehrten, dem wissenschaftlichen Forscher versprechen, jeder von ihnen werde sich für die nicht geringe Mühe, welche es erfordert, sich mit unsrer Sprache vertraut zu machen, reichlich belohnt finden.

(A 5f.)

So noch einmal Schlegel – und so vertritt es dann auch die »Welt-Literatur« in der Goetheschen Prägung des Worts und der Sache.

Sei der Vollständigkeit halber noch erwähnt, daß auch Schlegel zuletzt auf den *Faust* zu sprechen kommt. Für Du Bois-Reymond *die* Angriffsfläche, liefert *Faust* (wenn auch freilich nur dessen Erster Teil) für Schlegel *das* Beispiel eines in Gang gekommenen »Handelsverkehrs« zwischen den Nationen: »Von verschiedenen unsrer dichterischen Original-Werke sind geistreiche und gelungene Uebersetzungen erschienen, unter denen die des Faust von Lord F. Leweson Gower ein ausgezeichnetes Talent bei einem sehr schwierigen Unternehmen bewährt« (A 11). Gute Zeichen also, und gut passend zu dem, was man gemeinhin unter Weltliteratur versteht.

Aber dieses Verständnis, das sicher nicht falsch ist, verfehlt doch – mit der seit *Faust* etablierten Redensart – des Pudels Kern. Was ließe sich wohl Neues noch über Goethe sagen? Nun, jedenfalls verdient einmal gebührend in's Licht gestellt zu werden, daß seine Wortfindung mehr beinhaltete, als die auf sie sich berufende Allgemeine und Vergleichende Literaturwissenschaft bislang zu realisieren gewagt hat.

Im »Bedürfnis von etwas Musterhaftem müssen wir immer zu den alten Griechen zurückgehen«[22], soll Goethe erklärt haben: So begründete sich die Auffassung von Weltliteratur als dem Korpus kanonischer Werke von »bleibender Bedeutung«[23].

»Nationalliteratur will jetzt nicht viel sagen, die Epoche der Weltliteratur ist an der Zeit«[24], lautet das vielleicht bekannteste Diktum: An ihm delektiert sich bis in die Gegenwart, die dem Kanon zu mißtrauen und postkoloniale Belange zu bedenken gelernt hat, das Forum der Debatten um die – eben: – weltweite Literaturproduktion.

Jedoch hatten die Aussagen Goethes noch ein Drittes im Blick. Die Kanonisierung, die sie ihrerseits erfuhren (namentlich durch Fritz Strich[25]), hat sie nur immer aus dem Kontext gerissen. Und die Auflehnung wider den Kanon hat sich wie stets nur an diesem zerrieben, statt einfach auf eigene Faust nachzuforschen. *Bezüge nach außen* hat sich auf diese Weise als die prägnanteste Etikettierung für Goethes Idee der »Welt-Literatur« durchgesetzt. Aber diese Idee ist mindestens ebenso auf Bezüge *nach innen* berechnet.

Wäre es nur um die Internationalisierung der literarischen Kommunikation gegangen, hätte Goethe ja schon mit *Clavigo* (1774) alles gesagt, wo nicht getan. Wörtlich wünscht dieser, als »Verfasser« einer Wochenschrift: *Der Denker*, »etwas zu der Verbesserung des Geschmacks [...], zur Ausbreitung der Wissenschaft« beizu-

---

[22] Eckermann: *Gespräche mit Goethe*, S. 212 (31.1.1827).
[23] Hans Georg Gadamer: *Wahrheit und Methode. Gesammelte Werke*, Bd. I, Tübingen 1986, S. 167.
[24] Eckermann: *Gespräche mit Goethe*, S. 211 (31.1.1827).
[25] Fritz Strich: *Goethe und die Weltliteratur*, Bern 1946; 2., verb. u. erg. Aufl. 1957.

tragen. »Denn sie sind's allein, die uns mit andern Nationen verbinden, sie sind's, die aus den entferntesten Geistern Freunde machen und die angenehmste Vereinigung unter denen selbst erhalten, die leider durch Staatsverhältnisse öfters getrennt werden« (IV, 517f.).

Aber genau das ist nicht – jedenfalls nicht in erster Linie – gemeint. Goethe widerspricht deutlich:

> Wenn wir eine europäische, ja eine allgemeine Weltliteratur zu verkündigen gewagt haben, so heißt dieses nicht, daß die verschiedenen Nationen voneinander und ihren Erzeugnissen Kenntnis nehmen, denn in diesem Sinn existiert sie schon lange, setzt sich fort und erneuert sich mehr oder weniger. Nein! hier ist vielmehr davon die Rede, daß die lebendigen und strebenden Literatoren einander kennen lernen und durch Neigung und Gemeinsinn sich veranlaßt finden, gesellschaftlich zu wirken. (XV, 787)

Mehr als bloß der Wirkungs*kreis* steht also die Wirkungs*macht* der Literatur im Blick. Und diese Perspektive bringt Goethe zum einen in Übereinstimmung mit Schlegel und trägt ihm zum anderen den Widerspruch ein, den Du Bois-Reymond formuliert.

Ein Schema unter dem – im Zeichen postkolonialer *political correctness* viel diskutierten – Titel *Europäische, d.h. Welt-Literatur* sortiert diese trivialerweise nach 1. »Deutsche«, 2. »Franzosen«, 3. »Engländer«, 4. »Schottländer« und 5. »Italiener«. Den Deutschen aber gelten dabei die folgenden Stichpunkte:

> Ihr Wissen und Bestreben.
> Sie arbeiten für sich.
> Ohne Bezug aufs Ausland.
> Sie haben sich auf einen hohen Punkt der Kenntnis und Bildung erhoben.
> (XV, 796)

Das gleicht unverkennbar der von Schlegel zur Diskussion gestellten Verortung der deutschen Literatur innerhalb ihrer europäischen Verhältnisse. Seine Überzeugung, »es bilde sich eine allgemeine *Weltliteratur*«, beinhalte zugleich die Hoffnung, daß »uns Deutschen [darin] eine ehrenvolle Rolle vorbehalten« (XV, 961) sei, hat Goethe dem an anderer Stelle hinzugefügt, ebenso wie die Warnung: »Jetzt, da sich eine Weltliteratur einleitet, hat, genau besehen, der Deutsche am meisten zu verlieren [...]« (II, 773 und VII, 1261). Es ist die Inwendigkeit der Literatur als einer besonderen Wissensform, die den Zusammenhang beider Aussagen begreiflich macht, ganz so wie überhaupt diese Innenansicht erkennen läßt, weshalb ausgerechnet die Weltliteratur eine goetheanisch-deutsche Erfindung ist: Erst im internationalen Vergleich tritt der spezifische Weltbezug, tritt das Wissenspotential als Spezifikum der deutschen Literatur hervor: »Welt-Literatur«.

Allerdings gehört um dieses Wissens willen dann auch dazu, den fehlenden »Bezug aufs Ausland« als Mangel zu erfassen. »Aber freilich, wenn wir Deutschen nicht aus dem engen Kreise unserer eigenen Umgebung hinausblicken, so kommen wir gar zu leicht in [...] pedantischen Dünkel. Ich sehe mich daher gerne bei fremden

Nationen um und rate jedem, es auch seinerseits zu tun.« So Goethe in einer Bemerkung zu Eckermann, der unmittelbar die berühmte Formel folgt: »Nationalliteratur will jetzt nicht viel sagen, die Epoche der Weltliteratur ist an der Zeit« – welche Formel wiederum ausläuft in den Zusatz: »und jeder muß jetzt dazu wirken, diese Epoche zu beschleunigen.«[26]

Daß die Welt insgesamt in ein dromologisches Zeitalter eingetreten sei, hatte Goethe kurz zuvor im dritten Heft des fünften Bandes von *Ueber Kunst und Alterthum* (1826) konstatiert und auf die Notwendigkeit einer neuen Ortsbestimmung der Literatur bezogen:

> Zu einer Zeit, wo die Eilboten aller Art aus allen Weltgegenden her immerfort sich kreuzen, ist einem jeden Strebsamen höchst nötig, seine Stellung gegen die eigne Nation und gegen die übrigen kennen zu lernen. Deshalb findet ein denkender Literator alle Ursache, jede Kleinkrämerei aufzugeben und sich in der großen Welt des Handelns umzusehen. (XV, 578)

Ersichtlich predigt Goethe damit einmal mehr das Evangelium der Tat. Auch wenn man nicht übergeht, daß die »Welt des Handelns« in ihrem Gegensatz zur »Kleinkrämerei« den Handel und nicht das Handeln im allgemeinen denotiert, gehört die hier ausgesprochene Empfehlung in den Umkreis der von Goethe in den letzten Jahren seines Lebens mit neuer Vehemenz betriebenen Propaganda, daß – wie er am 2.4.1828 an Nees v. Esenbeck schreibt – »Erkennen und Wissen in That verwandelt werde«. Auch der Weltliteraturbegriff, heißt das, bläst ins gleiche Horn der Taten-Huldigung. Oder umgekehrt: Die Kritik an Goethes Taten-Huldigung trifft in letzter Instanz nichts geringeres als den Weltliteraturbegriff, Goethes literaturtheoretisches Vermächtnis.

Zumal dieses Vermächtnis in sich schon *kritisch* ist. Zwar kann man auch an ihm die nur allzu vertrauten Züge der »monumentalen Optik«[27] erkennen, die der – wie Byron ihn nannte – »undisputed Sovereign of European literature« sich selbst verlieh. Daß die Epoche der Weltliteratur gekommen sei, sah und sagte Goethe nicht eher, als bis es ihm »angenehm« war »zu erfahren«, wie nicht mehr allein »der deutschen Nation die Frage vorgelegt wird, inwiefern sie eine Sammlung von Goethes vieljährigen literarischen Arbeiten günstig aufnehmen wolle«, sondern wie sein Werk aus dem Ausland auf ihn zurückgespiegelt wurde (XV, 560). Dennoch zeigt das Konzept der »Welt-Literatur« zugleich einen »Goethe für Ertrinkende«[28] – Goethe selbst als Ertrinkenden –, wie Ortega y Gasset, seinerseits am Evangelium der Tat Anstoß nehmend, bei Gelegenheit des ersten Gedenkjahrs dieses Jahrhunderts ihn bedacht wissen wollte. Denn es geht um die Welt beschleunigter Kommunikationsverhältnisse. Nicht um den Größenwahn technischer Landgewinnung, wie er am *Faust* den Spott herausgefordert hat, aber um die Technisierung der Welt denn doch: »Unterjochung der Naturkräfte, Maschinerie, Anwendung der Chemie auf

---

[26] Eckermann: *Gespräche mit Goethe*, S. 211 (31.1.1827).
[27] José Ortega y Gasset: »Um einen Goethe von innen bittend« (1932), in: *Gesammelte Werke*, Stuttgart 1978, Bd. III, S. 271.
[28] Ortega: »Um einen Goethe von innen bittend«, S. 271.

Industrie und Ackerbau, Dampfschiffahrt, Eisenbahnen, elektrische Telegraphen, Urbarmachung ganzer Weltteile, Schiffbarmachung der Flüsse, ganze aus dem Boden hervorgestampfte Bevölkerungen«[29] – so hat das 19. Jahrhundert sämtliche Formen dieser Technisierung in *ein* Register geschrieben.

Dasselbe 1826er Heft von *Ueber Kunst und Alterthum*, das sich auf den Weltverkehr durch »Eilboten aller Art« beruft, enthält eine Fortsetzung des Aufsatzes *Shakespeare und kein Ende!* Unter den verschiedenen Arten der Kommunikation preist dieser Aufsatz die »Überlieferung durchs Wort« als die »höchste und schnellste«.

> Das Auge mag wohl der klarste Sinn genannt werden, durch den die leichteste Überlieferung möglich ist. Aber der innere Sinn ist noch klarer, und zu ihm gelangt die höchste und schnellste Überlieferung durchs Wort: denn dieses ist eigentlich fruchtbringend, wenn das, was wir durchs Auge auffassen, an und für sich fremd und keineswegs so tiefwirkend vor uns steht. (XV, 995)

Das ist Goethes Einsatz. Zu seinen Lebzeiten besaßen die Schrift und damit die Literatur noch alle Vorherrschaft über die »Überlieferung durchs Wort«. Das Konzept der »Welt-Literatur« aber berührt erstmals in der Geschichte technischer Medien die Grenze dieser Vorherrschaft. Es ist Erfolgsparole für eine nie dagewesene Blüte literarischer Kommunikation, *und* es ist Problembegriff für deren Limitation.

Goethe mit seinem »realistischen Tic«[30] läßt das verschiedentlich selber schon durchblicken. Der von ihm hergestellte Konnex zwischen der Heraufkunft der »Welt-Literatur« und der aufsteigenden Ära »durchaus erleichterter Kommunikation« (XV, 785) ist ebenso eindeutig wie die berühmt gewordene Warnung vor den »Fazilitäten der Kommunikation«[31] und darum die Skepsis: »Wenn nun aber eine solche Weltliteratur, wie bei der sich immer vermehrenden Schnelligkeit des Verkehrs unausbleiblich ist, sich nächstens bildet, so dürfen wir nur nicht mehr und nichts anders von ihr erwarten als was sie leisten kann und leistet [...]« (XV, 798).

Vor allem aber erweist sich die »Welt-Literatur« als ein Konzept, das ausgerechnet die Limitation der Literatur in sich trägt, aufgrund einer – wenn man so will – Ironie des Schicksals, das Goethe zuteil wurde, ohne daß er es noch hätte selbst reflektieren können.

Sein korrigierender Hinweis, die Ankündigung der »Welt-Literatur« meine nicht bloß, »daß die verschiedenen Nationen voneinander [...] Kenntnis nehmen«, sondern »daß die lebendigen und strebenden Literatoren einander kennen lernen«, erfolgte mit Blick auf die Versammlung deutscher Naturforscher und Ärzte in Berlin, 1829. An deren Beispiel könne man lernen, wie »mehr durch Reisende als [durch] Korrespondenz bewirkt« werde, indem »persönliche Gegenwart ganz allein das

---

[29] Karl Marx / Friedrich Engels: »Manifest der kommunistischen Partei«, *MEW* IV, 467. Vgl. Heinz Schlaffer: *Faust Zweiter Teil. Die Allegorie des 19. Jahrhunderts*, Stuttgart/Weimar 1998 (2. Aufl.), S. 131.
[30] Brief an Schiller, 9.7.1796.
[31] Brief an Zelter, 6.6.1825.

wahre Verhältnis unter Menschen zu bestimmen und zu befestigen imstande« sei (XV, 787). Nur war Goethe mitnichten persönlich anwesend. Seine Gegenwart beschränkte sich zum einen auf eine anerkennende Erwähnung in der Eröffnungsrede Alexander von Humboldts[32] sowie zum anderen auf Verse, die teils die Wände des Veranstaltungsortes zierten (»Es soll sich regen, schaffend handeln...«), teils in Vertonungen vorgetragen wurden. Darunter auch *Dreistigkeit* aus dem *West-östlichen Divan*, gesetzt von Zelter unter dem Titel *Entschluß*. Dichtung wird hier als der »Schall« definiert, »Der zum Ton sich rundet« (II, 21).[33] Dabei hatte Goethe statt »Schall« zunächst »Klang« notiert, dann aber »Schall« dafür eingesetzt, weil »Klang« – gemäß den Skizzen *Zur Tonlehre* – bereits auf das »musikalisch Hörbare« referiert, »Schall« hingegen auf das bloße »Geräusch«, das »Formlose, Zufällige« (XVIII, 179 u. 184). Dichtung wäre also die Umformung von »Geräusch« oder Rauschen in »gerundeten Ton« oder Wortklänge wie eben jene, durch die Goethe auf der Berliner Naturforschertagung präsent war *in absentia*.

Leibhaftig zugegen waren statt dessen Carl Friedrich Gauß aus Göttingen und Wilhelm Eduard Weber aus Halle, ja sie waren nicht nur beide anwesend, sondern lernten sich ganz nach Goethes Ratschlag persönlich kennen. Und das mit weitreichenden Folgen.

Mit Gauß nämlich beginnt generell eine Mathematik, deren neue Funktionentheorie[34] grundlegend wurde für alle folgende Nachrichtentechnik. Noch der erste Computer, der ab 1940 an den Bell Telephone Laboratories beim Entwurf elektrischer Netzwerke half, resultierte – wie diese Netzwerke selber – strikt aus solcher Mathematik. Jede Bevorzugung von harmonischem Klang oder Wort machte dieselbe Funktionentheorie dagegen hinfällig, um vielmehr gerade die Analysis des Rauschens zu begründen.

Insbesondere aber gelang es Gauß sehr bald nach seiner ersten Begegnung mit Weber, diesen als Ordinarius für Physik nach Göttingen berufen zu lassen. Gemeinsam entwickelten sie dort einen elektromagnetischen Telegraphen, den Induktionstelegraphen. 1833 übermittelte ein Doppeldraht, der das Physikalische Kabinett und die Göttinger Sternwarte miteinander verband, das erste rein signaltechnische elektrische Telegramm. Dieses Ereignis erregte damals erhebliche Aufmerksamkeit, und wenn auch keine direkte kommerzielle Nutzung aus ihm hervorging, stellte es doch die Weichen sowohl für die in der Folge morsealphabetische als auch schon für die weltumspannende Telegraphie. Im Unterschied zu allen vorherigen Fernschreibsystemen trat an die Stelle der »Überlieferung durchs Wort« eine Auflösung noch der einzelnen Buchstaben in eine Serie aufeinanderfolgender Codeimpulse. »Ich bin überzeugt«, schrieb Gauß an Olbers, »daß bei Anwendung von hinlänglich starken Drähten auf diese Weise auf einen Schlag von Göttingen nach Hannover oder von

---

[32] Vgl. etwa den Bericht von Johann Jakob Sachs: *Die Versammlung der deutschen Naturforscher und Aerzte in Berlin i.J. 1828, kritisch beleuchtet*, Leipzig 1828, S. 13.

[33] Vgl. auch Lorenz Oken: »Versammlung der Naturforscher und Aerzte zu Berlin, im September 1828«, in: *Isis* III–IV/1829, Sp. 217–450 (hier: 274).

[34] Dazu ausführlicher Bernhard J. Dotzler: *Papiermaschinen. Versuch über* COMMUNICATION & CONTROL *in Literatur und Technik*, Berlin 1996, S. 339–347 (hier bes. 345 f.).

Hannover nach Bremen telegraphiert werden könnte.« Und mehr noch, genauso auf einen Schlag gebiert die Erfindung die Idee, daß es nun möglich sei, so Gauß an Schumacher, ein technisches, sekundenschnelles »Nachrichtensystem über die ganze Erde zu verbreiten«.[35]

Vielleicht war es dieser sofortige Ausgriff auf den gesamten Globus, der eine Geschichte des *Weltverkehrs* am Ende des Jahrhunderts dazu verführte, Gauß und Weber kurzerhand als *die* Erfinder der elektromagnetischen Telegraphie zu titulieren.[36] Jedenfalls erlaubt er, die weitere Implementierungsgeschichte zu überspringen und mit derselben Geschichte zu sagen:

> Es ist indes genug dieser Einzelnachweise. Gegenwärtig giebt es keinen Staat mehr in Europa, der nicht dem Telegraphen schon eine Stätte auf seinem Territorium bereitet hätte; ja es giebt schon keinen Weltteil mehr, nach welchem nicht, unter Benutzung der vorhandenen Linien, von jedem andern Weltteil aus telegraphiert werden könnte. Und wenn auch noch manche Lücke in dem Telegraphennetz der Gegenwart besteht, so ist doch jetzt schon auf die Telegraphie in ihrem unaufhaltsamen Fortschreiten über den Erdball das Wort des Psalmisten (Ps. 19, V. 4 u. 5) angewendet worden:
>
> »Es ist keine Sprache noch Rede, da man nicht ihre Stimme hörte; ihre Schnur geht aus in alle Lande und ihre Rede an der Welt Ende.«[37]

Ausgerechnet aus einer Konstellation, wie Goethe sie zum Gedeihen der und durch »Welt-Literatur« empfohlen hatte, ging also das »Global village« der Telekommunikation hervor. Die Häresie, die es bedeutet, Psalm 19 so zu zitieren, unterstreicht den Medienwechsel. Dagegen bleibt unerheblich, wieviel Goethe von all dem noch geahnt haben mag.

Immerhin hatte bereits die zu seinen Lebzeiten erfolggekrönte optische Telegraphie große Entfernungen überwunden. Wenige Wochen nach Goethes Tod wurde mit der Errichtung der weltweit längsten Verbindung begonnen. 61 Stationen – von Berlin über Magdeburg, quer durch das Königreich Hannover, bis Köln und Koblenz – einten am Ende das rheinische und das brandenburgische Staatsgebiet Preußens.[38] Während aber die elektrische Telegraphie »ihrem Wesen nach ein internationales Institut« darstellt[39], war der Zweck dieser wie schon der ersten optischen Telegraphenlinien die Festigung einzelner Staatengebilde durch Verbesserung ihrer Infrastruktur, ganz in der Art wie der amerikanische Siedlungsplan in *Wilhelm*

---

[35] Brief an Olbers, zit. n. Feldhaus: *Ruhmesblätter der Technik*, S. 588; Brief an Schumacher, paraphrasiert bei Felix Klein: *Vorlesungen über die Entwicklung der Mathematik im 19. Jahrhundert*, Berlin 1926/27, Reprint: Darmstadt 1986, Bd. I, S. 20.

[36] *Der Weltverkehr.* Seeschiffahrt und Eisenbahnen, Post und Telegraphie in ihrer Entwicklung dargestellt von Dr. Michael Geistbeck. Zweite, neu bearbeitete Auflage, Freiburg 1895, Reprint: Hildesheim 1986, S. 469.

[37] Geistbeck: *Weltverkehr*, S. 474.

[38] Vgl. Rolf Oberliesen: *Information, Daten und Signale. Geschichte technischer Informationsverarbeitung*, Reinbek 1982, S. 62 ff.

[39] Paul David Fischer: *Post und Telegraphie im Weltverkehr* (1879), zit. n. Geistbeck: *Weltverkehr*, S. 508.

Meisters Wanderjahren den Einsatz von Telegraphen beschreibt (VII, 1171). »Die Einrichtung des Telegraphen ist in der Tat die beste Antwort auf jene Publizisten, die Frankreich für zu großflächig halten, um eine Republik zu bilden«, berichtete Claude Chappe von den entscheidenden Debatten über die Realisierung seiner Erfindung im Nationalkonvent.[40]

Entsprechend abseitig erschienen zunächst Elektrifizierungsfragen, die parallel zum Aufbau optischer Telegraphennetze gestellt wurden.

> 1.) Ist Electricität zur Telegraphik überhaupt als *anwendbar zu denken*?
> 2.) *Wie* könnte dieses geschehen?
> 3.) Wird der Gebrauch derselben anzuempfehlen seyn?

So fragte namentlich Johann Lorenz Boeckmann in seinem *Versuch ueber Telegraphic und Telegraphen* 1794, also im Jahr der Errichtung der ersten optischen Telegraphenlinie zwischen Paris und Lille. Und die Antwort, die er im selben V*ersuch* gleich mitlieferte, schickte er ebenso gleich an Goethe:

> Die Möglichkeit an sich ist nun wohl nicht abzuläugnen. Denn es lassen sich allerdings durch diese Kraft *sinnliche, leicht* und *deutlich wahrzunehmende* Würkungen in grosser *Entfernung* und mit ausserordentlicher *Schnelligkeit* hervorbringen. Diese können also theils zu *einzelnen Signalen* dienen, *theils* aber auch durch ihre *Anzahl* und Ordnung in besondere Zeichen verwandelt werden, und solchergestalt *Buchstaben* und *Worte* zu einer *geheimen* Sprache bilden.[41]

Aber weder die Frage noch die Antwort scheinen Goethe sonderlich beschäftigt zu haben. Seine Reaktion auf die ihm übersandte Schrift erfolgte mit dreijähriger Verspätung und lapidar: »Ihre interessante Telegraphische Arbeit hatte ich wohl zu seiner Zeit richtig erhalten und ausgetheilt, allein die Sorge und Zerstreuung des Moments mag wohl mich sowohl als die andern Freunde damals von einer schuldigen Antwort abgehalten haben.«[42]

Mit dem Initialexperiment von Gauß und Weber indes wurde aus der offenbar wenig ernst genommenen Spekulation von einst technische Realität. Zu spät, um noch von Goethe selbst kommentiert zu werden. Doch findet sich ein gleichsam indirekter Kommentar in seinem Briefromandebüt. Werthers zweiter Brief, berühmt geworden für den nach seinem fiktiven Verfasser benannten ›Wertherton‹, preist nämlich die Schöpfung: »Wenn ich das Wimmeln der kleinen Welt zwischen Halmen, die unzähligen, unergründlichen Gestalten, all der Würmgen, der Mückgen, näher an meinem Herzen fühle, und fühle die Gegenwart des Allmächtigen, der uns

---

[40] Brief an Lakanal, zit. n. Patrice Flichy: *Tele. Geschichte der modernen Kommunikation*, Frankfurt a.M./New York 1994, S. 26.

[41] Johann Lorenz Boeckmann: *Versuch ueber Telegraphic und Telegraphen nebst der Beschreibung und Vereinfachung des Franzoesischen Telegraphen und der Anzeige einiger von ihm vorgeschlagener neuer Methoden*, Karlsruhe 1794, S. 18 f.

[42] Brief an Boeckmann, 24.8.1797.

all nach seinem Bilde schuf, das Wehen des Allliebenden [...]«[43] – und genau diesem Lobpreis, diesem »Wehen des Allliebenden« oder, wie es weiter heißt, dieser »Welt um mich her und Himmel«, diesem »Spiegel des unendlichen Gottes« gilt oder galt auch jenes Psalmisten-Wort, das das Weltwunder elektrischer Telegraphie vorweggenommen haben soll. Wo in der Luther-Bibel etwas mißverständlich zweimal von »Rede« die Rede ist, verdeutlicht eine jüngere Übersetzung:

> Die Himmel rühmen die Herrlichkeit Gottes, /
> vom Werk seiner Hände kündet das Firmament.
>   Ein Tag sagt es dem andern, /
> eine Nacht tut es der andern kund,
>   ohne Worte und ohne Reden, /
> unhörbar bleibt ihre Stimme.
>   Doch ihre Botschaft geht in die ganze Welt hinaus, /
> ihre Kunde bis zu den Enden der Erde.[44]

Selbstredend wußte der Psalmist also noch nichts von elektrischer Telegraphie. Sein Lied besang das globale Gotteslob schlechthin. Nur darum ist ja die Umwidmung dieser Verse zum Lobpreis reinen Menschenwerks ebenso reine Häresie. Aber häretisch war schon die Sprechhaltung Werthers. Sie adaptiert die Heilige Schrift – für Literatur. Und wenn auf diese Selbstermächtigung der Literatur eine vergleichbare Anmaßung im Namen eines technischen Mediums folgt, sieht man Goethe und sein Ende einmal nicht auf seinen physisch-privaten Tod bezogen, sondern bezogen auf seine Hinterlassenschaft, sein Vermächtnis der »Welt-Literatur«, sein Werk.

Literatur

Anrich, Ernst (Hg.): *Die Idee der deutschen Universität*, Darmstadt 1956.

Boeckmann, Johann Lorenz: *Versuch ueber Telegraphic und Telegraphen nebst der Beschreibung und Vereinfachung des Franzoesischen Telegraphen und der Anzeige einiger von ihm vorgeschlagener neuer Methoden*, Karlsruhe 1794.

Bolter, J. David: *Turing's Man* (1984), dt.: *Der digitale Faust. Philosophie des Computer-Zeitalters*, Stuttgart/München 1990.

Curtius, Ernst Robert: »Goethes Aktenführung« (1951), in: Dotzler: *Grundlagen der Literaturwissenschaft. Exemplarische Texte*, S. 158–167.

---

[43] Johann Wolfgang von Goethe: *Die Leiden des jungen Werthers*, hier nach dem Text der Erstfassung in: *Der junge Goethe*, Bd. II, S. 271.

[44] Psalm 19, 2–5, nach: *Die Bibel. Einheitsübersetzung*, Stuttgart 1980.

Dotzler, Bernhard J.: *Papiermaschinen. Versuch über* COMMUNICATION & CONTROL *in Literatur und Technik*, Berlin 1996.

Dotzler, Bernhard J. (Hg.): *Grundlagen der Literaturwissenschaft. Exemplarische Texte*, Köln/Weimar/Wien 1999.

Du Bois-Reymond, Emil: *Goethe und kein Ende*. Rede bei Antritt des Rectorats der Königl. Friedrich-Wilhelms-Universität zu Berlin am 15. October 1882, Berlin 1882.

Eckermann, Johann Peter: *Gespräche mit Goethe in den letzten Jahren seines Lebens*, hg. v. Fritz Bergemann, Frankfurt a.M./Leipzig 1994.

Feldhaus, Franz Maria: *Ruhmesblätter der Technik. Von den Urerfindungen bis zur Gegenwart*, Leipzig 1910.

Flichy, Patrice: *Tele. Geschichte der modernen Kommunikation*, Frankfurt a. M./ New York 1994.

Gadamer, Hans Georg: *Wahrheit und Methode. Gesammelte Werke*, Bd. I, Tübingen 1986.

Geistbeck, Michael: *Der Weltverkehr. Seeschiffahrt und Eisenbahnen, Post und Telegraphie in ihrer Entwickung*. Zweite, neu bearbeitete Auflage, Freiburg 1895, Reprint: Hildesheim 1986.

Goethe, Johann Wolfgang: *Gesamtausgabe der Werke und Schriften in 22 Bänden*, Stuttgart o.J. (= Neue Gesamtausgabe des Originalverlags).

Der junge Goethe in seiner Zeit. Texte und Kontexte, hg. v. Karl Eibl, Fotis Jannidis und Marianne Willems, Frankfurt a. M./Leipzig 1998.

Haeckel, Ernst: *Die Naturanschauung von Darwin, Goethe und Lamarck*. Vortrag auf der 55. Versammlung Deutscher Naturforscher und Ärzte zu Eisenach am 18. September 1882, Jena 1882.

Helmholtz, Hermann von: »Ueber die akademische Freiheit der deutschen Universitäten. Rede, gehalten beim Antritt des Rectorats an der Friedrich-Wilhelms-Universität zu Berlin, 1877«, in: ders., *Vorträge und Reden*, Braunschweig 1903 (5. Aufl.), Bd. II, S. 191–212.

Horaz: *Sämtliche Werke*. Lateinisch und deutsch, München 1993.

Ingensiep, Hans Werner: »Metamorphosen der Metamorphosenlehre. Zur Goethe-Rezeption in der Biologie von der Romantik bis in die Gegenwart«, in: Matussek: *Goethe und die Verzeitlichung der Natur*, S. 259–275.

Klein, Felix: *Vorlesungen über die Entwicklung der Mathematik im 19. Jahrhundert*, Berlin 1926/27, Reprint: Darmstadt 1986.

Mandelkow, Karl Robert: *Goethe in Deutschland. Rezeptionsgeschichte eines Klassikers, Bd. I: 1773–1918*, München 1980.

Mandelkow, Karl Robert: »Natur und Geschichte bei Goethe im Spiegel seiner wissenschaftlichen und kulturtheoretischen Rezeption«, in: Matussek: *Goethe und die Verzeitlichung der Natur*, S. 233–258.

Mann, Thomas: *Lotte in Weimar*, in: *Gesammelte Werke in dreizehn Bänden*, Frankfurt a. M. 1974, Bd. II.

Marx, Karl / Friedrich Engels: »Manifest der kommunistischen Partei«, in: *Werke*. Herausgegeben vom Institut für Marxismus-Leninismus beim ZK der SED, Berlin 1956 ff. (= MEW), Bd. IV, S. 461–493.

Matussek, Peter: *Goethe zur Einführung*, Hamburg 1998.

Matussek, Peter (Hg.): *Goethe und die Verzeitlichung der Natur*, München 1998.

Müller, Ernst (Hg.): *Gelegentliche Gedanken über Universitäten*, Leipzig 1990.

Oberliesen, Rolf: *Information, Daten und Signale. Geschichte technischer Informationsverarbeitung*, Reinbek 1982.

Oken, Lorenz: »Versammlung der Naturforscher und Aerzte zu Berlin, im September 1828«, in: *Isis* III–IV/1829, Sp. 217–450.

Ortega y Gasset, José: »Um einen Goethe von innen bittend« (1932), in: *Gesammelte Werke*, Stuttgart 1978, Bd. III.

Sachs, Johann Jakob: *Die Versammlung der deutschen Naturforscher und Aerzte in Berlin i.J. 1828, kritisch beleuchtet*, Leipzig 1828.

Schlaffer, Heinz: *Faust Zweiter Teil. Die Allegorie des 19. Jahrhunderts*, Stuttgart/ Weimar 1998 (2. Aufl.).

Schlegel, August Wilhelm: »Abriß von den europäischen Verhältnissen der deutschen Litteratur« (1825), in: Dotzler: *Grundlagen der Literaturwissenschaft. Exemplarische Texte*, S. 5–11.

Segeberg, Harro: *Literatur im technischen Zeitalter. Von der Frühzeit der deutschen Aufklärung bis zum Beginn des Ersten Weltkriegs*, Darmstadt 1997.

Spengler, Oswald: *Der Untergang des Abendlandes. Umrisse einer Morphologie der Weltgeschichte* (1918/23), München 1991.

Staël, Anne Germaine de: *Über Deutschland*, Frankfurt a. M. 1985.

Strich, Fritz: *Goethe und die Weltliteratur*, Bern 1946; 2., verb. u. erg. Aufl. 1957.

Villiers de l'Isle-Adam, Jean-Marie: *Die Eva der Zukunft* (1886), Frankfurt a. M. 1984.

Zwick, Jochen: »Akademische Erinnerungskultur, Wissenschaftsgeschichte und Rhetorik im 19. Jahrhundert. Über Emil Du Bois-Reymond als Festredner«, in: *Scientia Poetica* 1 (1997), S. 120–139.

Alexander Mehlmann

KEINE FAUSTREGEL FÜR MEPHISTO
Spieltheoretische Fingerzeige zu Goethes *Faust*

Die Mathematik – ein mythographisches Instrument?

Wiewohl sie einstmals eine Geisteswisenschaft war, hat die moderne Mathematik es letztlich vermieden, die zweifellos vorhandenen Berührungspunkte zu den Literaturwissenschaften als doppelte Chance – zur Entwicklung der eigenen Methodik und zum Dienst an den schönen Künsten – zu begreifen. Diese seltsame Scheu, der stolzen Forderung vom Marston Morse: »die Mathematik ist die Schwester und notwendige Helferin der Künste, von Genie und Wahnsinn berührt« gerecht zu werden, entspricht jedoch keineswegs ihrer ursprünglichen Zielsetzung.

Für die Renaissance-Mathematiker Antonio Manetti (1423–1497) und Galileo Galilei (1564–1642) war die Beschäftigung mit Dantes *Divina Commedia* ein eher selbstverständlicher Schritt im Dienste der Dichtkunst und nicht zuletzt ein entscheidender zur Stärkung der eigenen wissenschaftlichen Reputation. Beiden verdankt die Mathematik erstaunliche geometrische Einsichten in der Hölle Maß und Dimensionen; ein wahrhaft meisterlicher Balanceakt zwischen den Erfordernissen diesseitiger Geodäsie und den Dogmen jenseitsgewandter Theologie.

Die Geburtsstunde der Theorie stochastischer Prozesse wurde hingegen durch die Verehrung einer gänzlich anderen dichterischen Gestalt eingeleitet, deren gesellschaftlicher Einfluss durchaus mit dem Dante Alighieris vergleichbar ist. Die Rede ist von Russlands tragischem Poeten, Alexander S. Puschkin, dessen leichtfüßige Stanzen in *Eugen Onegin* dem byronesken Hang zum sarkastischen Pathos vollständig entsagen. Andreij A. Markoff (1856–1922) verwendete die probabilistischen Gesetzmäßigkeiten seiner Markoffschen Ketten, um anhand der Wechselfolge von Vokalen und Konsonanten die statistisch-stylistische Analyse vorzunehmen.[1]

Einer späteren russischen Mathematikergeneration blieb es vorbehalten, *Eugen Onegin* auf das zweifellos singuläre dramatische Ereignis zu reduzieren, das sich einem mathematischen Ansatz geradezu aufzudrängen scheint. Die Duellszene, in der Onegin seinen Freund Lenskij erschießt:

> Fünf Schritte gingen sie. Genug!
> Das linke Aug' kniff Lenskij zu,
> Um gut zu zielen, doch im Nu
> Schoß schon Onegin und es schlug
> Des Schicksals Stunde. Der Poet

---

[1] Andreij A. Markoff: »Essai d'une recherche statistique sur le texte du roman *Eugen Onegin*« in: *Bulletin de l'Académie Impériale des Sciences de St. Petersbourg*, 7 (1913).

Senkt die Pistole stumm und spät
Führt langsam seine Hand zur Brust
Und fällt. Nicht Qualen macht sein Blick
Nein, trübe nur den Tod bewußt.

wird durch Nikolaj N. Vorobjoff unter der streng tabellarischen Form eines Nullsummenspiels transponiert.[2]

Im Gegensatz zur Geometrie und Wahrscheinlichkeitstheorie haben wir es bei der spieltheoretischen Methode mit einem Werkzeug zu tun, das sämtliche Vorgänge auf Konfliktsituationen zurückführt. Ob tatsächlich auf diese Weise der wesentliche Charakter eines literarischen Werkes erfasst wird, scheint zumindest zweifelhaft.

In seiner gründlichen Analyse spieltheoretischer Exkurse in die Literatur liefert Brams eine durchaus kritische Bewertung der hierbei erzielten Resultate.[3] Dabei schneidet die Kategorie statischer Momentaufnahmen, die ein literarisches Werk auf eine (mehr oder weniger) zusammenhängende Folge von Konflikten reduziert, bei aller Fülle des verwertbaren Materials, das von Shakespeare über Poe gar bis zu Conan Doyle und Pinter führt, nicht allzu erfolgreich ab.

Seinen formalen Heimvorteil erreicht der spieltheoretische Ansatz eher unter Umständen, die eine dynamische Beschreibung des zentralen, dem literarischen Werk zugrundeliegenden Konfliktes zulassen. Kann sie einer derart wohltemperierten, spieltheoretischen Partitur folgen, so erweist sich die Mathematik durchaus als ein geeignetes mythographisches Instrument, um literarischen Motiven interessante Noten abzugewinnen.

Der Teufelspakt im Zeitenlauf

Der aus spieltheoretischer Sicht zentrale Konflikt in Goethes *Faust* ist der Teufelspakt. Während uns zahlreiche Erzählungen der Folklore eher die erfolgreichen Schliche nahebringen, mit deren Hilfe man den armen Teufel hereinlegen kann, steht bei Goethe, wie auch bei Marlowe, vor allem der komplexe Verhandlungsablauf zwischen menschlichem Stolz und teuflischer Intelligenz im Mittelpunkt der dramatischen Entwicklung.

Als maßgebliche Quelle der Marlowschen und Goetheschen Faust-Tragödie kann wohl mit einiger Berechtigung ein anonymer Bestseller, die *Historia von D. Johann Fausten* (1587), angesehen werden. Diese reißerische Geschichte vom deutschen Teufelsbündner, der seine Seele im Austausch für Wissen und Macht dem Versucher übereignet, hat es im Zuge einiger Jahrzehnte fertiggebracht, dem historischen – von seinen Zeitgenossen noch gnadenlos als Roßtäuscher titulierten –

---

[2] Nikolaj N. Vorobjoff: »Künstlerische Modellierung, Konflikte und die Theorie der Spiele«, in: *Die Gemeinschaft der Wissenschaften und die Geheimnisse der künstlerischen Schöpfung*, (Russisch) Moskau 1968, S. 348–372.

[3] Steven J. Brams: »Game Theory and Literature«, in: *Games and Economic Behavior* 6 (1994), S. 32–54.

Faust ein posthumes Ansehen zu verschaffen, das gar Gestalten wie Merlin, Albertus Magnus oder Roger Bacon in die zweite Reihe prominenter Magier verweist.

Doch selbst dieser beträchtliche Zugewinn an magischer Reputation erscheint eher bescheiden, wenn man ihn mit dem Karrieresprung vergleicht, den Fausts Widersacher zwischenzeitlich vollzogen. Von einem einfachen Familiares – einem dienstbaren bösen Geist –, der nach vollzogener Unterzeichnung des Teufelspaktes nur Handlungen setzt, um Faust von der Reue abzubringen (Marlowe), reift Mephisto zu einem durchtriebenen und altklugen Dämon der oberen höllischen Zehntausend heran, dessen Aufgabe im Uhrwerk des göttlichen Universums folgendermaßen festgelegt ist (Goethe):

> Nun gut, wer bist du denn? – Ein Teil von jener Kraft,
> Die stets das Böse will, und stets das Gute schafft.
> (*Faust I*, 2, V. 1334–1336)[4]

Die zentrale Stellung des Goetheschen Teufelspaktes, die wir in der Folge vor allem mit mathematischen Argumenten untermauern wollen, lässt sich auch aus einem anderen, scheinbar profaneren Blickwinkel betrachten. Das Eingehen bindender Verträge mit seinen Verlegern – die er mehr oder weniger für zeitgenössische Gottseibeiunse hielt – hat Goethe zu äußerst einfallsreichen Manövern veranlaßt. So weisen Moldovanu und Tietzel in ihrer detaillierten Untersuchung von Goethes Strategien dem Verleger Vieweg gegenüber auf den erstaunlichen Sachverhalt hin, dass Goethe, 200 Jahre vor der Entwicklung der spieltheoretisch-fundierten Vickrey-Auktion, einen entsprechenden Mechanismus in seiner Verhandlungsführung implementiert hat.[5]

Das ursprüngliche Faustmotiv enthält eine zeitliche Begrenzung des Teufelspaktes im Ausmaß von 24 Jahren; ein Zeitintervall, das wir unseren Überlegungen ebenfalls zugrunde legen wollen. Eine Anpassung der Gesamtdauer an Goethes großzügige Zeitskala, die Faust das stolze Höchstalter von 100 Jahren zubilligt, würde qualitativ äquivalente Resultate generieren und unterbleibt somit.

Der durch die magischen Exerzitien herbeigeführte Pakt erfährt jedoch bei Goethe eine Umwandlung in eine Wette, deren wesentliches Kriterium den Zeitpunkt, zu dem Faust seiner Seele verlustig gehen soll, bestimmt:

> Werd ich zum Augenblicke sagen:
> Verweile doch! du bist so schön!
> Dann magst du mich in Fesseln schlagen,
> Dann will ich gern zugrunde gehn!;
> (*Faust I*, 2, V. 1699–1702)

---

[4] Goethe, Johann Wolfgang von: *Faust*, 2 Bde., Ditzingen 1999 (Reclam Universalbibliothek).
[5] Benny Moldovanu und Manfred Tietzel: »Goethe's Second-Price Auction«, in: *Journal of Political Economy* 106 (1998), S. 854–859.

»Werd ich zum Augenblicke sagen« – der systematische Faust

Dieser magische, höchste Augenblick kann nur als ein eher zufälliger Zeitpunkt interpretiert werden, dessen Eintreten von beiden Kontrahenten in Form subjektiver Wahrscheinlichkeitsverteilungen $x_i(\cdot)$, $i=1,2$, unterschiedlich bewertet wird. So bezeichnet zum Beispiel die Wahrscheinlichkeit $1-x_1(t)$, dass – aus Mephistos Sicht – die Wette zum Zeitpunkt t noch im Gange ist.

Mephisto vermutet seinerseits, dass der höchste Augenblick nur durch verführerische Machinationen herbeizitiert werden kann –

> Ein solcher Auftrag schreckt mich nicht
> Mit solchen Schätzen kann ich dienen;
> (*Faust I*, 2, V. 1688–11689)

– und schätzt dieses durchaus erfreuliche Risiko als jeweils direkt proportional zur momentanen Verführungsintensität $u_1(t)$ ein, d. h.

$$\frac{dx_1}{dt} = c_1 u_1 (1-x_1); \quad x_1(0) = 0, \tag{1}$$

wobei c_1 eine Konstante ist und Gleichung (1) die zeitliche Ableitung der Wahrscheinlichkeitsverteilung $x_1(\cdot)$ in einem direkten Zusammenhang zur Mephistophelischen Verführung setzt.

Faust bezweifelt hingegen Mephistos Sicht der Dinge:

> Was willst du armer Teufel geben?
> Ward eines Menschen Geist, in seinem hohen Streben,
> Von deinesgleichen je gefasst;
> (*Faust I*, 2, V. 1675–1677)

Er ist sich bewusst, dass der entscheidende Augenblick nur durch die Intensität des eifrigen Sich-Bemühens erreicht werden kann:

> Wer immer strebend sich bemüht
> Den können wir erlösen
> (*Faust II*, 5, V. 11936–11937)

– d. h. in spiegelbildlicher Umkehrung des teuflischen Formelwerks

$$\frac{dx_2}{dt} = c_2 u_2 (1-x_2); \quad x_2(0) = 0, \tag{2}$$

sieht Gleichung (2) nur einen zeitlichen Zusammenhang zwischen Faustens subjektiver Wahrscheinlichkeitsdichte und der Intensität $u_2(t)$ seiner momentanen Bemühungen.

Die Differentialgleichungen (1) und (2) legen nun ein mathematisches System fest, dessen Zustände die subjektiven Erwartungen Faustens und Mephistos im

Ablauf der Zeit beschreiben. Mit einer hinreichend komplexen Abhängigkeit der Systemzustände von den postulierten Parametern ›Verführung‹ und ›Bemühung‹ könnte unser Modell des Teufelspaktes durchaus interessante Ergebnisse zeitigen.

Als Paradefall für eine sorgsam konzipierte systemtheoretische Analyse literarischer Muster läßt sich Sergio Rinaldi ins Treffen bringen. Anhand einer stilistischen Bewertung der im vermuteten zeitlichen Ablauf angeordneten Poeme aus Petrarcas Canzoniere gelingt es Rinaldi, die zyklischen Schwankungen in Petrarcas emotionalem System mathematisch zu begründen.[6]

Um die Regeln der Goethesche Teufelswette zu durchschauen, sind jedoch die Bewertungen der unterschiedlichen Aktionen von ausschlaggebender Bedeutung.

Das Spiel mit dem Teufel

Falls Mephisto zum Zeitpunkt t die Wette gewinnt, so erhält er den Gegenwert V für Fausts Seele:

> Mir ist ein großer, einziger Schatz entwendet:
> Die hohe Seele, die sich mir verpfändet;
> (*Faust II*, 5, V. 11828–11829)

Wurde der höchste Augenblick noch nicht erreicht, so muß der arme Teufel mit einem (durch die Verführung verursachten) Aufwand –

> Ein großer Aufwand, schmählich! ist vertan;
> (*Faust II*, 5, V. 11837)

– und dem ihm aus Faustens Reue oder Bemühung entstandenen Disnutzen rechnen. Wir wollen beide Größen durch $d_1u_1^2$ und d_2u_2 ausdrücken. Mephistos erwartete Auszahlungsfunktion kann nunmehr wie folgt mathematisch angesetzt werden:

$$\max_{u_1} \int_0^{24} (Vc_1u_1 - d_1u_1^2 - d_2u_2)(1 - x_1)dt \qquad (3)$$

Im Gegensatz zu Mephisto knüpft Faust keinerlei Erwartungen an das Jenseits:

> Das Drüben kann mich wenig kümmern;
> (*Faust I*, 2, V. 1660)

Aus Freudscher Sicht lassen sich Motivationen und Komponenten seiner erwarteten Auszahlungsfunktion den verschiedenen Schichten der Faustischen Seele zuordnen:

---

[6] Sergio Rinaldi: »Laura and Petrarch – an Intriguing Case of Cyclical Love Dynamics«, in: *SIAM Journal of Applied Mathematics* 58 (1998), S. 1205–1221.

Zwei Seelen wohnen, ach!, in meiner Brust;
(*Faust I*, 1, V. 1112)

Das rationale Ich ist sich bewußt, dass der entscheidende Augenblick von hoher Schuld verzögert wird. Das hedonistische Es bezieht seinen Nutzen aus der momentanen Verführung. Das moralische Über-Ich kann maximal die momentane Verführung ausgleichen. In Summe läßt sich folgende Auszahlungsfunktion entwerfen:

$$\max_{u_2} \int_0^{24} \left[g_1 u_1 (\lambda - u_1) + g_2 u_2 (2u_1 - u_2) \right] (1 - x_2) dt \tag{4}$$

– wobei g1, g2 konstante Gewichtungen und der Parameter λ die natürliche Schranke für Faustens libidinöse Bedürfnisse repräsentieren.

An dieser Stelle sei es uns gestattet, für einen Augenblick aus dem wirren Wust mathematischer Formulierungen aufzutauchen, um mit unseren Argumenten scheinbar sicheren Boden zu betreten. Das mathematische Modell mag vermutlich den Vorteil haben, die formalen Aspekte der Teufelswette hinreichend genau zu erfassen und in den Vordergrund zu rücken; dieser partielle Erfolg wird jedoch auf Kosten der Vernachlässigung entscheidender Aspekte des literarischen Werkes erzielt. Der formale Apparat wird auf diese Weise in die Rolle eines oberflächlichen Zuschauers gedrängt, der aus seinem idiosynkratischen Blickwinkel nur bestimmte Vorgänge verarbeiten kann.

Hat man – im Zuge der mathematischen Abstraktion – die heikle und kritische Phase der Modellierung mehr oder minder erfolgreich hinter sich gebracht, so gehorcht der weitere Ablauf den strikten Regeln der Spieltheorie. Gleichungen und Zielfunktionen – (1), (2) sowie (3) und (4) – ergeben ein sogenanntes Differentialspiel, dessen mathematische Auflösung durch das Auffinden von Gleichgewichtsstrategien der zwei handelnden Personen gewährleistet wird.[7]

Da eine detaillierte mathematische Ableitung der Gleichgewichte in unserem Spiel nur von einem technischen Gesichtspunkt aus interessant wäre, wollen wir uns in der Folge nur mit der Interpretation der Ergebnisse beschäftigen.[8]

---

[7] Für eine Einführung in die mathematische Theorie s. Alexander Mehlmann: *Applied Differential Games*, New York 1988.

[8] Der interessierte Leser sei für eine vollständige Darstellung verwiesen auf Alexander Mehlmann und Rudolf Willing: »Eine spieltheoretische Analyse des Faustmotivs«, in: *Mathematische Operationsforschung und Statistik – ser. Optimization* 15 (1984), S. 243–252, oder Alexander Mehlmann: *De Salvatione Fausti – Die Wette zwischen Faust und Mephisto im Lichte von spieltheoretischem Calcül und neuerem Operational Research*, Konstanz 1989.

In bunten Bildern wenig Klarheit

Die Situation, die wir nunmehr analysieren wollen, ist vorerst dadurch gekennzeichnet, dass Mephisto durch Faustens Bemühungen erheblich gestört wird. Wir postulieren weiter eine höhere Gewichtung des Nutzens, den Faust aus der Verführung zieht. Im nachfolgenden Phasendiagramm haben wir die optimalen Gleichgewichtsstrategien für Mephisto und Faust verzeichnet:

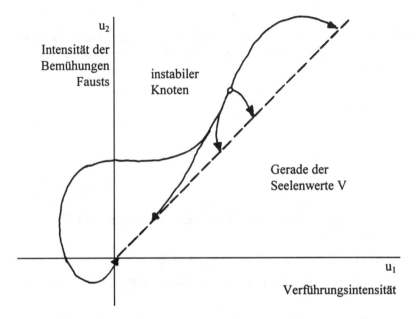

Figur 1: Ein Phasendiagramm zu Goethes *Faust*

Die interessanten Strategien – in Figur 1 in geschlossener Strichführung gezeichnet – gehen alle von einem instabilen Knoten aus. Die längste Zeit über befinden sie sich in seiner Nähe, um dann im letzten halben Jahr die Endbedingungen zu erfüllen. Obwohl das in Figur 1 verewigte Szenarium durch höhere Gewichtung des Nutzens ausgezeichnet ist, den Faust aus der Verführung bezieht, besteht Faustens Gleichgewichtsstrategie im Überreagieren.

Dieses paradox scheinende Verhalten kann wie folgt erklärt werden: Da Mephisto durch Faustens Reaktionen so sehr gestört wird, muß er auf ein baldiges Ende der Wette dringen. Er setzt deshalb seine Machinationen viel zu hoch an und senkt sie nur dann ab, wenn der Seelenwert V für ihn nicht verlockend genug ist. Je mehr Mephisto durch Fausts Bemühungen irritiert wird, desto höher muß die Seelenprämie V sein, damit er am Schluß seine Aktivitäten nochmals steigert.

Faust bezieht also in Wirklichkeit keinen Nutzen aus dem, was ihm der Teufel bietet. So muß Mephisto unserem Doktor zweimal das schönste Weib der griechischen Antike, Helena, anbieten, obwohl diesem bereits ein einfaches deutsches

Mädchen genügen würde. Da der Disnutzen aus der übertriebenen Verführung doppelt so stark ins Gewicht fällt, hat Faust selbst ein großes Interesse, die Wette durch Überreagieren abzukürzen. Dies mag auch der Grund sein, weshalb es in *Faust II* zu einem für Mephisto überraschenden Ausgang kommt. Er erkennt, dass seine Sicht des Spiels falsch war:

> Ihn sättigt keine Lust; ihm gnügt kein Glück
> (*Faust II*, 5, V. 11587)

und er der Betrogene ist. »Es ist dem Teufel nicht gelungen, Faust durch Genuss zu verführen, und die Wette, die nach dem irdischen Pakt einlösbar scheint, ist vor einem höheren Forum verloren«.[9]

Literatur

Brams, Steven J.: »Game Theory and Literature«, in: *Games and Economic Behavior* 6 (1994), S. 32–54.

Frenzel, Elisabeth: *Stoffe der Weltliteratur*, Stuttgart 1976.

Goethe, Johann Wolfgang von: *Faust*, 2 Bde., Ditzingen 1999 (Reclam Universalbibliothek).

Markoff, Andreij A.: »Essai d'une recherche statistique sur le texte du roman *Eugen Onegin*«, in: *Bulletin de l'Académie Impériale des Sciences de St. Petersbourg* 7 (1913).

Mehlmann, Alexander, und Willing, Rudolf: »Eine spieltheoretische Analyse des Faustmotivs«, in: *Mathematische Operationsforschung und Statistik – ser. Optimization* 15 (1984), S. 243–252.

Mehlmann, Alexander: *Applied Differential Games*, New York 1988.

Mehlmann, Alexander: *De Salvatione Fausti – Die Wette zwischen Faust und Mephisto im Lichte von spieltheoretischem Calcül und neuerem Operational Research*, Konstanz 1989.

Moldovanu, Benny und Tietzel, Manfred: »Goethe's Second-Price Auction«, in: *Journal of Political Economy* 106 (1998), S. 854–859.

---

[9] Elisabeth Frenzel: *Stoffe der Weltliteratur*, Stuttgart 1976, S. 214.

Rinaldi, Sergio: »Laura and Petrarch – an Intriguing Case of Cyclical Love Dynamics«, in: *SIAM Journal of Applied Mathematics* 58 (1998), S. 1205–1221.

Vorobjoff, Nikolaj N.: »Künstlerische Modellierung, Konflikte und die Theorie der Spiele«, in: *Die Gemeinschaft der Wissenschaften und die Geheimnisse der künstlerischen Schöpfung*, (Russisch) Moskau 1968, S. 348–372.

Peter Brandes

ENTSTELLTE KLASSIK
Goethes »barbarische Komposition« des *Faust*

I.

Der Titel der folgenden Überlegungen mag es nahelegen, bei dem Wort *Entstellung* in der Verbindung mit der Kategorie *Klassik* an moderne bzw. postmoderne Aneignungsformen des klassischen Erbes zu denken, also z. B. an die Aufführungspraxis des Regietheaters[1]. Denn unter *Entstellung* wird im allgemeinen eine ungerechtfertigte Verfremdung einer bestimmten Position verstanden. Das Entstellte rückt somit in den Bedeutungsrahmen des Falschen und der Verfälschungen. In diesem Sinn hat etwa der Deutsche Klassiker Verlag 1994 für die neue *Faust*-Ausgabe von Albrecht Schöne geworben: »Zum ersten Mal ein von Entstellungen befreiter und authentischer Text«.[2] Dieser negativ konnotierten Verwendung des Wortes *Entstellung* möchte ich im folgenden eine andere an Walter Benjamin orientierte Bedeutung gegenüberstellen, nämlich die der *Entstellung als Wahrzeichen*. Die Wahrheit des Textes in seiner Entstellung zu suchen, wäre demgemäß die Aufgabe der Lektüre. Es wird also um die oder besser *eine* wahre Klassik gehen, die aus ihrer Stellung, aus ihrer Gestelltheit herausgestellt wird. Dabei wird man – jedenfalls für den Moment der Lektüre – den Gedanken aufgeben müssen, daß es die Klassik als Position überhaupt gibt. Möglicherweise ist die Klassik nichts anderes als eine *barbarische Komposition*, eine Zusammenstellung des Alten im Neuen, eben eine Entstellung der Klassik. Die Klassik ist, so könnte die leitende These lauten, wesensmäßig eine Aneignungsform des Alten und insofern immer auch barbarisch, fremd und befremdend. In Goethes *Faust*-Dichtung wird diese ambivalente Stellung einer entstellten Klassik reflektiert.

Doch bevor darüber spekuliert werden kann, worin die Klassik entstellt oder gar barbarisch ist, wäre zu fragen, welche Stellung die Klassik im allgemeinen Diskurs einnimmt. Das Wort *Klassik* bezieht sich zum einen auf eine bestimmte Literaturepoche, die in der Regel für die Jahre von Goethes italienischer Reise bis zu

---

[1] Für den *Faust* wäre hier etwa auf die Inszenierung von Christoph Marthaler am Hamburger Schauspielhaus aus dem Jahr 1993 zu verweisen, die den *Faust* als fragmentarisches Erinnerungsdrama auf die Bühne brachte. Näheres zum Verhältnis von Regietheater und Klassik vgl. Thomas Zabka, »Das wilde Leben der Werke«, in: Ders./Adolf Dresen, *Dichter und Regisseure: Bemerkungen über das Regietheater*, Göttingen 1995, S. 9–57.

[2] Johann Wolfgang Goethe: *Faust*, in: Ders., *Sämtliche Werke. Briefe, Tagebücher und Gespräche*, I. Abt. Bde. 7/1 (Texte) und 7/2 (Kommentare), hg. von Albrecht Schöne, Frankfurt a. M. 1994 (Frankfurter Ausgabe = FA). Im folgenden wird der *Faust*-Text stets nach dieser Ausgabe zitiert.

Schillers Tod (1786–1805) geltend gemacht wird. Zum anderem ist aber immer auch mit dieser Benennung eine gewisse Vorbildhaftigkeit dieser Literatur bedeutet. Diese wertende Bedeutung des Wortes *Klassik* leitet sich von seinem lateinischen Ursprung ab, dem Wort *classicus*, das in der römischen Gesellschaft einen zur ersten Steuerklasse Zugehörigen bezeichnete. Insofern bedeutet Klassik von seinem Ursprung her Privileg und Mustergültigkeit. Das Vorbild der Weimarer Klassik ist aber wiederum selbst die Klassik, nämlich die klassische Antike. In diesem Sinn hat auch Goethe das Wort *klassisch* als Synonym für das Antike verwendet. Das lateinische *anticus* bedeutet ursprünglich *der Vordere* und entwickelte sich insbesondere im französischen *antique* zur Bedeutung *alt*. In der Antikenrezeption der Klassik ist allerdings eine bestimmte Antike gemeint, nämlich die griechische und römische, nicht aber etwa die alte germanische Kultur. In der Rezeption dieser Klassik durch Goethe und Schiller, die gleichzeitig wieder die Produktion von Klassik sein soll, wird darüber hinaus das Klassische mit dem Anspruch der reinen Kunst belehnt, jenem Imperativ, der die Politik aus der Kunst verbannt.[3] Dieser Schein der reinen Kunst, dem zudem durch Schillers Engagement noch das Prädikat der Humanität zugelegt wird, bestimmt bis heute noch unser Bild von der Weimarer Klassik.

Insofern erscheint uns die Klassik tatsächlich als das Alte, Unverrückbare, Musterhafte, dessen Stellung eine besondere Höhe der Kultur markiert, die jedoch kaum einsehbar ist. Die Klassik als Phänomen ist – und gerade in einem Gedenkjahr wie dem zu Goethes 250. Geburtstag – die Feier des Alten als Position. Sie ist mehr im Goethe-Schiller-Denkmal in Weimar oder im Frankfurter Goethehaus präsent als in den Texten, die als klassisch gelten. Diesen Modus der Verehrung der Klassik mag man mit Brecht als *Einschüchterung durch Klassizität*[4] beschreiben oder gar als Entstellung der Weimarer Klassik. Dennoch ist diese Erscheinungsweise der Klassik in den Medien wie im Alltagsdiskurs diejenige, die noch vor der Lektüre der klassischen Texte unser Bild von Klassik und damit auch unser Bild von Goethe und seinem Werk bestimmt. Goethe ist ein Klassiker, noch bevor wir überhaupt begonnen haben, ihn oder sein Werk zu lesen. Es ist auch nicht mehr gewiß, ob wir, wenn wir lesen, Goethe lesen oder einen literarischen Text. Vielleicht werden wir selbst von Goethe bzw. dem kulturell tradierten Goethebild gelesen. Liest in unserer scheinbar eigenen Lektüre schon das Gespenst der Klassik mit?

Ist also eine freie Lektüre der Klassik überhaupt möglich? Die Stellung der Klassik, die sich stets vor das Werk zu schieben droht, scheint dies zu verneinen. Muß die Klassik also ent-stellt werden, um gelesen zu werden? Ist die Klassik vielleicht erst ohne Klassik bei sich selbst angekommen? Es ist die Frage nach dem Eigenen und dem Eigentlichen der Klassik in der Lektüre, die sich hier stellt. Von diesem Eigenen der Dichtung spricht in besonderer Weise die Zueignung des *Faust*.

---

[3] Exemplarisch mag hierfür das Dogma der *Horen* stehen, wonach explizit das tagespolitische Geschehen ausgeschlossen sein sollte. Vgl. Schillers Vorwort zur ersten Ausgabe: *Die Horen* 1 (1795), Erstes Stück, S. 3–9.

[4] vgl. Bertolt Brecht: »Einschüchterung durch die Klassizität«, in: Ders., *Schriften zum Theater* 3, Gesammelte Werke Bd. 17, Frankfurt a. M. 1967, S. 1275–1277.

II.

Als Goethe 1797 die Arbeit an seinem *Faust* wieder aufnimmt, so ist dies inmitten seiner sogenannten klassischen Phase ein Akt der befremdeten Zurückwendung zu seiner Sturm-und-Drang-Zeit. Die *Zueignung*, die in dieser Zeit entsteht, zeugt dabei weniger von Klassizität als vielmehr von einer Entfremdung gegenüber der eigenen Dichtung. Denn das dichterische Ich dieser Stanzendichtung spricht gerade von dem Verlust des Eigenen.

> Ihr naht euch wieder, schwankende Gestalten!
> Die früh sich einst dem trüben Blick gezeigt.
> Versuch' ich wohl euch diesmal fest zu halten?
> Fühl' ich mein Herz noch jenem Wahn geneigt?
> Ihr drängt euch zu! nun gut, so mögt ihr walten,
> Wie ihr aus Dunst und Nebel um mich steigt;
> Mein Busen fühlt sich jugendlich erschüttert
> Vom Zauberhauch, der euren Zug umwittert.
> (V. 1–8)

Die »schwankende[n] Gestalte[n]«, die sich hier in einem uneigentlichen gespensterhaften Anwesen zeigen, sind die poetischen Figuren von Goethes frühem *Faust*, die nun auf ihn, Goethe, eindringen und ihr Recht als poetische Gestalten fordern. Zwar bringen diese Gestalten »Bilder froher Tage« (V. 9), doch die sind nur noch Erinnerungsrest an ein verlorenes Eigenes, das sich im Jahr 1797 anders zeigt, nämlich als Enteignetes. Dem »freundliche[n] Gedränge« (V. 19), das Goethes erste Lesungen seines *Faust* begleitete, ist zerstoben. Ein anderes, unbekanntes Publikum hört nun »die folgenden Gesänge« (V. 17): »Mein Lied ertönt der unbekannten Menge,/ Ihr Beifall selbst macht meinem Herzen bang« (V. 21f.). Die neue Rezeption des Altvertrauten ist eine andere, textlich vermittelte, die den vertrauten Kreis der Hörerinnen und Hörer in der Masse der Lesenden auflöst. Die Rezeption durch das Medium Buch macht die Rezipierenden für den Autor unbekannt. Die vermeintliche Unmittelbarkeit der vorgelesenen Gesänge ist damit in der Mittelbarkeit der Lektüre aufgelöst.

Goethes *Faust* ist in der von ihm antizipierten Rezeption schon ein anderer. Das Eigene von Goethes Dichtung, das sich in seinen Erinnerungen andeutet, ist in der massenhaften Lektüre enteignet. Die Erfahrung, die Goethe hier formuliert, erscheint dabei ganz unklassisch. Das Alte seiner Erinnerung ist nicht das Musterhafte, sondern die singuläre Erfahrung eines Glücks, das Glück der eigenen Dichtung, das in dem Moment der Erinnerung anwesend und zugleich unwiderruflich verloren ist. Dieses Glück noch mal zu durchleben, es ist nicht möglich. Das Lied *Faust* ist – auch wenn es den Namen Goethe zugehört – nicht mehr das Lied des Dichters. Die Stellung des Eigenen ist in dem gegebenen Werk unbestimmt.

> Und mich ergreift ein längst entwöhntes Sehnen
> Nach jenem stillen ernsten Geisterreich,
> Es schwebet nun in unbestimmten Tönen
> Mein lispelnd Lied, der Äolsharfe gleich,

> Ein Schauer faßt mich, Träne folgt den Tränen,
> Das strenge Herz es fühlt sich mild und weich;
> Was ich besitze seh' ich wie im weiten,
> Und was verschwand wird mir zu Wirklichkeiten
> (V. 25–32)

Indes der Besitz, das Kapital der Dichtung *wie* in der Weite – also entfernt – sichtbar ist, wird das Verschwundene zum Eigensten der Dichtung. Die eigene Stellung des Autors zu seinem Werk, sein Selbstverhältnis zu der Dichtergabe erscheint somit in der lesenden und deutenden Rezeption als entstellt. Der Philologie wäre dann die Aufgabe übergeben, diese Entstellung nicht wiederum in die richtige Stellung, also in Position – in die Position des Autors etwa – zu bringen, sondern das Wahre dieser Entstellung zu lesen zu geben. Das Wahre der Entstellung ist freilich nicht die Wahrheit und schon gar nicht die Wahrheit der Dichtung, sondern im Sinne Walter Benjamins eine surrealistische Wahrheit.

In seinem Essay *Zum Bilde Prousts* verwendet Benjamin die Kategorie der Entstellung in Anlehnung an Freuds Überlegungen zur Traumentstellung[5] als Wahrzeichen der Traumwelt, das in der Struktur des Ähnlichen erscheint. Benjamin führt hierzu aus:

> Die Ähnlichkeit des Einen mit dem Andern, mit der wir rechnen, die im Wachen uns beschäftigt, umspielt nur die tiefere der Traumwelt, in der, was vorgeht, nie identisch, sondern ähnlich: sich selber undurchschaubar ähnlich, auftaucht. Kinder kennen ein Wahrzeichen dieser Welt, den Strumpf, der die Struktur der Traumwelt hat, wenn er im Wäschekasten, eingerollt, ›Tasche‹ und ›Mitgebrachtes‹ zugleich ist. Und wie sie selbst sich nicht ersättigen können, dies beides: Tasche und was drin liegt, mit *einem* Griff in etwas Drittes zu verwandeln: in den Strumpf, so war Proust unersättlich, die Attrappe, das Ich, mit einem Griffe zu entleeren, um immer wieder jenes Dritte: das Bild, das seine Neugier, nein, sein Heimweh stillte, einzubringen. Zerfetzt von Heimweh lag er auf dem Bett, Heimweh nach der im Stand der Ähnlichkeit entstellten Welt, in der das wahre sürrealistische Gesicht des Daseins zum Durchbruch kommt.[6]

Die Ähnlichkeit ist also schon eine gewisse Entstellung des mit sich selbst identischen Einen. Das Dritte, das sich in ihr verbirgt, ist ein Nichtidentisches, sofern es nämlich *Tasche* und *Mitgebrachtes* zugleich ist. Der Strumpf fungiert in dieser Welt der Kinder nicht als das funktional definierte Kleidungsstück, sondern als Zeichen, das selbst wiederum undeutbar zwischen den Bedeutungen *Tasche* und *Mitgebrachtes* oszilliert. Der Strumpf wird somit zum Signum einer Sehnsucht nach den vertrauten Geheimnissen der Kindheit, nach jener verlorenen Heimlichkeit, an der sich das Heimweh entzündet. Das Heimweh Prousts, Ursprung und Ausdruck seines Schrei-

---

[5] vgl. Sigmund Freud: *Traumdeutung. Über den Traum, Gesammelte Werke* Bd. II/III, hg. von Anna Freud u. a., Frankfurt a. M. ³1961, S. 139–198.

[6] Walter Benjamin: »Zum Bilde Prousts«, in: Ders., *Gesammelte Schriften* Bd. II.1, hg. von Rolf Tiedemann und Hermann Schweppenhäuser, Frankfurt a. M. 1977, S. 310–324, hier S. 314.

bens, figuriert sich Benjamin zufolge gerade in solchen Entstellungen, wie sie anhand des Strumpf-Beispiels deutlich werden. Die Ähnlichkeit des Zeichens mit dem Strumpf ist also schon die Entstellung der Welt, die die Dinge nur als das mit sich selbst Identische ansieht. Die Ähnlichkeit als Entstellung[7] ist nicht realistisch, sondern ein Über-Realismus zeigt sich in ihr. Dieser Surrealismus der Entstellung ist das eigentlich Wahre derselben. Es ist diese Realität des Strumpfes, die mehr bedeutet, als sie ihrem sachlichen Gehalt nach ist. In diesem Sinn öffnet die Entstellung dem Betrachter die Traumwelt, und in ihr hat sie ihre Wahrheit. Ein wesentliches Moment der Entstellung bildet dabei die Erinnerung, die das Heimweh zuerst hervorruft. Es ist vielleicht erst das Proustsche *mémoire involontaire* – die unwillkürliche Erinnerung –, das die Entstellung als Wahrzeichen konstituiert. Das *déjà-vu* beinhaltet ja die Erfahrung eines Ähnlichen, einer bereits gemachten Erfahrung mit dem Bewußtsein der Wiederholung. Dieses Wissen entstellt die Erfahrung in eine gewisse Ferne, wie etwa Goethes *schwankende Gestalten* diesem wie in der Ferne erscheinen.

Für die *Zueignung* ist also gerade dieses Moment der Erinnerung konstitutiv. Die alten Gestalten, die aus dem »Dunst und Nebel« (V. 6) der Vergangenheit kommen, sind nicht mehr die alten, sondern nur noch Wahrzeichen der alten liebgewonnenen, vielleicht auch verklärten Zeit. Auch das Ich der Zueignung erleidet jenes Sehnen, das sich Heimweh nennt, allerdings ohne davon *zerfetzt* zu sein. Das Alte, Verschwundene wird ihm »zu Wirklichkeiten« (V. 32), die Wirklichkeit seiner gegenwärtigen Position somit in gewisser Weise unwirklich. Der reale Besitz erscheint entstellt, er ist nur noch »wie im weiten« (V. 31) sichtbar. Die Dichtung erscheint als Wahrzeichen »froher Tage« (V. 9), die das Alte und Eigenste des Werkes ins Offene bringt. Erst in der Erinnerung werden diese Tage als frohe und verlorene erkennbar. Zugleich fordern die alten Gestalten, die die Erinnerung hervorrufen, ihr Recht an der Zukunft ein. Sie wollen gemäß dem Leitsatz des Homunculus *entstehen*[8]. Als alte poetische Gestalten sind sie nur halb zur Welt gekommen[9], als Fragment. Ihre neue Gestaltung aus der Wiedererinnerung des poetischen Subjekts bedeutet daher auch eine andere Zusammensetzung des Alten, eben eine *barbarische Komposition*.

III.

Als Goethe in einem Brief an Schiller vom 22. Juni 1797 diesem Mitteilung macht, daß er wieder am *Faust* arbeiten wolle, fügt er die Bitte hinzu, Schiller möge ihm

---

[7] Sigrid Weigel nennt diese Konzeption von Ähnlichkeit bei Benjamin *entstellte Ähnlichkeit* (vgl. Sigrid Weigel: *Entstellte Ähnlichkeit. Walter Benjamins theoretische Schreibweise*, Frankfurt a. M. 1997).

[8] »Ich schwebe so von Stell' zu Stelle/ Und möchte gern im besten Sinn entstehn« (V. 7830f.).

[9] »Er ist, wie ich von ihm vernommen,/ Gar wundersam nur halb zur Welt gekommen.« (V. 8247f.) So beschreibt Thales den Homunculus gegenüber Proteus.

»die Forderungen, die Sie an das Ganze machen würden«[10] vorlegen. Dieser antwortet ihm prompt am 23. Juni und merkt an:

> weil die Fabel ins Grelle und Formlose geht und gehen muß, so will man nicht bei dem Gegenstand stille stehen, sondern von ihm zu Ideen geleitet werden. Kurz, die Anforderungen an den Faust sind zugleich philosophisch und poetisch, und Sie mögen sich wenden wie Sie wollen, so wird Ihnen die Natur des Gegenstandes eine philosophische Behandlung auflegen, und die Einbildungskraft wird sich zum Dienst einer Vernunftidee bequemen.[11]

Goethe kann, so Schiller, kaum etwas anderes tun, als sich der Natur dieses Stoffes zu fügen, so daß die poetische Einbildungskraft zum Knecht der Vernunft werden muß. Dies gebietet aber nicht Schiller, sondern die grelle und formlose Fabel. In seinem nächsten beratenden Brief vom 26. Juni äußert sich Schiller dann noch genauer zum *Grellen* und *Formlosen*.

> Den Faust habe ich nun wieder gelesen und mir schwindelt ordentlich vor der Auflösung. Dies ist indes sehr natürlich, denn die Sache beruht auf einer Anschauung und solang man die nicht hat, muß ein selbst nicht so reicher Stoff den Verstand in Verlegenheit setzen. Was mich daran ängstigt ist, daß mir der Faust seiner Anlage nach auch eine Totalität der Materie nach zu erfordern scheint, wenn am Ende die Idee ausgeführt erscheinen soll, und für eine so hoch aufquellende Masse finde ich keinen poetischen Reif, der sie zusammenhält.[12]

Schillers Forderungen nach einer Vernunftidee erscheinen hier schon etwas kleinlauter. Schiller gesteht sogar eine gewisse Angst davor ein, das Formlose des *Faust* zu formen. Die Menge des Stoffes vergleicht er mit einer teigähnlichen Masse, die jeden poetischen Reif zu sprengen vermag. Die Poesie im Dienste der Idee droht somit haltlos zu werden. Die Forderungen Schillers versagen möglicherweise beim *Faust*. Goethe gibt sich in seinem Antwortbrief vom 27. Juni dementsprechend zurückhaltend gegenüber Schillers Forderungen.

> Ihre Bemerkungen zu Faust waren mir sehr erfreulich. Sie treffen, wie es natürlich war, mit meinen Vorsätzen und Planen recht gut zusammen, nur daß ich mirs bei dieser barbarischen Komposition bequemer mache und die höchsten Forderungen mehr zu berühren als zu erfüllen denke.[13]

Die Rede von der *barbarischen Komposition*, die hier das Wesen des entstehenden Werkes umreißen soll, zeigt bereits an, daß im Werk ein Fremdes waltet, welches die *höchsten Forderungen* allenfalls noch zu berühren vermag. Diese Kennzeichnung

---

[10] Johann Wolfgang Goethe: *Briefwechsel zwischen Goethe und Schiller in den Jahren 1794 bis 1805*, in: Ders., *Sämtliche Werke nach Epochen seines Schaffens* Bd. 8.1, hg. von Manfred Beetz, München/Wien 1990 (Münchner Ausgabe = MA), S. 359.

[11] Ebd., S. 360f.

[12] Ebd., S. 362f.

[13] Ebd., S. 364.

des *Faust* als barbarisch ist zunächst im Hinblick auf den nicht-antiken Charakter des Fauststoffes zu verstehen. Die Faustsage ist eine sogenannte nordische, der Dunst- und-Nebel-Welt zugehörig. So spricht Goethe im Hinblick auf den Faust von der »nordischen Barbarey«[14], und im Brief an Schiller vom 22. Juni merkt er an, daß das gemeinsame Balladenstudium ihn »auf diesen Dunst und Nebelweg gebracht«[15] habe. Das Nordische markiert also in dieser Zeit für Goethe das Fremde, wohingegen die römische und griechische Antike das Eigene des Dichters bezeichnet. Was ist aber unter dem Wort *barbarisch* hier zu verstehen, und wie ist schließlich die Formulierung *barbarische Komposition* aufzufassen?

Das griechische Wort *barbaros* bedeutet ursprünglich ein unverständliches Sprechen, bezieht sich also auf die nicht griechische und daher unverständliche Sprache der Barbaren. Das Barbarische ist so genommen das Fremde, die andere Kultur. Die barbarische Komposition bedeutet in diesem Sinn ein Zusammengestelltes, das seinem Charakter nach ungriechisch und unverständlich ist. Zugleich ist auch die abwertende Bedeutung von *barbaros* hier mitgemeint, nämlich im Sinne von *ungebildet*, *roh*, *wild*. Das Formlose der Faustdichtung, das sowohl Schiller als auch Goethe beunruhigt, ist ja gerade so unheimlich, da der Stoff noch nicht gebildet ist, sondern roh vor dem Autor liegt. Insofern ist das Barbarische in einer dichterischen Komposition schwer fixierbar. Es ist eine Kategorie, die das Unnennbare der Dichtung benennt: das Walten des Anderen. Das Barbarische ist gerade dies Andere, die *Veranderung*[16] des Eigenen.

In einem Briefwechsel aus dem Jahr 1800 spielt dieses Barbarische nochmals ein wichtige Rolle. Am 12. September 1800 berichtet Goethe Schiller von dem Entstehen des Helena-Fragments. »[M]eine Helena ist wirklich aufgetreten«[17], schreibt er und drückt dabei seine Sorge darüber aus, daß das Schöne dieses Entwurfs durch den nordischen Fauststoff entstellt werden könnte. »Nun zieht mich aber das Schöne in der Lage meiner Heldin so sehr an, daß es mich betrübt wenn ich es zunächst in eine Fratze verwandeln soll.«[18] Die Metamorphose des Schönen in eine Fratze scheint unausweichlich für das formlose Formprinzip der barbarischen Komposition. Diese Zusammenstellung läßt auch das schöne Bild der Antike nicht unberührt. Der Position des Schönen droht die Verbarbarisierung. In eben diesem Sinn antwortet Schiller am 13. September und zwar wesentlich gelassener gegenüber dem Barbarischen als noch 1797. »Ich wünsche Ihnen Glück zu dem Schritte, den Sie in Ihrem Faust getan. Lassen Sie sich aber ja nicht durch den Gedanken stören, wenn die schönen Gestalten und Situationen kommen, daß es Schade sei, sie zu

---

[14] In einem Brief an Hirt vom 30.01.1798, *Goethes Werke, Briefe 1798*, hg. im Auftrag der Großherzogin Sophie von Sachsen, IV. Abt. Bd. 13, Weimar 1893 (Weimarer Ausgabe = WA), S. 46.

[15] MA 8.1, S. 360.

[16] Mit diesem Kunstwort umschreibt Werner Hamacher das andere Verstehen, das sich selbst nur in der Veränderung, in der Alteration versteht. Durch die andere Schreibung wird der Bezug zum ganz Anderen – analog zum *differance*-Gedanken – sinnfällig. Vgl. Werner Hamacher: »Prämissen«, in: Ders., *Entferntes Verstehen*, Frankfurt a. M. 1998, S. 7–48.

[17] MA 8.1, S. 812.

[18] Ebd.

verbarbarisieren.«[19] Zwar fügt Schiller dem hinzu, daß das »Barbarische der Behandlung [...] den höhern Gehalt nicht zerstören und das Schöne nicht aufheben«[20] könne, aber die positive Bewertung des Barbarischen der Dichtung bleibt davon unberührt. Das Barbarische deutet Schiller hier als produktive Kraft, die das Schöne überhaupt erst ermöglicht. So sieht er es zudem als einen Vorteil an, »von dem Reinen mit Bewußtsein ins Unreinere zu gehen, anstatt von dem Unreinen einen Aufschwung zum Reinen zu suchen wie bei uns übrigen Barbaren der Fall ist.«[21] Schiller geht sogar so weit, sich selbst den Barbaren zuzurechnen. Sofern man das Barbarische als das Nordisch-Germanische bestimmt und dieser Selbstdefinition entsprechend Schiller als Deutschen ansieht, der in dieser Tradition steht, so mag diese Selbstbenennung klar erscheinen. Aber offenbar ist auf ein bestimmtes Dichtungsverfahren angespielt, nämlich das von Schiller hier gescholtene, das einen Weg vom Unreinen ins Reine geht. Dies ist, so Schiller, eine barbarische Verfahrensweise, obschon sie das Barbarische doch zu überwinden glaubt.[22] Tatsächlich besteht Schiller auf eine gewisse Dialektik des Barbarischen. Erst das Unreine, die Barbarisierung ermöglicht es, daß »das Höhere und Vornehmere in den Motiven [...] dem Werk einen eigenen Reiz geben«[23] wird. Helena, die Figur des reinen Schönen, die Schiller »ein Symbol für alle die Schönen Gestalten«[24] nennt, ist insofern von der Barbarei des Fauststoffes bedingt. Schon vor ihrem wirklichen Auftritt ist sie verbarbarisiert. Das Prinzip der Komposition impliziert die Veränderung des Reinen, der reinen Schönheit. Die Zusammenstellung ist per se schon eine barbarische Praxis, eine Entstellung der Stellung des Schönen. Diesen Modus der ästhetischen Verbarbarisierung gilt es Schiller zufolge für den Faust zu bewahren. So kommt es schließlich zu jener paradoxen Formulierung Schillers, die sich als Imperativ an Goethe richtet: »Sie müssen also in Ihrem Faust überall Ihr *Faustrecht* behaupten.«[25]

Jenseits des klassischen Topos der Humanität soll Goethe, das Eigenste seiner Dichtung – nämlich ihren Namen und was diesem Namen eingeschrieben ist – mit

---

[19] Ebd.
[20] Ebd., S. 813.
[21] Ebd.
[22] In seinen 1795 erstmals in den *Horen* erschienen *Briefen über die ästhetische Erziehung des Menschen* stellt Schiller den Barbar als dogmatischen Kulturmenschen dar, der sich damit deutlich vom Wilden unterscheidet: »Der Mensch kann sich aber auf eine doppelte Weise entgegen gesetzt sein: entweder als Wilder, wenn seine Gefühle über seine Grundsätze herrschen; oder als Barbar, wenn seine Grundsätze seine Gefühle zerstören. Der Wilde verachtet die Kunst, und erkennt die Natur als seinen unumschränkten Gebieter; der Barbar verspottet und entehrt die Natur, aber verächtlicher als der Wilde fährt er häufig genug fort, der Sklave seines Sklaven zu sein. Der gebildete Mensch macht die Natur zu seinem Freund, und ehrt ihre Freiheit, indem er bloß ihre Willkür zügelt.« (Friedrich Schiller: *Über die ästhetische Erziehung des Menschen in einer Reihe von Briefen*, in: Ders., Werke und Briefe Bd. 8, hg. von Rolf-Peter Janz, Frankfurt a. M. 1992, S. 556–676, hier S. 567) In diesen Sätzen ist bereits die von Horkheimer und Adorno analysierte Dialektik der Aufklärung präfiguriert, allerdings noch unter dem Vorzeichen der Versöhnung. Der Zusammenhang von Vernunft und Barbarei (im Sinne der Kritischen Theorie) wird aber schon aufgezeigt.
[23] MA 8.1, S. 813.
[24] Ebd.
[25] Ebd.

Gewalt behaupten. Jegliche Forderung einer klassischen Dichtungstheorie muß Goethe sich erwehren. Ja, selbst Schillers Imperativ, der ihm dieses Gesetz der Selbstverteidigung vorschreibt, wäre streng genommen von diesem absoluten Faustrecht zurückzuweisen. Eine gewaltsame Autonomie des barbarischen Werkes fordert Schiller in diesem sich selbst durchkreuzenden Imperativ, damit in ihm, wie Schiller später in einem Brief vom 23. September formuliert, »die Synthese des Edlen mit dem Barbarischen«[26] gelingt. Zwar keine Synthese, aber doch eine eigentümliche Verknüpfung des Edlen, nämlich der Kultur, mit dem Barbarischen findet sich in der Gestalt des Mephisto figuriert.

IV.

In einem Brief an Schiller vom 19. Januar 1802 bezeichnet Goethe seine *Iphigenie auf Tauris* als »ganz verteufelt human«[27]. Diese vielzitierte Wendung beschreibt mit einer gewissen Laxheit die Aporie einer der Humanität verschriebenen Literatur.[28] In der Iphigenie muß der Teufel stecken, so human wie sie erscheint. Dies, so human zu sein, ist einem Menschen als Mensch nicht möglich. So könnte man diese Wendung deuten, und doch bliebe damit manches offen. Denn kann etwas Teuflisches oder Verteufeltes human sein? Die Humanität der Iphigenie müßte also entstellt sein, damit sie human sei. Der Teufel schafft also auch im Sinne der klassischen Dichtungstheorie das Gute, indes er das Böse will? Bleibt man bei dieser Assoziation des Teufels mit dem Humanen, so kommt man leicht wieder auf den von Goethe teils gefürchteten, teils geliebten Dunst-und-Nebel-Weg und damit wieder zur nordischen Barbarei. Denn Mephisto ist ein nordischer Geist par exellence, der sich auf dem Blocksberg wohler fühlt als an einem klassischen Ort wie dem Peneios der Klassischen Walpurgisnacht.[29] Der Teufel ist aber im *Faust* keineswegs bloß das altbekannte Fabelwesen. In der Szene *Hexenküche* gibt sich Mephisto als kultivierter Teufel[30]. Auf die Frage der Hexe, wo denn sein Pferdefuß geblieben sei, antwortet er:

---

[26] Ebd., S. 818.

[27] Ebd., S. 874.

[28] Diese Aporie ist in der *Iphigenie* selbst thematisch. Darauf hat Adorno in seinem Essay *Zum Klassizismus von Goethes Iphigenie* hingewiesen, daß nämlich die griechische Humanität sich selbst barbarisch gebärdet, um den barbarischen Brauch des humanen Skythenkönigs Thoas zu überwinden. „Das Gefühl einer Ungerechtigkeit, die darum dem Schauspiel zum Schaden gereicht, weil es objektiv, der Idee nach beansprucht, mit Humanität realisiere sich Gerechtigkeit, rührt daher, daß Thoas, der Barbar, mehr gibt als die Griechen, die ihm, mit Einverständnis der Dichtung, human überlegen sich dünken." (Theodor W. Adorno: »Zum Klassizismus von Goethes Iphigenie«, in: Ders.: *Noten zur Literatur*, Frankfurt a. M. [7]1998, S. 495–514, hier S. 508 f.)

[29] Mehrfach erklärt Mephisto sein Unbehagen an den antiken Geistern und bekundet mitunter auch Heimweh nach dem Blocksberg: »Die nordischen Hexen wußt' ich wohl zu meistern,/ Mir wirds nicht just mit diesen fremden Geistern./ Der Blocksberg bleibt ein gar bequem Lokal,/ Wo man auch sei, man findet sich zumal.« (V. 7676–7678)

[30] Auf den Aspekt des kultivierten Teufels hat bereits Harald Weinrich in einem Aufsatz über Madame de Staëls Charakterisierung des Mephistopheles als zivilisierten Teufel hingewiesen: Harald

> Auch die Kultur, die alle Welt beleckt,
> Hat auf den Teufel sich erstreckt;
> Das nordische Phantom ist nun nicht mehr zu schauen;
> Wo siehst du Hörner, Schweif und Klauen?
> Und was den Fuß betrifft, den ich nicht missen kann,
> Der würde mir bei Leuten schaden;
> Darum bedien' ich mich, wie mancher junge Mann,
> Seit vielen Jahren falscher Waden.
>
> (V. 2495–2502)

Der Teufel als Teufel ist entstellt: nicht allein der Pferdefuß, der den Teufel kennzeichnet, ist nicht mehr zu sehen, auch die anderen Insignien des Teuflischen – Hörner etc. – fehlen. Mephisto bringt sich in die Position der Kultur, indem er seine eigenste Entstellung – das Hinken – entstellt. Die falschen Waden der Kultur bringen das alte Teufelswesen in eine neue Position. Die nordische Barbarei kultiviert sich. So schreibt Mephisto der Hexe vor, sie solle ihn nunmehr Baron nennen. Über seinen alten Namen – die Hexe nennt ihn »Junker Satan« (V. 2504), was sich Mephisto verbittet – sagt er:

> Er ist schon lang' in's Fabelbuch geschrieben;
> Allein die Menschen sind nichts besser dran,
> Den Bösen sind sie los, die Bösen sind geblieben.
> Du nennst mich Herr Baron, so ist die Sache gut;
> Ich bin ein Kavalier, wie andre Kavaliere.
>
> (V. 2507–2511)

Der Teufel als Insignium des Bösen ist in das Fabelbuch entschwunden und damit in das Reich der Phantasie und des Phantastischen gebannt. Das Böse ist nunmehr im Plural zu denken. Mephisto ist ein Kavalier wie andere auch. Sein eigentlicher Name – Satan bzw. Fliegengott oder Lügner, wie Faust ihn nennt[31] –, der sein barbarischböses Wesen nennt, und seine körperlichen Kennzeichen – Pferdefuß etc.– sind in der Kultur des Bösen entstellt. Hier nennt sich der Böse *Baron* oder *Kavalier*. Der Name *Kavalier* benennt die Kultur der Höflichkeit, die auch dem Titel *Baron* eignet. Zugleich liest Mephisto diese Namen aber als Farce, indem er auf das Grundbegehren des Kavaliers hinweist: nämlich Frauen zu verführen. In diesem Sinn ist der obszöne Teufel ein Kavalier wie andere auch.

Der alte Teufel bzw. die alte Position des Teufels ist offenbar in dieser barbarischen Komposition mit dem Namen *Faust* nicht mehr möglich. Nur im Anderen, in der Verstellung, in der Kultivierung des Barbarischen ist der Teufel als Teufel noch möglich bzw. noch glaubhaft. Der Teufel erscheint insofern vielleicht nicht als *verteufelt human*, durchaus aber als menschlicher Teufel. So beschreibt Schiller in

---

Weinrich: »Der zivilisierte Teufel«, in: Jane K. Brown u. a. (Hg.): *Interpreting Goethes's ›Faust‹ Today*, Columbia, Camden House 1994, S. 61–67.

[31] »Bei euch, ihr Herrn, kann man das Wesen/ Gewöhnlich aus dem Namen lesen,/ Wo es sich allzudeutlich weis't,/ Wenn man euch Fliegengott, Verderber, Lügner heißt.« (V. 1331–1334)

dem Brief vom 26. Juni 1797 Mephisto als realistischen Charakter: »Eine Schwierigkeit finde ich auch darin, daß der Teufel durch seinen Charakter, der realistisch, ist, seine Existenz, die idealistisch ist aufhebt.«[32] Schiller weist hier genau auf die Aporie des kultivierten Teufels hin, der sich als Kavalier selbst suspendiert, ja sogar seinen Namen im Namen der Kultur des Menschen durchstreicht und ins Fabelbuch überträgt. Ein solcher Teufel ist schwer fixierbar, er erscheint nur noch als sein Anderes, als Maske.

Insbesondere im *Faust* II tritt Mephisto verschiedentlich in Masken auf. Die bedeutendste ist hierbei die Maske der Phorkyas, die das Häßliche in die antike Welt des dritten Akts einführt und der Schönheit Helenas entgegengestellt wird. Mit dem Erscheinen des Mephisto als Phorkyas erhält zugleich die Barbarei Einzug in die Klassik. Dabei spielt das Alte eine nicht unwesentliche Rolle, denn in diesem Wort und in dem Anruf des Alten zeigt sich die Ambivalenz dieser barbarischen Komposition.

V.

Vielfach betont Mephisto gegenüber Faust, daß er alt sei. So hat er schon »manche tausend Jahre/ an dieser harten Speise« (V. 1776f.) des Lebens gekaut und war auch bei der Entstehung der Erde zugegen[33]. Schließlich behauptet er in der Baccalaureus-Szene des zweiten Aktes, man müsse alt werden, um den Teufel bzw. dessen Worte zu verstehen. Nach dem Abgang des überheblichen Baccalaureus, der das Alter für ein »kaltes Fieber« (V. 6785) hält, spricht Mephisto zum Publikum.

> Original fahr hin in deiner Pracht! –
> Wie würde dich die Einsicht kränken:
> Wer kann was Dummes, wer was Kluges denken
> Das nicht die Vorwelt schon gedacht?
> Doch sind wir auch mit diesem nicht gefährdet,
> In wenigen Jahren wird es anders sein.
> Wenn sich der Most auch ganz absurd gebärdet,
> Es gibt zuletzt doch noch e' Wein.
> *Zu dem jüngern Parterre das nicht applaudiert*
> Ihr bleibt bei meinem Worte kalt,
> Euch guten Kindern laß ich's gehen;
> Bedenkt: der Teufel der ist alt,
> So werdet alt, ihn zu verstehen!
>
> (V. 6807–6818)

Einen eigentümlichen Imperativ gibt Mephisto hier zu denken: Verstehen – jedenfalls das Verstehen des Teufels – wäre an den Prozeß des Alterns gebunden. Erst der Alte bzw. der Altgewordene kann den alten Teufel und seine alten Worte

---

[32] MA 8.1, S. 363.

[33] Hiervon legt Mephisto in der Szene *Hochgebirg* Rechenschaft ab: »Das sprecht ihr so! Das scheint euch sonnenklar./ Doch weiß es anders der zugegen war/ Ich war dabei [...]« (V. 10105–10107).

verstehen. Dies bedeutet aber, daß Verstehen als ein Können, als Methode der Sinnerschließung nicht möglich wäre. Um zu verstehen, muß erst das Junge überwunden werden; die Jugend als Jugend muß zugrunde gehen; der jugendliche Most sich erst in einen alten Wein wandeln. Die Jugend, die verstehen will oder – wie im Fall des Baccalaureus – glaubt, schon alles verstanden zu haben, wird als Jugend nie verstehen. Das vermeintlich Neue ist immer schon ein Altes, das die Vorwelt bereits gedacht hat.

Die Resistenz des Alten postuliert Mephisto hier offenbar. Das Original oder auch die Originalität des ganz Neuen zerschellt an einem alten Wort über das Wesen des Alten. Das Alte ist also weniger das eigentliche Original, sondern das Bleibende, der Rest. Ein solcher Rest ist etwa der Wein, der durch einen bestimmten Alterungsprozeß – die Gärung – konsumierbar wird. Anders verhält es sich Mephisto zufolge jedoch mit dem Wort. Um das Wort Mephistos – d.h. seine Ausführungen über das Alte und das Altern – zu verstehen, muß nicht das Wort alt werden – es ist es bereits –, sondern der, der verstehen will. Doch der Wille zum Verstehen zeichnet sich gerade dadurch aus, umgehend, so schnell wie möglich verstehen zu können. Für den am Verstehen Interessierten ist es nicht erstrebenswert, das, was man verstehen will, erst im nachhinein als Ältergewordener zu verstehen. Das Verstehen muß sofort ein Verstanden-haben zeitigen, um dem Willen zum Verstehen zu genügen. Mephistos Wort beschreibt insofern die Aporie des Verstehens. Wer verstehen will, muß erst ein Anderer geworden sein, muß wie der Teufel und sein Wort alt geworden und insofern als der, der man ist, gestorben sein. Die Aneignung des zu verstehenden Alten ist somit eine Enteignung des eigenen Verstehens. Wer wahrhaft verstehen will, muß wie der Teufel manche tausend Jahre alt werden, muß mithin selbst zur Leiche werden, zum ganz Anderen, um zu verstehen.

In Anlehnung an Werner Hamacher ließe sich dieser unmögliche Prozeß des Verstehens als Hermeneutik der Mortifikation bezeichnen.[34] Der Leser muß sich als Leser das Leben nehmen, um die Alten, also die antiken oder klassischen Dichter zu verstehen. Der Leser darf nicht mehr Leser sein, damit das Verstehen des Alten möglich werde. Zugleich bedeutet aber jede eigene Lektüre eine Aneignung des Alten, eine Übersetzung des Fremden ins Eigene und damit eine Enteignung des Autors. Das Eigenste des Autors wird mithin in der Lektüre mortifiziert. Das Alte geht im Neuen zugrunde.

Diese Aporie des Verstehens kennzeichnet auch die Klassik und die Klassikrezeption. Unmöglich können wir, um Goethe zu verstehen, Goethe oder so alt wie Goethe werden. Dennoch scheint dies immer noch der geheime Imperativ der Klassikrezeption zu sein: sich Goethe als das Ureigene der deutschen Klassik anzueignen, ihn und sein Werk als unser Eigentum zu bewahren. Die 1970 in der DDR vorgenommene Mazeration von Goethes Leichnam ist dabei nur eine Variante, den Toten und das Tote zu lesen und in ein lebendiges Verstehen zu übersetzen. Die Klassik als Klassik oder auch Goethe als Goethe zu lesen ist das Schwerste, denn das

---

[34] vgl. Werner Hamacher: »pleroma – zu Genesis und Struktur einer dialektischen Hermeneutik bei Hegel«, in: G. W. F. Hegel, *Der Geist des Christentums, Schriften 1796–1800*, Berlin 1978, S. 7–333, hier S. 27.

impliziert den mephistophelischen Imperativ, das Alte alt sein zu lassen, das Klassische in seiner möglichen Unverständlichkeit oder Inkommensurablität stehen zu lassen, in der Ambivalenz einer nicht fixierbaren Stellung.

VI.

Was für die Klassikrezeption heute gilt, d.h. für die Frage, wie kann ich Altes noch verstehen und mir aneignen, das ist für Goethes Rezeption des Alten, nämlich der antiken Poesie ebenso relevant. Der Helena-Akt des *Faust* bedeutet ja gerade die Aneignung des Klassischen. Die unverhältnismäßig alte und dennoch schöne Helena tritt, wie Goethe es formuliert, wirklich auf. Dabei spricht sie zwar in antikem Versmaß, aber in deutscher Sprache. Insofern bleibt es fraglich, ob Helena wirklich aufgetreten ist, d.h. als Helena, als Griechin, der die deutsche Sprache notwendig barbarisch sein muß. Die Identität der Helena ist in dem dritten Akt alles andere als gewiß. Mehrfach bekundet sie selbst Zweifel an ihrer Geschichte und ihrem Sein: »War ich das alles? Bin ich's? Werd ich's künftig sein?« (V. 8839) Nachdem sie sogar ihr eigenes Versmaß dem nordischen gereimten geopfert hat, nimmt sie sich selbst schon als nichtidentisch, als Gespenst wahr: »Ich scheine mir verlebt und doch so neu« (V. 9415). Helena ist im *Faust* offenbar eine Entstellung der mythologischen Figur. Sie ist Helena und stellt sich zugleich selbst dar. Sie ist die Allegorie ihrer selbst.[35] Denn der Name Helena bezeichnet immer schon ihren bereits abgeschlossenen Mythos, er verweist stets auf ihr anderes, bereits gelebtes mythisches Sein. Konfrontiert mit ihrer mythologischen Vergangenheit, der Erinnerung an ihre sagenhafte Erscheinung, wird sich das Idol selbst zum Idol. Die dramatische Figur droht sich als Figur zu erkennen und damit zu verunmöglichen. Als Mephisto in der Maske der Phorkyas von der Sage spricht, daß sie mit Achill für kurze Zeit aus dem Schattenreich heraufstieg und sich liebend mit ihm verband, sinkt Helena dem Chor ohnmächtig in die Arme. »Ich als Idol, ihm dem Idol verband ich mich./ Es war ein Traum, so sagen ja die Worte selbst./ Ich schwinde hin und werde selbst mir ein Idol.« (V. 8879–8881)

Nicht allein wird sich Helena mit diesen Worten ihres Scheincharakters als Idol, das der Sage nach schon tot ist und als Tote auf die mythologische Erde zurückgekehrt ist, bewußt; auch ist in dem von Phorkyas angeführten Mythos ihr neues Sein mit Faust bereits vorweggenommen. Worte verkündet Phorkyas der Helena, und es sind wiederum alte Worte, Sagen, die vielleicht, wie Helena sagt, Träume sein mögen, aber als solche bleibend sind. Die Ohnmacht, die dem traumlosen Schlaf ähnlich ist, kann insofern als Schutzfunktion angesehen werden, um die Position der Schönheit zu erhalten, um sie dem Prozeß der Mortifikation zu entreißen, der einsetzen würde, wenn sie sich als Tote erkennt.

Die Schönheit wird mithin von dem Alten und dem alten Wort bedroht. So entschwindet die klassische Schönheit aus dem Drama auch mit einem alten Wort.

---

[35] vgl. hierzu Heinz Schlaffers Lektüre des Helena-Aktes in: Ders.: *Faust Zweiter Teil – Die Allegorie des 19. Jahrhunderts*, Stuttgart/Weimar ²1998, hier S. 99–123.

Bevor sie nach dem Todessturz des Euphorion in den Hades zurückkehrt, spricht Helena zu Faust gewendet: »Ein altes Wort bewährt sich leider auch an mir:/ Daß Glück und Schönheit dauerhaft sich nicht vereint.« (V. 9939f.)

Das alte Wort, das Helena hier zitiert, stammt von Calderón, also von einem nicht antiken Autor, und lautet im Original: »[...] que no se avienen bien belleza y dicha.«[36] Helena legt somit Zeugnis über ihre Existenz ab, indem sie sich auf einen ihr ganz fremden Text in einer anderen barbarischen Sprache bezieht. Dieses Wort dürfte für sie als antike Gestalt nicht alt sein, sondern modern. Das alte Wort ist ein Wort aus der Zukunft des Alten, dem noch Zu-Kommenden des Alten. Zugleich fungiert das aus der Zukunft kommende Wort hier als Richtspruch. Die andere Sprache richtet über das sprachlich verfaßte Sein der Helena-Figur. Mit diesem alten Wort leitet Helena das Ende ihres Sprechens ein. Die Sprache, die hier das Geschick der poetischen Figur bestimmt, streicht sich selbst im Akt des Aussprechens durch. Indes die glückliche, nämlich sprachlich vermittelte Schönheit nicht von Dauer ist, bleibt das alte Wort wahr. Die Wahrheit des Wortes besteht nicht in seiner abstrakten Schönheit, sondern in der Bewährung, darin daß es bleibend ist. Es bewährt und bewahrheitet sich gegen die Zeit. Daß das alte Wort sich hier an der zeitlich bestimmten antiken Schönheit bewahrheitet, bewirkt daher, daß diese vergehen muß. Das Wort mortifiziert die Scheinexistenz der neuen, verbarbarisierten Helena. Das Alte der Zukunft wird so zum Ende der neu angeeigneten Antike. Die Wahrheit dieser Klassik, in der die antike Klassik angeeignet und zugleich verloren wird, besteht in dem unmöglichen Glück der Vereinigung. Fausts barbarische Aneignung der Helena, eben die Verbarbarisierung der klassischen Schönheit ermöglicht und suspendiert die geglückte, die einheitliche Komposition. Die Versöhnung von Klassik und Romantik[37] bleibt ein unmöglicher Glücksfall. Zwar ist dem Wort *Glück* das Versprechen eingeschrieben, daß Glück im Sinne von erfülltem Leben auch dauerhaft sei. Glück bedeutet aber auch glücklicher Zufall. Insofern ist Glück etwas Unkalkulierbares, es kann als Glück nicht auf eine bestimmte Dauer berechnet werden. Und in diesem Sinn ist Schönheit keine Komposition, sondern ein Glück. Daß das Alte, der Mythos der Helena und die damit vermittelte Vorstellung des Schönen, die Zeit überdauert, ist ein Glücksfall. Zugleich ist aber gerade das Alte jenes Moment, das die glückliche Aneignung des Schönen verunmöglicht.

Helena bezieht sich in ihrer Rede – darauf weist das *auch* hin – noch auf ein anderes altes Wort, das vor ihr schon jemand im Munde führte. Phorkyas' erste Worte sind nämlich auch den Alten entnommen. Als sie aus dem Palast des Menelas' tritt, wird sie aufgrund ihrer Häßlichkeit mit Schmäh- und Fluchworten vom Chor empfangen: »Wagst du Scheusal/ Neben der Schönheit/ Dich vor dem Kennerblick/ Phöbus zu zeigen?« (V. 8736–8739); »Ja so höre denn, wenn du frech/ Uns entgegnest, höre Fluch,/ Höre Drohn jeglicher Schelte Drohn,/ Aus dem verwün-

---

[36] (›[...] daß sich Schönheit und Glück nicht gut vereinen.‹) Pedro Calderón de la Barca: *El Purgatorio de San Patricio*, in: Ders. *Obras Completas*, Tomo I, Dramas, Madrid 1966, S. 175–210, hier S. 192.

[37] Zum Verhältnis von Klassik und Romantik im *Faust* II vgl. Thomas Zabka: *Faust II – Das Klassische und das Romantische. Goethes ›Eingriff in die neueste Literatur‹*, Tübingen 1993.

schenden Munde der Glücklichen/ Die von Göttern gebildet sind.« (V. 8749–8753) Darauf entgegnet Phorkyas: »Alt ist das Wort doch bleibet hoch und wahr der Sinn:/ Daß Scham und Schönheit nie zusammen, Hand in Hand,/ Den Weg verfolgen über der Erde grünen Pfad.« (V. 8754–8756)

Im Unterschied zu Helena zitiert Phorkyas einen antiken Dichter, nämlich Ovid: »Lis est cum forma magna pudicitiae.«[38] Gegen die antike Figurenkonstellation wendet Mephisto in der Maske der Phorkyas einen Text der klassischen Antike. Der Chor, der hier die Stimme für die Schönheit ergreift, ist bereits durch ein altes Wort bestimmt und bewertet. Das Alte in dieser neuen Antike des *Faust* bleibt wahr. Ein Wort Ovids zitierend stellt sich das wahre Alte, nämlich die Schriften der Alten gegen das neu angeeignete klassische Schönheitsideal. Die Klassik, die in der viel gescholtenen Helena so offen zur Erscheinung gelangt, wird durch ein altes Wort entstellt. Gerade das Attribut *gescholten*, mit dem Helena sich selbst einführt,[39] weist schon auf fehlende Scham hin. Ovid spricht anders als Goethe von einem Streit zwischen Schönheit und Scham. Phorkyas deutet hingegen nur an, daß eine Vereinigung von Scham und Schönheit nicht möglich ist. Gleichzeitig fordern diese Worte im darauffolgenden Disput zwischen Phorkyas und dem Chor den schamlosen Streit heraus. Das Zitat verändert sich also in der Goetheschen Aneignung, wie auch die mythologische Gestalt der Helena sich in dieser Konfrontation mit dem Alten ändern wird. Die klassische Schönheit wird mit dem Zitat eines Klassikers gescholten. Das alte Wort wendet sich gegen die alte Gestalt. Gerade durch die Aneignung des Klassischen oder Alten ist die Klassik nicht mehr dieselbe. Das Alte ist nicht mehr das Alte. Helena ist nicht, die sie ist; sie ist selbst nur noch Figur und Zitat des Klassischen. Diese scheinbar so klassische Szenerie des dritten Aktes erweist sich als Nicht-Identität der Klassik. Diese Klassik, und das ist hier wesentlich das *alte Wort*, kann unmöglich angeeignet werden. Die Klassik kann als Klassik nicht erscheinen. Die Klassik als das wesentlich Alte und Bleibende, das alles Folgende noch durchquert, kann nicht adäquat in ein *Heute* übersetzt werden. Das ist gerade die Aporie des Klassischen, daß es im steten Widerstreit zum Neuen steht, daß es unübersetzbar und als es selbst nicht verstehbar ist. Der Versuch, die Antike, die alte Helena in der modernen Dichtung wirklich erscheinen zu lassen, muß an der Macht des Alten scheitern. Das Gedächtnis des Alten, der große Verwahrer und Walter über die Vorzeit ist hier Mephisto bzw. Phorkyas, der das Alte in sein Recht zu setzen weiß. So wird ausgerechnet der alte Teufel, das nordische Gespenst zum Wahrer der Klassik.

VII.

Das Paradox der Klassik, das sich gerade bei einer Lektüre des *Faust* so sehr zeigt, ist, daß die Klassik ihrer Lektüre wie auch ihrer Bearbeitung stets schon voraus ist.

---

[38] (›Streit ist zwischen der hohen Gestalt und der Scham.‹) *P. Ovidii Nasonis Epistolae Herodium*, Texte und Kommentare, hg. von Henricus Dörrie, Berlin/New York 1971, S. 208.

[39] »Bewundert viel und viel gescholten Helena [...]« (V. 8488) lautet der von Helena gesprochene Eingangsvers des dritten Aktes.

Klassik ist ein immer schon Vorausgenommenes, ein unwiederbringliches Altes, dessen Aneignung doch stets einer Barbarisierung, einer bewahrenden Entstellung gleich kommt. Die Klassik in ihr Eigenstes zu fügen, ist somit ein Unmögliches. In der Lektüre, in unserer je eigenen Aneignung der Klassik wird die Klassik immer ein Anderes sein. Daß die Klassik aber nur verändert, als Anderes, als Entstellung erscheint, ist die Wahrheit ihrer Darstellung und Lesbarkeit. Die barbarische Komposition des Faust ist somit die zur Ähnlichkeit entstellte Klassik, denn sie läßt die Klassik als Klassik sein. An ihr erweist sich, daß das Barbarische das eigentliche Wesen der Klassik ins Offene bringt: das alte Wort.

Literatur

Adorno, Theodor W.: »Zum Klassizismus von Goethes Iphigenie«, in: Ders.: *Noten zur Literatur*, Frankfurt a. M. [7]1998, S. 495–514.

Benjamin, Walter: »Zum Bilde Prousts«, in: Ders.: *Gesammelte Schriften* Bd. II.1, hg. von Rolf Tiedemann und Hermann Schweppenhäuser, Frankfurt a. M. 1977, S. 310–324.

Brecht, Bertholt: »Einschüchterung durch die Klassizität«, in: Ders.: *Schriften zum Theater* 3, Gesammelte Werke Bd. 17, Frankfurt a. M. 1967, S. 1275–1277.

Calderón: Pedro Calderón de la Barca: *El Purgatorio de San Patricio*, in: Ders.: *Obras Completas*, Tomo I, Dramas, Madrid 1966, S. 175–210.

Freud, Sigmund: *Die Traumdeutung. Über den Traum, Gesammelte Werke* Bd. II/III, hg. von Anna Freud u. a., Frankfurt a. M. [3]1961.

Goethe, Johann Wolfgang: *Briefwechsel zwischen Goethe und Schiller in den Jahren 1794 bis 1805*, in: Ders.: *Sämtliche Werke nach Epochen seines Schaffens* Bd. 8.1, hg. von Manfred Beetz, München/Wien 1990. (Münchner Ausgabe = MA).

Goethe, Johann Wolfgang: *Faust*, in: Ders.: *Sämtliche Werke. Briefe, Tagebücher und Gespräche*, I. Abt. Bde. 7/1 (Texte) und 7/2 (Kommentare), hg. von Albrecht Schöne, Frankfurt a. M. 1994. (Frankfurter Ausgabe = FA).

Goethes Werke, Briefe 1798, IV. Abt. Bd. 13, hg. im Auftrage der Großherzogin Sophie von Sachsen, Weimar 1893. (Weimarer Ausgabe = WA).

Hamacher, Werner: »pleroma – zu Genesis und Struktur einer dialektischen Hermeneutik bei Hegel«, in: G.W.F. Hegel: *Der Geist des Christentums, Schriften 1796–1800*, Berlin 1978, S. 7–333.

Hamacher, Werner: *Entferntes Verstehen*, Frankfurt a. M. 1998.

Ovid: *P. Ovidii Nasonis Epistolae Herodium*, Texte und Kommentare, hg. von Henricus Dörrie, Berlin/New York 1971.

Schiller, Friedrich: »Vorwort«, in: *Die Horen* 1 (1795), erstes Stück, S. 3–9.

Schiller, Friedrich: *Über die ästhetische Erziehung des Menschen in einer Reihe von Briefen*, in: Ders.: *Werke und Briefe* Bd. 8, hg. von Rolf-Peter Jantz, Frankfurt a. M. 1992, S.556–676.

Schlaffer, Heinz: *Faust Zweiter Teil – Die Allegorie des 19. Jahrhunderts*, Stuttgart/Weimar ²1998.

Weigel, Sigrid: *Entstellte Ähnlichkeit. Walter Benjamins theoretische Schreibweise*, Frankfurt a. M. 1997.

Weinrich, Harald: »Der zivilisierte Teufel«, in: Jane K. Brown u. a. (Hg.): *Interpreting Goethe's ›Faust‹ Today*, Columbia, Camden House 1994, S. 61–67.

Zabka, Thomas: »Das wilde Leben der Werke«, in: Ders./Adolf Dresen: *Dichter und Regisseure: Bemerkungen über das Regietheater*, Göttingen 1995, S. 9–57.

Zabka, Thomas: *Faust II – Das Klassische und das Romantische. Goethes ›Eingriff in die neueste Literatur‹*, Tübingen 1993.

Wolfram Malte Fues

WANDERJAHRE IM HYPERTEXT

Leserin und Leser der *Wanderjahre* in ihrer Letztfassung von 1829 gewöhnen sich zwangsläufig daran, »stückweise«[1] unterhalten zu werden, einem Text in durchbrochener Arbeit zu folgen, der immer wieder Rückerinnerung an schon Gelesenes fordert und sich immer weniger bemüht, die Mühen des Wiederanknüpfens zu erleichtern. Briefe werden gewechselt, die von Vorhaben und Entschlüssen berichten, die irgendwann einmal ausführlich erzählt werden sollen, und dieses Irgendwann kommt nirgendwo. Rätselhafte Zeichen erscheinen, deren Entschlüsselung offenbar von hoher Bedeutung ist, und das Rätsel findet sich nirgends erklärt. Das Ganze scheint in Form und Funktion jenem mysteriösen Kästchen zu gleichen, zu dem die neugierige Hersilie am Ende den Schlüssel und den »Eingeweihten« findet, der mit ihm umzugehen vermag: »Der Mann tritt in einige Entfernung, das Kästchen springt auf, das er gleich wieder zudrückt: an solche Geheimnisse sei nicht gut rühren, meinte er.« (JA 20, S. 224,16–19) Leserin und Leser atmen also auf, als ihnen das dritte Kapitel des Zweiten Buches im Vorspann zu *Der Mann von fünfzig Jahren*[2] einen »fortlaufenden Vortrag« mit dem Wunsch verspricht: »Möge derselbe seinen Zweck erreichen und zugleich am Ende deutlich werden, wie die Personen dieser abgesondert scheinenden Begebenheit mit denjenigen, die wir schon kennen und lieben, aufs innigste zusammengeflochten werden.« (JA 19, S. 195,7–11) Keine Rätsel mehr, keine aufgeschobenen Lösungen, die im Aufschub neue Rätsel hervorbringen, endlich Aufschluss, Deutlichkeit statt sich akkumulierender Bedeutsamkeit, endlich ein Text, der eben aufgrund seiner Abgesondertheit Beispiel und Vorbild der Textualität der *Wanderjahre* im allgemeinen sein wird.

Die Enttäuschung dieser Erwartung beginnt schon wenige Seiten später. Als der langjährige Freund des *Mannes von fünfzig Jahren* auf dem Landgut eintrifft, der Schauspieler und Kosmetikexperte, werden wir über diese Freundschaft höchst summarisch in einem Abschnitt unterrichtet, der mit den Worten beginnt: »Die geheime Geschichte sagt uns, dass ...« (JA 19, S. 200,21). Die geheime Geschichte? Es gibt also neben, unter, hinter der fortlaufend und positiv erzählten noch eine geheime, die sie virtuell begleitet und durch den Verlauf der offenkundigen ebenso erzeugt wie verborgen wird? Als gegen Ende des vierten Kapitels an einem fest-

---

[1] *Goethes Sämtliche Werke*. Jubiläumsausgabe (JA) in 40 Bänden, Stuttgart, Berlin 1902ff., JA 19, S. 195,3. – Fortan mit Band-, Seiten- und Zeilenangabe im Text zitiert.
[2] Vgl. dazu die schöne Monographie von Gesa Dane: *»Die heilsame Toilette«. Kosmetik und Bildung in Goethes »Der Mann von fünfzig Jahren«*, Göttingen 1994.

lichen Abend die Aussteuer der Nichte zur Hochzeit mit ihrem fünfzigjährigen Onkel ausgebreitet und gemustert wird, merkt der Erzähler bewundernd an,

> dass Hilarie bei ihrer grossen Jugend schon überall zu Hause schien, bei keinem Gespräch sich fremd erwies und doch dabei ihren Jahren völlig gemäss sich erzeigte. Wie dies geleistet werden konnte, zu entwickeln, würde zu weitläufig sein; genug, dieser Abend war auch ein Musterbild des bisherigen Lebens. (JA 19, S. 237,6–11)

Weshalb gerade eine Erzählung zu weitläufig sein soll, die über das Leben auf dem Landgut sowie über Ursprung und Gestalt von Hilariens Liebe zu dem soviel Älteren musterhaft Aufschluss gäbe, ist nicht einzusehen; der Erzähler scheint aus einer rätselhaften Absicht den Schwerpunkt seiner Geschichte in die geheime zu verlegen, die neben, unter, hinter dem offenkundigen Text mitläuft, ohne uns zugänglich zu sein und ohne ihre Zugänglichkeit zu verleugnen. Flavio, Hilariens Cousin, sein Liebesleid mit der ebenfalls um einiges älteren schönen Witwe allmählich verwindend, soll gegen Anfang des fünften Kapitels seine schöne Cousine auf der Fahrt zu einer Wöchnerin begleiten. »Wir wollen gern bekennen«, kommentiert der Erzähler,

> in dem Laufe, wie diese Begebenheiten uns bekannt geworden, einigermassen besorgt gewesen zu sein, es möge hier einige Gefahr obschweben, ein Stranden, ein Umschlagen des Kahns, Lebensgefahr der Schönen, kühne Rettung von seiten des Jünglings, um das lose geknüpfte Band noch fester zu ziehen. Aber von allem diesem war nicht die Rede, die Fahrt lief glücklich ab, die Wöchnerin ward besucht und beschenkt. (JA 19, S. 247,9–17)

Von allem diesem hätte die Rede sein können, in jenem anderen, geheimen, den offenkundigen begleitenden Text, der so geheim auch wieder nicht ist, als dass sich nicht aufrufen liesse, wovon er handelt, und dessen Handlung den Kontakt mit einer anderen Erzählung herstellte: Wird hier nicht eine Variation der Peripetie der *Wahlverwandtschaften* skizziert, eine Variation, die dem Roman einen sehr anderen Ausgang verschaffen und ihn in bedrohliche Nähe zum so subtil vermiedenen Milieu der zeitgenössischen Trivialliteratur brächte?

Mit einem Wort: Dem fortlaufenden Vortrag scheint eine Geschichte nach der anderen zu entlaufen, die für ihn zwar geheim bleibt, weil das Papier, auf dem er steht, sie verdeckt und ausschliesst, die aber neben, unter und hinter ihm nur darauf wartet, ihn in expandierende Bewegung zu bringen, ihn zu verändern und zuletzt verschwinden zu lassen. Leserin und Leser beginnen, beunruhigt von dieser Interferenz des Textes mit seinen von ihm angesprochenen, angestossenen anderen Texten, nach dem Zeichen zu suchen, das, von der Neugierde nach diesen anderen Texten berührt, antwortete: »Do you want to hear about it?«

Erweitert sich diese Beobachtung zu einer Bestimmung, einer Regel, einer Kategorie, dann begegnet uns in den *Wanderjahren* eine Form epischer Diskursivität, die allen gängigen Vorstellungen von deutscher Literarität zwischen 1770 und 1830 widerspricht und die übliche Epochalisierung der Moderne seit der Aufklärung durcheinanderbringt. Um diesen Verdacht methodisch zu verfolgen und zu erhärten, machen wir im Folgenden von Friedrich A. Kittlers Text-Produktions- und -Rezeptions-Theorie entsprechenden Gebrauch.

Ihr zufolge beginnt um 1800 ein neues Aufschreibesystem mit einer neuen Methode des Lesenlernens, der »Lautiermethode«, die das Buchstabieren ersetzt, indem sie das gesehene dem gehörten Wort, das einzelne, abgesonderte Schriftzeichen der bruchlos sich entfaltenden Zeichengebung der Stimme unterwirft. Damit verschwindet die widerständige Materialität der Schrift, ihre Buchstäblichkeit aus dem Lesen. Der Blick überfliegt, den Fortgang der vorlesenden Stimme nachahmend, die Zeichenfolge der Schrift nach Massgabe des kontinuierlich über sie weggehenden, sie überdeckenden Lautflusses. Damit aber tritt das Zeichen hinter die Bedeutung, der Signifikant hinter das Signifikat zurück. »Das Medium der Dichtung – [...] Sprache als Ton, selbstredend keine Buchstaben – verschwindet unter ihrem Gehalt, damit [...] der Geist direkt dem Geist erscheinen kann.«[3] Der Text verwandelt sich aus einem sich in sich fortzeichnenden Relief in ein Panorama allseitiger Kontingenz, in dem sich jeder Signifikant nur durch seine Transzendenz gegenüber einem potentiell universalen Signifikat realisiert, an dem das Subjekt des Lesens seine eigene Universalität erkennt und in Arbeit nimmt. Dieses Subjekt fällt, immer noch Kittler zufolge, im Lauf des 19. Jahrhunderts dem Interesse zum Opfer, das die Naturwissenschaften immer eindringlicher an ihm nehmen. Seine sich universalisierende Signifikanz wird Gegenstand von Untersuchungsmethoden, die sich nicht auf ihre Bedeutungsweise, sondern auf deren materielle Realisation richten, sie also in einen mess-, zähl- und berechenbaren Zusammenhang von technischen Vorgängen zerlegen. Sie lösen damit den Signifikanten aus der Kontingenz des Signifikates und stellen ihn als manipulierbare Bedeutungsapparatur dessen scheinbar naturwüchsig universaler Sinnwerdung produzierend und kontrollierend gegenüber. Die von der Einheit der Laut-Schrift konstituierte Bedeutungs-Einheit des Human-Subjekts teilt sich in die unmittelbare Dreifaltigkeit Laut (Grammophon), Schrift (Buch) und Bild (Film) auf. »Um 1900 ist [...] Der Mensch überhaupt gestorben. Ein Tod, demgegenüber der vielberedete Tod Gottes Episode ist.«[4]

Be-Schreibt man die Geschichte der Moderne so, dann erreicht sie bereits um 1800 mit der Humanisierung des Menschen, mit der Universalisierung seiner Bedeutungsmacht ihren Höhepunkt, den sie durch Überdeterminierung bereits um 1900 über sich hinaustreibt: Die Moderne wird ihre Post-Moderne. Heute schliesslich ist der Computer daran, die abstrakte abgesonderte Buchstäblichkeit der drei oben genannten Bedeutungs-Apparaturen in seinem multimedialen Raum so zusammenzuschliessen, wie die Laut-Schrift es mit den abstrakten Zeichen der buchstabierten getan hat; zur Signifikanz einer kybernetischen Subjektivität allerdings, die Wesen und Struktur der humanen und vielleicht sogar dem Subjekt selbst nicht mehr entspricht: Die Moderne macht mit sich ihr Ende.

Leserin und Leser der *Wanderjahre* können dieser Epochalisierung nicht zustimmen. Sie finden sich um 1800 bereits mit einem Text konfrontiert, an dessen

---

[3] Friedrich A. Kittler: *Aufschreibesysteme 1800.1900*, 3., vollst. überarb. Aufl. München 1995, S. 144.

[4] Ebd., S. 326.

Rändern der Signifikant einzeln und unmittelbar, ablenkend und wegweisend wiederkehrt, statt sich in der Universalisierung des Signifikats zu erschöpfen. Die geheime Geschichte, von der die offenkundige begleitet, beunruhigt, über ihre Ufer in Geschichten gelockt wird, die unbekannt viele andere Geschichten beherbergen, wirft bereits den Schatten jener virtuellen Bibliothek voraus, die Einzeltext um Einzeltext in ein Docuversum entwirft, dessen Harmonie sich stabilisiert, indem sie sich durch seine Erweiterung aufschiebt.[5] In der Fläche der Buchseite, die ihren Text gegen jede andere Richtung als die des linearen Lesens abschliesst, regen sich Texte neben, unter und hinter den Linien dieses Lesens, nicht nur die Hierarchie ihrer Ableitung und Auslegung zunichte machend, sondern auch ihre Architektonik in eine Dynamik auflösend, die unentscheidbar werden lässt, welcher Text sich aus welchem entwickelt, welcher das Ganze und welcher ein Teil dieses Ganzen ist.[6]

Am Lago Maggiore, wo die Erinnerung an Mignon endgültig in Malerei, Musik und Poesie aufgehoben wird,[7] sollen Wilhelm und sein neuer Freund, der Maler, Hilarie und die schöne Witwe treffen. Da die beiden Frauen aber nicht aus seinen Wanderungen, sondern aus einer in sie eingeschobenen Erzählung stammen, brauchen das männliche und das weibliche Paar ein Zeichen, mit dessen Hilfe sie einander finden. In der ersten Fassung der *Wanderjahre* von 1821 kündigt Hersilie die Begegnung im elften Kapitel in einem Brief an Wilhelm an:

> Damit Sie aber meinen guten Willen gegen Sie recht deutlich erkennen, so vertrau ich Ihnen, dass zwei allerliebste Wesen unterwegs sind; woher sag ich nicht, wohin auch nicht; zu beschreiben sind sie nicht, und ein Lob erreicht sie nicht.[8]

Wenn sie jedoch weder identifikatorisch noch metaphorisch, weder steckbrieflich noch lyrisch zu beschreiben sind: Wie und womit soll Wilhelm dann die beiden ausmachen? Dass diese Frage beantwortet werden muss, leuchtet sogar der mutwilligen Hersilie ein, und nachdem sie die Erzählung *Der Mann von fünfzig Jahren* in ihren Brief aufgenommen hat, setzt sie in einer Nachschrift hinzu:

> Um Ihnen nun den Weg zu zeigen, wo Sie das liebenswürdige Paar auf Ihren Wanderungen treffen können, so ergreife ich ein wunderliches Mittel. Sie erhalten hiebei den kleinen Ausschnitt einer Landkarte; wenn Sie diesen auf die grössere legen, so deutet die darauf gezeichnete Magnetnadel mit der Pfeilspitze nach der Gegend, wo die Suchenswerten hinziehen. (S. 105f.)

---

[5] Vgl. dazu Hannah Möckel-Rieke: »Der Virtuelle Text«, in: Martin Klepper, Ruth Mayer, Ernst-Peter Schneck (Hg.): *Hyperkultur. Zur Fiktion des Computerzeitalters*, Berlin/New York 1996, S. 68–80.

[6] Vgl. dazu Hanjo Beressem: *Unterwegs im Docuversum*, ebd., S. 108–129.

[7] Vgl. dazu Günter Sasse: »›Der Abschied aus diesem Paradiese‹. Die Überwindung der Sehnsucht durch die Kunst in der Lago Maggiore-Episode in Goethes ›Wanderjahren‹«, in: *Jahrbuch der deutschen Schillergesellschaft 42* (1998), S. 95–119.

[8] *Wilhelm Meisters Wanderjahre oder Die Entsagenden* (Urfassung von 1821), mit einem Nachwort von Ehrhard Matz, Bonn 1986, S. 85f. – Angabe mit Seitenzahl fortan im Text.

Soweit das Woher und das Wohin; für das Wer sorgt Hersilie mit einer Nachschrift zur Nachschrift:

> Diesen Schaft des Pfeiles auf beikommendem Blättchen hat Hilarie selbst gezogen und mit zierlichem Gefieder geschmückt; die scharfe Spitze jedoch fügte die schöne Witwe hinzu [...] Unsere Verabredung ist, dass Sie bei der ersten Zusammenkunft [...] gleich das Blättchen vorweisen, da Sie denn um desto schneller und zutraulicher empfangen werden sollen. (S. 106)

Wilhelm befolgt die Anweisung: »Der Wanderer prüfte nunmehr an einer grösseren Landkarte den kleineren Ausschnitt und stand verwundert, erstaunt, erschrocken, als die Nadel gerade nach Mignons Geburtsgegend, nach ihren Wohnungen hindeutete.« (S. 108) Und als Wilhelm und sein Freund, der Maler, sich auf die Suche nach den beiden Frauen machen,

> dauerte es nicht lange, so sahen sie ein wohlverziertes Prachtschiff herangleiten, worauf sie Jagd machten und sich nicht enthielten sogleich leidenschaftlich zu entern. Die Frauenzimmer, einigermassen betroffen, fassten sich sogleich, als Wilhelm das Blättchen vorwies und beide den von ihnen selbst vorgezeichneten Pfeil ohne Bedenken anerkannten. (S. 112)

»τὸ σύμβολον« bedeutet ursprünglich den alltäglichen Verkehr zwischen Menschen, den Zutritt von jemandem zu jemandem, und darin zugleich die politische und rechtliche Sicherstellung dieses Verkehrs, sei es durch einen Privat- oder sei es durch einen Staatsvertrag. Es bedeutet aber ebensosehr die Zeichen, die diesen Verkehr organisieren und regulieren, von den Täfelchen, die der Hausherr beim Abschied zerbricht, um die eine Hälfte seinem Gastfreund mitzugeben, damit man bis in spätere Generationen herkömmlich zugetan einander wiederbegegnet, bis zu den Erkennungszeichen, die Eheleute teilen, um einander auch in langer Trennung kenntlich zu bleiben. Hilarie und die schöne Witwe teilen sich die Zeichnung des Pfeils, an dem sie Wilhelm und den Maler als Mitglieder in der Gemeinschaft der Entsagenden erkennen werden, brechen das Bild von der Vorstellung des Bildes ab und überlassen es Hersilie zum Gebrauch. Als die beiden Männer an Bord des »wohlverzierten Prachtschiffes« springen, erschrecken die Frauen zunächst über das plötzliche Erscheinen der beiden Fremden, fassen sich aber sogleich, als Wilhelm den von ihnen vorgezeichneten Pfeil in seiner tatsächlichen Gestalt vorweist und das zwischen Idealität und Realität vermittelnde Zeichen auch das scheinbar Entfernteste miteinander vertraut macht.

Dieses Symbol sicheren Sich-Beziehens zwischen Frauen und Männern,[9] Vorstellung und Gegenstand, Idealität und Realität, zwischen der Welt der Einbildungskraft und der Welt der Erfahrung, hat nicht zufällig die Form eines Pfeils und darin die einer »Magnetnadel«. »Der Magnet«, heisst es in den *Maximen und Reflexionen* aus den Heften *Zur Naturwissenschaft* von 1823, »ist ein Urphänomen, das man nur aussprechen darf, um es erklärt zu haben; dadurch wird es denn auch ein

---

[9] Aristophanes zufolge sind die beiden Hälften des ursprünglich einen, nunmehr in zwei Geschlechter zerteilten Menschen füreinander symbolisch. Siehe Platon: *Gastmahl*, 191d.

Symbol für alles Übrige, wofür wir keine Worte noch Namen zu suchen brauchen.« (JA 39, S. 65,30–34) Und zwar deshalb, weil er, einfache Doppeltheit von Anziehung und Abstossung, das ursprüngliche Leben der Natur unmittelbar darstellt: »Das Geeinte zu entzweien, das Entzweite zu einigen, ist das Leben der Natur; dies ist die ewige Systole und Diastole, die ewige Synkrisis und Diakrisis, das Ein- und Ausatmen der Welt, in der wir leben, weben und sind.«[10]

Zwischen Hilarie und der schönen Witwe auf der einen, Wilhelm und dem Maler auf der anderen Seite vermittelt ein Symbol, das Symbol des Symbolischen überhaupt, aller Systole und Diastole, aller Synkrisis und Diakrisis ist, aus der sich die Welt entwickelt, in der wir leben, insofern wir sie verstehen, und die wir nur dadurch verstehen, dass wir mit ihrem Leben ursprünglich eines Sinnes sind. Die über alle Begriffe gehende, sich aller Darstellung entziehende, proteushafte Verwandlungskraft dieses Symbols nimmt am Lago Maggiore in der Erinnerung an Mignon ästhetische Gestalt an: nur in der Erinnerung, weil allein das vergangene Allgemeine vergegenwärtigt und damit gestaltet werden kann, nur in ästhetischer Gestaltung, weil allein die Kunst unmittelbarer Vergegenwärtigung fähig ist und so den Zerfall des Vermittelnden in seine Vermittlungen aufzufangen und aufzuhalten vermag, und nur an Mignon, weil allein ihre immer rätselhafte geeinte Entzweiung wie entzweite Einung der Darstellung des Symbolischen überhaupt diesseits wie jenseits der ursprünglich symbolischen Trennung der Geschlechter einen stattgebenden Ort bietet. Das von Hersilie an Wilhelm übermittelte Erkennungszeichen birgt jedoch nicht nur den Schlüssel der Geschehnisse am Lago Maggiore, sondern zugleich denjenigen der *Wanderjahre* schlechthin – mindestens den für ihre erste Fassung. In deren 17. Kapitel schreibt Hersilie an Wilhelm, sie habe den Schlüssel für das bekannte mysteriöse Kästchen durch einen seltsamen Zufall gefunden:

> Hier! Aber, mein Freund, nun schliesslich zu dieser Abbildung des Rätsels, was sagen Sie? Erinnert es nicht an Pfeile mit Widerhaken? Gott sei uns gnädig! Aber das Kästchen muss zwischen mir und Ihnen erst uneröffnet stehen und dann eröffnet das Weitere selbst befehlen. (S. 191)

Der Schlüssel verweist auf das Symbolon zwischen Hilarie und der schönen Witwe, Wilhelm und dem Maler, seine Form der »Magnetnadel« verweist auf das Symbolische in allen Symbolen schlechthin, und in diesem doppelten Hinweis liegt die Anweisung auf jenes »Kästchen [...], nicht grösser als ein kleiner Oktavband« (S. 30), dessen Öffnung Aufschluss geben wird über die Geheimnisse in den Beziehungen zwischen Frauen und Männern, Idealität und Realität, Vorstellung und Gegenstand, zwischen der Welt der Einbildungskraft und der Welt der Erfahrung, zu deren und in deren Entfaltung die *Wanderjahre* ausgehen. Wann, wo und wie das Kästchen zwischen Hersilie und Wilhelm vermittelt, was sein Öffnen ermittelt, erzählen die *Wanderjahre* allerdings auch in ihrer ersten Fassung nicht.

Von derartiger Vermittlung ist in der zweiten Fassung der *Wanderjahre* nicht mehr die Rede. Hier findet Hersilie am Ende den Schlüssel und einen »Einge-

---

[10] *Entwurf einer Farbenlehre*, JA 40, S. 83, 22–27.

weihten«, der mit ihm umzugehen weiss: »Der Mann tritt in einige Entfernung, das Kästchen springt auf, das er gleich wieder zudrückt: an solche Geheimnisse sei nicht gut rühren, meinte er.« (JA 20, S. 224,16–19) Weshalb? Warum soll man nicht an Geheimnisse rühren, deren Form der Verheimlichung sich so mit sich selbst berührt, dass sie sich offenbaren? Weil Wilhelm und sein Freund, der Maler, sich mit Hilarie und der schönen Witwe zwar in der in der ersten Fassung beschriebenen Weise bekanntmachen, Hersiliens Brief, der ihre Herkunft, ihre Entstehung, ihre Mittel angibt, jedoch fehlt. Auch in der zweiten Fassung dauert es

> nicht lange, so sahen sie ein wohlverziertes Prachtschiff herangleiten, worauf sie Jagd machten und sich nicht enthielten sogleich leidenschaftlich zu entern. Die Frauenzimmer, einigermassen betroffen, fassten sich sogleich, als Wilhelm das Blättchen vorwies und beide den von ihnen selbst vorgezeichneten Pfeil ohne Bedenken anerkannten. (JA 19, S. 271,1–7)

Was für ein Blättchen? Was für ein wann und wo, bei welcher Gelegenheit und in welcher Absicht gezeichneter Pfeil? Leserin und Leser der *Wanderjahre* in ihrer Letztfassung stehen wieder vor dem Rätsel, das ihnen schon mehrfach begegnet ist. Ihr Autor kappt nicht nur die symbolische Vermittlung zwischen Hilarie und der schönen Witwe auf der einen, Wilhelm und dem Maler auf der anderen Seite, er tilgt darin überdies den Hinweis auf deren urbildliche Beispielhaftigkeit und damit letztlich die über beide zutage tretende Anweisung auf das Verständnis der *Wanderjahre* als ganzer. Er versagt sich die Gelegenheit, deutlich zu machen,

> dass Sondern und Verknüpfen zwei unzertrennliche Lebensakte sind. Vielleicht ist es besser gesagt, dass es unerlässlich ist [...], aus dem Ganzen ins Einzelne, aus dem Einzelnen ins Ganze zu gehen, und je lebendiger diese Funktionen des Geistes, wie Aus- und Einatmen, sich zusammen verhalten, desto besser wird für die Wissenschaft und ihre Freunde gesorgt sein.[11]

Für die Literatur und ihre Freunde muss anscheinend anders gesorgt werden. Sie mögen sich darüber klar werden, dass Sondern und Verknüpfen zwar unzertrennliche Lebensakte sind, dass aber der Akt des Sonderns auf eine Verknüpfung bezogen werden kann, die die Grenzen des Ganzen überschreitet, innerhalb derer das Sondern sich bewegt, anders gesagt: dass es zwar unerlässlich ist, aus dem Ganzen ins Einzelne, aus dem Einzelnen ins Ganze zu gehen, dass aber der Weg vom Einzelnen zum Ganzen auf die Spur eines anderen Einzelnen führen kann, das jenseits jenes Ganzen liegt und seinen Rahmen sprengt. Die Mitte, in deren Ein- und Ausatmen das Geeinte sich entzweit, das Entzweite sich einigt, gerät aus ihrem natürlichen Zentrum an den Rand eines Ganzen, das sich über sich hinaus mit sich entzweit und auf ein in dieser Transzendenz verborgenes Stichwort zu warten scheint, um sich wieder mit sich zu vereinigen. Im Fortgang ihrer zweiten Fassung symbolisieren *Wilhelm Meisters Wanderjahre* das Symbolische schlechthin, indem sie es in der Form seiner Entwicklung und Entfaltung über diese Form hinaustreiben, es vergangen, historisch

---

[11] *Principes de Philosophie Zoologique* [Goethes Stellungnahme zum Streit von 1830 zwischen Geoffroy de Saint-Hilaire und Cuvier, Vf.], JA 39, S. 233, 10–17.

werden lassen, indem sie es vergegenwärtigen. Ihr Autor denkt bereits beinahe zwanzig Jahre früher über eine »Symbolik fürs Ohr« nach,

> wodurch der Gegenstand [...] weder nachgeahmt noch gemalt, sondern in der Imagination auf eine ganz eigene und unbegreifliche Weise hervorgebracht wird, indem das Bezeichnete mit dem Bezeichnenden in fast gar keinem Verhältnisse zu stehen scheinen.[12]

Warum sollte, was dem Ohr recht ist, dem Auge der Einbildungskraft nicht billig werden?

Der Erzähltext der *Wanderjahre* nimmt in der Form seines Bedeutens als Desiderat, Option und Projekt vorweg, was der Hypertext heute als Technik, Programm und Prozedur verwirklicht. Trifft diese Annahme zu, dann wird Kittlers Epochalisierung der Moderne unhaltbar. Die Signifikanz des Human-Subjekts weist dann nämlich bereits auf ihrem Höhepunkt über sich selbst hinaus, ihre kontingente Transzendenz zu ihrer Abweichung von sich überdeterminierend, dezentrierend, entstellend. Der Tod des Menschen entpuppt sich als der Anspruch eben dieses Menschen auf seine konzeptuelle Selbst-Transformation, auf eine Semantik und eine Technik, eine Programmatik und eine Medialität, die diesen Anspruch ebenso zu verwirklichen vermögen, wie sie diese Verwirklichung auf ihre erneute Überschreitung vorbereiten. Keine Modernen, Post-Modernen und Nicht-mehr-Modernen also, sondern stattdessen Paradigmen der Modernität, die sich entfalten, um sich zu bestreiten, und für die der Anfang ihres Endes nur das Ende der Unsichtbarkeit eines bisher übersehenen Anfangs ist.

Die Einwände gegen diese Ansicht liegen auf der Hand. Zunächst: Darf man die Umdeutung einer Epoche auf einen einzigen Zeugen fiktionaler Kunstprosa stützen, und sei er noch so gewichtig? Und selbst wenn wir uns von seinem Zeugnis vorläufig leiten lassen: Genügt es bis jetzt auch nur für die Konsolidierung unserer Beobachtungen zur Hypothese? Müsste das Textmodell, auf dem sie beruht, nicht mindestens am oder besser im Text der *Wanderjahre* nachgewiesen werden, innerhalb jenes »fortlaufenden Vortrags«, dem alle unsere Belege entstammen und der von sich selbst behauptet, ausgezeichnete, besonders eingehende Beziehungen zum Vortrag des Ganzen zu pflegen?

Als das Beziehungsgeviert in *Der Mann von funfzig Jahren* sich generationengerecht zu ordnen beginnt, schickt der Erzähler voraus: »Nun aber wünschten wir wohl den nächsten Zeitverlauf von einer zarten Frauenhand umständlich geschildert zu sehen, da wir nach eigener Art und Weise uns nur mit dem Allgemeinsten befassen dürfen. Hier muss denn nun von dem Einfluss der Dichtkunst abermals die Rede sein.«[13] Von dem also, was allen erzählbaren Umständen gemeinsam ist, der offenkundigen Geschichte ebenso wie der geheimen, und damit abermals vom Einfluss

---

[12] Goethe am 6. März 1810 an Carl Friedrich Zelter; in: *Goethes Briefe*, textkritisch durchgesehen und mit Anmerkungen versehen von Bodo Morawe, Bd. III, Hamburg 1965, S. 120.

[13] JA 19, S. 243,31 – S. 244,2. – Vgl. dazu Yahya A. Elsaghe: »›Helle‹ und ›Hölle‹: zur Rolle der Dichtung in ›Wilhelm Meisters Wanderjahren‹«, in: *Goethe-Yearbook* 7 (1994), S. 118–132.

der Dichtkunst. Wo war denn von diesem Einfluss und dem dadurch aufgeregten Allgemeinen schon einmal die Rede?

Bei dem Besuch, den *Der Mann von fünfzig Jahren* der schönen Witwe macht, um für seinen Sohn um sie anzuhalten, kommt sie ihm in Gesellschaft einer älteren Dame mit einer Brieftasche ihrer Handarbeit entgegen, die sogleich Gesprächsgegenstand und Anlass allgemeiner Überlegungen wird.[14] »Als junge Mädchen werden wir gewöhnt«, führt die – vielleicht darf man sagen: Verfasserin? – aus,

> mit den Fingern zu tüfteln und mit den Gedanken umherzuschweifen; beides zugleich bleibt uns, indem wir nach und nach die schwersten und zierlichsten Arbeiten verfertigen lernen, und ich leugne nicht, dass ich an jede Arbeit dieser Art immer Gedanken angeknüpft habe, an Personen, an Zustände, an Freud' und Leid. Und so ward mir das Angefangene wert und das Vollendete, ich darf wohl sagen, kostbar. Als ein solches nun durft' ich das Geringste für etwas halten, die leichteste Arbeit gewann einen Wert, und die schwierigste doch auch nur dadurch, dass die Erinnerung dabei reicher und vollständiger war. (JA 19, S. 221,5–16)

Mit den Fingern tüfteln und mit den Gedanken umherschweifen: Was meint das anderes als Dichtkunst? Jede Arbeit dieser Art an Personen, an Zustände, an Freud' und Leid knüpfen: Was heisst das anderes als Erzählen? Eine Arbeit, deren Anfang nur um den Preis weiterführender Bedeutung zu haben ist und deren Vollendung kostbaren Aufwand an Bedeutsamkeit, an reicher und vollständiger Erinnerung nachweist: Was ist das anderes als ein Text?

Wenig später kommt die Rede tatsächlich wie zufällig auf die Dichtkunst, auf die poetischen Arbeiten des Majors, des *Mannes von fünfzig Jahren*, die der Schönen offenbar bekannt sind:

> Wenn man vernünftig und ruhig leben will, welches denn doch zuletzt eines jeden Menschen Wunsch und Absicht bleibt, was soll uns da das aufgeregte Wesen, das uns willkürlich anreizt, ohne etwas zu geben, das uns beunruhigt, um uns denn doch zuletzt uns wieder selbst zu überlassen; unendlich viel angenehmer ist mir, da ich doch einmal der Dichtkunst nicht gern entbehren mag, jene, die mich in heitere Gegenden versetzt, wo ich mich wiederzuerkennen glaube [...], mich durch buschige Haine zum Wald, unvermerkt auf eine Höhe zum Anblick eines Landsees hinführt, da denn auch wohl gegenüber erst angebaute Hügel, sodann waldgekrönte Höhen emporsteigen und die blauen Berge zum Schluss ein befriedigendes Gemälde bieten. Bringt man mir das in klaren Rhythmen und Reimen, so bin ich auf meinem Sofa dankbar.
> (JA 19, S.222,27 – S. 223,9)

Poesie, die in Hand- und Gedankenarbeit auf dem Sofa, und Poesie, die für das Sofa entsteht, können unterschiedlicher nicht sein. Wer vernünftig und ruhig leben will, tut gut daran, nicht mit den Fingern zu tüfteln und mit den Gedanken umherzu-

---

[14] Vgl. zu dieser Szene Hannelore Schlaffer: *Wilhelm Meister. Das Ende der Kunst und die Wiederkehr des Mythos*, Stuttgart 1989, S. 104ff.

schweifen. Wer sich im poetischen Text wiedererkennen und nicht· an andere Personen, andere Zustände, andersgeartete Freude und andersgeartetes Leid erinnert werden will, verzichtet besser auf die schwersten und zierlichsten, ziseliertesten Anknüpfungen, begnügt sich mit dem »Grundwert des Einfachländlichen« (JA 19, S. 223,2), dem ursprünglich Epischen des ›Und dann‹, und begrenzt es mit »klaren Rhythmen und Reimen«, um nicht am Ende doch hinter seinen Horizont zu geraten.

Schliesslich erhält der Major die Brieftasche mit dem Auftrag zum Geschenk, sein Jagdgedicht, das Anlass jenes Gespräches über die Dichtkunst gewesen ist, mit ihr an die Geberin zurückzusenden.

> Nachdem unser Freund nun aus wohlgeordneten Papieren das Jagdgedicht gar bald herausgefunden, erfreute er sich an der sorgfältigen Reinschrift, wie er sie vor Jahren mit lateinischen Lettern, gross Oktav, zierlichst verfasst hatte. Die köstliche Brieftasche von bedeutender Grösse nahm das Werk ganz bequem auf, und nicht leicht hat ein Autor sich so prächtig eingebunden gesehen. (JA 19, S. 232,1–9)

Den klaren Rhythmen und Reimen entspricht die Reinschrift von lateinischer Klarheit – und wie hier ein Text einen anderen einbindet, davon wird noch die Rede sein müssen.

Eine derartige Sendung ohne Begleitbrief? »Einige Zeilen dazu waren höchst notwendig, Prosaisches aber kaum zulässig.« (JA 19, S. 232,8–9) Der Major entscheidet sich schliesslich für einige Zeilen aus dem Ovid – lateinische Verse zu lateinischer Schrift –, die er ins Deutsche überträgt und mit denen er zunächst recht zufrieden ist, ehe ihm je länger je stärkere Bedenken kommen.

> Das Schlimmste jedoch fiel ihm zuletzt ein: Jene Ovidischen Verse werden von Arachnen gesagt, einer ebenso geschickten als hübschen und zierlichen Weberin. Wurde nun aber diese durch die neidische Minerva in eine Spinne verwandelt, so war es gefährlich, eine schöne Frau mit einer Spinne, wenn auch nur von ferne, verglichen im Mittelpunkte eines ausgebreiteten Netzes schweben zu sehen.[15]

Insbesondere angesichts einer Arbeit, in der, als sie der Major im Salon der schönen Witwe zum erstenmal in der Hand hält, »inzwischen der Hausfreund [...] ein Penelopeisch zauderhaftes Werk zu sehen glaubte«.[16]

Athene, die Schutzgöttin der mit ihr gleichnamigen Stadt, ist die Herrin des Wissens, der Klugheit, der List, ebensosehr aber auch die der Handwerke und Künste. Zu ihren Lieblingen zählt deshalb nicht nur Odysseus, sondern auch dessen getreue Ehefrau Penelope, fähig, »Wundervolle Gewande mit klugem Geiste zu wirken, / und der erfindsamen List, die selbst in Jahren der Vorwelt / Keine von

---

[15] JA 19, S. 233,6–12. – Vgl. dazu Yahya A. Elsaghe: »›Eins und Doppelt.‹ Zur Verdoppelung mythologischer Identitäten in Goethes *Der Mann von funfzig Jahren*«, in: *Sprachkunst. Beiträge zur Literaturwissenschaft* 23 (1992), S. 213–232.

[16] JA 19, S. 216,21–22. – Hinter dem »zauderhaften« drängt zweifellos das ›zauberhafte‹ Werk. Von Penelope zu Kirke ist es nur einen Buchstaben weit.

Griechenlands schönlockigen Töchtern gekannt hat«[17]. Athena Promachos (die ›Vorkämpferin‹ in jeglicher Weise) und Athena Poliouchos (die alle städtischen, bürgerlichen Künste und Fertigkeiten Beschützende) verkörpern in Personalunion die dispositive Einheit diskursiver Theorie und Praxis, »wie sie Frauen bei ihren sonstigen Schmuck- und Putzarbeiten zu höherer Kunst befähigt«. (JA 19, S. 279, 4-5) Solche höhere Kunst ermöglicht der schönen Witwe die Arbeit an einer Textur, bei der die Finger ein Zeichen so genau und so informierend an das andere setzen, dass eines mit und gemäss seinem anderen zu einem Signifikat beiträgt, in dem die Präzision des Bedeutungsgeflechts und seine vorbildliche Beispielhaftigkeit einander so die Waage halten, dass man nicht weiss, »ob man Pracht oder Geschmack mehr bewundern sollte«. (JA 19, S. 220,32–33) Gleichzeitig schweifen die Gedanken umher, überfliegen, überflügeln das entstehende Muster, knüpfen diesen, knüpfen jenen Signifikanten »an Personen, an Zustände, an Freud' und Leid« (JA 19, S. 221, 10–11) machen ihn ausserhalb des Reichs der tüftelnden Finger zum Anknüpfungspunkt eines neuen Signifikats, das dem ursprünglichen an Pracht und Geschmack nicht nachstehen wird. Diese Penelope muss nicht des Nachts auftrennen, zurücknehmen, was sie tagsüber gewebt hat. Was sie erwägt, während sie webt, biegt – wie im »fortlaufenden Vortrag« im *Mann von fünfzig Jahren* die geheime von der offenkundigen Geschichte – von den Linien und Figuren des zutage liegenden Musters ab, um sich hinter, unter, neben ihm anzusiedeln und ein neues Gewebe von gleicher Musterhaftigkeit anzuspinnen. Diese produktive Bewegung, die wie mit der Frage »Do I want to hear about it?« den Text von bestimmten Schnittstellen her nach allen Seiten hin aufrollt, beherrscht schon die ersten und leichtesten Figuren des Musters. Das vollendete und schwierigste zeichnet sich ihm gegenüber nur dadurch aus, »dass die Erinnerung dabei reicher und vollständiger war« (JA 19, S. 221,15–16), dass die zentrifugalen Kräfte, die das musterhafte Signifikat während seiner Entstehung über sich hinausdrängen, mit jedem ›link‹, den sie schaffen, stärker, beziehungsreicher, gestaltungsmächtiger werden. (Die römische Minerva, seit 217 v.Chr. mit der Stadtgöttin Athene gleichgesetzt, leitet ihren Namen von *memoria* her – Erinnerung, Überlieferung, Erzählung.)

Die Brieftasche der schönen Witwe entwickelt eine Diskursivität, deren Prozeduren das Aufschreibesystem um 1800, wie es Kittler beschreibt, ebenso nachvollziehen wie überschreiten. Unter dem Einfluss der Dichtkunst, wie sie das Jagdgedicht des Majors prägt, führt sie einesteils eine Text-Praxis vor, die homogene Bedeutungselemente zum harmonischen Ganzen eines sich kontinuierlich fortstrukturierenden Signifikats verbindet. Andernteils verknüpft sie mit dieser Praxis Überlegungen, die auf heterogene, durch ›links‹ und ›nodes‹ aufeinander bezogene Bedeutungselemente im Raum eines topologisch strukturierten Signifikats hinauslaufen. Die beiden Schaltzentren dieser Operation fungieren weder auf Ineinssetzung noch auf Verselbständigung hin – die tüftelnden Finger und die umherschweifenden Gedanken verbindet ein parataktisches »und« –, sondern bilden eine Parallele, die

---

[17] Homer: *Odyssee*, II. Gesang, Verse 118–120, in der Übertragung von Johann Heinrich Voss, nach dem Text der Erstausgabe (Hamburg 1781) hg. und mit einem Nachwort versehen von Wolf Hartmut Friedrich, München 1957.

den Prozess der Laut-Schrift und den der Option Hypertext so führt, dass beide Prozesse im Gleichgewicht bleiben und keiner dem anderen sein Programm aufzwingt. Der Geschmack an beispielhafter Genauigkeit und Ordnung sowie die Pracht sie allseitig überdeutender Ornamentik balancieren einander so aus, dass ungewiss wird, was man mehr bewundern soll.

Wie steht es nun demgegenüber mit der Dichtkunst des Majors selbst, mit dem Jagdgedicht in »der sorgfältigen Reinschrift, wie er sie vor Jahren mit lateinischen Lettern, gross Oktav, zierlichst verfasst hatte« (JA 19, S. 232,3–5)? Wie unterscheidet sich die diskursive Praxis des Tüftelns von derjenigen des Ins-Reine-Schreibens? Die tüftelnde Hand folgt einem Muster, das homogene Bedeutungselemente zum harmonischen Ganzen eines sich kontinuierlich strukturierenden Signifikats verbindet. Sie führt ihren Diskurs aber so, dass diese Verbindungen sich »teils geflochten, teils gestickt« (JA 19, S. 220,28) Band für Band, Faden für Faden in- und übereinanderschlingen, einander überstimmen und überbestimmen, und darin ihre Abweichung von ihrem Weg vorbereiten. Die Hand, die ins Reine schreibt, befolgt dasselbe Muster, sucht es jedoch bei jeder neuen Kopie Zug um Zug mit womöglich noch grösserer Reinheit zu wiederholen. Ihre ganze Sorgfalt geht dahin, die lateinischen Lettern ihrer Vorlage mit äusserster Zierlichkeit mit sich selbst fortgesetzt zu identifizieren, um so die Vernunftform an und aus ihnen wirksam werden zu lassen, die sie bedeuten: Klarheit und Verschiedenheit, zweifellose Prinzipialität und methodische Deduktion. Der Text des Jagdgedichts entsteht nach der Vorschrift der ›belles lettres‹, nach den Prozeduren der Regelpoetik, die ihn so repetierbar, reproduzierbar, abgesondert und architektonisch machen wie die Buchstaben, auf denen er beruht und auf denen er besteht. Diese Praxis wird jedoch zugleich in die Theorie einer vernünftig ruhigen, Blick nach Blick, Wahrnehmung nach Wahrnehmung kontinuierlich fortschreitenden Übersichtlichkeit aufgehoben, die, wie die schöne Witwe erläutert, mich als Leserin und Leser »durch buschige Haine zum Wald, unvermerkt auf eine Höhe zum Anblick eines Landsees hinführt, da denn auch wohl gegenüber erst angebaute Hügel, sodann waldgekrönte Höhen emporsteigen und die blauen Berge zum Schluss ein befriedigendes Gemälde bilden« (JA 19, S. 223,4–7). Der »Grundwert des Einfachländlichen« (JA 19, S. 223,2), die so natürlich scheinende Ansicht der Welt nach Massgabe des nicht einmal durch den Lidschlag unterbrochenen, nur akzentuierten ›und dann‹, beugt die besondernde Regelhaftigkeit der ›belles lettres‹ in die gleichmässig sich fortstrukturierende Harmonie eines Signifikats, dessen panoramischer Universalisierung durch »klare[n] Rhythmen und Reime[n]« (JA 19, S. 223,8) an den blauen Bergen schliesslich Einhalt geboten werden muss.

Die Dichtkunst des Majors vollzieht Kittlers Modell des Aufschreibesystems um 1800 nach, übererfüllt es aber zugleich, indem sie dessen Herkunft aus der Regelpoetik mit einbezieht und es damit gegen die ihm innewohnende Tendenz zur Selbstüberschreitung auf das Aufschreibesystem um 1900 hin abschottet. Das Subjekt derart restringierender Diskursivität erschrickt deshalb vor der elaborierenden, die es an der Brieftasche der schönen Witwe erfährt. Statt wie die unter dem Schutz Athene/Minervas stehende Penelope muss ihre Verfasserin ihm wie Arachne erscheinen, wie eine Spinne »im Mittelpunkte eines ausgebreiteten Netzes« (JA 19,

S. 233,11–12), dessen Texturieren zwar überall Grenzen hat, sie aber so unablässig erweitert, dass man nie vor der Überraschung gefeit ist, in die Maschen seiner Sinngebung plötzlich verwickelt zu sein. (Arachne fordert Athene »zum Wettkampf in lydischer Webkunst mit reichem Bilderschmuck« heraus. »Während Athene Bilder von solchen, die sich mit Göttern zu messen gewagt hatten, hineinwob, stellte Arachne die bedenklichsten Liebesabenteuer der Götter dar. Darauf zerreisst Athene das technisch einwandfreie Werk ihrer Gegnerin. Diese will sich erhängen, aber Athene verwandelt sie in eine Spinne, die nun, am Faden hängend, unaufhörlich weben muss.«[18] Während also Athenes Textur die Verführung des Signifikats durch den Signifikanten zeigt, zeigt diejenige Arachnes umgekehrt die Verführung des Signifikanten durch das Signifikat. An der Umkehrung dieser Umkehrung muss sie nun zu ihrer Strafe ohne Unterlass arbeiten.)

Legt man die eben umrissene Diskursivität der Epochalisierung der Moderne zugrunde, erreicht die Signifikanz des Human-Subjekts um 1800 mit der intensiven Einschmelzung des Signifikanten ins Signifikat, wie sie uns die Brieftasche der schönen Witwe beispielhaft gemacht hat, einen Zenit, auf dem sie sich nicht halten kann und hinter den sie seitdem stetig zurückgeht. Die Selbständigkeit des Signifikanten in der Fläche, im Raum des Signifikats, die sich bis um die Mitte des 18. Jahrhunderts metaphysischem und ästhetischem Wissen verdankt, wird um 1900 analytischer Gegenstand positivistischer Naturwissenschaft, die diese Selbständigkeit zwar materialisiert und quantifiziert, sie aber eben darin wiederholt und bestätigt. Das sich damit abzeichnende Epochenmodell lautet also im Grundsatz: Die Entelechie der Moderne erfüllt sich zwischen 1650 und 1750, mit Descartes und Leibniz, um 1800 erreicht sie ihr äusserstes Extrem, ihre Post-Moderne sozusagen, und seither kehrt sie, um die Techniken ihrer materiellen, ökonomischen und sozialen Realisierbarkeit bereichert, zu sich in ihrer ursprünglichen Gestalt zurück.

Das Erzählen im *Mann von funfzig Jahren* setzt sich alldem zufolge aus zwei konträren Textmodellen zusammen, die beide Kittlers Darstellung der Aufschreibesysteme um 1800 und um 1900 zunächst bestätigen, um sie dann zu zerreissen wie Athene Arachnes Gewebe. Während sie im Grundsatz der Einschmelzung des Signifikanten in das sich kontinuierlich universalisierende Signifikat in stetig »fortlaufende[m] Vortrag« übereinstimmen, sucht das eine Modell diese offenkundige Geschichte immer wieder in von ihr ausgelagerte Signifikanten auf die geheime abzulenken, während das andere diese Geheimnisse scheut und jede Verbindung mit ihnen zu sperren sucht. Eben darum begegnen, berühren sich beide in ihrem Interesse an der offenkundigen Geschichte: »Die köstliche Brieftasche von bedeutender Grösse nahm das Werk [das Jagdgedicht des Majors, Vf.] ganz bequem auf, und nicht leicht hat ein Autor sich so prächtig eingebunden gesehen.« (JA 19, S. 232, 6–8)

Die Brieftasche der schönen Witwe bindet das Jagdgedicht des Majors ein wie ein Buch lose Blätter. Sie materialisiert und garantiert die Ordnung, aus der es entsteht und in der es besteht. Nun ist aber dieser Einband, dieser Halt, von einer Realität, die nicht bei sich bleibt, sondern umherschweifend über sich hinausgeht und

---

[18] *Der kleine Pauly. Lexikon der Antike*, bearb. und hg. von Konrat Ziegler und Walther Sontheimer, Bd. 1, München 1975, Sp. 486.

ihre Sache überall ausserhalb ihrer selbst anhängig macht. Was sie einbindet, findet sich also in seiner Gestalt nicht nur bestätigt, sondern eben darin in ihre Auflösung, Überschreitung und Entstellung eingebunden. Ebendarin jedoch macht sich die anfängliche Form des Einbandes wieder geltend, die dem, was sie berührt und hält, die Gewähr seiner ursprünglichen Ordnung bietet. Beide Textmodelle geben einander nach und kehren in dieser Nachgiebigkeit wieder zu sich zurück. Sie gruppieren sich auf solche Weise zu mannigfaltigen Konstellationen ihres Unterschieds, deren Einheit ihn nur beendet, um ihn neu zu beginnen. Kein Zufall, dass auch der Fortgang der Handlung im *Mann von funfzig Jahren* an den Begegnungen und Trennungen ihrer Personen seine Haupt- und Wendepunkte hat.

Dass diese Bewegung nicht nur die Geschicke des *Mannes von funfzig Jahren*, sondern zugleich den Gang der *Wanderjahre* im ganzen kennzeichnet, mag ein Blick auf das vierzehnte Kapitel des Dritten Buches wahrscheinlich machen. Es stellt schon in seinem zweiten Abschnitt verheissungsvolle erzähltheoretische Überlegungen an: »Hier aber wird die Pflicht des Mitteilens, Darstellens, Ausführens und Zusammenziehens immer schwieriger. Wer fühlt nicht, dass wir uns diesmal dem Ende nähern, wo die Furcht, in Umständlichkeiten zu verweilen, mit dem Wunsche, nichts völlig unerörtert zu lassen, uns in Zwiespalt versetzt.« (JA 20, S. 198, 20–25) Immer noch kein Ende des Abwägens zwischen offenkundiger und geheimer Geschichte? Doch: »Wir sind [...] gesonnen, dasjenige, was wir damals gewusst und erfahren, ferner auch das, was später zu unserer Kenntnis kam, zusammenzufassen und in diesem Sinne das übernommene ernste Geschäft eines treuen Referenten getrost abzuschliessen.« (JA 20, S. 198, 29 – S. 199,4) Also endlich keine Geheimnisse mehr, sondern nur noch bis zum vollständigen Tableau sich offenkundig machende Geschichte? Zunächst sieht es ganz danach aus. Das gesamte Personal des Romans scheint sich nach und nach bei Makarie einzufinden, darunter auch Flavio, nunmehr mit Hilarie verheiratet: »Dieses Paar, welches von einer bedeutenden wohlgenutzten Reise nach Süden zurückgekommen war, um den Vater, den Major, vom Hause abzulösen, der mit jener Unwiderstehlichen, die nun seine Gemahlin geworden, auch etwas von der paradiesischen Luft zu einiger Erquickung einatmen wollte.« (JA 20, S. 201, 7–12) Wann, wo, wie haben sich beide Paare in der generationengerechten Ordnung zusammengefunden? In welcher Bedeutung haben Flavio und Hilarie ihre Reise so wohl genutzt, und welche wird die seines Vaters für ihn und seine Frau haben? Die geheime Geschichte ist zurück und lockt die offenkundige deutlicher und weiter von ihrem Weg ab als je zuvor.

Bevor wir nun die Summe unserer Überlegungen ziehen, das Allgemeine unseres besonderen Falles herausarbeiten und herausstellen, müssen wir noch einem Einwand begegnen, der dieses Allgemeine zu entwerten droht. »Als junge Mädchen werden wir gewöhnt«, hat unsere wichtigste Zeugin ausgesagt, »mit den Fingern zu tüfteln und mit den Gedanken umherzuschweifen.« (JA 19, S. 221, 5–7) Meint sie: mit den Fingern zu tüfteln und überdies, ausserdem mit den Gedanken umherzuschweifen? Oder meint sie: mit den Fingern zu tüfteln und damit zugleich, darin, dadurch mit den Gedanken umherzuschweifen? Meint sie ihr »und« additiv, oder meint sie es konsequent? Treibt sie eine vielleicht ursprünglich weibliche Form klassischer Kunst, oder bloss den klassisch gewordenen »Dilettantism der Weiber«?[19]

Der Dilettant »wird nie den Gegenstand, immer nur sein Gefühl über den Gegenstand schildern. Er flieht den Charakter des Objekts.« (WA I, Bd.47, S. 314) Er begnügt sich mit der Empfindung des Gegenstandes, in der sein Verstand und seine Einbildungskraft zusammenstimmen, und wird deren Augenblick in so nach- und einfühlender Beschreibung wie ihm möglich festzuhalten suchen. Er scheut und fürchtet jedoch die Anstrengung, diese Innigkeit in Regeln zur Konstitution eines Artefakts zu übersetzen, die ihren Augenblick in die Realität einzeichnen und ihn damit zwar bewahren, aber darin zugleich auch seiner Veräusserung preisgeben. Wieviel Nachachtung sich die Realität und ihr Material dennoch verschaffen, hängt von der Kunst ab, der sich der Dilettant und die Dilettantin zuwenden. Für »Tanz, Musik, schöne Sprache, lyrische Poesie« bedeutet »das Subjektive für sich allein schon viel«. Bei der »Architectur, Zeichenkunst, Schauspielkunst, epischen oder dramatischen Dichtkunst« hingegen macht sich das Objektive schon im Empfindungsausdruck gegenstandsbildend geltend; hier »scheiden sich der Künstler und Dilettant strenger« (Ebd., S. 318).

Dem Dilettantismus fehlt der Sinn für den klassischen Doppelsinn des modernen Subjekts, in dessen Bildung und Entfaltung die Hauptaufgabe klassisch moderner Kunst liegt. Er versteht sich zwar als Subjekt seiner Empfindungen und seiner Begriffe, seiner Ideen und seiner Maximen, als begründende Einheit seiner Vermittlung mit sich und dem in ihr für ihn anderen, aber er versteht nicht, dass er sich darin zugleich Herausforderung, Stoff, Vor- und Entwurf, Sujet ist, das sich in all diesen Vermittlungen ebensosehr zur Bedingung wie zum Ausgangspunkt, zur formenden Form wie zur zu formenden Form hat. Er verfällt deshalb entweder auf eine Subjektivität, die glaubt, die Welt des Objektiven zu formen, indem sie sich selbst formt, oder auf eine Objektivität, aus deren regelmässig mechanischer Beachtung sich, wie sie meint, die Welt des Subjektiven wie von selbst formt.[20] Die Dilettantin schweift entweder zuerst und zuletzt mit den Gedanken umher, während sie in den Mustern, die sie mit den Fingern tüftelnd verfolgt, und in den Regeln, denen die Muster folgen, nichts sieht als die zufälligen Folien dieses Umherschweifens. Oder sie tüftelt zuerst und zuletzt mit den Fingern, nur die Muster und ihre Regeln befolgend, während sie darauf hofft und darauf wartet, dass Gedanken, die des Umherschweifens fähig sind, sich aus dieser Folgsamkeit entwickeln. Sie verlässt

---

[19] Vgl. dazu das gleichnamige Kapitel in Christa Bürger: *LebenSchreiben: Die Klassik, die Romantik und der Ort der Frauen*, Stuttgart 1990, S. 19ff. – Allerdings ist dieser heute so viel beschrie(b)ene Dilettantismus für Goethe nur einer unter mehreren: »Dilettantism der Kinder [...], der Weiber, der Reichen, der Vornehmen« notiert er 1799 im »Schema über den Dilettantismus«. (*Goethes Werke*, Weimarer Ausgabe [WA], I. Abth., Bd. 47, Weimar 1896, S. 320)

[20] Vgl. dazu ebd., S. 312. – Diese Überlegungen zum Unterschied zwischen Kunst und Dilettantismus sind für den Goethe der Klassik von hoher Bedeutung. »Indessen haben wir das Schema zum Dilettantismus aufgesetzt. Das ist schon ein grosser Gewinn! [...] Ich habe grosses Vertrauen auf diesen Aufsatz. Denken Sie nur manchmal an die Kunstgeschichte dieses Jahrhunderts! Durch solche Aufsätze allein können wir den Gesichtskreis der Leser erweitern«, schreibt er am 7. Mai 1799 an Johann Heinrich Meyer (WA IV, Bd. 14, Weimar 1893, S. 81).

sich auf Addition, wo sie auf Konsequenz dringen müsste. »Was dem Dilettanten eigentlich abgeht, ist Architectonik im höchsten Sinne, diejenige ausübende Kraft, welche erschafft, bildet, constituirt; [...] Man wird finden, dass der Dilettant zuletzt vorzüglich auf Reinlichkeit ausgeht, welches die Vollendung des Vorhandenen ist, wodurch eine Täuschung entsteht, als wenn das Vorhandene zu existiren werth sey.« (Ebd., S. 326)

Hilarie zeichnet. Wie ernsthaft und wie talentvoll, zeigt sich, als die schöne Witwe sie nötigt, dem Wilhelm begleitenden Maler ihre Blätter vorzulegen.

> Sie besass ein treues Auge, eine reinliche Hand, wie sie Frauen bei ihren sonstigen Schmuck- und Putzarbeiten zu höherer Kunst befähigt. Man bemerkte freilich Unsicherheit in den Strichen und deshalb nicht hinlänglich ausgesprochenen Charakter der Gegenstände, aber man bewunderte genugsam die fleissigste Ausführung; dabei jedoch das Ganze nicht aufs vorteilhafteste gefasst, nicht künstlerisch zurechtgerückt. Sie fürchtet, so scheint es, den Gegenstand zu entweihen, bliebe sie ihm nicht vollkommen getreu; deshalb ist sie ängstlich und verliert sich im Detail. (JA 19, S. 279,3–13)

Hilariens Zeichnungen gehen auf Reinlichkeit aus, auf Detailtreue, die jedem Gegenstand so gerecht zu werden versucht, als erschöpfe sich das Bild des Ganzen in der Ansicht seiner Einzelnheit, und darüber eben dieses Ganze aus dem Blick verliert. Sie hält sich an das Vorhandene, »als wenn das Vorhandene zu existiren werth sey« (WA I, Bd. 47, S. 326). Kein Zweifel: Hilarie ist eine Dilettantin. Als nun der Maler sich ihrer Arbeiten annimmt,

> geht ihr auf, dass sie nur Mut fassen, einige Hauptmaximen, die ihr der Künstler gründlich, freundlich-dringend, wiederholt überlieferte, ernst und sträcklich befolgen müsse. Die Sicherheit des Striches findet sich ein, sie hält sich allmählich weniger an die Teile als ans Ganze, und so schliesst sich die schönste Fähigkeit unvermutet zur Fertigkeit auf. (JA 19, S. 279,17–23)

Hilarie tüftelt zuerst und zuletzt mit den Fingern, nur die Muster und ihre Regeln befolgend, während sie darauf hofft und darauf wartet, dass Gedanken, die des Umherschweifens fähig sind, sich aus dieser Folgsamkeit entwickeln. Je länger die Erfüllung dieser Hoffnung auf sich warten lässt, desto ängstlicher und genauer wird der Gehorsam, den sie ihr leistet, desto enger bindet sie sich an das tatsächlich Vorhandene, desto weiter entfernt sie sich vom wirklich Möglichen. Die »Hauptmaximen«, die der Maler sie lehrt, lehren sie, sich selbst in diesem Gehorsam und jener Folgsamkeit zum Sujet, zum Vor- und Entwurf zu nehmen, und sogleich findet »die Sicherheit des Striches [...] sich ein, sie hält sich allmählich weniger an die Teile als ans Ganze« (JA 19, S. 279, 20–22). Aus der Fähigkeit, musterhaft mit den Fingern zu tüfteln und darin auf Gedanken zu hoffen, die umherzuschweifen vermögen, ist die Fertigkeit geworden, mittels einiger erlernter Grundsätze solche Gedanken zu berufen. Was ihr nach wie vor abgeht, »ist Architectonik im höchsten Sinne, diejenige ausübende Kraft, welche erschafft, bildet, constituirt« (WA I, Bd. 47, S. 326), indem sie den Bezug, die Mitte zwischen tüftelnder Hand und umherschweifenden Gedanken selbst zum Sujet, zum Projekt ihrer Vermittlungen nimmt und daraus den ästhetischen Gegenstand als Symbol jener Mitte und ihrer Wirklichkeitsmacht entwickelt. Hilariens Dilettantismus hat sich bloss in sich selbst umgekehrt, aber nicht aufgehoben.

> So sassen sie neben einander; [...] Der glücklichste Wettstreit, wie er sich selten zwischen Schüler und Meister entzündet, tat sich hervor. Manchmal schien der Freund auf ihr Blatt mit einem entscheidenden Zuge einwirken zu wollen; sie aber, sanft ablehnend, eilte gleich, das Gewünschte, das Notwendige zu tun, und immer zu seinem Erstaunen. (JA 19, S. 280,9–17)

So sitzen sie nebeneinander – auf den ersten Blick wie Paolo und Francesca. Wenn jedoch der Maler mit einem entscheidenden Zug auf ihr Blatt hinübergreifen will, wenn seine Hand die ihre beinahe berührt, um sie zu führen, wehrt sie sanft, aber entschieden ab und zeichnet selbständig weiter, indem sie das Gewünschte nicht seiner Aufforderung nach tut, sondern zu seinem Erstaunen. Statt seine Maximen anzuwenden, die umherscheifende Gedanken und tüftelnde Hand notwendig aufeinander beziehen, wendet sie diese Maximen in einer von ihm nicht vorausgesehenen, ihn überraschenden Weise, sich zum Subjekt ihrer Anwendung und sich darin zugleich zum Sujet dieser Subjektivität machend. Was Frauen »bei ihren sonstigen Schmuck- und Putzarbeiten zu höherer Kunst befähigt« (JA 19, S. 279,4–5), hat sich bei Hilarie über schülerhafte Fertigkeit hinaus zu meisterlicher Höhe gesteigert.[21] Mit den Fingern tüftelnd und mit den Gedanken umherschweifend beherrscht sie die Kunst des sich konsequent in sich reflektierenden »und« – und die schöne Freundin, dank deren Hilfe sie zu zeigen vermag, dass sie es beherrscht, sollte es nicht beherrschen?

Jenen Prozess der sich verdoppelnden, vervielfältigenden Kommunikation, dem wir hier nachgegangen sind, nennt das Denken vor allem des späten Goethe: Analogie. »Mitteilung durch Analogien«, heisst es in den *Maximen und Reflexionen aus dem Nachlass*, »halt' ich für so nützlich als angenehm; der analoge Fall will sich nicht aufdringen, nichts beweisen; er stellt sich einem anderen entgegen, ohne sich mit ihm zu verbinden. Mehrere analoge Fälle vereinigen sich nicht zu geschlossenen Reihen, sie sind wie gute Gesellschaft, die immer mehr anregt als gibt.« (JA 39, S. 87) Das bezeugt, was wir in Gesellschaft der schönen Witwe und des Majors erlebt und erfahren haben, indem es auf den ursprünglich mathematischen Begriff der Analogie Bezug nimmt, der schon bei den Pythagoräern eine Mitte meint, die den Abstand zwischen ihren Aussengliedern bestimmt, allerdings noch so, dass sie ihnen die Gestalt einer geschlossenen Reihe gibt. Wie kommen wir nun dieser Mitte und ihrer Ordnungskraft im Sinne Goethes am besten auf die Spur? Vielleicht auf dem Umweg über eine ähnliche, uns geläufigere Denkform: die Dialektik.

---

[21] Das »Schema über den Dilettantismus« ist nicht das einzige an Schiller erinnernde Theoriegebilde, das in den Wanderjahren ins Wanken gerät. Was hätte der Verfasser von »Ueber Anmuth und Würde« wohl zu einer Frauengestalt wie der »pilgernde[n] Törin« gemeint, von der es heisst: »Sie war die Vernunft, mit aller Anmut begabt« (JA 19, S. 63, 29–30)?

»Diejenige Beziehung ist eine vermittelnde, worin die Bezogenen nicht ein und dasselbe, sondern ein anderes füreinander und nur in einem Dritten eins sind.«[22] Die Mitte, in der die Bezogenen an ihrem Unterschied ihre Einheit haben, ist also ihnen gegenüber ein Drittes, das zu ihrer vorherigen Bestimmung hinzutritt und und sie zu Momenten einer neuen, um jene vorherige Bestimmung bereicherten Bestimmtheit macht. Aber diese neue Bestimmtheit, so reich sie auch sein mag, ist an sich selbst unmittelbar und abstrakt, auf Bezogenheit, Vermittlung und damit eine neue Mitte, deren Moment nun sie wird, schon angelegt. Im universalen Prozess der Vermittlung kehrt die Mitte, die Einheit des Unterschieds der durch sie aufeinander Bezogenen, zwar progressiv wieder, aber sie kehrt nie zu sich als dieser besonderen, individuellen, jetzt und hier vor sich gegangenen Vermittlung zurück. Sie kennt nur den Prozess, aber nicht den Rezess, nur den Fortschritt, aber nicht dessen Innehalten, das ihn auf seine Meilensteine zurücknimmt, ohne sich ihm in den Weg zu stellen. Analogie, wie der späte Goethe sie auffasst, bedenkt und berücksichtigt hingegen beides: »Jedes Existierende ist ein Analogon alles Existierenden; daher erscheint das Dasein immer zu gleicher Zeit gesondert und verknüpft. Folgt man der Analogie zu sehr, so fällt alles identisch zusammen; meidet man sie, so zerstreut sich alles ins Unendliche.«[23] Jedes Existierende muss also zugleich als Analogon in den Reihen der Existenz schlechthin und als ein gesondertes, in diese Reihen nicht einzuschliessendes einzelnes verstanden werden. Alles, was ist, ist in seinem Dasein allseits vermittelt und allgemein und zu gleicher Zeit unmittelbar und individuell. Während das Fortschritts-Programm der Dialektik erst in seinem Resultat, im absoluten Wissen, sichtbar und abrufbar wird, gilt es im Fortgang des analogischen Denkens als wahrzunehmende Bedingung jeden Schritts. Es muss deshalb bei jedem nicht nur erwägen, in welche Reihe es die Beziehung zwischen zwei analogen Phänomenen einpassen will, sondern sich darin zugleich die Einreihung dieser Reihe ins Ganze der Existenz gegenwärtig halten, um deren totalisierende Geschlossenheit auf die Individualität eines jeden einzelnen Phänomens hin zu relativieren und zu entschliessen.

Während das Textmodell Jagdgedicht dazu neigt, der Analogie so sehr zu folgen, dass alle seine Momente identisch so mit sich zusammenfallen wie seine lateinischen Lettern mit ihrer eigentümlichen Regularität, neigt das Textmodell Brieftasche dazu, sie zu meiden, sie umherschweifend ins Unendliche zu zerstreuen. Im »fortlaufenden Vortrag« im *Mann von funfzig Jahren* wie im Gang der *Wanderjahre* überhaupt wird das Verhältnis zwischen Totalität und Individualität, deren simultane Geltung allem Verlauf schlechthin zugrundeliegt, an den Ausssichts- und Wendepunkten von diesem Grund auf erwogen und bestimmt, so als käme ein Computer-Programm an jeder seiner Schnittstellen auf seine eigentümliche Grammatik erwägend und überlegend zurück.

So gelesen nehmen die *Wanderjahre* nicht nur die Hypertextform als Desiderat und Option vorweg, sondern deuten darin auch schon das Projekt eines Hypertextes

---

[22] G.W.F. Hegel: *Phänomenologie des Geistes*; Werke in 20 Bdn., hg. von Eva Moldenhauer und Karl Markus Michel, Bd. 3, Frankfurt a. M. 1970, S. 482.
[23] *Betrachtungen im Sinne der Wanderer* (1829), JA 39, S. 68.

an, der seine Leserin und seinen Leser mit der Frage »Do you want to hear about it?« in simultane Paralleltexte führt, um ihm zu gleicher Zeit die Gegenfrage freizustellen: »Do you want to hear what I want to hear?«

Literatur

Goethes Sämtliche Werke. Jubiläumsausgabe (JA) in 40 Bdn., Stuttgart/Berlin 1902ff.

Goethe, Johann Wolfgang: *Wilhelm Meisters Wanderjahre oder Die Entsagenden* (Urfassung von 1821), mit einem Nachwort von Ehrhard Matz, Bonn 1986.

Goethe, Johann Wolfgang: *Schema über den Dilettantismus*, in: *Goethes Werke*, Weimarer Ausgabe (WA), I. Abth., Bd. 47, Weimar 1896.

Goethe, Johann Wolfgang: *Briefe*, textkritisch durchgesehen und mit Anmerkungen versehen von Bodo Morawe, 4 Bde., Hamburg 1962ff.

Homer: *Odyssee*, in der Übertragung von Johann Heinrich Voss, nach dem Text der Erstausgabe (Hamburg 1781) hg. und mit einem Nachwort versehen von Wolf Hartmut Friedrich, München 1957.

Hegel, Georg Wilhelm Friedrich: *Phänomenologie des Geistes*; in: Ders.: *Werke in 20 Bänden*, hg. von Eva Moldenhauer und Karl Markus Michel, Bd. 3, Frankfurt a. M. 1970.

Beressem, Hanjo: »Unterwegs im Docuversum«, in: Martin Klepper, Ruth Mayer, Ernst-Peter Schneck (Hg.): *Hyperkultur. Zur Fiktion des Computerzeitalters*, Berlin/New York 1996, S. 108–129.

Bürger, Christa: *LebenSchreiben: Die Klassik, die Romantik und der Ort der Frauen*, Stuttgart 1990.

Dane, Gesa: *›Die heilsame Toilette‹. Kosmetik und Bildung in Goethes ›Der Mann von funfzig Jahren‹*, Göttingen 1994.

Elsaghe, Yahya A.: »›Helle‹ und ›Hölle‹: zur Rolle der Dichtung in ›Wilhelm Meisters Wanderjahren‹«, in: *Goethe-Yearbook* 7 (1994), S. 118–132.

Elsaghe, Yahya A.: »›Eins und Doppelt.‹ Zur Verdoppelung mythologischer Identitäten in Goethes *Der Mann von funfzig Jahren*«, in: *Sprachkunst. Beiträge zur Literaturwissenschaft* 23 (1992), S. 213–232.

Kittler, Friedrich A.: *Aufschreibesysteme 1800.1900*, 3., vollst. überarb. Aufl. München 1995.

Klepper, Martin / Ruth Mayer / Ernst-Peter Schneck (Hg): *Hyperkultur. Zur Fiktion des Computerzeitalters*, Berlin/New York 1996.

Möckel-Rieke, Hannah: »Der Virtuelle Text«, in: Martin Klepper, Ruth Mayer, Ernst-Peter Schneck (Hg.): *Hyperkultur. Zur Fiktion des Computerzeitalters*, Berlin/New York 1996, S. 68–80.

Der kleine Pauly. Lexikon der Antike, bearb. und hg. von Konrad Ziegler und Walther Sontheimer, 5 Bde., München 1975.

Sasse, Günter: »›Der Abschied aus diesem Paradiese‹. Die Überwindung der Sehnsucht durch die Kunst in der Lago Maggiore-Episode in Goethes ›Wanderjahren‹«, in: *Jahrbuch der deutschen Schillergesellschaft* 42 (1998), S. 95–119.

Schlaffer, Hannelore: *Wilhelm Meister. Das Ende der Kunst und die Wiederkehr des Mythos*, Stuttgart 1989.

Stefan Blessin

TODESBILDER IN GOETHES ROMANEN UND EINIGEN ERZÄHLUNGEN VON JEAN PAUL

Goethe wird nachgesagt, daß er zum Tod ein prekäres Verhältnis gehabt habe. In seinen späten Jahren sei es immer schwieriger gewesen, ihm eine Todesnachricht auch nur zu hinterbringen, geschweige denn von Tod und Sterben zu sprechen. Würde er mit Unmut reagieren? Wäre er so nachhaltig verstimmt, daß es ihn an der Arbeit hinderte? Man fürchtete um seine Gesundheit und suchte nach den schonendsten Umständen, um die schlechte Botschaft loszuwerden. Nur die formelhafte, an Unempfindlichkeit grenzende Standhaftigkeit ist noch schwerer zu ertragen, die der Olympier an den Tag legte, als er vom Tod seines einzigen Sohnes hörte, der ihm im November 1830 von Rom gemeldet wurde: »Ich wußte, daß ich einen Sterblichen gezeugt.«[1] Dieser in fließendem Latein wie aus dem Off gesprochene Satz – war das noch die in Ehren zu haltende Idiosynkrasie gegen den allmächtigen Tod oder schon Gefühlsabstumpfung und erstes Vorzeichen der Vergreisung?

Gegen das Thema »Tod« hatte Goethe einen Wall körperlich greifbaren Unwohlseins errichtet. Darüber ließ er nicht mit sich reden. War das Unvermeidliche dennoch zu berühren, stand eine umschreibende und verschleiernde Ausdrucksweise zu Gebote. Die ultima linea rerum[2] mochte soviel heißen wie die äußerste Grenze, die den irdischen Dingen gezogen sei. Was jedem irgendwann droht, Goethe konnte darauf nicht anders als aus der Ferne hindeuten. Niemand wollte ihm deshalb zu nahe treten, und so unterwarfen sich alle in dem Kreis seiner Freunde und Helfer unaufgefordert diesem Diktat. Man kannte seine krankhaften Überreaktionen auf den Tod Schillers, die ihn tagelang ans Bett fesselten, seine Flucht vor Bestattungsfeierlichkeiten, auch wenn er sie zum Teil selbst eingerichtet hatte wie nach dem Tod seines großherzoglichen Freundes Carl August. Aus dem Grund mochte auch gerade noch hingehen, daß er dem Todeskampf seiner Ehefrau Christiane nur durch drei Räume getrennt beiwohnen konnte und nicht an das Lager der Gepeinigten eilte, als sie sich in ihren kolikartigen Schmerzen die Zunge halb durchbiß und das ganze Haus davon widerhallte. Man fühlte sich zu Lebzeiten schuldig, wenn vorauszusehen war, daß der eigene Leichenzug unter Goethes Augen zum Friedhof führen würde, und gab wie Charlotte von Stein rechtzeitig Order, nicht den Weg vorbei an seinem Haus am Frauenplan zu nehmen.

---

[1] *Goethes Leben von Tag zu Tag. Eine dokumentarische Chronik* von Angelika Reimann, Bd. VIII, 1828-1832, Zürich 1996, S. 408.
[2] Ebd., S. 416.

Wenn der Tod ein Tyrann ist – wieviel mehr ist es die ihn aus allen gegenwärtigen Bezügen tilgende Zensur! Goethe war nicht damit zu beruhigen, daß der Tod zum Leben dazugehört wie Atmen, Essen und Trinken. Das sagt sich heute auch ungleich leichter als damals, nachdem die durchschnittliche Lebenserwartung eine unerhörte Steigerung erfahren hat. Goethe war ein gebranntes Kind. Noch nicht zwanzigjährig war er von seinem ersten Studium in Leipzig krank nach Frankfurt zurückgekehrt und schwebte mit einer tuberkulösen und lymphatischen Infektion in einem höchst bedenklichen Zustand. Der Blutsturz, der ihn nach dem stoisch ertragenen Tod seines Sohnes August denn doch Ende November 1830 ereilte, war eine Spätfolge davon. Solche Befürchtungen hatten ihn ein Leben lang umgetrieben und zeitweilig zum Hypochonder gemacht.

Zu einer bloß sentimentalen Abwehr all dessen, was mit dem Tod zu tun hat und sei es in einem bildlich anspielenden Sinne, hat er sich dennoch nie hinreißen lassen. Eindringlich hat Goethe den Knochenbau nicht nur bei Tieren, sondern auch beim Menschen studiert. Was uns zum Menetekel irdischer Vergänglichkeit geworden ist: der hohläugige Schädelknochen – Goethe hat, im Gegenteil, darin ein Monument zeitüberdauernder Wirkung gesehen. In den Schädeln, die ihm als von Raphael und Schiller stammend ausgehändigt wurden, hat er die sprechende Spur ihres einzigartigen Ingeniums gesucht. Er hat es in der zarten und fein ziselierten Wandung ihres Schläfenbeins wiedergefunden und mit forschendem Ernst als die unzerstörbare Form ausdrücklich hervorgehoben. Daran ändert auch nichts, daß wir heute wissen: Weder Raphael noch Schiller gehörten die Schädel, die Goethe zum Schauplatz seiner eidetischen Beweisführung gemacht hat.

Immerhin kann es uns davor schützen, vorschnell auf Verdrängung und neurotische Störungen zu schließen,[3] wenn wir Goethe in seinem Verhältnis zum Tod betrachten. Wir wollen es vorläufig nur eigen nennen. Er hatte ein besonderes, eigenes Verhältnis zum Tod; was ja nur heißt, daß er nicht einem unwandelbaren Zwang ausgeliefert war, sondern daran gearbeitet hat. Das geht aus seinen Romanen hervor.

Für einen, der, wo immer es möglich war, dem Tod ausgewichen sei, der ihn marginalisiert und aus dem Leben verdrängt habe, ist es schon auffällig, daß er gleich in seinem ersten Roman einen Todesfall ins Zentrum rückt, der größtes Aufsehen erregen muß. Werthers Selbstmord ist nicht das Ende eines fiktiven Helden, der uns durch sein Leben, durch seine Taten und Handlungen interessant geworden ist und der schließlich, nachdem wir ihn auf seinen vielfältigen Wegen durch die Welt begleitet haben, einer unauflöslichen Verstrickung erliegt. Der Roman ist um dieses gewaltsamen Todes willen geschrieben, auf den er unaufhaltsam und mit wachsender Geschwindigkeit zurast. Der Selbstmord ist das Thema und noch dazu in dem vollen Bewußtsein, daß er vor der Gesellschaft, vor dem Christentum, ja vor dem Leben selbst unentschuldbar ist. Werther muß schon seine besonderen Gründe haben, wenn er uns von der Unausweichlichkeit dieses äußersten Schrittes überzeugen will, wenn

---

[3] Unter vielen sei hervorgehoben: Gerhard Schmidt: *Die Krankheit zum Tode. Goethes Todesneurose*, Stuttgart 1968.

er nicht am Ende verstoßen und allein bleiben, sondern unserer Sympathie, unserer schmerzlich empfundenen Anteilnahme gewiß sein möchte. Diese in Werther liegenden Gründe hervorzuholen und so zwingend wie möglich zu machen, hat der Roman eine Struktur, die ebenso radikal neu und unüberbietbar modern ist wie das ganze Thema: das bloß auf sich selbst gestellte Individuum. Es ist die Form des Briefromans, aber in der Zuspitzung auf nur eine Seite, die zu Worte kommt, auf Werther und seine Sicht der Dinge. Es ist diese Fokussierung auf ausschließlich eine Perspektive, die eine Fülle von Ansichten hervortreten läßt, die nun ihrerseits einsehbar erscheinen lassen, warum es richtig ist, vorzeitig Schluß zu machen, und die sich alle in dem einem Fluchtpunkt treffen, daß sich dieses Leben erst im Tod erfüllt. Hier will einer durchaus den Tod und zwar aus Enttäuschung über das, was ihm das Leben schuldig bleibt und was allein der Tod ihm geben kann.

Kein Zweifel – Goethe hat sich mit Werther identifiziert und ist mit ihm in den Brunnen der Verzweiflung hinabgestiegen; wie er sich dann auch wieder an seinem eigenen Schopf daraus emporgezogen – sich mit Hilfe des *Werther* freigeschrieben hat.

Mag es Goethe auch in der zweiten Auflage beschwörend dementieren – das Buch ist zwar keine Anleitung zum Selbstmord, aber eine überaus gründliche Rechtfertigung. Es ist die vollständigste Rationalisierung des Selbstmords. Denn was immer erzählt wird, dient nur dazu, daß alle möglichen Gründe aufgeboten werden, um diesen letzten Schritt wirklich zu vollziehen. Die Gewaltsamkeit liegt in diesem Schritt, der ein Schritt vom Denken zum Tun, von der bloß fingierten Handlung zur grausamen Wirklichkeit ist. Und Goethe hätte diesen Schritt nicht besser in Szene setzen können als durch die Einschaltung eines Herausgebers, der schon vorher durch hinzugefügte Fußnoten die Authentizität der Briefe mittelbar beglaubigt und der nun aus der Geschichte ein unaufhaltsames, mitreißendes Finale macht. Die Dokumentarfiktion holt uns auf den Boden der Tatsachen zurück, die erschütternder nicht sein können.

Im einzelnen wollen wir die Gründe für den selbstgewählten Tod hier nicht diskutieren und untereinander gewichten. Sie reichen bekanntlich von einer unglücklichen Liebe über persönliche Enttäuschungen bis zum gesellschaftlichen Mißerfolg bei dem Versuch, eine dauerhafte berufliche Anstellung zu finden. Berühmt ist der ins Allgemeine gezogene Satz: »Die Natur findet keinen Ausweg aus dem Labyrinthe der verworrenen und widersprechenden Kräfte, und der Mensch muß sterben.«[4] Wie unwiderruflich auch diese Formulierung scheint, sie reicht noch nicht aus, daß Unbegreifliche zu vollstrecken. Erst muß der Tod selbst umgedeutet werden in ein Wiedersehen mit der Geliebten, in die Heilserwartungen einer besseren Welt. Damit niemand glauben soll, Werther habe sich das nur ausgedacht, ist der Ruf aus dem Jenseits schon an ihn ergangen. In Anlehnung an das Gleichnis vom verlorenen Sohn und in unmittelbarer Nachfolge Christi, des Menschensohnes, ist es Gottvater, der

---

[4] Johann Wolfgang von Goethe: *Die Leiden des jungen Werther*, in: *Goethes Werke*. Hamburger Ausgabe (= HA) Bd. 6, textkritisch durchgesehen von Erich Trunz, 6. Aufl. München 1965, S. 7–124, hier S. 50.

ihn »für sich behalten will.«[5] In dieser Gewißheit nimmt Werther die Pistolen aus Lottes Händen; er trinkt gleichsam bis zur Neige den Kelch aus, bis es »vollbracht«[6] ist.

Der unwiderstehliche Sog, mit dem Werther vom Tod angezogen wird, dürfte niemandem so zugesetzt haben wie Goethe selbst. Denn er ist es, der über den Vorrat religiöser Bilder und Traditionen völlig gebietet, der die schlagendsten Argumente wie Waffen gegen sich schmiedet, der das Verhängnis in einen die Grenzen der Fiktion sprengenden Tatsachenbericht mit entsetzlichem Ausgang überführt. Wie um nicht doch noch einem unvorhersehbar letzten Einwand stattzugeben, muß sich Werther eine Kugel durch den Kopf schießen; eine Kugel, die sich von keinem Schmerz der Welt zurückrufen läßt, wenn sie einmal ihren Lauf genommen hat. Die Gewalt, mit der hier Goethe hat vollendete Tatsachen schaffen wollen, ist die in jedem Selbstmord steckende, auch noch die letzten Hindernisse niederrennende Autoaggression.

Wie sie Goethe unmittelbar getroffen hat, wissen wir natürlich nicht. Aber welcher Gewalt er gegen sich fähig wäre! – diese Einsicht, diese grauenerregende Erfahrung können wir daran ablesen, wie Goethe hinfort mit seinem *Werther* umgegangen ist. Er hat ihn in der zweiten Fassung von 1787 textlich abgemildert, die Leiden hat er auf einen »jugendlichen Wahn«, auf Lebensüberdruß und einen modischen »Ekel vor dem Leben« zurückgeführt[7] und sich selbst als Autor des *Werther* auf seiner Italienreise verleugnet. Nicht anders als große Teile seines Lesepublikums hat sich Goethe gegenüber dem konsequenten Selbstmord seiner Romanfigur in eine Art von Abwehr geflüchtet, die oft auch nachvollziehbar und wohlbegründet ist, die aber immer den zugrunde liegenden Kern durchblicken läßt: das Grauen vor der todbringenden Gewalt, die er gegen sich zu richten imstande wäre.

Das Entsetzen über die eigene todessüchtige Radikalität – der *Werther*-Schock – führt bei dem Romanautor Goethe zu einer massiven Gegenreaktion – mit der Folge, daß das Thema für ihn alles andere als erledigt ist. Daran wird er sich künftig abarbeiten. Zuerst verschwindet der Tod hinter der Erzählbühne, er wird vordergründig verbannt, wie an den nächsten beiden Todesfällen abzulesen ist: an Mariane und dem alten Meister. Sodann nimmt er Zuflucht im Bild, in den Scheinbildern des Lebens wie bei Mignon und Ottilie. Beides sind Versuche, sich dem Tod gewachsen zu zeigen, und ein vorläufiger Ansatz, den Todeswunsch auszuhalten, zu erklären und vielleicht auch zu rehabilitieren.

Das unerledigte Wertherproblem ist der Schlüssel für die programmatische Ausgestaltung der nachfolgenden Romane. Es ist deshalb unzutreffend, bei Goethe

---

[5] Ebd., S. 86.
[6] Ebd., S. 124.
[7] Johann Wolfgang von Goethe: *Aus meinem Leben. Dichtung und Wahrheit*, in: *Goethes Werke*. HA Bd. 9, textkritisch durchgesehen von Lieselotte Blumenthal und mit Anmerkungen versehen von Erich Trunz, 5. Aufl. München 1964, S. 7–598, hier S. 578 ff.

von einer zwanghaften, letztendlich unbegriffenen Verdrängung des Todes auszugehen. Im Gegenteil, mehr als zwei Generationen wird es dauern, bis Georg Büchner wieder Texte schreiben wird, die ähnlich wie der *Werther* an die Absurdität des Todes heranreichen. Denn vom Tod zu sprechen ist das eine. Das haben viele getan, vor allem die Romantiker. Aber das andere ist sich zu fragen, worüber wir eigentlich reden, wenn wir vom Tod sprechen. Reichen wir mit der Sprache überhaupt dorthin? wie sich Werther fragt:

> [...] das ist der letzte Morgen. Der letzte! Lotte, ich habe keinen Sinn für das Wort: der letzte! Stehe ich nicht da in meiner ganzen Kraft, und morgen liege ich ausgestreckt und schlaff am Boden. Sterben! Was heißt das? Siehe, wir träumen, wenn wir vom Tode reden. [...] Wie kann ich vergehen? wie kannst du vergehen? Wir sind ja! – Vergehen! – Was heißt das? Das ist wieder ein Wort! ein leerer Schall, ohne Gefühl für mein Herz. [...] Sterben! Grab! ich verstehe die Worte nicht![8]

Der Mariane-Roman ist die Keimzelle des *Wilhelm Meister*. Er läuft noch auf einen Tod hinaus, den Tod Marianes, aber wir sehen ihm nicht mehr wie im Falle Werthers direkt ins Auge. Wilhelms erst große Liebe stirbt hinter der Szene. Wie so manches hübsche Mädchen aus dem Volk muß sich Mariane als Schauspielerin prostituieren. Die Gagen sind unsicher oder viel zu gering, und so ist die Bühne der öffentliche Ort, die eigenen Reize feilzubieten. Sie hat es schon weit gebracht und hält sich sogar eine kupplerische Aufwärterin, die ihr genau sagen kann, was sie sich nicht leisten kann: Gefühle, eine ruinöse Leidenschaft, ein der Gesundheit und Schönheit abträgliches Engagement und vor allem einen unbemittelten Liebhaber. Alles das kommt in Wilhelm zusammen, der ein«unbefiederter Kaufmannssohn« ist, besessen vom Theater. In ihm lernt Mariane die Liebe kennen. Sie gewinnt Vertrauen, Hoffnungen wachsen ihr wie Flügel, sie wird schwanger. Da holt sie mit dem reichen Norberg ihr Prostituiertendasein ein. In einer zweideutigen Situation wird sie von Wilhelm entdeckt, der sie aus Eifersucht sofort verläßt. Mit dem Kind im Bauch macht sie die Liebe so wehrlos, daß es ihr Verhängnis wird. Sie stirbt an den Folgen der Geburt. Wilhelm, der sie in wahnsinniger Enttäuschung über seinen vermeintlichen Nebenbuhler brüsk hat fallen lassen, erfährt ebenso wie der Leser immer nur ratenweise von den elenden Umständen ihres Todes und muß sich lange mit den Zweifeln herumplagen, ob er der Vater jenes Felix sei.

So beschäftigt der aus dem Blick gerückte Tod auch weiterhin den Roman, aber Wilhelm bleibt die Wertherkrise bis zum Exzeß erspart. Um so leichter löst sich der im Kern sozialkritische Text, der noch dem Sturm und Drang angehört, in den größeren Zusammenhang der *Theatralischen Sendung* auf. Dort wird es wiederum ein Todesfall sein, der die Reorganisation des ganzen Romans notwendig macht, der Tod von Wilhelms Vater alias des alten Hamlet Tod, der zum Scharnier für die Umarbeitung zu den *Lehrjahren* wird, insbesondere mit dem Brief, den Wilhelm daraufhin an seinen Schwager Werner schreibt (V, 3). So ist es wie nach der Geburt von Felix wiederum der Tod – wenn auch weniger märchenhaft als sozialgeschicht-

---

[8] Goethe: *Werther*, S. 116.

lich motiviert -, der die Handlung neu in Gang setzt. Der Tod Marianes wie der des alten Meister reißen nicht mehr eine Welt in den Abgrund. Dagegen wird es immer das ungeheuerlichste Wort über den Tod bleiben, wenn wir von Werther hören, daß mit ihm die ganze Welt untergehen wird:

> [...] in dem schrecklichen Augenblick, da mein ganzes Wesen zwischen Sein und Nichtsein zittern wird [...] und mit mir die Welt untergeht [...]

Mit der *Theatralischen Sendung* wird aus der todbringenden Verwechslung, der Mariane zum Opfer fällt, ein Spiel mit Verwechslungen, Vertauschungen, Zufällen und Irrtümern. Nichts geschieht, was nicht auch zu einer Chance verhelfen würde. Sie muß nur ergriffen werden. Die *Theatralische Sendung* läuft nicht mehr auf eine Katastrophe hinaus. Täuschung und Enttäuschung sind im weitesten Sinne das Thema. Der Theaterroman, der daraus entstanden wäre, hätte das Zeug dazu gehabt, die im 19. Jahrhundert überaus erfolgreiche Gattung der Desillusionsromane anzuführen, zumal auch ein Blick hinter die Kulissen des Adels vorgesehen war.

Erst die *Lehrjahre* bringen den Tod zurück, aber nur in ausgesuchten Nebenfiguren: mit Aurelie, dem Harfner und besonders mit Mignon. Im Mittelpunkt steht Wilhelm. Er ist der sich theatralisch mißverstehende Held und darf auf keinen Fall sterben. Ein Wanderstab, der grüne Blätter treibt, wo auch immer er abgestellt wird, wie es einmal in den *Wanderjahren* heißt. Weder kann ihn Mariane zugrunde richten noch auch die Kugel um sich schießender Marodeure niederstrecken. Sie fährt ihm nicht ins Herz, sondern bloß in den Arm. Richtig getroffen fühlt er sich erst von dem Anblick Natalies, und der führt ihn ins Leben zurück. Denn Wilhelm soll weiterleben – aus exemplarischen Gründen.

An Wilhelm wird das universalistische Thema erprobt. Es ist sein erklärter Wunsch, alle von Natur aus in ihm steckenden Anlagen ausbilden zu können – seine ganze Menschheit, wie es in einer frühen Bedeutung des Wortes heißt. Die Konzeption der *Lehrjahre* sieht vor, daß Wilhelm alles erreicht – und nichts: er bekommt die ersehnte Frau, muß sich aber wieder von ihr trennen; er darf sich Vater und Bürger nennen, steht aber ohne Beruf da; er hat viel erfahren, aber nichts gelernt, was ihm dauerhaft Sicherheit geben könnte. Es ist die Summe, von der Goethe sagt, daß die Addition nicht aufgehe.

Wilhelm muß weitermachen – für die *Wanderjahre*. Sterben dürfen nur Aurelie, der Harfner und Mignon. Was bringt sie zu Tode? Im Grunde alles, was Wilhelm zum Vorteil ausschlägt: Verwechslungen, Irrtümer und Zufälle. Warum gerade sie? Nun, weil sich in ihnen die Natur nicht wiederherstellt. Zum Weiterleben ist die Fähigkeit unerläßlich, mit der Welt überhaupt in einen Austausch eintreten zu können: Geben und Nehmen im Wechsel und zwar so, daß jeder sich auch zum Mittel für die Zwecke anderer machen muß, um den eigenen, besonderen Vorteil zu erreichen. Niemand ist vollkommen Herr seiner selbst. Keine dazwischentretenden Umstände – keine Zufälle und keine Vertauschungen – sind so verhängnisvoll, daß sie sich nicht auch zum eigenen Nutzen wenden ließen. Wer glaubt, sich vor der

---

[9] Ebd., S. 86.

Welt und dem Publikum nur zu prostituieren, geht daran zugrunde wie die Schauspielerin Aurelie. Wer – wie der Harfner – unbedingt seine Freiheit über alles stellt, über den spricht zuletzt ein zufälliges Zeichen das Todesurteil.

Die Möglichkeit, die Welt auch als Mittel nutzen zu können, bedeutet Leben. Wer dagegen immer nur auf sich selbst zurückfällt und mit seiner eigenen Person bezahlen muß, der ist auf Dauer nicht lebensfähig. Für den gibt es den todbringenden Irrtum und den heillosen Zufall. Unter dem Blickwinkel solcher konzeptuellen Vorgaben entdeckt Goethe den Inzest – das verweigerte Einkreuzen fremden Blutes – als die Quelle größeren Unheils. Lange bevor Sigmund Freud die Sozialisationsgeschichte um das Inzesttabu kreisen läßt, läßt Goethe Mignon an einem folgenreichen Inzest zugrunde gehen. Wie auch später bei Freud wird schon bei Goethe das Verhängnis nicht direkt von einem wider die Natur gerichteten Aktus – der Geschwisterliebe – eingeleitet, sondern davon, was für widernatürlich gehalten wird. Der Naturbegriff ist eine Konstruktion, wie Goethe weiß, aber er schreibt ihm eine axiomatische Wirkung zu. Deshalb stirbt in den *Lehrjahren* niemand an Mord oder Totschlag, erst recht nicht an einem herunterfallenden Ziegelstein oder einem anderen Zufall. Es stirbt nur, wer mit seiner Natur entzweit ist oder nicht mehr mit ihr eins werden kann. Er geht an sich selbst zugrunde wie Mignon und zehrt innerlich aus.

Im *Werther* ist dieser vitiöse Zirkel vorgebildet:

> [...] wir nennen das eine Krankheit zum Tode, wodurch die Natur so angegriffen wird, daß teils ihre Kräfte verzehrt, teils so außer Wirkung gesetzt werden, daß sie sich nicht wieder aufzuhelfen, durch keine glückliche Revolution den gewöhnlichen Umlauf des Lebens wieder herzustellen fähig ist.[10]

Die *Lehrjahre* gehen darin über den *Werther* hinaus, daß sie diesen Ansatz verallgemeinern und systematisieren: Es gibt den Tod nur als die mit sich selbst zerfallene Natur, gleichsam als Mangel an Welt, als Auszehrung von innen. Es ist ein durch keine äußere Einwirkung erfolgter Tod; kein gewaltsam durch einen Pistolenschuß vollstreckter Abgang, sondern eher ein leises, schleichendes Hinscheiden, das als ein mit den Mitteln der Autosuggestion herbeigeführter Selbstmord bezeichnet wurde.[11] Damit hat der Tod seinen Schrecken eingebüßt. Der Tod hört auf, ein Werk der Zerstörung zu sein, wie beispielhaft an Mignon abzulesen ist, die in ihrer äußeren Erscheinung völlig erhalten bleibt: »So laßt mich scheinen, bis ich werde«.[12] In Mignon nimmt der gegenüber dem *Werther* verwandelte Todeswunsch handlungsbestimmende Gestalt an. An ihrem Fall spielt Goethe die Idee eines Todes durch, der nicht mehr an Gewalt denken läßt.

Seinen Höhepunkt erreicht das in den Bestattungsfeierlichkeiten im Saal der Vergangenheit, den sogenannten Exequien, in denen uns die Tote so erscheint, als

---

[10] Ebd., S. 48.

[11] Schmidt: *Die Krankheit zum Tode*, S. 4.

[12] Johann Wolfgang von Goethe: *Wilhelm Meisters Lehrjahre*, in: *Goethes Werke*, HA Bd. 7, textkritisch durchgesehen und mit Anmerkungen versehen von Erich Trunz, 6. Aufl. München 1965, S. 7–610, hier S. 515.

wäre sie in ein höheres Leben eingegangen. Weil das die Hinterbliebenen aber nur vorläufig, im Augenblick des größten Schmerzes, beruhigen kann, hält der Roman eine zweite Lösung bereit, die die gereizten Nerven auf Dauer beschwichtigen soll. Sie liegt in der nachgetragenen Vorgeschichte, die Mignon aus tiefsitzenden Gründen selbst zu erzählen nicht imstande ist, die uns aber einen Einblick in die unglückliche Ursachenverkettung gibt, die zu ihrem Tod geführt hat.

Tatsächlich unterscheidet Goethe zwei Modelle, sich zu Mignons Tod zu stellen. Die Exequien helfen über das Entsetzliche dadurch hinweg, daß sie alle unsere Sinne gleichzeitig und nebeneinander beschäftigen. Es entsteht der Eindruck, daß Mignon lediglich schlafe und nicht nur als das himmlische Kind in die Ewigkeit eingehe, sondern darin ihre eigentliche Bestimmung finde. Um diesen »Schein des Lebens«[13] hervorzurufen, werden allen Mittel der Kunst und der Wissenschaft aufgeboten. Ein Mediziner ist damit beschäftigt, das Blut durch eine »balsamische Masse« zu ersetzen, die dem aufgebahrten Körper die rote, lebensfrische Farbe zurückerstattet. Was die Künste und besonders die bildenden Künste dazu beizutragen haben, ist seit Lessings berühmter Schrift bekannt: *Wie die Alten den Tod gebildet*[14] – nämlich als milde Schlaf- und Abschiedsszene, als gäbe es bald ein Wiedersehen. Erst recht und überhaupt ist es das Wesen der älteren Kulturen, daß sie den »Schein des Lebens« über die Zeit zu retten versuchen. Daß alles nur »Hokuspokus«, Täuschung und Lüge sei, will als Argument nicht fruchten gegen die uralte Anstrengung, unsere irdische Vergänglichkeit vergessen zu machen. Denn auch wir drücken den Verstorbenen die Augenlider herunter, um uns von dem starren Blick zu befreien. Dieses Bedürfnis ist tief eingewurzelt und braucht fast keine Erklärung. Nichts soll an Verfall und Verwesung erinnern.

Goethe hat zudem seine besonderen Gründe. Er fürchtet die überhitzte, nicht zu bändigende Einbildungskraft, die vom Tod hört und, wie in einer aufgerissenen Wunde immer weiter bohrend, Unmut und Verzweiflung zur Folge hat. So ergeht es auch Wilhelm, der, gleich nachdem Mignon gestorben ist, eine solche Überreaktion zeigt: »›Lassen Sie mich das Kind sehen‹, rief er aus, ›das ich getötet habe! Das Unglück, das wir mit Augen sehen, ist geringer, als wenn unsere Einbildungskraft das Übel gewaltsam in unser Gemüt einsenkt; lassen Sie uns den abgeschiedenen Engel sehen! Seine heitere Miene wird uns sagen, daß ihm wohl ist!‹«[15] Genauso maßlos, wie er seine Schuld übertreibt, sucht er vor seinen Selbstvorwürfen Zuflucht im Anblick der unversehrten äußeren Gestalt. Wenn er dennoch von den Ärzten daran gehindert wird, sich der Verblichenen zu nähern, dann deshalb, weil sich Mignons »lebendiges Ansehn«[16] erst völlig einstellen wird, wenn die medizinischen Balsamierungskünste ihr Werk getan haben. Erst müssen Tod und Entstellung aus dem Auge gerückt werden. Damit sich das so zwanglos wie möglich vollziehe, ist Mignon schon vorher, noch zu Lebzeiten, in das Kleid mit Flügeln gleichsam hinein-

---

[13] Ebd., S. 577.
[14] Gotthold Ephraim Lessing: *Wie die Alten den Tod gebildet*, in: *Gesammelte Werke*, Bd. 2, herausgegeben von Wolfgang Stammler, München 1959, S. 963 ff.
[15] Goethe: *Wilhelm Meisters Lehrjahre*, S. 545.
[16] Ebd.

gewachsen, das sie dann bei den Bestattungsfeierlichkeiten wie zum Eintritt in ein höheres Dasein tragen wird.

Was immer da im Saal der Vergangenheit zur Verabschiedung Mignons stattfindet – Goethe hat alles vermieden, was das Inszenatorische und Theatralische dieser Aufführung zurücknehmen könnte; einer Aufführung, die sich als das Zusammenwirken unterschiedlicher Künste und Kulturen wie ein dem schönen Schein gewidmetes Gesamtkunstwerk ausnimmt. Die Künstlichkeit und damit die Frage, ob es statthaft sei, den Tod dergestalt zum Leben zu verklären, wird ausdrücklich zum Thema gemacht. Wenn es eine Berechtigung für den Schein als Schein gibt, dann ist sie in der Einbildungskraft zu finden, die, völlig sich selbst und dem Schmerz überlassen, niederziehend und geradezu zerstörerisch ist. Vor dieser schmerzlich aufgereizten Einbildungskraft glaubt sich Goethe am meisten hüten zu sollen. Werthers gegen sich selbst gerichteten Aggressionen waren die Folge einer ungebremst das Verhängnis herbeizitierenden Einbildung. Um uns vor dem Absturz ins Bodenlose zu bewahren, müssen unsere Sinne bei der Totenfeier ins Diesseits gerufen, sozusagen im Hier und Jetzt beschäftigt werden. Das sind die Exequien, die die Verewigung im Bild betreiben – als Scheinbild des Lebens.

Wenn Goethe irgendwo als klassizistischer Romanautor auftritt, dann in dieser diätetisch gemilderten Fassung des Werthertodes durch Mignon. Im Gegensatz zu dem mit zerschossenem Schädel verröchelnden Werther ist Mignon im Tod nicht körperlich entstellt. In der Hinsicht ist sie als Gegenbild konzipiert. Das Wiedersehen, das sich Werther nach dem Tod erhofft, das er wortreich beschwört – sie verkörpert es mit ihrem engelsgleichen Wiedererscheinen. Nur daß der Eindruck nicht von Dauer ist. Er wird gestört, noch während die Feierlichkeiten im Gange sind. Als auf ihrem Arm ein tätowiertes Kruzifix zum Vorschein kommt, glaubt ein anwesender Marchese, in Mignon eine verschollene Verwandte wiederzuerkennen. Das Kreuz stiftet Unruhe. Kaum ist der Chor verklungen, der Sarg »durch den Druck einer Feder« abgesenkt, geraten die Trauernden in Aufregung, und es »fielen die Schmerzen, die Betrachtungen, die Gedanken, die Neugierde sie mit aller Gewalt wieder an.«[17]

Für den Moment fesselt das theatralische Zeremoniell die Aufmerksamkeit, aber nicht für länger. Auf Dauer können das nur Erklärungen leisten, die uns über den Tod Mignons beruhigen. Sie versuchen, eine Antwort auf die Frage nach dem Warum zu geben. Warum mußte Mignon sterben? Es ist die Rede von Ursachen und Gründen, die die schwer verständlichen Auswirkungen in eine faßliche Folge bringen. Das geschieht am besten in Geschichten, die sich der diskursiven Rede bedienen und an den Verstand wenden. In den Geschichten findet eine Verzeitlichung der Ereignisse statt, Vorher und Nachher treten auseinander, Ursache und Wirkung werden unterscheidbar, so daß das Unfaßliche auf einen Grund oder eine Reihe von Gründen zurückgeführt werden kann. In dem Sinne wird Mignons Vorgeschichte aufgerollt und in der Geschichte ihrer Eltern und Voreltern fundiert.

Während Werther viele, zahllose, lauter Gründe findet, sein Leben vorzeitig zu beenden, ist Mignon als Figur so konstruiert, daß sie stirbt, ohne einen einzigen

---

[17] Ebd., S. 578.

Grund äußern zu können. Sie ist der ins Geheimnis eingeschlossene vorzeitige Tod, der viele Deutungen möglich erscheinen läßt – eine Rätselfigur, die sich selbst am rätselhaftesten ist, eine stumme Geschichte, eine Sprache vor aller Sprache. Sie ist die Quelle der Hermetik und als Kind so unschuldig, daß es ihrer innersten Natur zu entsprechen scheint. Bekanntlich ist Mignon die Frucht einer inzestuösen Verbindung zwischen Bruder und Schwester. Es ist nicht der Inzest als solcher, sondern seine eingebildete, von bigotten Einflüsterungen geschürte Wirkung, unter der Mignon ein Leben lang hat leiden müssen, wie aus den Aufzeichnungen des Abbé hervorgeht.

Die Verzeitlichung in den Geschichten liefert dem Verstand gute Gründe für das traurige Ende. Darüber mag er sich endlich beruhigen. Dagegen fesselt die Verewigung im Bild unsere Sinne und bewahrt uns fürs erste vor den selbstzerstörerischen Folgen der Einbildungskraft.

Beide Modelle kommen in den *Lehrjahren* nebeneinander zu stehen. Beide Seiten haben ihre relative Berechtigung in unserer anthropologischen Grundverfassung, insofern wir geistige und sinnliche Wesen sind. Alle Bilder, die uns über den Tod beschwichtigen sollen, sind nur Scheinbilder des Lebens – einnehmend und als solche unverzichtbar, aber von kurzer Dauer. Alle Geschichten, die den Tod erklären wollen, geben Ursachen zu erkennen und eröffnen verschiedene Perspektiven für das kritische Urteilsvermögen, wobei sie einen letzten Grund schuldig bleiben.

Warum stellt Goethe in den *Lehrjahren* das bildmächtige Heilsgeschehen fast unverbunden neben die ursachenerforschende Pathographie? Wahrscheinlich um nicht, wie im Werther, dem Tod das letzte Wort zu lassen. Zwar geben die *Lehrjahre* noch nicht die gültige Antwort auf die das Leben am meisten bedrängende Frage. Aber sie stellen das Problem aus, sie zergliedern es. Eine erste gleichsam phänomenologische Annäherung wird möglich. In den *Lehrjahren* wird der Leser nicht mit Mignons Unglück allein gelassen. Er bekommt was zu gucken und was zu denken. Das hilft den Schmerz verwinden. Es ist die zweitbeste Möglichkeit, sich mit dem Unvermeidlichen abzufinden.

Die körperlich unversehrte Gestalt, die Werther verweigert wird – Mignon stellt sie über den Tod hinaus dar mit ihrer mehr schlaf- als todähnlichen Aufbahrung. Daran lassen sich viele Spekulationen anknüpfen. Gerade auch darüber, ob Mignon nicht überhaupt eine bessere Welt verkörpere – eine Welt der Poesie, für die es in den von der rational gestimmten Turmgesellschaft durchdrungenen *Lehrjahren* keinen Platz mehr gebe. Wenn dann auch noch im selben Atemzug Poesie und Kunst gleichgesetzt werden, dann beklagen wir mit Mignon den Untergang der Kunst in der arbeitsteiligen, modernen Gesellschaft oder gar mit Hegel das Ende der Kunst.

Dagegen ist einzuwenden, daß Goethe ausdrücklich, wenn auch an entlegener Stelle sagt: »Poesie ist [...] weder Rede noch Kunst«.[18] Sie ist »wahrhafter Ausdruck eines aufgeregten [...] Geistes«.[19] Das trifft auf Mignon zu, die nicht auch für die

---

[18] Johann Wolfgang von Goethe: *West-östlicher Divan*, in: *Goethes Werke*, HA Bd. 2, textkritisch durchgesehen und mit Anmerkungen versehen von Erich Trunz, 7. Aufl. München 1965, S. 7–125, hier S. 186.

[19] Ebd.

Kunst in Anspruch genommen werden kann. In ihrem Falle wäre Poesie der vernehmlich gemachte Schmerz über die eigene, ihr innewohnende Zerrissenheit. Mignon stirbt. Aber es stirbt nicht die Poesie und erst recht nicht die Kunst, die wie jede Rede »ihre Zwecke« verfolgt und die »Verstellung vom Anfang bis zu Ende« ist,[20] wenn es nach Goethe geht und nicht nach den neueren Dekonstruktivisten, für die mit Walter Benjamin alles Ver-stellung ist.

Goethe verbindet mit dem Tod keine ontologischen Aussagen. Aber das vorzeitige Abscheiden, das Ende vor der Zeit, hilft ihm, Lebensgeschichten zu strukturieren. Die mit sich selbst zerfallene Natur, die von Grund auf und irreparabel geschädigt ist, hat eine Reihe von Motiven zur Folge, die in den Geschichten Werthers, Mignons und später Ottilies wiederkehren und ihren Verlauf bis ins einzelne bestimmen:

1. ist das die Unfähigkeit erwachsen zu werden. In Form einer selbstironischen Aussage stellt Werther von sich fest: »Was man ein Kind ist! [...] O was ich ein Kind bin!«[21] Von einem einzigen liebevollen Blick Lottes weiß er sich völlig abhängig. In diese Abhängigkeit steigert er sich immer mehr hinein, bis er, nur um nicht erwachsen zu werden, in der Rolle des verlorenen Sohnes – als das am sehnlichsten geliebte Kind – zu seinem Vater zurückkehren will.[22] Mit Mignon läßt Goethe dann in seinem Roman tatsächlich ein Kind auftreten, das die Schwelle zum Erwachsenwerden nicht überschreitet. Ottilie ist und bleibt in den *Wahlverwandtschaften* das »schöne Kind« – unendlich anziehend und unerreichbar. Mit der Weigerung erwachsen zu werden ist der frühe Tod impliziert. Es ist ein Motiv, das im Bild des unschuldig dahingegangenen Kindes eine lange Tradition hat und eigens von Goethe wieder ausdrücklich in Handlung und Lebensgeschichte übersetzt wird.
2. verbindet Goethe mit dem vorzeitigen Tod das Verfehlen des sexuellen Gegenparts. Im *Werther* wird sehr zutreffend der Verdacht ausgesprochen, daß er sich überhaupt nur zu einer solchen Frau hingezogen fühlt, die er unmöglich bekommen kann – wie die schon verlobte Lotte. Ottilie gerät in die Lage, für den früh verstorbenen Vater einen Ersatz finden zu müssen, was unlösbare Schwierigkeiten heraufbeschwört.
3. wird in Mignon die Geschlechtsidentität grundsätzlich zu einem lebensgeschichtlichen Problem. Ist sie Mädchen oder Junge? Sie drängt auf eine Entscheidung, scheitert aber, als sie Wilhelm in den Armen einer anderen – Philines – sieht. Sie flieht in die Krankheit.
4. geht Mignon über Werther auch darin hinaus, daß sie sich nicht nur nicht in die gesellschaftlichen Verhältnisse einordnen will. Mignon kann sich im weitesten Sinne nicht in die symbolische Ordnung fügen, die ebenso eine Ordnung der Kleider und des Betragens wie eine Ordnung der Sprache ist. Sie hat eine Lernhemmung und kann sich erst spät dahinein finden, Schreiben und Lesen zu

---

[20] Ebd.
[21] Goethe: *Werther*, S. 36 f.
[22] Ebd., S. 91.

lernen. Das ist ein Motiv, das seine Fortsetzung in der Ottilie der *Wahlverwandtschaften* findet, die eine mäßige Schülerin ist und deren Eigenart durch den herkömmlichen Fächerkanon nicht hinlänglich repräsentiert wird.
5. ist es nicht nur die symbolische Ordnung, an die sich die Filiationen der Wertherfigur immer unvollkommener anzupassen vermögen – auch zur ökonomischen Makrostruktur stehen sie quer: Sie verfügen über keinerlei Mittel und müssen unmittelbar mit der eigenen Person bezahlen, das heißt: sie sterben.
6. können sie deshalb von einem allgemeinen Standpunkt des Lebens aus als untüchtig und sogar als lebensunfähig bezeichnet werden. Das ist ein Vorwurf, den Goethe dadurch kompensiert, daß er hinter der symbolischen Ordnung noch einmal eine Folie aufspannt, auf der wie auf einer universellen Projektionsfläche gerade die gesellschaftlich unverträglichen Eigenschaften in ihrer zeitüberhobenen Vorbildlichkeit erscheinen. Den Frühverstorbenen gemeinsam ist die Flucht ins Bild *und* die Verewigung im Bild.

Wie zu sehen war, ist der frühe Tod das, was die Lebensgeschichten von Werther, Mignon und Ottilie durchgreifend strukturiert. Goethe hat damit vieles vorweggenommen, was in der wissenschaftlichen Ausdifferenzierung der Folgezeit unter dem Begriff der von der Norm abweichenden Fehlentwicklung diskutiert wird. Solche fehlgeleiteten Entwicklungen erscheinen dann vielfach als therapiefähig. Die Wiederkehr des Verdrängten verlangt nach einer Auflösung, während sich bei Goethe die Verdrängung noch zu einem dramatischen Finale zuspitzt. Wissenschaft entsteht daraus, daß sie die »Krankheit zum Tode« gerade nicht sanktioniert.

Werther sucht Zuflucht beim Gleichnis vom verlorenen Sohn – im Bild eines sich zum Opfer bringenden zweiten Christus. Mignon wird buchstäblich zu dem Engel, als der sie schon im weißen Flügelkleid zu Lebzeiten erscheint. Ottilie sieht in sich »eine geweihte Person«,[23] womit einmal mehr ihrer Verklärung zu einer Heiligen vorgegriffen wird. Der Eindruck läßt sich nicht von der Hand weisen, daß Goethe mit seinem Thema zu keinem Ende kommt. Nachdem sich in Mignon mit charakteristischen Umformungen der Wertherfall wiederholt, wiederholt sich in Ottilie noch einmal der Fall Mignon – bis in die Abfolge der einzelnen Handlungsschritte.[24] Wie es aussieht, ist das Problem für Goethe immer noch nicht abgegolten. Was ist anders im Fall Ottilies als in dem Mignons? Bei Mignon bleiben das Heilsgeschehen und die Pathographie, Bild und diskursive Auflösung deutlich geschieden nebeneinander bestehen. Im Ottilieroman der *Wahlverwandtschaften* wird diese Trennung nicht beibehalten. Der Roman endet in einem Bilderkosmos, mit dem ein tiefes, eindringliches Schweigen korrespondiert. Ottilies Verklärung zu einer Heiligen ist ein letztes »lebendes Bild«, das aus allen Perspektiven beglaubigt erscheint. Offenbar will Goethe das Bild – die Darstellung im Bild – noch einmal unerhört aufgewertet wissen. Das Bild stellt die Zeit still. Es versammelt die vielfältige Welt, Vergangenheit und Zukunft, ins Hier und Jetzt. In der Hinsicht erscheint

---

[23] Johann Wolfgang von Goethe: *Die Wahlverwandtschaften*, in: *Goethes Werke*, HA Bd. 6, textkritisch durchgesehen von Erich Trunz, 6. Aufl. München 1965, S. 242–490, hier S. 467.
[24] Stefan Blessin: *Goethes Romane. Aufbruch in die Moderne*, Paderborn 1996, S. 214 ff.

der Tod selbst als diejenige Realität, der wir nicht ins Auge sehen können, ohne uns ein Bild zu machen. Wir sprechen von letzter Ruhe, Friede, Erlösung, Schlaf. Goethe greift hier weniger auf persönliche Ansichten zurück als auf den Fundus der Menschheitsgeschichte. Die Todeserfahrung fängt der Mensch in Bildern auf, die ihm über das Unbegreifliche hinweghelfen. Das gehört zu unserer anthropologischen Ausstattung. Wir suchen vor dem Tod Zuflucht im Bild.

Mit Realitätsverkennung und voreiliger Harmonisierung hat das nichts zu tun. Denn es setzt voraus, daß wir vom Tod nur wissen, was wir durch die symbolische Ordnung einholen können. Das gilt mehr denn je für unser Jahrhundert totaler Visualisierung. Auf daß wir ganz Auge werden und auch im Schlaf der »Film« weiterlaufe!

Die Flut der Bilder scheint uns davor zu schützen, sie auch lesen zu müssen. Denn unter dem Lesen treten Zeit und Vergänglichkeit wieder in ihre alten Rechte. Aber das Bild will gelesen sein – gerade das Bild, sieht es doch nicht – es zeigt sich nur. So ist in den *Wahlverwandtschaften* jedem Bild sein Gegenbild eingeschrieben. Das ist die zirkuläre Struktur dieses Romans, die förmlich dazu einlädt, den Grund für das Scheitern der Bilder immer tiefer zu legen – bis auf den Grund der Sprache selbst. Aber Bild ist nicht Sprache. Wie sie auch aufeinander verweisen, leisten sie doch nicht dasselbe. Die Bilder bewahren jenseits aller Ableitungen ihr eigenes Recht. In Ottilie hat Goethe in Fortsetzung Werthers und Mignons eine Gestalt geschaffen, in der Bild und Geschichte auf dem höchsten Punkt ausbalanciert sind und sich gerade nicht das eine auf das andere reduzieren läßt.

Daß Goethe, wo immer das möglich war, dem Tod nur aus dem Weg gegangen sei, daß er den Tod ein Leben lang verdrängt habe, läßt sich nach Werther, Mignon und Ottilie nicht mehr behaupten. Goethe hat gerade auch durch seine Romane die Zukunft mitgestaltet. Aber er hat in diesen Romanen auch dem Tod stattgegeben. Er hat die Entstehung von Bildern geschildert, die das Leidvolle dieser Erfahrung aufwiegen helfen.

Eine Ästhetik, die sich nicht nur, aber auch am Tod reibt, die sich gegenüber dieser Unbegreiflichkeit eigensinnig behauptet, wird eine andere Gestalt haben als eine Ästhetik, die in der Kunst das sinnliche Scheinen der Idee erkennt. Da ist alles Vor-schein des besseren Lebens, und es kommt darauf an, diese angedeuteten und noch unentfalteten Momente auf einer höheren Stufe zu entbinden und wirklich zur Geltung zu bringen. Hinter dem Begriff und seiner lebenspraktischen Umsetzung wird die Kunst notwendig als eine frühe Entwicklungsstufe der Menschheit zurückbleiben. Goethe hat das Ende der Kunst nicht wie Hegel vorhergesagt, weil er sich nicht vorstellen konnte, wie der Tod abzuschaffen wäre. Und er hat damit bis heute recht gehabt.

Dagegen konnte er sich sehr wohl vorstellen, daß die Kunst nicht alles und nicht das einzige Mittel gegen Tod und Verderben ist. Die *Wanderjahre* werden sich zum Tod anders als nur im Bild zu stellen wissen. Die *Wanderjahre* werden sich eigens den Mitteln der Lebenserhaltung zuwenden und in Dimensionen vorstoßen, die den *Wahlverwandtschaften* verschlossen sind.

In den *Wanderjahren* ergreift Wilhelm endlich einen Beruf. Er läßt sich zum Wundarzt ausbilden. Ein Wundarzt wird besonders dann gebraucht, wenn sich ein Unfall ereignet hat und dringend erste Hilfe benötigt wird. Alle anderen Beschwerden des Leibes werden besser durch den niedergelassenen Mediziner oder Leibarzt therapiert. Nur der Wundarzt antwortet auf die ursprüngliche Bedrohung, daß ein unglücklicher Zufall jederzeit unserem Leben ein Ende bereiten kann.

Damit anerkennt Goethe zum ersten Mal, daß es den willkürlichen Tod, der den Lebensfaden von einem auf den anderen Augenblick zerschneiden kann, überhaupt gibt. Und nicht nur verschafft er ihm Platz in seiner Welt – er führt auch Wilhelms Berufswunsch fundamental darauf zurück. Dem zufälligen Tod tritt der Wundarzt mit seinen Mitteln entgegen. Er sorgt von Berufs wegen vor, daß der Gesunde nicht schutzlos einem blinden Verhängnis ausgeliefert bleibe. Daseinsvorsorge heißt, daß wir nicht nur in einer arbeitsteiligen Gesellschaft leben, sondern als Sozialwesen in einem elementaren Sinn aufeinander angewiesen sind.

Vergröbernd läßt sich sagen: Lange diente der frühe Tod dazu, die in der Person liegenden Ursachen zu erforschen und eine Psychopathologie zu begründen. Erst in den *Wanderjahren* wird generell die Gefahr für Leib und Leben zu dem alles beherrschenden sozialen Thema. Deshalb genügt es Goethe auch nicht mehr, daß Wilhelm aus psychologischen Gründen Wundarzt werden will. Nicht länger soll er vor allem deshalb den Weg zum Unfallchirurgen einschlagen, weil ihn die Liebe zu der »schönen Amazone«, der späteren Natalie, gleichsam verletzlich gemacht hat. Das Motiv, das Wilhelm unter der Hand auf die Spur seines künftigen Berufes bringt, ist allzu theatralisch, und Goethe ersetzt es in den *Wanderjahren* durch eine in der Kindheit gemachte Erfahrung – durch den Tod des Fischerknaben, der zu retten gewesen wäre, wenn sich rechtzeitig ein Wundarzt eingefunden hätte. Das nimmt sich der in völliger Ohnmacht doppelt hilflose junge Wilhelm so zu Herzen, daß er auf Gegenmittel sinnt. Der Aderlaß zum passenden Zeitpunkt verspricht die beste Hilfe. Daraus entspringt das Interesse für das Wundarztbesteck. Bevor Wilhelm es richtig zu handhaben lernt, trägt er es als Amulett und Liebesfetisch um den Hals. In ihren Werkzeugen überlebt die Menschheit, wie absonderlich auch der Gebrauch ist, den der einzelne zuweilen davon macht.

Trennen und Verbinden – in dem Wundarztbesteck nimmt dieses große Thema der *Wanderjahre* handfest Gestalt an. Um Leben zu erhalten, ist wie beim Aderlassen erst ein Schnitt notwendig. Zur »Wiederbelebung der für tot Gehaltenen« scheint es unerläßlich, daß »sie gewissermaßen erst ermordet« werden.[25] In dem gleichnishaften Kapitel über die Plastische Anatomie setzt sich Goethe mit den folgenschweren Auswirkungen auseinander und kommt zu dem umgekehrten Schluß, daß Verbinden mehr ist als Trennen.[26]

---

[25] Johann Wolfgang von Goethe: *Wilhelm Meisters Wanderjahre oder Die Entsagenden*, in: *Goethes Werke*, HA Bd. 8, textkritisch durchgesehen und mit Anmerkungen versehen von Erich Trunz, 6. Aufl. München 1964, S. 7–486, hier S. 279.

[26] Ebd., S. 326 u. 328.

Es ist hier nicht der Ort, das im einzelnen zu verfolgen.[27] Wilhelm sieht die Gefahr heraufziehen, daß für den wissenschaftlichen Fortschritt und zur Beschaffung sezierfähiger Leichen gemordet wird. Daraus könnte ein Konflikt zwischen »Toten und Lebendigen« werden: »er wird auf Leben und Tod gehen«.[28] Die Implikationen dieser parabolischen Erzählung zu entwickeln, würde zu weit führen. Es muß genügen darauf hinzuweisen, daß Goethe hier ein Konfliktpotential von so grundsätzlicher Art benennt, wie er das nie zuvor getan hat und wie es auch erst in unseren Tagen zur schrecklichen Bedrohung geworden ist.

Aus dem das Leben bedrohenden Tod wird in dem Kapitel über die Plastische Anatomie eine Gefahr für die Menschheit. Im weitesten Sinne gleichnishaft ist auch das Schlußtableau der *Wanderjahre* zu lesen, wenn Wilhelm seinem Sohn Felix das Leben rettet, indem er dem schwer Gestürzten zu Hilfe kommt und im rechten Augenblick zur Ader läßt: »Wilhelm griff sogleich zur Lanzette, die Ader des Arms zu öffnen – das Blut sprang reichlich hervor, und mit der schlängelnd anspielenden Welle vermischt, folgte es gekreiseltem Strome nach. Das Leben kehrte wieder [...].«[29] Hier gelangt mehr als eine Familiengeschichte an ihr glückliches Ziel, mehr als nur der früh gefaßte Vorsatz, Wundarzt zu werden, erfüllt sich aufs glücklichste. Die Rettung des Sohnes durch den Vater ist das Gegenbild zur Kreuzigungsszene, die Umkehrung des Opfers, das Christus bringt. Werther hat noch sein Heil in der Nachfolge gesucht und den Kelch bis zur Neige ausgetrunken. Das Marterbild – die Darstellung des ans Kreuz geschlagenen Menschensohnes, das den Gläubigen durchs Leben geleitet –, in der Pädagogischen Provinz der *Wanderjahre* wird erst ein Schleier davor gezogen, und endlich erscheint als dessen Widerruf der seinen Sohn mit den Mitteln ärztlicher Kunst ins Leben zurückholende Vater. Nicht länger ist das Blut, das fließt, bloß ein Versprechen auf Erlösung – »hervorspringend« löst es die Stockung auf, und der Fluß des Lebens kehrt zurück. Der geschundene Leib Christi – für den Augenmenschen Goethe ist es ein immerwährendes Schreckbild, dessen paralysierende Wirkung durch die praktisch-technische Daseinsvorsorge überwunden wird.

Ebenso ergeht es anderen Bildern im Umkreis des Schlußtableaus. Daß der Mensch das »Ebenbild Gottes« sei, steht im Alten Testament. Goethe löst es in Tätigkeit auf. Er sieht es von innen und außen beschädigt, so daß von der Ebenbildlichkeit die Forderung ausgeht, daß sie »immer wieder aufs neue hervorgebracht« werde.[30]

Schließlich üben Vater und Sohn in Abwehr des Todes, und um ihm ja nicht das letzte Wort zu lassen, geschwisterlich Solidarität. »So standen sie fest umschlungen wie Kastor und Pollux, Brüder, die sich auf dem Wechselweg vom Orkus zum Licht begegnen.«[31] Auch das eine kühne Anwendung des ursprünglich griechischen

---

[27] S. Blessin: *Goethes Romane*, S. 287 ff.
[28] Ebd., S. 332.
[29] Ebd., S. 459.
[30] Ebd., S. 460.
[31] Ebd., S. 459.

Dioskurenmythos auf den modernen Generationsvertrag: eine Art von Unsterblichkeit.

Nach allem, was wir gehört haben, läßt sich die Behauptung nicht aufrecht erhalten, daß Goethe den Tod verdrängt habe. Im Gegenteil, statt hysterisch oder neurotisch darauf zu reagieren, hat er sich sein Leben lang am Tod abgearbeitet. Er hat ihn auf eine fundamentale Weise in seine Romane hinein genommen und zum tragenden Grund seiner ihn durch alle Lebensalter begleitenden Romanproduktion gemacht – vom *Werther* bis zur zweiten Fassung der *Wanderjahre*, die in seine letzten Jahre fällt. Wenn sich das Romanwerk mit seinen Symmetrien und Oppositionen, mit seinen Fluchten und Galerien schließlich zu einer seine ganze Biographie überwölbenden Architektur entfaltet, wie wir überzeugt sind, dann bildet der Tod die zentrale Achse. Mal werden wir in dieser Perspektive gewaltsam mit fortgerissen, mal ist von nichts weniger als dem Tod die Rede, und doch dreht sich alles darum, wenn von der ersten einschneidenden Liebeserfahrung, von der Ausbildung zum Wundarzt und im weitesten Sinne von Trennen und Verbinden erzählt wird. Bei so gründlicher und grundsätzlicher Befassung mit dem Tod muß es uns nicht wundern, daß Goethe mit zunehmendem Alter auf die Rückkehr dieses Gespenstes, das sich vollkommen nicht aus dem Leben verbannen läßt, immer ungehaltener reagierte. Im Sinne seines Lebenswerkes war er darin nur konsequent und eigen. Schließlich hat er sogar noch vorausgesehen, daß mit Wissenschaft und Technik, die der vorsorglichen Sicherung und Verlängerung unseres Daseins dienen sollen, der Tod um so furchtbarer zurückkehrt, je mehr Natur zerstört wird.

Um der inneren Systematik von Goethes Lebensarbeit auch von seiten seiner meistgefährdeten Lieblingskinder gerecht zu werden, sei noch kurz auf Makarie eingegangen. In ihr setzt sich die Reihe Werther, Mignon, Ottilie fort. Sie muß nicht sterben wie ihre Vorgänger und Vorgängerinnen. Sie nennt sich eingestandenermaßen mit einem Teil ihrer selbst krank. In solchen periodisch auftretenden somnambulen Zuständen ist sie der Erde mehr und mehr entrückt; sie durchquert auf einer spiralförmigen Bahn das Sonnensystem bis an dessen äußerste Grenze. Eine Art Weltraumfahrt, so weit unsere Sonne Tag und Nacht werden läßt. Dabei entdeckt sie unbekannte Monde des Jupiter, die durch die mathematischen Berechnungen eines Astronomen bestätigt werden. Das Verhältnis zu diesem wissenschaftlichen Mann beruht vollkommen auf Gegenseitigkeit. Einerseits vergrößert sich der empirisch zugängliche Raum. Andererseits isoliert sich Makarie nicht länger durch ihre visionären Zustände, die sie vorübergehend krank und für die Welt unbrauchbar machen. Sie findet auf diese Weise, im Austausch mit dem Astronomen, ihren Platz in der Gesellschaft und darf doch ihre Krankheit pflegen. Makarie leidet nicht mehr unter einer »Krankheit zum Tode«.

Um Goethes eigentümliche Stellung zum Tod noch deutlicher hervortreten zu lassen, sei ein Vergleich mit einem zeitgenössischen Autor um das Jahr 1800 angehängt. Wie wir gesehen haben, wird bei Goethe der Tod immer mehr hinter die Szene zurück verlegt, je reicher sich das Leben nach allen Seiten entfalten kann. Einer, der das Todesthema stets ganz vorn am Bühnenrand, direkt an der Rampe, spielt, ist Jean Paul. Er hat uns die ergreifendsten und erschütterndsten Texte über Sterben und Tod hinterlassen. Seine apokalyptische *Rede des toten Christus vom Weltgebäude herab, daß kein Gott sei*,[32] ist in der gesamten Weltliteratur beispiellos: eine Vernichtungsorgie von wahrhaft universellem Ausmaß, gegen die sich Makaries Weltraumfahrt wie ein Feiertagsausflug ausnimmt.

Goethe will Makarie nicht über das Sonnensystem und den äußeren Planetengürtel hinaus fliegen lassen, wahrscheinlich weil er weiß, daß unsere leibliche Existenz – wir werden kaum mehr als 80 Jahre alt – einem nach Millionen Lichtjahren zählenden Vordringen zu fernen Galaxien im Weg stehen würde. Goethe bindet Erkenntnis an Körpererfahrung zurück. Jean Paul kennt da keine Grenzen. Er jagt hinaus in das All, fliegt durch ungemessene Räume, stürzt den noch unbekannten schwarzen Löchern entgegen. Im selben Atemzug verteidigt dieser auf seiner kosmischen Geisterbahnfahrt nicht zu bremsende Jean Paul die Unsterblichkeit der Seele, wie es Goethe nach dem Jahrhundert der Aufklärung nicht in den Sinn gekommen wäre. Seine diesbezüglichen Spekulationen vertraut Goethe deshalb auch nicht seinen Romanen an, sondern privaten Gesprächen, gegenüber deren verläßlicher Überlieferung besondere Vorsicht geboten ist.[33]

Jean Paul versucht, seinen Unsterblichkeitsglauben von aller christlichen Dogmatik freizuhalten. Er unternimmt eine Art von naturwissenschaftlicher Annäherung. Den gleichsam empirischen Zugang liefern ihm solche Grenzerfahrungen, wie sie der Mesmerismus seiner Zeit und des weiteren auch Schlaf, Traum, Rausch, Hellsehen, Wahnsinn, Scheinsterben und andere transitorische Zustände darstellen. Dabei geht Jean Paul nicht von einem strikten Gegensatz zwischen Körper und Geist aus. Er setzt vielmehr nach dem Modell des verpuppten Schmetterlings mehrere Körperhüllen voraus, die den »Ätherleib« bergen.

> Die rohe äußere [Körperhülle] ist nur eine Sammlung von immer feineren Hüllen oder Leibern, welche mit der äußersten unempfindlichen Haut [Epidermis] und mit den nervenlosen Schmarotzer-Gliedern, den Haaren und Nägeln, anfängt und vom Fibern- und Aderngeflecht bis zum Nervenschleier geht. [...] Wie, wenn wir nun schlössen – weil uns die magnetischen Erscheinungen dazu zwängen –, daß der eigentliche Ätherleib der Seele aus den magnetischen Kräften gebildet sei?[34]

Durch Krankheit oder Magnetismus, durch Wahnsinn oder Rausch wird dieser Ätherleib immer mehr seiner irdisch rohen Körperhülle entbunden und »des Geisti-

---

[32] Jean Paul: *Siebenkäs*, in: Ders.: *Werke*, 1. Abt. Bd. 2, hg. v. Norbert Miller, 3. Aufl. München 1971, S. 7–565, hier S. 270 ff.

[33] So zum Beispiel Goethe im Gespräch mit Falk (1813), in: Biedermann: *Goethes Gespräche*, Bd. 2, S. 769–778.

[34] Jean Paul: *Museum*, in: Ders.: *Sämtliche Werke*, 2. Abt. Bd. 2, hg. v. Norbert Miller und Wilhelm Schmidt-Biggemann, München 1976, S. 877–1048, hier S. 890.

gen empfänglicher«,[35] bis er sich zu jenem »ätherische[n] Medium« geläutert hat, in dem das tausendfältige Leben wie in einer »Welt-Seele« zusammenfließt.[36]

Während das gewöhnliche Leben »oft uns nur zur Wechsel-Zerstückung einander nahebringt«,[37] sind wir in jenem »Geisterall«[38] vollkommen füreinander aufgeschlossen. In einem berühmt gewordenen Bild stellt sich Jean Paul vor, wir wären neben dem Rheinfall von Schaffhausen angekettet. Unter dem Dröhnen und Tosen des herabstürzenden Wassers würden wir die »sprechende Seele« neben uns nicht hören können. Erst wenn der Wasserfall erstirbt und »der hiesige Leib mit seinen Adern- und Nerven-Strömen und seinem ganzen Sinnen-Brausen auf einmal still geworden und aufhört«,[39] vernehmen wir einander. »Wir hören den leisen Zephyr und die Gesänge in den Gipfeln und in dem Himmelblau, welche bisher ein ganzes Leben hindurch ungehört um uns verklungen«.[40] Jean Paul liebt solche Umkehrbilder, weil sie ihm die poetische Freiheit einräumen, Sterben und Tod in die Sprache irdischer Glückserfahrung rückübersetzt wiederzugeben. Freilich – zuletzt funktioniert es doch nur auf Kosten unseres eingeschränkten Erdendaseins. Die tönenden Himmel und die Sphärenmusik dort setzen hier Kakophonie voraus. Ganz wird sich Jean Paul nie lösen können aus den kirchlichen Traditionen, die er im Elternhaus kennengelernt hat und die ihn unmißverständlich daran erinnern: Der Körper ist der Kerker der Seele.

Deshalb sind es in erster Linie wohl auch Glaubensgründe, wenn sich für den jungen Jean Paul so etwas wie Selbstmord verboten zu haben scheint. Zwar dichtet er dem Tod ein Melos an, das ihn in den süßen Schlaf der langen Nacht wiegt: »wenn das Sterben das letzte Magnetisieren ist [...]«.[41] Aber von Selbstmord ist das weit entfernt. Das war jedoch für Goethe die Ausgangssituation im *Werther*: die Autoaggression gegen den eigenen Körper. Wie er sich in *Dichtung und Wahrheit* erinnert, war in der Wertherzeit der Dolch immer griffbereit:

> Diesen legte ich mir jederzeit neben das Bette, und ehe ich das Licht auslöschte, versuchte ich, ob es mir wohl gelingen möchte, die scharfe Spitze ein paar Zoll tief in die Brust zu senken.[42]

Wohlgemerkt, das Messer lag nicht unter dem Kopfkissen. Goethe spielte nicht bloß mit dem Gedanken – er mußte auf der Grenze zu einer zwanghaften Handlung die Verletzlichkeit des eigenen Körpers ausprobieren und sehen, wie weit seine Hülle nachgibt und die Haut standhält. Dazu brauchte er Licht, das er deshalb auch nicht

---

[35] Ebd., S. 895.
[36] Ebd., S. 919.
[37] Ebd., S. 920.
[38] Ebd., S. 919.
[39] Ebd., S. 920.
[40] Ebd., S. 920 f.
[41] Ebd., S. 917.
[42] Goethe: *Aus meinem Leben. Dichtung und Wahrheit*, S. 585. – Entsprechend heißt es im *Werther* unter dem Datum vom 16. März: »Ach, ich habe hundertmal ein Messer ergriffen, um diesem gedrängten Herzen Luft zu machen.«

vorher löschen durfte. Das Licht und die bis an die Grenze ihrer Belastbarkeit getriebene heile Körpergestalt gehören in dem Selbstversuch zusammen. Es wird immer diese durch Metamorphosen hindurch geführte, aber unter seinem Blick sich erhaltende Gestalt bleiben, die Goethe zum Gegenstand seiner Forschungen macht. Trennen, Schneiden, Sezieren sind dagegen mit der traumatisch nachwirkenden Angst besetzt, daß die Auflösung sich immer weiter – bis zu völliger Gestaltlosigkeit – fortsetze. Schließlich ist es der Arztberuf, der Trennen und Verbinden, wie Systole und Diastole, wieder heilsam zusammenführt.

Das aus der Schädelkapsel hervorquellende Hirn, mit dem Werther am Boden liegend gefunden wird, sind dagegen ebenso wie der Pistolenschuß der Inbegriff unumkehrbarer, die Gestalt endgültig zerrüttender Handlungen. Sterben heißt für Goethe auch, nicht mehr sehen zu können – unwiderruflich Gestaltverlust. Das Auge markiert die Stelle, wo Werther den Lauf der Pistole ansetzt. Auffälligerweise sind es zwei Pistolen: »Sie sind geladen«.[43] »Über dem rechten Auge hatte er sich in den Kopf geschossen [...].«[44]

Ganz anders ist die Ausgangslage von Jean Paul. Er experimentiert nicht an sich herum. Mit grenzenlosen Entsetzen hat er erfahren müssen, wie zwei Jugendfreunde, Örthel und Herrmann, aus dem Leben gerissen werden. Er sieht sie sterben, und gleich darauf sieht er sich sterben in einer Todesvision, die er unter dem Datum vom 15. November 1790 in sein Tagebuch notiert:

> Wichtigster Abend meines Lebens; denn ich empfand den Gedanken des Todes, daß es schlechterdings kein Unterschied sei, ob ich morgen oder in 50 Jahren sterbe.[45]

In einer gegen Ende des Jahres 1790 eingerückten Tagebuchnotiz heißt es:

> Ich vergesse den 15. November nie. Ich empfand, daß es einen Tod gebe. An einem Abend ging ich vor mein künftiges Sterbebett, sah mich mit der hängenden Totenhand, mit dem eingestürzten Krankengesicht, mit dem Marmorauge – ich hörte meine kämpfenden Phantasien in der letzten Nacht – du kommst ja, du letzte Traumnacht, und da das so gewiß ist, und da ein verflossener Tag und 30 verflossene Jahre eins sind, so nehme ich jetzt von der Erde Abschied.[46]

Jean Paul nimmt zwanghaft den Moment vorweg, an dem auch er stirbt und tot ist. Er spaltet sich auf in den Leichnam und in denjenigen, der an sein Bett herantritt, sich tot oder im Sterben liegen sieht und dieses Totsein zu einer Empfindung macht. Dabei merkt er, daß Totsein nicht wehtut und kein Entsetzen verbreiten muß. Das

---

[43] Goethe: *Werther*, S. 164.
[44] Ebd.
[45] Zitiert nach: Käte Hamburger: »Das Todesproblem bei Jean Paul«, in: *Jean Paul*, hg. v. Uwe Schweikert (Wege der Forschung Bd. CCCXXXVI), Darmstadt 1974, S. 74–105, hier S. 78.
[46] Ebd., S. 78 f.

beruhigt ihn so, daß er für den Moment seiner Tagebucheintragung sagen kann, es sei egal, ob er jetzt oder in 30 oder 50 Jahren sterbe.

Das ist eine typische Selbstbeschwichtigung, die deshalb auch immer nur für kurze Zeit Erleichterung bringt. Denn auf welche Seite sich einer auch stellt, auf die Seite des Todes oder des Lebens – alle Argumente sind kurzschlüssig und nehmen einseitig Partei. Dem liegt eine tiefsitzende Paradoxie zugrunde, wie Käte Hamburger wegweisend ausgeführt hat. Das Bewußtsein wird einfach nicht damit fertig, die Kontrolle über sich zu verlieren. Totsein heißt aber, nur Objekt zu sein; eine Bedingung, die das Bewußtsein um keinen Preis erfüllen kann; es hörte denn auf, Bewußtsein zu sein, was ja nur heißen würde, auch vom Tod weiter nichts zu wissen. So rennt das Bewußtsein immer wieder gegen den Kontrollverlust an – dagegen, daß niemand sein Totsein selbst erleben kann.[47]

Der zirkuläre Rundlauf macht kurzatmig und schürt wieder nur die Angst, der es zu entrinnen gilt. Die Angst vor dem Tod ist so elementar, daß darauf zu rekurrieren immer richtig ist. Nur kommt es wesentlich auf die Gestalt an, die das annimmt und die sich bei jedem anders äußert. Bei Jean Paul ist es die immer nur vorläufige Beruhigung, daß der Tod so tückisch, so schlecht, so eiskalt, so mörderisch nicht sein kann, wie er fürchtet. Mit dem Widerstand, den er gegen das vermeintliche Grauen leistet, verschafft er sich buchstäblich Luft. Schreibend erwehrt er sich der ihn in hypochondrischen Schüben heimsuchenden Todesangst. Gegen den Tod anschreiben – bei Jean Paul ist das ein existentieller Akt; für Goethe ist es der Plan, immer weiter vorzudringen zu den das Leben erhaltenden, das Leben tragenden Strukturen. Die auslösende Krise war der Werther-Schock mit seinen unverhüllt gegen ihn selbst gerichteten Aggressionen.

Für Jean Paul beginnt mit der Todesvision vom 15. November 1790 eine in mehreren Anläufen gestaffelte Auseinandersetzung mit dem Tod. Mit dem Leben und Sterben des *Schulmeisterlein Wutz* schreibt er sich in mehr als einem Sinne frei. Zum ersten Mal überwindet er den Schrecken des Todes so, daß auch der Leser ihm darin folgen mag und die Erzählung zu einer seiner beliebtesten wird. Jean Paul hat sich, wie ihm bestätigt wird, endlich selbst gefunden – und das in genau dem Moment, da es für ihn und nicht bloß für den philosophierenden Schriftsteller um Leben und Tod geht. Es ist nicht der Anfang seiner Schreiberei, aber zum ersten Mal springt der Motor an, der ihm schreibend den Tod einholen hilft. Jean Paul holt den Tod ins Leben hinein.

> Wie war dein Leben und Sterben so sanft und meerstille, du vergnügtes Schulmeisterlein Wutz! Der stille laue Himmel eines Nachsommers ging nicht mit Gewölk, sondern mit Duft um dein Leben herum: deine Epochen waren die Schwankungen, und dein Sterben war das Umlegen einer Lilie, deren Blätter auf stehende Blumen Flattern – und schon außer dem Grabe schliefest du sanft![48]

---

[47] Ebd., S. 79 ff.
[48] Jean Paul: *Leben des vergnügten Schulmeisterlein Maria Wutz in Auenthal*, in: Ders.: *Werke*, hg. v. Norbert Miller, 1. Abt. Bd. 1, München 1981, S. 422–462, hier S. 422.

Weder ist Wutz' Leben ein einziger Schlaf. Es ist die typische Misere des Landschulmeisters im ausgehenden 18. Jahrhunderts, wenn ihm auch härtere Prüfungen erspart bleiben. Noch trägt er die Schuld der Natur wie die Pflanzen bloß ergeben und geduldig ab.

> Frühlings-Phantasien, die weder dieses Leben erfahren noch jenes haben wird, spielten mit der sinkenden Seele – endlich stürzte der Todesengel den blassen Leichenschleier auf sein Angesicht und hob hinter ihm die blühende Seele mit ihren tiefsten Wurzeln aus dem körperlichen Treibkasten voll organisierter Erde.....[49]

Die Erzählung ist im ganzen wie in den einzelnen Passagen von einer grandiosen Mehrstimmigkeit, wie sie Goethe nie und nimmer hätte zum Erklingen bringen können. Ihm ist alles Gestalt und Umgestaltung, Bild und Gegenbild. Im Chor der Stimmen schwingen unüberhörbar dissonante Töne mit. Sie wollen vernommen sein und stören die Sphärenmusik – jenes sympathetische Einstimmen in die »All-Seele«. Solche Störungen gehen von der nicht zu unterdrückenden Krankengeschichte aus – dem Schlaganfall, der den Alten trifft und ihm den linken Arm lähmt. Aus dem »von Blattern und Runzeln«[50] übersäten Gesicht mit seinen auffällig blitzenden Augen und zitternden Lippen spricht zwar das Leben, sogar lebendiger als vorher: »eine Gesichtszuckung kam auf die andere – den Mund zog eine Entzückung immer lächelnder auseinander«.[51] Aber dahinter tritt die Fratze des Todes hervor: das zweite Gesicht, nur ungleich schrecklicher als das erste.

Es ist nicht wichtig, Jean Paul in seinen Unsterblichkeitsglauben zu folgen. Gibt es eine unsterbliche Seele? Eher nicht. Aber wer will das entscheiden! Entscheidend ist, daß Jean Paul sich selbst nicht dauernd überreden kann, das zu glauben. Hätte er sonst geschrieben – schreiben müssen? Alle seine Bilder, alle seine Argumente und wortreichen Beschwörungen – sie können nicht überzeugen. Doch zeugen sie von einer Angst, die wahrer als alles andere ist. Denn die Angst bleibt, aber der Wahrheiten sind viele.

Sich dem Leben einschreiben – im *Schulmeisterlein Wutz* heißt das, sich eine ganze Bibliothek, eine Welt aus Büchern, selbst zu erschreiben. Schreiben erzeugt Leben – ist Verjüngung und Wiedergeburt; gerade so wie der Biograph in der Vita des Schulmeisterleins noch einmal und für seine Person erst richtig zur Welt kommt: »so fühlt' ich unser aller Nichts und schwur, ein so unbedeutendes Leben zu verachten, zu verdienen und zu genießen. – "[52]

Jean Paul kann auf die Unsterblichkeit nicht warten. Deshalb verlegt er die Wiederauferstehung ins Leben hinein. Er zieht den Tod vor wie im *Leben des Quintus Fixlein*. Dieses *Fixlein* hat die fixe Idee, mit seinem 32. Geburtstag zu sterben; ein Wahn, von dem er dadurch geheilt wird, daß er sich überzeugen muß,

---

[49] Ebd., S. 461.
[50] Ebd., S. 455.
[51] Ebd., S. 461.
[52] Ebd.

gar nicht sterben zu können, ohne ins Leben zurückzukehren: Er »sah [...] selber, er sei nicht recht gescheut, und wurde gesund.«[53]

Jean Paul holt den Tod ins Leben hinein. Schon zu Lebzeiten wird fleißig gestorben. Der symbolische Tod wiederholt sich auf allen Altersstufen von der Geburt, der Verlobung und Hochzeit bis zum Kindbett. Ein Zyklus von Tod und Auferstehung führt verjüngend ins Leben hinein, so daß niemand mehr den »Schlaf der langen Nacht« fürchten muß – auch nicht der Autor: Es ist ein Schlaf, dem wie nach jeder Nacht erwiesenermaßen ein Erwachen folgt.

Was für *Fixlein* ein handfester Todeswahn war, das sind für *Schmelzle*[54] die Todesphobien und neurotischen Abstürze. Überall lauern die sein Leben verkürzenden Gefahren. Bleiben die Drohungen aus, wird *Schmelzle* nicht müde, solche zu erfinden: ein hypochondrisches Genie, das sogar die Welt- und Naturgeschichte persönlich nimmt und darin immer nur ein Attentat auf die eigene Gesundheit sehen kann.

Das Leben des *Schulmeisterlein Wutz* klang noch mit dem Tod – seinem späten Ende – aus. Diesen Tod verfolgt Jean Paul immer weiter ins Leben hinein. Der ins Leben vorverlegte und zu Lebzeiten überwundene, ja, erst eigentlich in das rechte Leben einmündende Tod ist für die nachfolgenden Erzählungen handlungsbestimmend. Was vordergründig der Inhalt der Geschichte heißt – das, was erzählt wird und bei Jean Paul oft so beliebig wie abstrus scheint, richtet sich danach. Das Scheinsterben im *Siebenkäs* – als Flucht- und Ausweg aus der Ehehölle ist es wahrlich an den Haaren herbeigezogen. Dabei folgt es derselben Logik, die Jean Paul allen krisenhaften Entwicklungen zugrunde legt: einer vom Tod angestoßene und da hindurch führenden Erweckung zum Leben.

Selbst wenn er darstellen will, wie zwei Menschen einander finden, muß er dafür die »Unterwelt« zum Schauplatz machen: *Dr. Katzenbergers Badereise*[55]. Damit es nicht bloß so aussieht, als bräche mit der Liebe ein Licht in das dunkle Erdenleben, findet die entscheidende Begegnung zwischen Theoda und Theudobach unter Tage im Berginneren statt – in einer Höhle, in die durch einen Seiteneingang – wie auf einer Theaterbühne – die Abendsonne hineinfällt: »so ist die Liebe nur ein verkleinertes All.«[56] Quod erat demonstrandum.

Die in der Metapher zum Bild verdichtete Wirklichkeit ist ihrerseits eine Ausgeburt dichterischer Phantasie. Ist sie deshalb eine Mißgeburt? Und wäre sie uns gleichwohl nicht ebenso teuer wie dem Dr. Katzenberger die seinigen?

Als einer der ersten Autoren erschafft Jean Paul die Welt aus *einem* Motiv: aus dem zu unserem eigentlichen Geburtstag umgedeuteten Tod. Das ist die treibende Kraft und das Geschichten generierende Prinzip in seinen Erzählungen. Im *Leben*

---

[53] Jean Paul: *Leben des Quintus Fixlein*, in: Ders.: *Werke*, hg. v. Norbert Miller, 1. Abt. Bd. 4, München 1981, S. 7–259, hier S. 184.

[54] Jean Paul: *Schmelzles Reise nach Flätz*, in: Ders.: *Werke*, hg. v. Norbert Miller, 1. Abt. Bd. 6, München 1975, S. 9-76.

[55] Jean Paul: *Dr. Katzenbergers Badereise*, in: Ders.: *Werke*, hg. v. Norbert Miller, 1. Abt. Bd. 6, München 1975, S. 77–363, hier S. 282 ff.

[56] Ebd., S. 285.

Fibels wird es solch einen zweiten Geburtstag tatsächlich geben.[57] Entgegen aller physiologischen und anatomischen Wahrscheinlichkeit läßt Jean Paul den Hundertjährigen wieder zahnen und wie neugeboren erwachen. Fibel ist inzwischen 125 Jahre alt und muß überhaupt nicht mehr sterben. In dem ABC, das er nicht erfunden, aber zur *Bienrodischen Fibel* ausgeschrieben hat, ist seine Unsterblichkeit gleichsam genetisch codiert.

Jean Paul hat sich durch alle erdenklichen Todesängste immer wieder ins Leben zurückgeschrieben. Das ist der Motor seiner Schriftstellerei, den er in Handlungsanweisungen für seine Figuren umsetzt. Auf eine Diskussion solcher Mittel, die unser Leben effektiv verlängern helfen, kann er verzichten. Medizin, Technik, Wissenschaft, die Goethe schließlich noch für seine Romanwelt gewinnt und zu Gleichnissen der Menschheitsentwicklung ausformuliert – sie hätten ihm nicht genügt. Der Tod bedrängte ihn jederzeit und viel zu heftig. Es hätte ihm nicht ausgereicht, die Mittel zur Fristung unseres Daseins in weltumspannenden Strategien und einem lebenserhaltenden Instrumentarium zu objektivieren. Er mußte sich seiner Ängste unmittelbar erwehren. Der Tod wurde ihm zum Erlebnis, zu einer ins Leben hinein verlagerten Bühne, auf der er ihn in Szene setzen konnte. Deshalb mußte er auch das Leben entdecken, und wie kein anderer hat er seine erhebenden Augenblicke und Höhepunkte gefeiert. Um den großen, endgültigen Tod nicht mehr fürchten zu müssen, starb er mitten im Leben schon mal probeweise und wie zum Beweis für unsere Unsterblichkeit den kleinen Tod: bei der Geburt, anläßlich der ersten Liebe, des ersten Kusses, bei Verlobung und Hochzeit und wann immer wir aus einer Krise gestärkt hervorgehen.

Auf dem Weg hat Jean Paul wie niemand vor ihm Entdeckungen gemacht. In bewußter Überspitzung unserer These behaupten wir sogar, daß er das Weltall erkundet hat, das uns in seiner gewaltigen Ausdehnung und erschreckenden Leere erst durch die moderne Astronomie und Weltraumfahrt zugänglich geworden ist. In der *Rede des toten Christus vom Weltgebäude herab, daß kein Gott sei*, läßt sich genauer beobachten, wie das Universum erlebnisförmig wird und in allen Dimensionen eine immer dynamischere Gestalt annimmt. Die Angst, von Gott verlassen zu sein, läßt das »Weltgebäude«,[58] das solange unsere Vorstellungen bestimmt hat, wanken und wegbrechen. Die stützenden Mauern und tragenden Decken fallen dahin und fliehen nach allen Richtungen in den Raum, der sich ins Unermeßliche ausdehnt. Die Entblößung unserer Lebensmitte – die offenen Gräber, die »leeren, bodenlosen Augenhöhle[n]«,[59] die wunden Herzen – werden zum Fluchtpunkt für eine Reise ins All, die, weil es keine Orientierung mehr gibt, sich in einen kosmischen Sturzflug verwandelt. Es ist gleichsam die Geburtsstunde der intergalaktischen Weltraumdurchquerung. Fortgerissen vom »Sternen-Schneegestöber«,[60] im Aufwind stellarer

---

[57] Jean Paul: *Leben Fibels, des Verfassers der Bienrodischen Fibel*, in: Ders.: *Werke*, hg. v. Norbert Miller, 1. Abt. Bd. 6, München 1975, S. 365–562, hier S. 537.
[58] Jean Paul: *Siebenkäs*, S. 270.
[59] Ebd., S. 273.
[60] Ebd., S. 274.

»Nebel«, sinkt die Erde zur Bedeutungslosigkeit herab. Sie stürzt in die Vereinzelung. »Erkennst du deine Erde?«[61]

Wie er »durch die Wüsten des Himmels« fliegt, blickt Jean Paul mit dem Auge der fotografischen Kamera zurück. Der heimatliche blaue Planet zeigt sich nicht mehr – nur noch «das in die ewige Nacht gewühlte Bergwerk, in dem die Sonnen wie Grubenlichter und die Milchstraßen wie Silberadern gehen.«[62] Das Negativbild nimmt den Schrecken vorweg, den die wissenschaftliche Forschung dadurch hervorruft, daß sie die Erde als einen unter Myriaden von Himmelskörpern in die unendlichen Weiten des Universums entläßt.

Wie nicht anders zu erwarten, enthüllt sich das gottverlassene Universum bei Jean Paul als Alptraum. Es war die Angst, dort nur »dem unermeßlichen Leichnam der Natur«[63] zu begegnen. Das Gespenst verscheucht er in der Perspektive des fühlenden Ich mit einer für seine Zeit unerhörten Beseelung und Physiognomisierung des Weltalls. Das zum Erlebnis gewordene Universum zehrt den toten Doppelgänger auf. Bis zuletzt sind für Jean Paul alle Verdoppelungen seiner selbst angstbesetzte Abspaltungen, gegen die er sich immer wieder zur Wehr setzen muß.

Für Goethe stellt dagegen jede Verdoppelung eine Chance dar. Sie ist ein Zugewinn an Möglichkeiten und eröffnet neuen Spielraum. Jede Seite ist sie selbst und das Gegenteil davon.

> Fühlst du nicht an meinen Liedern
> Daß ich eins und doppelt bin.[64]

Der Autor des *Wilhelm Meister* geht davon aus, daß sich nicht allein Satz und Gegensatz gegenüberstehen, sondern daß jede Seite, noch einmal geteilt und in sich gedoppelt, eine inverse Spiegelung der Gegenseite darstellt. Auf dem Wege findet Goethe zu einer Konstellation, in der sich Trennendes und Verbindendes nicht ausschließen, sondern gegenseitig die Waage halten. Sein erster Roman hatte Goethe noch in die Entscheidung für Leben oder Tod gerufen. Vor der Radikalität Werthers war er ins Leben geflohen. Die gegen den eigenen Körper, gegen seine schöne, heile Gestalt gerichtete Verletzungsgefahr hat ihn bewogen, die Autoaggressionen in lebenserhaltende Strukturen zu überführen, die – als ein sich wandelndes Verhältnis von Trennen und Verbinden – seine Romane nacheinander hervortreten lassen. Das ist seine dem Tod abgerungene Lebensarbeit.

Dagegen kann Jean Paul immer nur fallweise aus dem Spiegelkabinett des Bewußtseins ausbrechen. Seine Schlüsselerfahrung geht nicht vom Körper, sondern vom Bewußtsein aus. Darin ist er ein Kind seiner Zeit und der kritischen Philosophie. Der nicht mit Bewußtsein einzuholende, nicht bewußt zu erlebende Tod – das ist der Stachel, wider den er löcken muß. Deshalb zieht er den Tod ins Leben hinein. Er macht ihn zum Schauplatz gesteigerter Selbsterfahrung. Krankheit, Traum,

---

[61] Ebd.
[62] Ebd.
[63] Ebd., S. 270.
[64] Goethe: *West-östlicher Divan*, S. 66.

Scheintod – jede dieser Krisen zeugt, wie der aus der Puppe schlüpfende Schmetterling, für eine auf höherer Stufe fortdauernde Existenz. Jean Paul hört nicht auf, das zu beweisen und dafür Beispiele zu sammeln. Die vom Tod bedrohte Seele ruft er ins Leben zurück und entwirft, hundert Jahre vor Sigmund Freud, eine Psychopathologie des Alltagslebens. Das Universum ist ihm nicht zu gewaltig und nicht zu unergründlich – er muß es für sich gewinnen. Aus den Trümmern der Tradition, aus dem einstürzenden »Weltgebäude« baut er uns ein Nest seligen Selbstgenusses.

Auch Goethe – so dürfen wir annehmen – ist von den Ausmaßen, die das Weltall gerade damals in den Augen der Wissenschaft anzunehmen begann, nicht unbeeindruckt geblieben. Es gibt eine Äußerung, die darauf schließen läßt und die nicht zu unrecht berühmt geworden ist. Denn geradezu trotzig behauptet sich Goethe gegen das auch ihn bedrängende neue Wissen. So gibt er die Frage nach der Stellung des Menschen in einem sich ungeheuer ausdehnenden Universum kühn zurück:

> Denn wozu dient alle der Aufwand von Sonnen und Planeten und Monden, von Sternen und Milchstraßen, von Kometen und Nebelflecken, von gewordenen und werdenden Welten, wenn sich nicht zuletzt ein glücklicher Mensch unbewußt seines Daseins erfreut?[65]

»Unbewußt« – das ist es, was ihn programmatisch von Jean Paul trennt, der seine Seele, nur um sie nicht zu verlieren, in die Tiefen des Universums hinein verfolgt – bis in die lebensfeindlichste aller Gegenwelten. Auf eine solche Existentialisierung des Todes läßt sich Goethe gar nicht erst ein. Gegen die Spaltung seiner selbst im Spiegel eines monströs expandierenden Weltalls behauptet er sich demonstrativ – allen Verdoppelungen zum Trotz – als die in sich gegründete, feste Gestalt, die er ist – »die gesunde Natur des Menschen als ein Ganzes«.[66]

Goethe und Jean Paul – das ist der klassische Höhepunkt bürgerlicher Erzählkultur in Deutschland: einer in der Todeserfahrung verwurzelten Klassik und Antiklassik.

Literatur

Biedermann, Flodoard Frhr. v.: *Goethes Gespräche in vier Bänden*, Bd. 2, Zürich/Stuttgart 1969.

Blessin, Stefan: *Goethes Romane. Aufbruch in die Moderne*, Paderborn 1996.

---

[65] Johann Wolfgang von Goethe: *Winckelmann*, in: Ders.: *Schriften zur Kunst und Literatur*, textkritisch durchgesehen von Weber und Schrimpf, HA Bd. 12, 5. Aufl. München 1963, S. 96–129, hier S. 98.

[66] Ebd.

Goethe, Johann Wolfgang von: *Aus meinem Leben. Dichtung und Wahrheit*, in: *Goethes Werke*, Hamburger Ausgabe Bd. 9, textkritisch durchges. von Lieselotte Blumenthal und mit Anm. vers. von Erich Trunz, 5. Aufl. München 1964, S. 7–598.

Goethe, Johann Wolfgang von: *Die Leiden des jungen Werther*, in: *Goethes Werke*, Hamburger Ausgabe Bd. 6, textkritisch durchgesehen von Erich Trunz, 6. Aufl. München 1965, S. 7–124.

Goethe, Johann Wolfgang von: *Die Wahlverwandtschaften*, in: *Goethes Werke*, Hamburger Ausgabe Bd. 6, textkritisch durchgesehen von Erich Trunz, 6. Aufl. München 1965, S. 242–490.

Goethe, Johann Wolfgang von: *West-östlicher Divan*, in: *Goethes Werke*, Hamburger Ausgabe Bd. 2, textkritisch durchgesehen und mit Anmerkungen versehen von Erich Trunz, 7. Aufl. München 1965, S. 7–125.

Goethe, Johann Wolfgang von: *Wilhelm Meisters Lehrjahre*, in: *Goethes Werke*, Hamburger Ausgabe Bd. 7, textkritisch durchgesehen und mit Anmerkungen versehen von Erich Trunz, 6. Aufl. München 1965, S. 7–610.

Goethe, Johann Wolfgang von: *Wilhelm Meisters Wanderjahre oder Die Entsagenden*, in: *Goethes Werke*, Hamburger Ausgabe Bd. 8, textkritisch durchgesehen und mit Anmerkungen versehen von Erich Trunz, 6. Aufl. München 1964, S. 7–486.

Goethe, Johann Wolfgang von: *Winckelmann*, in: Ders.: *Schriften zur Kunst und Literatur*, textkritisch durchgesehen von Weber und Schrimpf, Hamburger Ausgabe Bd. 12, 5. Aufl. München 1963, S. 96–129.

Goethes Leben von Tag zu Tag. Eine dokumentarische Chronik von Angelika Reimann, Bd. VIII, 1828-1832, Zürich 1996.

Hamburger, Käte: »Das Todesproblem bei Jean Paul«, in: *Jean Paul*, hg. v. Uwe Schweikert (Wege der Forschung Bd. CCCXXXVI), Darmstadt 1974, S. 74–105.

Lessing, Gotthold Ephraim: *Wie die Alten den Tod gebildet*, in: *Gesammelte Werke*, Bd. 2, herausgegeben von Wolfgang Stammler, München 1959, S. 963 ff.

Paul, Jean: *Dr. Katzenbergers Badereise*, in: Ders.: *Werke*, hg. v. Norbert Miller, 1. Abt. Bd. 6, München 1975, S. 77–363.

Paul, Jean: *Leben des Quintus Fixlein*, in: Ders.: *Werke*, hg. v. Norbert Miller, 1. Abt. Bd. 4, München 1981, S. 7–259.

Paul, Jean: *Leben des vergnügten Schulmeisterlein Maria Wutz in Auenthal*, in: Ders.: *Werke*, hg. v. Norbert Miller, 1. Abt. Bd. 1, München 1981, S. 422–462.

Paul, Jean: *Leben Fibels, des Verfassers der Bienrodischen Fibel*, in: Ders.: *Werke*, hg. v. Norbert Miller, 1. Abt. Bd. 6, München 1975, S. 365–562.

Paul, Jean: *Museum*, in: Ders.: *Sämtliche Werke*, hg. v. Norbert Miller und Wilhelm Schmidt-Biggemann, 2. Abt. Bd. 2, München 1976, S. 877–1048.

Paul, Jean: *Schmelzles Reise nach Flätz*, in: Ders.: *Werke*, hg. v. Norbert Miller, 1. Abt. Bd. 6, München 1975, S. 9–76.

Paul, Jean: *Siebenkäs*, in: Ders.: *Werke*, hg. v. Norbert Miller, 1. Abt. Bd. 2, 3. Aufl. München 1971, S. 7–565.

Schmidt, Gerhard: *Die Krankheit zum Tode. Goethes Todesneurose*, Stuttgart 1968.

Péter Varga

GOETHES JUDENBILD UND DAS GOETHEBILD DER JUDEN
Goethes Verhältnis zum Judentum: Aktuelles und Historisches

Die Ambivalenz in Goethes Verhältnis zum Judentum könnte man lakonisch auch so ausdrücken, daß er »kein Freund des Judentums war, aber auch nicht eindeutig zu seinen Gegnern gehörte«.[1] Eine diesem Thema angemessene reichliche Literatur versuchte diese Ambivalenz zu klären und beschreiben, deren verschiedene Positionen hier nur in Stichworten angedeutet werden können.

An erster Stelle werden Goethes Äußerungen zu den Juden seiner Vaterstadt hervorgehoben, zu denen sich aber Goethe selbst in einem Gespräch kritisch bekannte.

> Meine Verachtung, die sich wohl zu regen pflegte, war mehr der Reflex der mich umgebenden christlichen Männer und Frauen. Erst später, als ich viele geistbegabte, feinfühlige Männer dieses Stammes kennen lernte, gesellte sich Achtung zu der Bewunderung, die ich für das bibelschöpferische Volk hege.[2]

Gegenstand dieser Verachtung waren vor allem die abstoßenden Verhältnisse (unter anderen die Wohnverhältnisse) im Frankfurter Ghetto und die Lebensumstände deutscher Juden im Allgemeinen, diese Ablehnung richtete sich nicht gegen das ›Jüdische‹, sondern das menschlich Unverantwortbare.

Sein Verhältnis zur Bibel der Juden und zur jüdischen Religion war ebenso von Vorurteilen belastet. Infolge von Lessings Wirkung löste er sich von der überlieferten Dogmatik und den Vorstellungen einer Offenbarungsreligion. Von einem konvertierten Juden lernte er sogar Hebräisch und übersetzte das Hohelied von Salomon aus dem Alten Testament. Die Wirkung von biblischen Stoffen, Motiven wurde ebefalls ausführlich bearbeitet und nachgewiesen. Dies bestimmte aber nicht Goethes *grundsätzliche* Haltung zum Judentum, wie auch sein Interesse für die Bibel nicht »einem Werke ›typisch‹ jüdischen Geistes«[3] galt.

---

[1] Norbert Oellers: »Goethe und Schiller in ihrem Verhältnis zum Judentum«, in: Hans Otto Horch u. a. (Hg.): *Conditio Judaica*, Tübingen 1988, S. 108–130, besonders S. 121 ff.

[2] Vgl. Günther Hartung: »Judentum«, in: *Goethe Handbuch*. Bd 4/1. Stuttgart/Weimar 1988, S. 582.

[3] Oellers: »Goethe und Schiller«, S. 122.

Das Goethebild deutscher Juden

Goethes äußerst höflicher, gelegentlich auch freundlich-galanter Umgang mit Juden seiner Zeit bestimmte weitgehend das Goethebild derer, die mit ihm in persönlicher Beziehung standen, aber wandelte sich mit dem zeitlichen Abstand in ein differenziertes, gelegentlich auch sehr kritisches Bild von ihm. Im nachhinein könnte man dieses wandelnde Goethe-Bild deutscher Juden in eine »kontradiktorische Spannweite zwischen den Positionen einer Rahel Varnhagen und eines Ludwig Börne« darstellen.[4] Hier geht es um einzelne Figuren emanzipierter, gebildeter Juden, die Goethe gegenüber eine ehrenvolle Haltung einnahmen und fast freundschaftliche Beziehungen pflegten. Goethe verkehrte selbst oft und gerne in der Gesellschaft von jüdischen Salonfrauen, und es war ihm, besonders ab der nachitalienischen Zeit, das entgegengebrachte künstlerische, aber auch menschliche Interesse einer Rahel Levin – später Rahel Varnhagen von Ense –, oder Marianne und Sara Meyer äußerst wertvoll.[5] Diese Kontradiktion löste sich erst mit dem Engagement zweier emanzipierter Juden: Ludwig Geiger, der Gründer des *Goethe Jahrbuchs* (1879), und Eduard Simon, erster Präsident der Goethe-Gesellschaft (1886). Ludwig Geigers mehrfach umgearbeitete Abhandlung *Goethe und das Judentum* ist der erste Versuch, all das zusammenzufassen, »was Goethe von den Juden gesagt«, es ist jedoch nicht zu übersehen, daß er auch ›heiklen‹ Äußerungen mit wohlwollendem Verständnis begegnet.[6] Geiger entschuldigt Goethe damit, daß seine Äußerungen über Juden und Judentum »trotz einzelner Ablehnung und sogenannter judenfeindlicher Bemerkungen in einer Verklärung des ewigen Bestandes und der weltgeschichtlichen Mission dieser Religion gipfeln«.[7]

Aus der Breite jüdischer Verhaltensmöglichkeiten im Verhältnis zu Goethe sollen zwei weitere Beispiele herausgegriffen werden: der vom jungen Goethe rezensierte Isachar Falkensohn Behr, der junge jüdische Dichter aus Polen, sowie eine äußerst kritische Stimme aus der Zeitschrift des aus Ungarn stammenden Journalisten Moritz Gottlieb Saphir, der zugleich den Standpunkt der jungdeutschen Dichter um Heine und Börne herum vertrat.

Der Dichter des 1772 entstandenen Büchleins rühmt sich geradezu mit seiner jüdischen Herkunft und hofft bei den »Kunstrichtern« (wie er sagt) wegen dieses Umstands die Schwächen und Fehler seiner Gedichte zu entschuldigen. Seine Worte drücken die Scheu und Schüchternheit des Ostjuden sowie die Angst vor einem strengen Urteil aus:

> an meinem büchlein wird schwerlich neues zu finden seyn, es wäre denn der Titel: Gedichte von einem polnischen Juden. ... und die Herrn Kunstrichter werden vielleicht so gütig seyn, und mir wegen dieser Seltenheit alle Fehler übersehen. ... Erregen nicht die Worte: polnischer Jude in der Seele das Bild

---

[4] Vgl. Wilfrid Barner: *Von Rahel Varnhagen bis Friedrich Gundolf. Juden als deutsche Goethe-Verehrer*, Göttingen 1992, S. 10.

[5] Hartung: »Judentum«, S. 582.

[6] Oellers: »Goethe und Schiller«, S. 111.

[7] Ludwig Geiger: »Goethe und die Juden«, in: *Die Deutsche Literatur und die Juden*. Berlin 1910. S. 81–101, hier zit. n. Oellers, ebd.

des Mannes, das Gesicht verwachsen, die Blicke finster und rauh die Stimme?[8]

Der Herr Kunstrichter Goethe übersah aber nicht die Fehler des jungen jüdischen Dichters wegen dieser Seltenheit, in seiner Kritik drückte er seine tiefe Enttäuschung darüber aus, daß man in Behrs Gedichten vergeblich den Ton suchen kann, an dem man ihn gar als einen polnischen Juden erkennen könnte.[9]

> Es ist recht löblich, ein Polnischer Jude seyn, der Handelschaft entsagen, sich den Musen weihen, Deutsch lernen, Liederchen rimden; wenn man aber in allem zusammen nicht mehr leistet als ein Christlicher Etudiant en belles Lettres auch, so ist es, däucht uns, übel getan, mit seiner Judenschaft ein Aufsehen zu machen.[10]

Goethe kritisiert also Behr in erster Linie nicht weil er Jude ist, sondern weil er schlechte Gedichte schreibt und unerfüllte Erwartungen mit der Hervorhebung seiner jüdischen Herkunft erweckt.

Moritz Gottlieb Saphir kam 1826 als Dreißigjähriger aus Wien nach Berlin, um dort eine Karriere zu machen. Er gründete gleich zwei Zeitschriften kurz hintereinander: *Die Berliner Schnellpost* und den *Berliner Courier* bzw. 1828 den *Berliner Theateralmanach*. Saphir, der bereits aus Wien wegen seiner schonungslosen Angriffe gegen bekannte Persönlichkeiten der Kunst- und Literaturwelt fliehen mußte, versuchte nach gleichem Rezept in Berlin Erfolg zu ernten. Es gelang ihm auch – vorübergehend zumindest. Die Tageszeitung – eine Neuigkeit im damaligen, zur Großstadt werdenden Berlin – ermöglicht ihm eine ungeheuer große Beweglichkeit, er ist immer seinen Opfern und den Zensoren einen Schritt voraus, so daß er bald durch das Bonmot bekannt wurde: »Der Saphir ist ein Edelstein, der nur von der Polizei richtig gefaßt werden kann«. Sein Witz vermischt Berliner Kodderschnauze mit jüdischer Chuzpe.[11] Ein Beispiel, in dem auch Goethe erwähnt wird:

> Unsere Philosophen täuschen sich fürwahr, wenn sie von angebornen Begriffen sprechen; der Mensch besitzt keine ideae connatae; blos Anlagen zum Vermögen können uns angeboren sein, durch die wir auch die abstraktesten Begriffe zu bilden vermögen. Nach Goethischer, nicht Gothischer Philosophie heißt es:
>
> > Nur die Natur ist aller Meister Meister,
> > Sie zeigt uns erst den Geist der Geister,
> > Lehrt uns den Geist im Körper sehen,
> > Lehrt jedes Geheimnis uns verstehen.

---

[8] Werner Kraft: »Gedichte von einem polnischen Juden und der junge Goethe«, in: *Neue deutsche Hefte* 1981, S. 722–729, hier S. 723 f.

[9] Christian Wagenknecht: »Isachar Falkensohn Behrs *Gedichte von einem pohlnischen Juden*. Ein Kapitel aus der Literaturgeschichte der Judenemanzipation«, in: Stéphane Moses u. a. (Hg.): *Juden in der deutschen Literatur. Ein deutsch-israelisches Symposion*, Frankfurt a. M. 1986, S. 77–87, hier S. 81.

[10] Zit. n. Werner Kraft: »Gedichte«, S. 722 f.

[11] Vgl. Moritz Gottlieb Saphir: *Mieder und Lieder*, hg. u. Nachwort v. Manfred Barthel. Olten/ Freiburg 1978, S. 170 f.

Darum interpretirte ein Anhänger Goethe's Cicero's heidnische Philosophie
»Praestat natura voce dicere quam ingenio sapere«,[12] es ist besser der Natur,
als dem heiligen Geist zu vertrauen, und setzte recht in christlicher Demuth
hinzu: es ist doch recht unnatürlich, daß in vielen Ländern Deutschlands
natürliche Söhne als ehrenlose Bastards, nicht zu den Ehrenstellen gelangen
können, zu denen nur die unnatürlichen zugelassen werden.[13]

Auf den ersten Blick geht es hier wieder um die gewohnten Wortspiele von Saphir, hinter den mehrfach gestuften Bildern läßt sich aber die Stimme des nach Anerkennung strebenden, für einen ›ehrenlosen Bastard‹ gehaltenen natürlichen Sohnes erahnen. In der literarischen Beilage der Zeitschrift, dem sogenannten *Beiwagen für Kritik und Antikritik*, wurde am 28. Februar 1829, sehr wahrscheinlich von Saphir selbst, Folgendes geschrieben:

Unsere Zeit ist in jeder Hinsicht so weit vorgerückt, sie hat besonders in der
neuesten Kunstperiode so eminente Fortschritte in der Bühnenperiode
gemacht, daß man einmal anfangen sollte, die drückenden Fesseln verjährter
Convenienz abzuwerfen und statt von Homer, Shakespeare, Schiller oder
Goethe inhaltlose Sentenzen anzuführen, lieber die körnigen Sinnsprüche und
Gedanken eines Angely, Holtei, Förster, Cosmar u.s.w. bis zum modernen
Melodramenpapst in aufsteigender Linie in's Leben zu rufen, um aus der
Nacht der Vergessenheit sie mit Gewalt zu ziehen.[14]

Ein lebendiges Zeugnis jungdeutscher Goethe-Kritik.

Die Goethe-Rezeption in der ostjüdisch-jiddischen Literatur

Weit weniger beachtet wurde bis jetzt die überaus intensive Goethe-Rezeption auf jüdischer Seite über den deutschen Sprach- und Kulturraum hinaus. Der Einblick in den Katalog der Nationalbibliothek des Staates Israel während einer Untersuchung Anfang der 80er Jahre erwies eine beeindruckende Fülle an wertvollen Goethe-Ausgaben: kostbare Erstdrucke, Prachtausgaben, kommentierte Editionen, Monographien, Spezialstudien usw., deren Zahl und Niveau den normalen Bücherbestand einer durchschnittlichen europäischen Bibliothek weit übertraf.[15] Die Goethe-Kollektion der Jerusalemer Bibliothek repräsentiert ein überdurchschnittliches Interesse für Goethe sowie das Ergebnis einer eifrigen Sammeltätigkeit von einer gebildeten und wahrscheinlich auch wohlhabenden jüdischen Gesellschaftsschicht.

Die Frage ist nun, ob die Anschaffung von dicken Goethe-Bänden zur Choreographie der Assimilation zum neureichen Bildungsbürgertum gehörte oder ob Goethe einen besonderen Stellenwert bzw. über seine literarische Position hinaus eine symbolische Bedeutung für das Judentum, insbesondere für das Ostjudentum hatte.

---

[12] Etwa: lieber mit natürlicher Stimme aussprechen, als die Weisheit für sich behalten
[13] Moritz Gottlieb Saphir: *Berliner Schnellpost*, 10 (24. Januar 1829), S. 39.
[14] Ebd., S. 82
[15] Barner: *Von Rahel Varnhagen*, S. 7.

Seit Mendelssohn bedeutete die Aufklärung – die sogenannte Haskala – für das osteuropäische Judentum vor allem die deutsche Aufklärung, die in ihrer jüdischen Form die Mendelssohnsche oder Berliner Aufklärung hieß, was besonders kennzeichnend für die starke Ausrichtung auf den deutschen Kulturraum war – im Gegensatz zu der stärkeren Orientierung anderer Nationen wie Ungarn, Polen u.a. nach französischen und englischen Vorbildern. Die enge Verknüpfung zwischen dem Begriff »Aufklärung« und der Verbundenheit mit der deutschen Kultur blieb auch in den späteren Phasen der jüdischen Aufklärung dominant und bestimmte damit auch die intensive Rezeption deutscher schöngeistiger Literatur.

Autobiographien ostjüdischer Intellektueller aus der zweiten Hälfte des 19. Jahrhunderts berichten darüber, was für ein lebenswichtiges Erlebnis für sie die Begegnung mit den deutschen Klassikern, so z.B. Lessing, Schiller, Goethe, Heine u.s.w. bedeutete. Nahum Goldman schreibt:

> Als das europäische Judentum im 19. Jahrhundert aus der Enge des Ghettos und der absoluten Isolation, lebend am Rande der Weltgeschichte und nicht in ihrem Zentrum, heraustrat und der Prozeß der Emanzipation und Gleichberechtigung begann, war Europa nicht nur für die deutschen Juden seit Moses Mendelssohn, sondern für Millionen osteuropäischer Juden gleichbedeutend mit deutscher Kultur. Europäische Kultur bedeutete für die Ostjuden vor allem Lessing und Schiller, Kant und Hegel, Goethe und Heine – weder Racine noch Moliére, weder Shakespeare noch Milton, weder Pascal noch Locke.[16]

Für viele war diese Begegnung zuerst einmal ein heimliches Ereignis in der Dunkelheit der Nacht, aber zugleich in der Dunkelheit der erstarrten und überlieferten rabbinischen Konventionen und Dogmen. Das war kein Einzelschicksal: Hunderte und Tausende einstige Talmudschüler und Jeschivabocherim wählten diesen Weg im Versteck der Dunkelheit, um nachher als ein anderer Mensch wieder ins Tageslicht zu treten. Von Karl Emil Franzos verzeichnet Carl Steiner in seiner Monographie: »In spite of the heavy demands that schooling and tutoring made on him, he found the time and energy to read extensively, mostly at night. Among his favorite authors were Goethe, Heine, and Victor Hugo, but he also read popular magazins such as *Die Gartenlaube* and *Westermanns Monatshefte.*«[17] Vielleicht lieferte ihm gerade dieses eigene Erlebnis die Idee zur späteren Figur des wissensdurstigen jüdischen Jünglings in seiner Erzählung *Schiller in Barnow*, in dem ein zerfetztes Exemplar von Schillers Gedichten von einem katholischen Mönch, einem ruthenischen Schulmeister und einem Jeschivabocher gemeinsam gelesen wird: ein utopisches Bild harmonischen Zusammenlebens, das Franzos vielleicht in Ansätzen erlebt hatte, in der Wirklichkeit jedoch selten vorkam. Genauso wurden die Gipfelleistungen

---

[16] Hier zit. n. Maria Klanska: *Aus dem Schtetl in die Welt*, Wien/Köln/Weimar 1994, S. 417.

[17] Carl Steiner: *Karl Emil Franzos*, New York 1990, S. 17.: »Unbeachtet die schweren Lasten, die vom Lernen und Studieren ihm auferlegt wurden, fand er die Zeit und Energie ungeheuer viel zu lesen, meistens in der Nacht. Unter seinen Lieblingsautoren befand sich Goethe, Heine und Victor Hugo, las aber auch die populären Zeitschriften wie *Die Gartenlaube* und *Westermanns Monatshefte.*«

eines Goethe, Schiller, Lessing und auch Heine samt ihren utopistisch-idealistischen Vorstellungen von Humanität als geltende Norm für die Menschheit mit den realen Sachverhalten von Preußen und Österreich vermischt und sogar identifiziert, erst recht bei denjenigen, die Deutschland nur durch die Optik der großen Klassiker gesehen hatten.[18]

Schiller war für viele Ghettojuden derjenige deutsche Dichter, mit dessen Humanitätsforderungen, Freiheitspathos und Zukunftsvisionen viele sich identifizieren konnten, dasselbe konnte man aber von Goethe nicht behaupten.[19] Er wurde vielmehr der Dichter einer anspruchsvollen, aufgeklärten, intellektuellen jüdischen Schicht, für die der Dichterfürst eine echte kulturelle Herausforderung bedeutete. Die Gleichsetzung der deutschen Kultur mit Goethe und Schiller hatte also nichts Gemeinsames mit dem neudeutsch-preußischen, eng-nationalistischen Ideal der Jahre nach 1871, das Deutschtum dieser Vorbilder bedeutete für die Ostjuden das Weltbürgerlich-Europäische.[20]

Die enge Verbindung mit der deutschen Kultur und Literatur, das Ausgerichtetsein auf deutsche Dichter als Maßstab europäischer Kultur hatte aber auch sprachliche Komponenten. Während sich die deutsche Sprache als Umgangssprache unter den deutschen Juden bereits in der ersten Hälfte des 19. Jahrhunderts unter anderem infolge der Aufklärungs- und Übersetzungstätigkeit von Moses Mendelssohn durchgesetzt hatte, blieb in Osteuropa weitgehend das »gemeine« Jiddisch die von 90 % der jüdischen Bevölkerung gesprochene Umgangs- und Literatursprache. Dieser gegensätzliche Trend führte dazu, daß die jiddische Literatursprache erst am Ende des Jahrhunderts, also ein halbes Jahrhundert nach dem Aussterben des Westjiddischen, durch die großen klassischen Vertreter der jiddischen Literatur eine Renaissance erlebte, und erst in den ersten Jahren unseres Jahrhunderts in der Czernowitzer Konferenz (1908) ihre völlige Legitimation als Kultur- und Literatursprache erhielt. Die Neubelebung des Jiddischen bedeutete jedoch nicht die völlige Abwendung vom Deutschen, im Gegenteil: Durch die Ähnlichkeit und Verwandtschaft der zwei Sprachen war das Deutsche die erste »Fremdsprache« der Ostjuden, die aber nicht das Fremde, sondern sehr bald das kulturell Vertraute und Ersehnte bedeuten sollte. In seinen Erinnerungen beschreibt der Ostjude Mark Lidzbarski diesen Prozeß und das Verhältnis zum Deutschen, wobei auch er auf die unterschiedliche Rezeptionsweise von Schiller und Goethe hinweist, mit folgenden Worten:

> Viele verstiegen sich in ihrer Gottlosigkeit sogar dahin, gojische Sprachen zu treiben. Von den europäischen Kultursprachen lernten sie mit Hilfe des Jiddischen am leichtesten das Deutsche, und für viele war das Deutsche die Pforte zur außertalmudischen Welt. Sie fingen gewöhnlich mit der Lektüre von Schiller an, dessen Balladen einen besonderen Reiz auf sie ausübten. Doch gingen einige weiter. Ein Junge erzählte mir einmal, daß er einen

---

[18] Vgl. Klanska: *Aus dem Schtetl*, S. 189.
[19] Vgl. Barner: *Von Rahel Varnhagen*, S. 26.
[20] Vgl. Ernst Joseph Görlich in der Einleitung zu Karl Emil Franzos' *Halb-Asien*, (Graz/Wien 1958, S. 6–7.), zit. n. C. Steiner: *Karl Emil Franzos*, S. 81.

Freigeist ein Buch eines deutschen Dichters namens Goethe habe lesen sehen; es war, als ob der Kopf ihm flammte. Ich vermute, daß es *Faust* war.[21]

Dies könnte auch die Ursache dafür gewesen sein, daß die ersten jiddischen Übersetzungen von Goethes Werken ziemlich spät, erst Anfang des 20. Jahrhunderts in der jiddischen Literatur erschienen, was einer der Gründe dafür sein kann, warum sich die deutsche Literaturwissenschaft für dieses Terrain der Goethe-Rezeption nur gemäßigt interessierte. Wenn wir nun wieder einen Bibliothekskatalog, diesmal den Katalog des Jiddischen Wissenschaftlichen Instituts (YIVO) in New York, zu Hilfe ziehen, läßt sich ein repräsentatives Bild über die jiddischen Goethe-Übersetzungen erstellen:

- *Faust*, I. Teil. Übers. v. L. Kupermann, Malerman's literarishe pablishing kompani, New York/Philadelphia 1920,
- *Faust*, II. Teil. Übers.v. L. Kupermann, New York/Philadelphia 1920,
- *Faust*, I. Teil. Übers.v. Ezra Fininberg, ferlag emes, moskve 1937,
- *di yesoyrim vun dem yungn verter*. Übers. v. Moshe Lurya, yidishe kultur ferlag, berlin 1922,
- *verter's leyden*. Übers. v. sh. yudson, ferlag ›mer likht‹, New York 1910,
- *geklibene shriftn*, 1–4. Bd., übers. v. D. M. Hermalin, Hebrew Publ. Comp., New York 1911.

Die an der Zahl wenigen Übersetzungen bestätigen die Annahme, daß diese Werke zuvor im Original gelesen wurden, und erst mit der Anerkennung des Jiddischen als autonome Literatursprache die großen Werke der Weltliteratur überhaupt ins Jiddische übertragen wurden. Die Jahreszahlen der Ausgaben sowie die Erscheinungsorte zeugen davon, daß ein beträchtlicher Bedarf für diese Literatur dort vorhanden war, wo sich die kulturellen Zentren der größeren jiddisch-sprechenden jüdischen Gemeinden herausbildeten: Es entwickelte sich ein umfangreiches Verlagswesen in Moskau, (auch Warschau), Berlin und vor allem in New York, wobei letztere Stadt allmählich immer mehr die führende Rolle übernahm.

Unter den jiddischen Goethe-Werken verdient die Werther-Übersetzung von Yudson unter dem Titel *verter's leyden* eine besondere Beachtung[22]. Die Lobeshymne des Übesetzers in der Vorrede, die dem Werk und dem Autor gilt, ist ein überzeugendes Beispiel (ost)jüdischen Enthusiasmus' in der Goethe Verehrung. Das in New York herausgegebene, in der Bibliothek des Jüdischen Museums der Stadt Wien aufbewahrte Exemplar trägt den Stempel der »Zentralstelle der Fürsorge für Kriegsflüchtlinge, Sektion Nr. 5; Flüchtlingsbibliothek und Lesehalle, II. Bezirk, Praterstrasse Nr. 9.« – ein Zeichen, daß es auch in Europa verbreitet war und den Bestandteil des Leseguts von vielen, in diesem Fall aus dem Krieg zurückkehrenden Juden bildete.

---

[21] Mark Lidzbarski: *Jugenderinnerungen*, zit. n. Klanska: *Aus dem Schtetl*, S. 197
[22] yohan volfgang gete: *verter's leyden*, iberzetst un ayngeleytet fun sh. yudson, ferlag ›mer likht‹, New York 1910, Einleitung: S. 5–14.

Yudson drückt in der Einleitung seine Hoffnung aus, daß es genug jüdische Leser geben wird, die das Buch nicht nur verstehen, sondern auch schätzen und lieben werden. Es ist merkwürdig, daß er sich zuerst den jüdischen »Goethe-Chassiden« gegenüber verteidigen muß, die behaupteten, der Werther sei zu tief und schwer für das jüdische Publikum. Yudson argumentiert damit, daß die Chinesen bereits vor 125 Jahren den Werther gelesen hätten, es sei also höchste Zeit, den Roman ins Jiddische zu übersetzen. Sehr charakteristisch in seiner Argumentation ist, daß er mit Hilfe von allgemein bekannten jüdischen Begriffen aus Religion und Kultur den Wert des Werks erklärt, er vergleicht es zum Beispiel mit Salomons Hohelied:

> der dikhter-firsht gete hot es in zayn kraftfuler yugend, »mit dos blut fun zayn eygen harts« geshriben, (vi er aleyn hot es gezogt tsu ekerman) un geshenkt der velt a *shir hashirim*, velcher vet nokh hundert yorn bleyben a geshlifener shpigel far dos harts fun ferlibten.[23]

Shir ha'Shirim: das Hohelied, das erste, bis heute wunderbarste Liebesgedicht der Weltliteratur, wurde auch damals nicht von allen Juden ungeteilt positiv bewertet, auch damals gab es die »Chassidim«, die die Worte des Hohelieds verdrehten und mißdeuteten, die Schönheit der Dichtung nicht zu schätzen vermochten. Diese Chassidim – die Frommen – werden hier im Sinne von Vertretern der Kunstfeindlichkeit, des Dogmatismus und Pharisäertums verwendet. »Sie meinen, daß die Kunst erst dann groß ist, wenn sie für uns monsterhaft erscheint, in tausend-farbigem, phantastischem Gewand verkleidet, während aber eigentlich die Kunst erst dann groß ist, wenn sie der Natur ähnlich ist, wenn sie einfach und natürlich, jedoch mit meisterhafter Hand geschildert wird.« – so Yudson, die Kunstauffassung Goethes vertretend.[24]

Er setzt aber zur Illustration von Genialiät gleich am Anfang seiner Einleitung auch Beispiele von Spitzenleistungen europäischer Kultur ein, um den Genie-Begriff in Rembrandts Bildern, in Beethovens Symphonien oder in Wagners Opern deutlicher zu erklären. Er meint, wiederum auf Goethes Konzeption des Kunstwerkes anspielend[25]: Das Genie kann nur in seiner »notwendigen Ganzheit«, in seiner Natürlichkeit verstanden werden, »di groyskeyt fun zheni ligt dort, vu unzer oyg ken nit areyndringen un unzer oyer ken nit mer untersheydn, es ligt in di tsvishn-teylen, velkhe bilden di atmosfere fun'm gantsen.«[26]

Das herausgegriffene Beispiel der Werther-Übersetzung sowie die Liste der anderen Goethe-Werke auf jiddisch zeugen von einer Rezeption durch Übersetzungen, die allerdings relativ spät, erst am Anfang des 20. Jahrhunderts einsetzte.

---

[23] Ebd., S. 6.
[24] Ebd., S. 8. Goethes Konzeption des Kunstwerks siehe in der Einleitung in die Propyläen, (Hamburger Ausgabe, Bd. 12, München ⁹1978, S. 42): der Künstler müsse »sich an die Natur halten, etwas, das ihren Erscheinungen ähnlich ist, hervorbringen«.
[25] »Es ist ein großer Vorteil für ein Kunstwerk, wenn es selbständig, wenn es geschlossen ist« (Goethe: Über Laokoon, in: Hamburger Ausgabe, Bd. 12, S. 58).
[26] Ebd., S. 5 f.

Daß aber die Werke der Klassiker bereits viele Jahre vor den Übersetzungen von ostjüdischen Literaten gekannt und geschätzt wurden, läßt sich auch dadurch beweisen, daß in etlichen jiddischen Werken die Wirkung der deutschen Literatur, so auch Goethes Wirkung nachweisbar ist. So erntete zum Beispiel Jakob Dinesons erster Roman *Der schwartzer Jungermantschik* einen ähnlichen Erfolg wie derzeit *Werther*[27], Goethes *Faust* bildete das Vorbild zur Tragödie von Jakob Gordin *Gott, Mensch und Teufel* (1903), in der Gordin die doppelte Natur des Menschen problematisiert[28] – die Reihe läßt sich noch lange weiterführen.

Der kurze Blick auf das Verhältnis vom Judentum zu Goethe eröffnet aber eine viel breitere Perspektive der äußerst problematischen und ambivalenten Beziehung zwischen Juden und Deutschen. Auf der jüdischen Seite dieser Ambivalenz steht immer noch »die Überzeugung von Goethe als dem Repräsentanten der Humanität, als einem Garanten für den humanen Kern des Deutschtums« einerseits, andererseits aber die »historische Tragik der Assimilation, die in der grausigen Desillusionierung endete«[29].

Literatur

Barner, Wilfrid: *Von Rahel Varnhagen bis Friedrich Gundolf. Juden als deutsche Goethe-Verehrer*, Göttingen 1992.

Dinse, Helmut– Sol Liptzin: *Einführung in die jiddische Literatur*, Stuttgart 1978.

Geiger, Ludwig: »Goethe und die Juden«, in: *Die Deutsche Literatur und die Juden*. Berlin 1910. S. 81–101.

Goethe, Johann Wolfgang von: *Werke. In 14 Bänden*, hg. v. Erich Trunz. Hamburger Ausgabe, Bd. 12, München ⁹1978.

[Goethe, Johann Wolfgang]: yohan volfgang gete: *verter's leyden*, iberzetst un ayngeleytet fun sh. yudson, ferlag ›mer likht‹, New York 1910.

Görlich, Ernst Joseph: Einleitung zu Karl Emil Franzos' *Halb-Asien*, Graz/Wien 1958, S. 6–7.

Hartung, Günther: »Judentum«, in: *Goethe Handbuch*. Bd 4/1. Stuttgart/Weimar 1988.

Klanska, Maria: *Aus dem Schtetl in die Welt,* Wien/Köln/Weimar 1994.

---

[27] Vgl. Helmut Dinse – Sol Liptzin: *Einführung in die jiddische Literatur*, Stuttgart 1978, S. 93.
[28] Ebd., S. 130.
[29] Vgl. Barner: *Von Rahel Varnhagen*, S. 46. u. 7.

Kraft, Werner: »Gedichte von einem polnischen Juden und der junge Goethe«, in: *Neue deutsche Hefte* 1981, S. 722–729.

Oellers, Norbert: »Goethe und Schiller in ihrem Verhältnis zum Judentum«, in: Hans Otto Horch u. a. (Hg.): *Conditio Judaica*, Tübingen 1988, S. 108–130.

Saphir, Moritz Gottlieb: *Berliner Schnellpost*, 10 (24. Januar 1829), S. 39.

Saphir, Moritz Gottlieb: *Mieder und Lieder*, hg. u. Nachwort v. Manfred Barthel, Olten/Freiburg 1978.

Steiner, Carl: *Karl Emil Franzos,* New York 1990.

Wagenknecht, Christian: »Isachar Falkensohn Behrs *Gedichte von einem pohlnischen Juden.* Ein Kapitel aus der Literaturgeschichte der Judenemanzipation«, in: Stéphane Moses u. a. (Hg.): *Juden in der deutschen Literatur. Ein deutschisraelisches Symposion,* Frankfurt a. M.1986, S. 77-87.

Malte Stein

»FRAUEN-SCHÖNHEIT WILL NICHTS HEIßEN«
Ansichten zum Eros als Bildungstrieb
bei Winckelmann, Wilhelm von Humboldt und Goethe

Im folgenden soll davon die Rede sein, mit welchem Nachdruck zur Zeit der Weimarer Klassik Bildungsfragen als ein im Kern erotisches Problem erörtert wurden. Auf etwas verschlungenen Pfaden möchte ich durch kleinere und große Schriften dreier Autoren führen, wobei ich das Ziel verfolge, Vorbehalte zu provozieren gegenüber einem Denken, das Totalität und Unendlichkeit erreichbar machen möchte, wo Differenz herrscht und Endlichkeit.

Drei Thesen werden dazu entfaltet:

Erstens die These, daß sich die neuhumanistische Bildungsphilosophie maßgeblich am sokratisch-platonischen Konzept der Seelenbildung orientierte, insofern sie als die grundlegende Schubkraft aller Bildungsprozesse den sokratisch-platonischen Eros diskutiert hat.

Zweitens die These, daß die bildungsphilosophische Leitvorstellung, es gelte eine »Einheit«, »Totalität« und »Vollkommenheit« des »inneren Menschen« zu restituieren, auch einen geschlechtlichen Aspekt umfaßte, da nämlich die ideale Form von Ganzheit (schon) für die Weimarer Klassik die Androgynie gewesen ist.

Und drittens die These, daß diese Idealisierung der geschlechtlichen Nicht-Entzweitheit in den besprochenen Texten durchschaubar und zum Teil auch durchschaut wird als eine »Absorption des Weiblichen beim Mann«, die einhergeht mit einer »Verschleierung des Weiblichen bei der Frau«[1]. Anders als man vermuten könnte, bewirkt (hier) das Streben nach Androgynie nicht etwa eine Harmonisierung der Geschlechterbeziehung, sondern führt genau umgekehrt zu deren Verwandlung in ein heimliches Schlachtfeld.

Als Bezugsautoren habe ich mit dem Kunsthistoriker Winckelmann einen Wegbereiter, mit dem Bildungstheoretiker von Humboldt einen Schiller nahestehenden Wegbegleiter und schließlich mit Goethe eigentlich einen Protagonisten der Weimarer Klassik ausgewählt. Im Falle Goethes jedoch beschränken sich meine Ausführungen weitgehend auf den *zweiten Faust*, ein nachklassisches Werk also, von dem ich behaupten möchte (mit einer neuen Interpretation unter anderem der Galatea-Szene), daß es an jener subversiven Tendenz teilhat, die im Titel des vorliegenden Bandes »Anti-Klassik« genannt wird.

---

[1] Julia Kristeva: *Geschichten von der Liebe*, Frankfurt a. M. 1989, S. 73.

Wegweisungen zur ästhetischen Bildung

Die Forderung nach mehr und besserer Bildung zu stellen, hieß im Neuhumanismus um 1800, auf eine Veränderung des Verhältnisses zwischen Sinnlichkeit und Vernunft zu drängen. Es sei das Drama des Zeitalters, diagnostizierte Schiller epochemachend, daß der neuzeitliche Mensch auf gleich zwei Arten sein Menschsein verfehle: je nach gesellschaftlicher Stellung entweder »als Wilder, wenn seine Gefühle über seine Grundsätze herrschen« und er mithin – wie Menschen zu allen Zeiten – »die Natur als seinen unumschränkten Gebieter anerkennt«; oder aber – und das erst infolge neuerer kultureller Einwirkungen – »als Barbar«, dessen »Grundsätze seine Gefühle zerstören«, ihm die »Natur« im Innern zur Fremde machen.[2] Von beiden diesen »Äußersten des menschlichen Verfalls«[3] erklärte die Bildungsphilosophie, sie könnten mittels Bildung im Sinne einer die Sinnlichkeit betreffenden (»ästhetischen«) Erziehung überwunden werden zugunsten einer dem Menschen grundsätzlich möglichen »Totalität des Charakters«[4]. Erforderlich sei dazu im wesentlichen, den an fehlender »Übereinstimmung« ihrer »sinnlichen und geistigen Kräfte«[5] leidenden Individuen Gegenstände zur Anschauung zu bringen, durch welche Sinnlichkeit und Vernunft gleichermaßen angesprochen und in ein harmonisches Gleichgewicht gebracht würden.[6]

Da als dieses Äquilibrium der Gemütskräfte im Anschluß an Kant die Empfindung des Schönen galt, war ein theoretischer Anknüpfungspunkt dafür gegeben, als jene Gegenstände, die es herbeiführen (helfen) würden, die Werke der »schönen Kunst«[7] anzuempfehlen[8] und damit *den Künstlern* eine führende Rolle bei der Vervollkommnung des Menschen zuzuschreiben. Allerdings mußte, um das ohne Zirkelschluß tun zu können, auch dargelegt werden, wie denn ein angehender Künstler das Schönheitsempfinden, zu dem er anderen mit seinen Werken verhelfen

---

[2] Friedrich Schiller: *Über die ästhetische Erziehung des Menschen in einer Reihe von Briefen*, in: Ders., *Werke und Briefe in zwölf Bänden*, Bd. 8, hg. von Rolf Peter Janz, Frankfurt a. M. 1992, S. 567.

[3] Ebd., S. 568.

[4] Ebd., S. 567.

[5] Ebd., S. 619.

[6] Schillers berühmte Herleitung der Seelenentzweiung aus dem Prozeß der modernen Arbeitsteilung (ebd., S. 570ff.) sollte nicht übersehen lassen, daß der richtige Umgang mit den Sinneslüsten Gegenstand einer intensiven Problematisierung auch und gerade schon unter jenen »Alten« gewesen ist, auf die sich die Bildungstheoretiker als das glänzende Beispiel einer gelungenen Selbstidentität berufen haben: Bereits den Griechen im 4. und 3. Jahrhundert v. Chr. war die Frage bedeutsam, wie mittels Selbstbeherrschung (*enkrateia*) die Besonnenheit (*sophrosyne*) erreichbar sei als die zu erstrebende Mitte zwischen Zügellosigkeit (*akolasia*) auf der einen und Gefühllosigkeit (*anaisthesia*) auf der anderen Seite – zwischen genau denselben Polen also, von denen Schiller spricht, wenn er als die Extrempunkte des menschlichen Verfalls hier die »Verwilderung« durch entfesselte Triebe, dort die »Erschlaffung« durch barbarische Triebunterdrückung feststellt (ebd., S. 568); vgl. Michel Foucault: *Der Gebrauch der Lüste. Sexualität und Wahrheit II*, Frankfurt a. M. 1989; Wilhelm Schmid: *Die Geburt der Philosophie im Garten der Lüste. Michel Foucaults Archäologie des platonischen Eros*, Frankfurt a. M. 1994.

[7] Schiller: *Über die ästhetische Erziehung des Menschen*, S. 583.

[8] Eine ausführliche Darstellung des Zusammenhangs von Kunst und ästhetischer Bildung im Neuhumanismus bietet Clemens Menze: »Ästhetische Erziehung als Erziehung überhaupt«, in: Ders. (Hg.), *Kunst und Bildung*, Münster 1991, S. 16–85.

soll, selbst entwickeln könne, – wo doch auch er von den »Verderbnissen seiner Zeit«[9] sicher nicht unberührt ist.

Richtungweisendes für die Weimarer Klassik hat hierzu Johann Joachim Winckelmann geäußert, als er 1755 seine *Gedancken über die Nachahmung der Griechischen Wercke in Mahlerey und Bildhauer-Kunst* veröffentlichte, eine kunsttheoretische Schrift von wahrhaft bahnbrechender Wirkung, mit der die im deutschen Neuhumanismus so verbreitete Griechenverehrung eingeleitet worden ist.

Die von Winckelmann darin vertretene Hauptthese klingt einfach: Zur »Kenntniß des vollkommenen Schönen«[10] gelange auf »kürtzeste[m] Weg« nicht etwa, wer seinen Begriff von Schönheit aus der Naturanschauung, was heißen soll: aus der Beobachtung lebender Menschen ableite. Wer das Schöne erkennen und darstellen wolle, müsse das Aussehen der antiken Statuen aus Griechenland studieren. In diesen finde sich eine Vollkommenheit zur Anschauung gebracht, welche über die im wirklichen Leben anzutreffenden Bildungen erhaben sei. Außer »allein d[er] schönste[n] Natur« (S. 30) bzw. »sinnlichen Schönheit« (S. 35) wiesen sie nämlich noch »gewisse Idealische Schönheiten« auf, die, statt etwa auf empirischer Beobachtung zu beruhen, nach »Bildern bloß im Verstande entworffen, gemacht« seien (S. 30, 34f.). Besonders diese »Idealischen Schönheiten« müsse der neuzeitliche Künstler von den griechischen Werken übernehmen, sie sich kopierend einprägen, damit er sodann alle leiblichen Menschen, die ihm später Modell stünden, an jenes von den Statuen abgeschaute »Urbild« (S. 34) angleichen könne.

Mit dieser Empfehlung ist allerdings die Frage, wie man »zur Kenntnis des Schönen« gelange, nur für die neuzeitlichen Künstler, nicht aber auch schon grundsätzlich beantwortet. Wie denn, so drängt sich nachzufragen auf, konnten einst die antiken Künstler zum Schönen finden? Unter welchen besonderen Bedingungen vollzog sich deren ästhetische Bildung, daß es ihnen möglich war, ausschließlich aus eigener Anschauungskraft jene »Idealische Schönheit« zu gestalten, die in der Neuzeit, wie Winckelmann meint, allein über den Umweg der *imitatio* noch zugänglich sei?

Die verstreuten Hinweise, die Winckelmann hierzu gibt, sind das eigentlich Interessante in seinem Text; hängt doch von ihrer Stichhaltigkeit die theoretische Plausibiliät seines gesamten Nachahmungsprogrammes ab. Das weiß der Autor auch und kommt deshalb mehrfach auf die Besonderheiten der griechischen Lebensweise zu sprechen. Zunächst führt er eine ganze Reihe von Faktoren an, die es wahrscheinlich machten, daß die Griechen körperlich wohlgestalteter gewesen seien als die heutigen Menschen. Von Kindesbeinen an mit Leibesübungen beschäftigt und in luftiger Kleidung unter einem heiteren Himmel aufgewachsen, habe sich etwa ein »junge[r] Spartaner« wohl ungleich mehr zum Vorbild für einen Theseus oder Achill geeignet als einer seiner genußsüchtigen Altersgenossen aus neuerer Zeit, meint

---

[9] Schiller: *Über die ästhetische Erziehung des Menschen*, S. 584.
[10] Johann Joachim Winckelmann: *Gedancken über die Nachahmung der Griechischen Wercke in der Mahlerey und Bildhauer-Kunst*, in: Ders., *Kleine Schriften, Vorreden, Entwürfe*, hg. von Walther Rehm, Berlin 1968, S. 37. Im folgenden stehen alle Verweise auf diesen Text in Klammern nach den jeweiligen Zitaten.

Winckelmann (S. 30f.). Zweitens dann macht er geltend, daß unter den Griechen eine für die Kunst vorteilhafte »Freyheit der Sitten« geherrscht habe (S. 33). Anders als in Ländern, »wo die Natur in vielen ihrer Wirkungen durch strenge Gesetze gehemmt war«, habe man sich in Griechenland »von Jugend auf« der »Lust und Freude« geweiht (S. 33), und es sei für Künstler und Philosophen vielerlei Gelegenheit gewesen, »sich mit der schönen Natur« unter griechischer Sonne »aufs genaueste bekannt zu machen« (S. 34). Winckelmann verweist in diesem Zusammenhang besonders auf die athenischen Gymnasien, wo »die jungen Leute« – sprich: Jünglinge – »ihre Leibes-Uebungen« vor interessierten Augen »gantz nackend« getrieben hätten (S. 33). In den Gymnasien, schreibt er unter Berufung auf Platon, sei »die Schule der Künstler« gewesen; es seien »der Weise« und »der Künstler« dorthin gegangen: Ein »Socrates, [...] [seine Schüler, MS] zu lehren; ein Phidias, aus diesen schönen Geschöpfen seine Kunst zu bereichern«. Denn »zum großen Unterricht der Künstler« hätten sich da die nackten Körper in »mannigfaltigen, wahrhaften und edlen Ständen und Stellungen« gezeigt, und zwar in Stellungen von solcher Art, in die ein bezahltes »Modell« der heutigen Akademien »nicht zu setzen« sei (S. 33).

Das damit eingebrachte Argument scheint sich vordergründig auf ungleiche Beobachtungschancen zu beziehen. Dank der »Freyheit der Sitten«, so läßt sich lesen, sei es den griechischen Künstlern besser als anderen möglich gewesen, durch anatomische Studien mit den menschlichen Körperformen vertraut zu werden. Allerdings bleibt bei solcher Verständnisweise offen, wie die Griechen ihren Statuen außer der natürlichen Schönheit, die sich der äußeren Beobachtung verdankt, auch jene »Idealische Schönheit« (S. 35) haben geben können, von welcher Winckelmann ja meinte, daß sie das Resultat einer »blos im Verstande« entworfenen und »über die gewöhnliche Form der Materie erhabenen« Schönheitsvorstellung sei (S. 34f.). Was also war es, das einen griechischen Bildhauer vom »Studium der Natur« (S. 37) zu jenem die Natur transzendierenden »Urbild« des Schönen sich erheben ließ?

Der Autor spricht es nicht ausdrücklich aus, aber seine Referenzen auf Platon und Sokrates deuten es an: Seine im Text implizierte Vorstellung davon, wie sich die Griechen ästhetisch gebildet haben, lehnt sich an die platonische Seelenlehre an, derzufolge die Energie, welche die seelische Bildung vorantreibt, das erotische Begehren ist.

Vergegenwärtigen wir uns kurz die Darstellung der menschlichen bzw. männlichen Seele in Platons *Phaidros* (den Winckelmann als mit »das schönste« erachtete, »was dieser große Mann [...] geschrieben« hat[11]): Erblicke sie einen liebreizenden Knaben, heißt es dort aus dem Munde des Sokrates, werde die Seele in eine schmerzlich zwiegespaltene Bewegung versetzt: Ein Teil von ihr dränge darauf, »der Gaben der Lust [...] zu gedenken«[12] und sich »auf tierische Art zu vermischen« (250e). Ein anderer Teil indessen fühle sich unter dem Einfluß der leiblichen an eine

---

[11] Johann Joachim Winckelmann: Briefentwurf an den Freiherrn von Berg vom 9. Juni 1762, in: Ders., *Briefe in vier Bänden*, hg. von Walther Rehm, Bd. 4, Berlin 1957, Nr. 24, S. 63.

[12] Platon: *Phaidros*, in: Ders., *Sämtliche Werke in zehn Bänden*, Griechisch und Deutsch, nach der Übersetzung Friedrich Schleiermachers, hg. von Karlheinz Hülser, Bd. 6, Frankfurt a. M. 1991, 254a. Im folgenden stehen alle Verweise auf diesen Text in Klammern nach den jeweiligen Zitaten.

überirdisch-wesenhafte Schönheit erinnert, von der die Seele zumindest noch einiger Menschen eine aus früheren Daseinsphasen erhaltene sehnsuchtsvolle Ahnung habe. Diese Idee der »Schönheit selbst« (250e), behauptet Platon, sei das eigentliche Objekt des Eros, an das sich in dem Maße wieder annähern lasse, wie es dem Verliebten gelinge, seine zunächst dem Jünglingsleib geltende Begierde in ein Verlangen nach Wesenserkenntnis umzuwandeln. Ohne eine solche Sublimierung des Eros, warnt Platon, würde die Seele immer weiter in die Niederungen des Fleisches hinabgerissen. Ohne das Liebesbegehren überhaupt allerdings, auch das betont er, fehle der Seele die zu ihrer Entwicklung notwendige Antriebskraft. Nur vom Eros beflügelt, könne sie zu den Wesenheiten des Schönen, Wahren und Guten emporsteigen, weswegen ein jeglicher »Freund der Weisheit oder der Schönheit« ein Experte auch in den »Dingen der Liebe« sein müsse. Im *Phaidros* wird mithin als der beste Weg, sich selbst die Seele zu bilden, eine von Sokrates als »nicht unphilosophisch« bezeichnete Art der Knabenliebe empfohlen (249a), bei der sich der Umgang, den der Liebende mit dem Geliebten pflegt, weitestmöglich auf Augengenüsse und pädagogische Unterweisung beschränken soll.

Eben auf diese sokratisch-platonische Art der Pädophilie scheint mir Winckelmann anzuspielen, wenn er das Gymnasion mit dessen »gantz nackend« sich übenden Jünglingen als eine Bildungsstätte für Künstler und Weise beschreibt. Gerade die »Übungsplätze« nämlich werden im *Phaidros* als einer jener Orte hervorgehoben, an denen Liebhaberseelen vom Eros besonders ergriffen würden (255b). Indem Winckelmann ausgerechnet *sie*, diese Augenweiden für platonisch Liebende, den Kunstakademien seiner Zeit positiv gegenüberstellt, deutet er subtextuell an[13], daß auch aus seiner Sicht ästhetische Bildung nur in bestimmten erotischen Verhältnissen gelingen kann. Erst das macht verständlich, warum er die den griechischen Werken zugrunde liegende Schönheitsidee als etwas Einzigartiges ansah. Wie Platon hing Winckelmann offenkundig der Auffassung an, daß zu einer originären Anschauung der höchsten Schönheit nicht ohne die rechte Knabenliebe zu gelangen sei; weshalb er den Künstler dort, wo Gesetz und Sitte solche Beziehungen verbieten, sich an den Schönheitseinsichten eben derer zu orientieren empfahl, die ihre Seelen dereinst unter für den Eros günstigeren Bedingung hatten bilden können.

Winckelmanns *Gedanken über Nachahmung der griechischen Wercke* sind demnach mehr gewesen als nur eine praktische Anleitung für die zeitgenössische Kunstpraxis. Von ihren Prämissen her implizierten sie die Kritik an einer für bildungsfeindlich erachteten Moralordnung. Indem er seinen Zeitgenossen verschrieb, sich ihr Schönheitsideal bei den Griechen abzuschauen, attestierte Winckelmann ihnen eine Bildungslücke, die von ihrer Ursache her anzugehen aus seiner Sicht hätte bedeuten müssen, nicht etwa nur für die Nachahmung der griechischen Werke, sondern auch für die Gewährung einer größeren Sittenfreiheit zu plädieren.

---

[13] Auf die »homoerotische Camouflage« in Winckelmanns Abhandlungen wird mit Blick auf die »Bergische Schrift« nachdrücklich aufmerksam gemacht von Heinrich Detering: *Das offene Geheimnis. Zur literarischen Produktivität eines Tabus von Winckelmann bis Thomas Mann*, Göttingen 1994, S. 56–77.

Just dies tut dann 50 Jahre später, freilich ohne dabei ausdrücklich von griechischer Liebe zu sprechen, Wilhelm von Humboldt mit seinen 1792 verfaßten *Ideen zu einem Versuch, die Grenzen der Wirksamkeit des Staates zu bestimmen*. In deren achtem Abschnitt will er zeigen, »wie bedenklich jedes Bemühen des Staates« sei, mittels Gesetzen und Institutionen einer »Ausschweifung der Sitten« begegnen oder gar zuvorkommen zu wollen.[14] Solche Maßnahmen, stellt von Humboldt fest, zielten zumeist auf eine Unterdrückung der »Sinnlichkeit« (S. 131). Gerade die »Sinnlichkeit« aber verdiene »Freiheit und Achtung« (S. 141), insofern sie für die »Bildung [...] des Menschen« (S. 131) von größter Bedeutung sei. Denn, so der Autor: »Alle Stärke« stamme »aus der Sinnlichkeit« (S. 140). Wo des Menschen »sinnlichen Empfindungen, Neigungen und Leidenschaften« schwiegen, da sei »auch alle Kraft erstorben«, könne »nie etwas Grosses und Gutes gedeihen« (S. 132f.). Erst die »Empfindungen, Neigungen und Leidenschaften« brächten »Leben und Strebekraft« in die »Seele«; erst sie seien es, die, wenn »unbefriedigt«, zur »Tätigkeit« anspornten, wenn »befriedigt«, ein »leichtes, ungehindertes Ideenspiel« beförderten, versichert von Humboldt (S. 133).

Das klingt für heutige Ohren nicht unvertraut, ist aber verglichen mit dem, was im selben Jahrzehnt Kant über die »Empfindungen, Neigungen und Leidenschaften« geschrieben hat, denn doch eine erstaunliche Hochschätzung dieser Regungen. Zwar unternimmt auch Kant in seiner *Anthropologie* eine »Rechtfertigung der Sinnlichkeit«, doch versteht er dort unter »Sinnlichkeit« nichts weiter als das Vermögen zur »empirischen Anschauung«[15]. Sinnliche Wahrnehmungen sind für Kant nur insofern von Wert, als sie dem übergeordneten Verstand Daten zuleiten, ohne die dessen Begriffe leer wären. Als Auslöserin von Begierden, Affekten oder gar Leidenschaften jedoch ist ihm die »Sinnlichkeit« suspekt. Besonders die Leidenschaften, zu denen er explizit auch heftiges »Verliebtsein« zählt[16], drohen die seinerseits postulierte Freiheit des Denkens und Wollens außer Kraft zu setzen, so daß Kant nicht zögert, sie als seelische »Verkrüppelung[en]«[17], »Krankheiten« und »Krebsschäden für die [...] Vernunft« zu bezeichnen[18].

Anders dagegen von Humboldt in seinen *Ideen*. Während Kant die Sinnesempfindungen nach deren kognitivem Nutzen bewertet, betrachtet jener sie im Hinblick darauf, welches Maß an »Strebekraft« bzw. »Energie« sie in der Seele freizusetzen vermögen. Diese »Energie« der Seele ist nach seiner Überzeugung »die erste und einzige Tugend des Menschen« (S. 133). In ihr sieht er eine grundlegende »Kraft« (S. 132, 142), bei deren Unterdrückung durch genußfeindliche »Gesetze und Staats-

---

[14] Wilhelm von Humboldt: *Ideen zu einem Versuch, die Grenzen der Wirksamkeit des Staates zu bestimmen*, in: Ders., *Werke in fünf Bänden*, hg. von Andreas Flittner und Klaus Giel, Darmstadt ³1980, Bd. 1, S. 144. Im folgenden stehen alle Verweise auf diesen Text in Klammern nach dem jeweiligen Zitaten.

[15] Immanuel Kant: *Anthropologie in pragmatischer Hinsicht*, in: Ders., *Werke in sechs Bänden*, hg. von Wilhelm Weischedel, Darmstadt ⁴1983, Bd. 6, S. 432.

[16] Ebd., S. 582 und 600.

[17] Ebd., S. 581.

[18] Ebd., S. 600.

einrichtungen« alle Bildungsprozesse zum Erliegen kommen (S. 142). Selbst und gerade dem »ruhigsten Denker« müsse zur inneren Bildung des öftern ein »Genuss der Sinne [...] um die Seele gespielt haben« (S. 138), da lediglich derjenige auf dem »richtigen Wege« zur Erkenntnis sei, der aus einem »feinen und richtigen Schönheitsgefühl« heraus »keine reizende Gestalt« um sich her »unbemerkt« lasse (S. 141). Allein nämlich im sinnlichen Genuß des Schönen, meint von Humboldt, werde eine »Wahrheitsahndung« ausgelöst (S. 136), der ein »gerader und tiefer Sinn [...] unermüdet nachforsch[en]« müsse (S. 141); gelte »das lezte Streben« der menschlichen Seele doch stets dem »Entdekken« eines »einzig wahrhaft Existirenden«, das zwar in seiner »Urgestalt« unsichtbar bleibe (S. 136), dem man sich aber über jene »reizende[n] Gestalt[en]« (S. 141), insofern sie ein »Bild« bzw. »Symbo[l]« desselben seien (S. 136), annähern könne.

Wie diese Argumentation verdeutlichen dürften, knüpft auch von Humboldt an Lehren Platons an. Alles, was in seiner *Ideen*-Schrift über die bildungsnotwendige »Energie« der Seele ausgesagt wird, läßt erkennen, daß er bei ihrer Beschreibung den sokratisch-platonischen Eros vor Augen hatte. Genau wie dieser wird auch jene durch Kontakte mit »reizenden Gestalten« mobilisiert. Und wie in seinem ist auch in ihrem Falle die Sinneslust, als die sie erfahren wird, indizienhaft für eine unverstandene Wahrheitssehnsucht, – syptmomatisch für ein Streben nach dem Schönen und Guten an sich.[19]

Aufgehoben findet sich damit die bei Kant so betonte Trennung zwischen Verstand und Sinnlichkeit. »Sinnlichkeit und Unsinnlichkeit« sind nach von Humboldt durch ein »geheimnisvolles Band« miteinander verknüpft (S. 136). Mit »heilsamen Folgen« sieht er die »Sinnlichkeit [...] durch alle Beschäftigungen des Menschen verflochten« (S. 141) und fordert eben aus dieser Überzeugung heraus, der »Sinnlichkeit« (sprich: dem Eros als dem eigentlichen Kraftquell der Psyche) die vom Staat auferlegten Fesseln zu lösen. Äußerer Zwang, meint von Humboldt, ersticke die Kraft, Freiheit dagegen erhöhe sie (S. 143). Und ein Mensch, der sich im freien Kräftespiel selbst überlassen bleibe, lautet das Humboldtsche Credo, ein solcher Mensch werde in seinem »mächtigen inneren Drang« (S. 140) irgendwann von allein zum Schönen und Guten finden; langsamer zwar, doch im Ergebnis um so beständiger. –

Auf dieselbe zuversichtliche Einschätzung trifft man bekanntlich auch zu Beginn des *Faust*: »Ein guter Mensch in seinem dunkeln Drange/ Ist sich des rechten Weges wohl bewußt«, zeigt sich dort während des Prologs im Himmel der »Herr«

---

[19] Schon Tilman Borsche (*Wilhelm von Humboldt*, München 1990) konstatiert, daß die »Erotik [...] als der springende Punkt des Humboldtschen Werkes angesehen werden« könne, insofern sie letztlich »alle Texte« dieses »Platonikers« durchziehe (ebd., S. 119). Sogleich aber beteuert Borsche auch, es sei hier der »Eros« freilich »modern und kritisch gewendet«, da von Humboldt ihn »nicht als Liebe zum Gleichen« verstanden habe, »die sich nach der Ruhe im ewigen Besitz des Ewigen sehnt, sondern als Liebe zum Anderen, die ihre Erfüllung in individuellen Gestalten« finde (ebd., S. 119). Diese von Borsche nicht weiter begründete Einschränkung scheint mir, wie weiter unten aus meinen Ausführungen zu Humboldts *Horen*-Aufsätzen hervorgeht, unzutreffend zu sein.

gewiß.[20] Wie bei von Humboldt besteht auch dessen vorrangige Besorgnis darin, daß »des Menschen Tätigkeit [...] allzuleicht erschlaffen« könne (V. 340). Aus diesem Grund eben hat er der Menschheit den »Schalk« zugesellt, welchem die Aufgabe obliegt, reizend, wirkend und teuflisch schaffend zur Regsamkeit anzuspornen (V. 342f.). Damit ist ein Hinweis gegeben, daß es sich bei der Figur des Mephistopheles um die Personifikation einer bzw. auch *der* menschlichen Veränderungsenergie handelt. An welche Kraft hier genau gedacht sein könnte, ist eine interpretatorische Frage, auf die es sicher mehrere textadäquate Antworten gibt. Eine davon aber bringt das Großdrama in direkten Zusammenhang mit unserem Thema. Da Mephistopheles nämlich in beiden Teilen der Tragödie als »des Chaos [...] Sohn« bezeichnet wird und sich selbst so nennt (V. 1384, 8027), ist er gemäß der Göttergenealogie Hesiods als der schönheitsliebende Eros höchstselbst ausgewiesen. Ausgehend von dieser Beobachtung kann man den gesamten *Faust* als ein Bildungsdrama lesen, in und mit dem eine Wette darüber eingegangen wird, ob der Eros als Bildungstrieb, wiewohl er zunächst auf »das Böse« zielen mag, am Ende zum »Gute[n]« führt – oder nicht (V. 1335f.).

Meines Erachtens legt der Text eher letzteres nahe; Goethe als Autor scheint mir die dem »Herrn« in den Mund gelegte ›Humboldtsche‹ Zuversicht keineswegs geteilt zu haben. Jedenfalls läßt sein Stück die Tendenz erkennen, die Idealisierung des Eros zum Weisheitsbeförderer satirisch zu konterkarieren.

Dies sei im folgenden anhand einer Szenenfolge veranschaulicht, in der es wie in den Texten vorher um das Problem der Schönheitserkenntnis geht:

Gegen Ende des ersten Akts in der Tragödie zweitem Teil will der Kaiser, an dessen Hofe Faust verweilt, zu seiner Unterhaltung Helena und Paris und in diesen antiken Gestalten »das Musterbild der Männer, so der Frauen« auf die Theaterbühne gebracht sehen (V. 6185). Faust ist »gequält zu tun« (V. 6181), weiß aber als Kunstneuling nicht, wie er »den Schatz, das Schöne, heben« soll (V. 6315), und bedarf also eines Nachhilfeunterrichts in ästhetischer Bildung. Zwei Kundige von anscheinend ganz unterschiedlicher Güte stehen ihm da zur Seite: Mephistopheles zunächst, die Personifikation des Eros, und später im zweiten Akt der Centaur Chiron, an den sich Faust vertrauensvoll als an einen »edle[n] Pädagog[en]« wendet (V. 7337). Betrachten wir aber zunächst das von Mephistopheles vorgeschlagene Bildungsprogramm, welches mit dem platonischen eine gewisse Ähnlichkeit aufweist:

Um das Schöne bildnerisch veranschaulichen zu können, rät der Teufel, müsse Faust erst einmal zu den »Müttern« auf- oder absteigen; müsse er einen Vorstoß in »Räume« unternehmen (V. 6277), wo es statt körperlich handfester Geschöpfe nur schöpferische Wesenheiten gebe, jene besagten »Mütter« eben, die dort in größter »Einsamkeit« (V. 6213) von »Bildern aller Kreatur [umschwebt]« würden (V. 6289). Mit anderen Worten (und nach gängigem Verständnis): Faust als angehender Künstler soll an den Ursprungsort der Bilder, mithin also in Platons Reich der Ideen

---

[20] Johann Wolfgang Goethe: *Faust. Texte*, in: Ders., *Sämtliche Werke, Briefe, Tagebücher und Gespräche in vierzig Bänden*, 1. Abteilung Bd. 7/1, hg. von Albrecht Schöne, Frankfurt a. M. 1994, V. 328f.. Im folgenden stehen alle Verweise auf diesen Text in Klammern nach den jeweiligen Zitaten.

aufbrechen, wobei es der tückische Ratgeber allerdings offen läßt, ob dieses Schemenreich mit dem christlichen Himmel zu identifizieren ist, wie die Neuplatoniker meinten, oder ob es sich etwa um die heidnische Unterwelt mit ihren Totenschatten handelt.

Wie dem auch sei – gewissermaßen als eine Wünschelrute, die den Helden »zu den Müttern« hinführen und ihn vor Ort »die rechte Stelle wittern« lassen soll (V. 6263f.), überreicht ihm des Chaos Sohn einen »Schlüssel«, der ikonographisch gesehen – weshalb er zu seinem Geber gut paßt – ein Attribut unter anderem des Eros ist[21]. Infolgedessen auch muß es nicht Wunder nehmen, daß jener wegweisende »Schlüssel« ganz unverkennbar die Eigenschaften eines gewissen Organs besitzt: Von Fausten zur Hand genommen, »wächst« das »kleine Ding« sogleich an und »leuchtet« und »blitzt« (V. 6259ff.) und flößt seinem zuvor noch zerknirschten Träger Mut zu einer »entschieden gebietende[n] Attitüde« ein (Regieanweisung zu V. 6293). Deutlich genug ist also der Schlüssel ein phallisches Requisit[22], und ihm sich als magischer Kompaßnadel anzuvertrauen, wie es der »Schalk« empfiehlt, bedeutet im Klartext, daß Faust sich bei seiner Annäherung an das Schöne von sinnlicher Lust leiten lassen soll...

Was dann der so Instruierte auch tut: Von Verlangen getrieben, vermag es Faust während des Bühnenstückes am Ende nicht, sich beim Anblick der von ihm produzierten Kunstgebilde mit dem Anblicken allein zu begnügen. Stattdessen wird er an dieser Stelle zu einem zweiten Pygmalion, der danach begehrt, sich dem von ihm selbst produzierten Bild in Liebe zu nähern. »Wir sehen einen Künstler«, schreibt Goethe im 11. Buch von *Dichtung und Wahrheit*,

> der das Vollkommenste geleistet hat, und doch nicht Befriedigung darin findet, seine Idee außer sich, kunstgemäß dargestellt [...] zu haben; nein! sie soll auch in das irdische Leben zu ihm herabgezogen werden. Er will das Höchste was Geist und Tat hervorgebracht, durch den gemeinsten Akt der Sinnlichkeit zerstören.[23]

Diese Äußerung Goethes zum Pygmalion-Stoff in der Bearbeitung Rousseaus läßt sich als ein Stellenkommentar auch zu der hier besprochenen Rittersaalszene lesen: Just nämlich nach jenem »gemeinsten Akt der Sinnlichkeit« verlangt es auch Faust auf der Bühne, wodurch dann die ideellen Gebilde tatsächlich zerstört werden: »Mit Gewalt« faßt er zunächst seine Helena an, »schon trübt sich die Gestalt«. Den Zauberschlüssel indessen »kehrt er«, merkwürdig genug, »nach dem Jüngling zu,

---

[21] Vgl. Gaier, Ulrich: *Kommentar I*, in: Johann Wolfgang Goethe: *Faust-Dichtungen*, Stuttgart 1999, Bd. 2, S. 644 zu V. 6259.

[22] Diese Konnotation des Schlüssels ist auch vermerkt bei Albrecht Schöne: *Faust. Kommentare*, in: Johann Wolfgang Goethe, *Sämtliche Werke [...] in vierzig Bänden*, 1. Abteilung Bd. 7/2, Frankfurt a. M. 1994, S. 470 zu V. 6259.

[23] Johann Wolfgang Goethe: *Aus meinem Leben. Dichtung und Wahrheit*, in: Ders.: *Sämtliche Werke [...] in vierzig Bänden*, 1. Abteilung Bd. 14, hg. von Klaus-Detlef Müller, Frankfurt a. M. 1986, S. 534.

berührt ihn!« und – »Weh uns, Wehe!« –: es kommt zu einer »Explosion, Faust liegt am Boden. Die Geister gehen in Dunst auf« (V. 6560–63 mit Regieanweisung) ...

Statt ihn also vom Fleisch zur Idee emporzuheben, bringt Dämon Eros den Helden dahin, die zur Schau gestellte Idee in Fleisch verwandelt zu sehen. Von »sehnsüchtigster Gewalt« (V. 7438) »streng umfangen« (V. 7444), will dieser das »Musterbild der Männer, so der Frauen« (V. 6185) »ins Leben ziehn« (V. 7439) – eben wie auch in Rousseaus mythopoetischer Szene, die Goethe kritisierte, schon Pygmalion sein Idealbild ins »irdische Leben« zog.

Von diesem Wunsch ist Faust noch getrieben, als er während der klassischen Walpurgisnacht auf den »edlen Pädagogen« und naturkundigen Arzt Chiron trifft, einen dem Namen nach veritableren Mentor, als es der »Schalk« war. Dem Protagonisten zumindest »scheint« der »große Mann« von »Geist und Mut begabt« (V. 7337, 7326), habe dieser doch mit den Argonauten »sich zum Ruhm« ein wahres »Heldenvolk« erzogen (V. 7338). Chiron verkörpert hier gewissermaßen den Idealtypus des griechischen Erziehers, und es läßt sich leicht vorstellen, daß Goethe mit seiner Darstellung des alten Centaur dem Ur-Pädagogen Sokrates ein Denkmal gesetzt haben könnte. Ein Denkmal dann allerdings, das bei genauerem Hinsehen parodistisch-kritische Züge annimmt. Indem nämlich Chiron von seinen Schülern bekennt, daß »sie's nach ihrer Weise fort[treiben],/ Als wenn sie nicht erzogen wären« (V. 7342f.), stellt er den Erfolg seiner Pädagogik selbst schon in Frage und bietet Grund dazu, sich Gedanken auch über sein Treiben zu machen. Faust zwar meint ihn von einem »blendend-weiße[n] Pferd« getragen zu sehen (V. 7327f.), was vor dem Hintergrund der platonischen Seelenmethaphorik auf eine ungeteilt edelmütige und keusche Gesinnung schließen ließe. Nicht umsonst aber hat Goethe diesen Eindruck des Helden unter den Vorbehalt des Scheinhaften gestellt (V. 7326f.). Wie man im weiteren erfährt, ist auch Chiron für sinnliche Versuchungen nicht unempfindlich: »Frauen-Schönheit« zwar will für ihn »nichts heißen« (V. 7399); doch nur schon die bloße Erinnerung an seinen Schüler Herkules, der als »Jüngling herrlichst anzuschaun« gewesen sei, weckt in ihm ein schmerzliches »Sehnen« (V. 7382). Ebenso hat auf ihn, wie sie noch ein Kind war, die siebenjährige Helena eine »unwiderstehlich[e]« Wirkung gehabt (V. 7404). »Wie war sie reizend! jung, des Alten Lust!«, schwärmt Chiron von ihr (V. 7425) und berichtet, daß er das Mädchen einstmals bei einer Rettungsaktion durch die Eleusischen Sümpfe getragen habe. Wichtig an dieser Stelle ist der nachfolgende Hinweis, daß ein Dichter mythologische Figuren darstellen könne, »wie er's braucht zur Schau«, er also zu philologischer Treue nicht verpflichtet sei (V. 7428–33). Denn in der Tat stellt auch Goethe hier den Centaur (und nicht etwa nur Helena) dar, wie er es braucht. Chiron nämlich ist Helena laut mythologischer Überlieferung nie begegnet. Wohl aber erzählen die Mythen von einem anderen hilfsbeflissenen Centaur: Nassos war sein Name, und er bot sich an, des Herkules Frau Deianeira über einen Fluß zu tragen. Bei dieser Gelegenheit dann versuchte Nassos seine Passagierin zu vergewaltigen, bis ihn zuletzt ein Giftpfeil des Gatten niederstreckte. Ebenso ist bezeichnenderweise auch Chiron durch einen Pfeil des Herkules gestorben, weshalb es sich für den Dichter anbot, die Geschichte des einen Centaur der des anderen anzugleichen. Nimmt man diese Parallelisierung aber ernst, so erscheint der große Chiron wie jener Nassos als Vergewaltiger des Wesens, das er trug: als Vergewaltiger hier also der siebenjährigen Helena.

Entsprechend dubios fällt auch seine Hilfsmaßnahme für den sehnsüchtigen Faust aus, obgleich diese zunächst freilich den Anschein echter Besonnenheit erweckt: Als Chiron erfährt, daß Faust wie Pygmalion seine Schönheitsidee Helena »ins Leben ziehn« will (V. 7439), erklärt er ihn für »verrückt« (V. 7447, 7484) und verordnet ihm, sich bei der Priesterin Manto einer gründlichen Kur zu unterziehen. Manto, so versichert Chiron, sei ihm »Die liebste [...] aus der Sibyllengilde,/ Nicht fratzenhaft bewegt, wohltätig milde«, glücke es ihr wohl, »bei einigem Verweilen,/ Mit Wurzelkräften [Faust] von Grund zu heilen« (V. 7455ff.). Nach solcher Ankündigung muß man sich allerdings wundern, wie die angeblich so »milde« Manto auf den ihr zugeführten Patienten reagiert. Dessen von Chiron erstellte Diagnose nämlich – »Helenen, mit verrückten Sinnen,/ Helenen will er sich gewinnen« (V. 7484f.) – stößt bei der Therapeutin auf helle Begeisterung. Statt Faust von seinen »verrückten Sinnen« etwa »wohltätig« heilen zu wollen, zeigt sie sich sogleich bereit dazu, ihm bei der Verwirklichung seines Strebens aktiv behilflich zu sein: »Den lieb' ich der Unmögliches begehrt./ Tritt ein, Verwegner, sollst dich freuen« (V. 7488f.).

Um diesen Widerspruch zwischen Mantos angekündigtem und ihrem tatsächlichem Verhalten zu verstehen, lohnt sich erneut ein Blick in Platons *Phaidros*: Sokrates vertritt dort in seiner zweiten Rede die oben schon dargelegte These, daß der Liebeswahnsinn eines Verliebten erkenntnisträchtiger sei als der gesunde Verstand eines Nichtverliebten. Zur Begründung führt er unter anderem die von Chiron erwähnte »Sibyllengilde« an. »Sibylla« und alle anderen Seherinnen hätten ihre hilfreichen Voraussagen ausschließlich im »Wahnsinn« getätigt[24], weshalb die Seherkunst ursprünglich »Wahnsagekunst« geheißen habe. Nur hätten dann »die Neueren [...] ungeschickter Weise« an den Buchstaben herummanipuliert und so aus der »Wahnsagekunst« die »Wahrsagekunst«, aus der *techne manike* die *techne mantike* gemacht[25].

Auf Goethes Text übertragen, führt diese Behauptung zu der Schlußfolgerung, daß auch die Seherin Manto mehr der *mania* als der *mantis*, mehr also der ekstatischen Leidenschaft als der apollinischen Hellsicht verpflichtet sein könnte. Faust mit seinen »verrückten Sinnen« gerade bei ihr in Behandlung zu geben, wie Chiron es tut, hieße demnach nichts anderes, als der Verrücktheit des Helden weiteren Vorschub zu leisten.

Und in der Tat: Manto weist ihrem Patienten genau den gleichen Weg, den ihm zuvor schon Mephistopheles gewiesen hat: Sie verschafft ihm Zugang zum Reich der körperlosen Schemen – diesmal eindeutig der Hades –, von wo er sich Helena wunschgemäß »ins Leben« holen soll. Damit ist dann die Bahn frei für Faust, während des dritten Akts noch einmal zu versuchen, was auf der Bühne im Rittersaal mißglückte: In der Burghofszene wird er – bis eine »Störung« ihn abrupt unterbricht

---

[24] Platon: *Phaidros*, 244b.
[25] Ebd., 244c.

(V. 9435) – dem »Idol« (V. 8879ff.) seiner Einbildungskraft beiwohnen[26], wird er sich wie Pygmalion jenem »gemeinsten Akt der Sinnlichkeit« hingeben, welcher das dem Geiste entsprungene Idealbild, wie Goethe in *Dichtung und Wahrheit* beteuert, zerstören muß.

Daß vor eben diesem Hintergrund der Helena drohende Hinrichtungstod zu sehen ist, dem zuvor ja auch Gretchen schon anheimfiel, sei hier nicht weiter dargelegt, sondern nur behauptet. Halten wir aber als Eindruck fest, daß sich bei Goethe die Schönheitserfahrung mit der Erkenntnis im Fleische und deren Folgen nicht verträgt, steht doch am Ende beider Liebeskontakte seines Helden eine Liquidierung von Frau und Kind. Gretchen im ersten Teil, nachdem sie erst ihre Mutter und dann ihr Kind umgebracht hat, wird auf dem Schafott hingerichtet. Helena als ihre Nachfolgerin, für die von Männerhand ebenfalls schon ein Beil geschliffen ist (V. 8577–87; 8921–26), löst sich im Anschluß an Euphorions Todessturz buchstäblich in Luft auf (vgl. Regieanweisung zu V. 9944). Für beide Geliebte gilt, daß sie von ihrem Leib lassen müssen, sobald er im doppelten Sinne erkannt worden ist als ein weiblicher. Zu Frau und Mutter geworden, scheinen sie jene besondere Schönheit, nach der sich der Eros sehnt, nicht länger mehr repräsentieren zu können.

Der mögliche Grund dafür zeigt sich bei einer genaueren Betrachtung des klassische Schönheitsideals. Festzustellen ist nämlich – womit ich zu meiner zweiten These komme –, daß die seit Winckelmann zirkulierende Rede vom Ideal-Schönen der »griechischen Werke« aus einer Vorliebe fürs Androgyne sich speist. Dies ließe sich etwa aus Winckelmanns berühmter *Beschreibung des Apollo im Belvedere* ersehen, wird aber noch augenfälliger in Wilhelm von Humboldts Aufsätzen *Über den Geschlechtsunterschied* bzw. *Über die männliche und weibliche Form,*[27] die 1795 in den von Schiller herausgegebenen *Horen* erschienen sind.

Erotische Attraktivitäten

In *Über die männliche und weibliche Form* beschreibt von Humboldt »die höchste und vollendete Schönheit« als ein »genaueste[s] Gleichgewicht« zwischen den Eigentümlichkeiten beider Geschlechter, die erst gemeinsam, erst zum »innigsten Bunde« miteinander verschmolzen das Bild eines ganzen Menschen ergäben (S. 296f.). Außer allein der »männlichen« und der »weiblichen Form«, meint von Humboldt, müsse es als einen »reinen Abdruck der Menschlichkeit« noch »eine andere mittlere [Form] geben«, nach der hin Männer und Frauen seines Erachtens »emporstreben« sollten (S. 303). Eine perfekte Veranschaulichung dieser »mittleren Form« böten Götter- und Heroenbilder wie das der Juno oder des Apoll, an denen die »einengende Schranke« des Geschlechts – anders als etwa bei der fraulichen Venus – aufs Schönste »entfernt« sei (S. 308). Bei diesen Gestalten habe die

---

[26] Dazu Peter von Matt: »Die Szene, von der man schweigt«, in: *Neue Rundschau* 110 (1999), S. 100–105.

[27] Beide Aufsätze in: Humboldt, *Werke in fünf Bänden*, Bd. 1, S. 268–295 und 296–336. Im folgenden stehen alle Verweise auf diese Texte als Seitenangaben in Klammern nach den jeweiligen Zitaten; Versangaben beziehen sich weiterhin auf den *Faust*.

produktive Einbildungskraft zu einem Ideal gefunden, das man unter realen Menschen nur schwerlich finde. Allerdings, so von Humboldt dann weiter, sei es doch »unläugbar, dass zuweilen selbst in der Wirklichkeit [...] Züge einer Gestalt durchschimmer[t]en, die, als rein menschlich, zwischen der männlichen und der weiblichen [Gestalt]« changierten (S. 313). »[V]orzüglich« sei dies »in der Jugend der der Fall, wenn die Bildung der *Kindheit* gewissermaassen weiblicher ist, auf der schmalen Gränze zwischen beiden Geschlechtern steht« (S. 308).

Hier kehren sie also wieder, jene »jungen Leute«, denen schon Winckelmann starke Beachtung schenkte und die in bedeutender Zahl, wie auffallen muß, auch das Goethesche Werk bevölkern. Nicht reife Frauen fungieren im *Faust* als erotische Reizobjekte, und auch nicht Männer, sondern, wenn wir den Blick auf die menschlichen Wesen richten, zwei mignonhafte Mädchen – Helena mit sieben (zehn, dreizehn[28]), Gretchen mit gerade über vierzehn Jahren – sowie daneben eine ganze Schar von »Jünglingsknaben« (V. 9157), welche appetitlich anzuschauen für Betrachtende beiderlei Geschlechts sind: Paris und Herkules wurden bereits genannt; ihnen zur Seite stehen der »Knabe Wagenlenker« während des Mummenschanz, der »allerliebste Knabe« Homunkulus (V. 6902, 8267) und die holden »Schiffer-Knaben« während der Klassischen Walpurgisnacht sowie eine weitere »goldgelockte, frische Bubenschar« (V. 9045) nebst dem »liebliche[n] Kind« Euphorion (V. 9764) im anschließenden Helena-Akt. Daß der Grund auch für deren Attraktivität ein androgynes Aussehen ist, verrät die Beschreibung des Knaben Wagenlenker: »Man könnte [ihn] ein Mädchen schelten;/ Doch würde [er], zu Wohl und Weh,/ Auch jetzt schon bei den Mädchen gelten,/ Sie lehrten [ihn] das ABC«, heißt es bei seinem Auftritt (V. 5546ff.), und ebenso noch, daß er »recht so von Haus aus ein Verführer« sei (V. 5540). Erotisches Begehren richtet sich dort also ganz eindeutig auf eine zwischengeschlechtliche Gestalt, und diese Kopplung von Eros und Androgynie findet man schließlich auch an der Personifikation des Eros selbst, an Mephistopheles bestätigt. Wie Chiron zeigt jener sich von Frauenschönheit unbeeindruckt, wird aber ganz unwiderstehlich von den transvestitischen Lamien und mehr noch zuletzt von dem »bübisch-mädchenhafte[n] Gestümper« (V. 11687) der »gar zu lieblichen« Engel angezogen (V. 11768), die ihm als »allerliebst[e] Jungen« (V. 11763) und »schön[e] Kinder« (V. 11769) bekanntermaßen folgenschwer den Kopf verdrehen.

Damit dürfte das Phänomen als solches deutlich geworden sein, und es stellt sich nunmehr die Frage, woher sie denn rühren könnte, diese Faszinationskraft des Androgynen, von der ja bei weitem nicht nur die hier behandelten Klassiker zeugen? Bildungsphilosophisch, und das heißt: in gut platonischem Sinne müßte man sagen, daß die androgyne Erscheinung eine *anamnesis* bewirkt; daß sie in dem Betrachter, mit von Humboldt zu sprechen, ein »dunkles Bild« (S. 313) wachruft und ihn so unbewußt – wovon schon die Rede war – an eine höhere Daseinstufe erinnert. Diese höhere Daseinsstufe oder, wie man mit Schiller sagen kann, dieses »idealisch[e]« Menschsein, zu dem ein jeder die Anlage in sich trage[29], ist für von Humboldt ein

---

[28] Zu den divergierenden Altersangaben im Tragödien-Text siehe Schöne: *Faust. Kommentare*, S. 544 zu V. 7426.

[29] Schiller: *Über die ästhetische Erziehung des Menschen*, S. 564.

Menschsein jenseits des Geschlechtsunterschiedes, wobei er den Geschlechtsunterschied jedoch nicht so sehr als eine physiologische Differenz begreift, sondern ihn dynamistisch als eine Polarität von Kräften definiert. Bildung erscheint so gesehen als ein Prozeß, bei dem das zunächst von einer Kraft bestimmte Individuum versucht, in sich die Kraft auch des anderen Geschlechts zu entwickeln – solange, bis es beide zu einer harmonischen Totalität vereint und damit eine Aufhebung der Geschlechterdifferenz erreicht hat.

Was eine »Vermählung dieser ungleichartigen Naturen« (S. 275) so erstrebenswert macht, wird verständlich in Anbetracht der Potenz, zu der sie verhelfen soll. Männliche und weibliche Kraft in gleichen Anteilen miteinander verbunden, meint von Humboldt in seiner Schrift *Über den Geschlechtsunterschied*, ergänzten sich zur »Zeugungskraft« (S. 274), welche als »die unbeschränkte Kraft der Natur« (S. 285) zur »Erweckung« (S. 274) bzw. »Hervorbringung« (S. 275) von »neue[m] Daseyn« (S. 273), zum »Zeugen« also im weiteren Sinne befähige. Und eben dies wiederum, das »Zeugen«, stelle des Menschen einzige Möglichkeit dar, sich als endliches Lebewesen »Unendlichkeit« zu verschaffen (S. 272). Humboldt greift hier den abermals platonischen Gedanken auf, daß außer der Wesenserkenntnis auch die Unsterblichkeit ein Triebziel des Eros sei, und zwar insofern, als Eros den Liebenden zur Neuerschaffung des Selbst in anderen oder, wie es im *Symposion* wörtlich heißt, zur »Erzeugung und Ausgeburt im Schönen« antreibe[30] – Eros den Liebenden also danach streben lasse, zum Zwecke der Selbstverewigung etwas ihm gleichartiges Junges in die Welt zu setzen.[31]

Allerdings ließen sich hinsichtlich der Art des Erzeugens qualitative Unterschiede machen. Auch darin stimmen die beiden Autoren überein. Nach ihrem Urteil sind es die weniger gebildeten Mannmenschen, die sich ein Fortleben durch die Erzeugung leiblicher Kinder zu sichern suchen, bei dieser Vorgehensweise jedoch die eigentliche Hervorbringung den Frauen überlassen müssen. Auf einer höheren Bildungsstufe stehen für sie dagegen jene, die sich bei ihrem Kampf gegen die Zeitlichkeit vom weiblichen Unterleib emanzipiert haben, indem sie ihre Reproduktion statt mit einer Gebärmutter mit geistiger Genialität zustandebringen. Von Humboldt bestimmt diese Spezies als »geschlechtslos« (S. 280) bzw. als ein »eignes Geschlecht« mit »eignem organischen Leben« (S. 275), womit er anspielt auf den im *Symposion* erzählten Mythos, daß die Menschengattung einst drei Geschlechter umfaßte: außer Männern und Frauen eben auch noch die Androgynen, welche eine Kombination von je einem männlichen und einem weiblichen Körper gewesen seien. Im Denken von Humboldts existiert dieses hybride Geschlecht noch immer, nur daß es nunmehr den Decknamen »Genie« trägt und sich nicht mehr durch die Zusammensetzung zweier Körper auszeichnet, sondern durch die im Bildungsprozeß zu erreichende Wiedervereinigung von männlicher und weiblicher Kraft. Die mutmaßlichen Fähigkeiten sind indes unverändert geblieben: Wie jene Kugelmenschen im Mythos erfüllt auch die Humboldtschen »Genies« ein heißer Tatendurst. Als Künstler gebären sie »lebende Bilder« (S. 277); als Philosophen, Wissenschaftler und

---

[30] Platon: *Symposion*, in: Ders., *Sämtliche Werke in zehn Bänden*, Bd. 4, 206e.
[31] Ebd., 207d.

Tatmenschen bringen sie Ideen, Erfindungen und große Pläne hervor; als sokratische Pädagogen wiedererzeugen sie sich in ihren Schülern. All diese »genialischen Hervorbringungen« und Werke beschreibt von Humboldt gezielt als »Kinder« (S. 283), denn das Genie ist für ihn ausdrücklich ein Wesen, das sich mit seinen Werken fortpflanzt (S. 275). Damit findet sich in den *Horen*-Aufsätzen nahezu explizit ausgesprochen, was die Androgynie offenbar faszinierend macht: Es ist der Wunsch nach einer Fortpflanzung durch autopoietische Selbstvermehrung. Der Wunsch nach einer Prokreationsfähigkeit ohne die weibliche Andere.

Von diesem Wunsch künden die Mythen, die bildenden Künste und die Literatur des Abendlandes seit über 2500 Jahren.[32] Ihn mit naturwissenschaftlich-technischen Mitteln realisieren zu wollen, ist ein Charakteristikum der Moderne. Was »die Welt im Innersten zusammenhält« (V. 382f.), das Geheimnis der Lebensentstehung, wird der Natur entrissen, bis daß der Mensch wie ein Gott »sich immerfort selbst erzeugen« kann (V. 8076) – dank Klontechnik bald in perfekten Körperkopien.

Mit dieserart Unternehmung – der Menschenbildung aus zwanghaftem Identitätsverlangen heraus – setzt sich Goethe im *Faust* vorausahnend kritisch auseinander. Unmittelbar nachdem dort der Held hat erfahren müssen, daß seine Kunstbilder Helena und Paris keine (wirklich) lebenden Gestalten waren, unternimmt es der ehemalige Famulus Wagner, einen Menschen nun auf alchemistische Weise »ins Leben« ziehen zu wollen. In seiner programmatischen Begründung dafür kehrt jener Affekt gegen das weibliche Gebären wieder, von dem inzwischen deutlich geworden sein sollte, daß man sich über seine Bedeutsamkeit durch die komischen Züge der Wagner-Figur nicht hinwegtäuschen lassen darf:

> Wie sonst das Zeugen Mode war
> Erklären wir für eitel Possen.
> Der zarte Punkt aus dem das Leben sprang,
> Die holde Kraft die aus dem Innern drang/ [...]/ [...],
> Die ist von ihrer Würde nun entsetzt;
> Wenn sich das Tier noch weiter dran ergötzt,
> So muß der Mensch mit seinen großen Gaben
> Doch künftig höhern Ursprung haben. (V. 6838ff.)

Da Mephistopheles »im rechten Augenblick« zur Stelle ist (V. 6886), glückt das Projekt ein Stück weit. Es entsteht der »allerliebste Knabe« (V. 6903) Homunkulus, dem jedoch aufgrund seiner künstlichen Hervorbringung der Leib fehlt. Als gleich-

---

[32] Vgl. Gerburg Treusch-Dieter: *Die heilige Hochzeit. Studien zur Totenbraut*, Pfaffenweiler 1997. Treusch-Dieter setzt zwischen 800–600 vor Christus einen kult- und kulturgeschichtlichen Bruch an, mit dem im Bereich des Mythos eine diskursive Neukonstruktion der Genealogie verbunden gewesen sei. Diese Neukonstruktion habe die Vorstellung tilgen sollen, daß die Unsterblichkeit der Götter auf einer Wiedergeburt aus dem Blut der ihnen im Opfer vermählten »heiligen Bräuten« beruhe. Ziel dabei sei nicht eine Aufgabe der Opferpraxis als solcher gewesen – diese sei, obwohl ihrer alten Funktion entledigt, fortgesetzt worden –, sondern eine »fundamentale Negierung der [leiblichen, MS] Geburt« (ebd., S. 6); ein Absperren der Frau vom Gebären (ebd., S. 7), von dem Treusch-Dieter meint, daß es sich als eine Konstante der abendländischen Kultur bis in die heutige Gen- und Reproduktionstechnologie verfolgen lasse.

sam eine Karikatur des Humboldtschen Genies ist er ein »hermaphroditisch[es]« Wesen (V. 8256), das sich aus lauter Tatendrang »sogleich zur Arbeit schürzen« will (V. 6889), genialisch erkenntnisfähig, aber wegen seiner Entstehungsart eben körperlos, physisch präsent nur als »menschenähnlich[e] [Flamme]« in einem Glaskolben (V. 8104). Entsprechend empfindet sich dieser Flaschengeist als »nur halb zur Welt gekommen« und beginnt nachzuforschen, auf welche Art er wohl vollständig »entstehn« könne (V. 8246ff.). Sein Weg, den er sich solchen Sinns durch die klassische Walpurgisnacht bahnt, führt ihn zuletzt in die Felsbuchten des Ägäischen Meeres zum großen Meeresfest, dessen Höhepunkt die Vorbeifahrt der Galatea mit ihrem Gefolge ist. Vom Meeresgott Proteus, der sich dazu in einen Delphin verwandelt, wird Homunkulus zu Galatea hintransportiert, was darin endet, daß seine Phiole an ihrem Muschelwagen zerschellt und sich das Feuer, aus dem er besteht, über die Wellen ausbreitet. Ein »feuriges Wunder« erhellt da die Szenerie, das ganz zum Schluß des Aktes durch einen Gesang der Sirenen beschrieben wird.

Genau hier nun auch, an überaus prominenter Stelle ist es, wo sich erstmals im gesamten Text Eros mit panegyrischem Ton beim Namen genannt findet:

> Welch feuriges Wunder verklärt uns die Wellen,
> Die gegeneinander sich funkelnd zerschellen?/ [...]
> Die Körper sie glühen auf nächtlicher Bahn,
> Und rings ist alles von Feuer umronnen;
> So herrsche denn Eros, der alles begonnen!/ [...]/ [...]
> Heil dem Wasser! Heil dem Feuer!
> Heil dem seltnen Abenteuer! (V. 8474ff.)

Von diesen Heil-Rufen haben sich die Faust-Kommentatoren gerne mitreißen lassen. Obschon man doch eigentlich weiß, daß Sirenengesänge stets in die Irre führen, ist die Galatea-Szene als ein von Goethe positiv gemeinter Triumph interpretiert worden: als ein Triumph, bei dem die Natur als die wahre Schöpfungsmacht über den mit ihr unrechtmäßig konkurrierenden Menschen obsiege. Gerhard Kaiser beispielsweise sieht hier der Wagnerschen Laborzeugung ein großartiges »Fest« der körperlichen »Zeugung« entgegengestellt.[33] Ebenso spricht Klaus Heinrich von einem Versuch, das Bündnis mit der Natur und dem anderen Geschlecht neu zu schließen.[34] Beide Verfasser interpretieren die Nymphe Galatea als eine der Liebesgöttin Aphrodite äquivalente Figur; und beide gehen sie davon aus, daß die Herrschaft des Eros, die die Sirenen verkünden, gleichbedeutend sei mit einer Restauration der zwischengeschlechtlichen Liebe.

Stimmte dies, stünde die Szene in Widerspruch zu meinen bisherigen Überlegungen; es wäre der Eros dann hier *kein* Begehren, das in Konflikt mit der Geschlechterdifferenz steht, und Galatea fiele als Frauenschönheit venerischen Typs deutlich heraus aus der Reihe der ansonsten stets androgynen Attraktionen. In der

---

[33] Gerhard Kaiser: *Ist der Mensch noch zu retten? Vision und Kritik der Moderne in Goethes ›Faust‹*, Freiburg i. B. 1994, S. 36.

[34] Vgl. Klaus Heinrich: »Mythos« (Gespräch mit Wolf Dieter Bach), in: *Goethe – ein Denkmal wird lebendig. Dialoge*, hg. von Harald Eggebrecht, München und Zürich 1982, S. 76.

Tat aber halte ich das Gegenteil für richtig, denn es scheint mir das Meeresfest ein Triumph des Eros nicht etwa *als* Geschlechterliebe, sondern ein Triumph des Eros *über* die Geschlechterliebe zu sein. Und das aus folgenden drei Gründen:

Erstens: Über Galatea heißt es im Text, daß sie »als Göttin« verehrt werde, seitdem die eigentliche Göttin der Liebe, Aphrodite, sich »abgekehrt« habe (V. 8145ff.). Diese Abkehr ist eine motivliche Erfindung Goethes und bedarf der Interpretation. Den Anknüpfungspunkt dazu bieten die im *Faust* beständig wiederkehrenden Hinweise auf ein Unbehagen zwischen den Geschlechtern, als dessen personifizierte Ursache in Akt eins des zweiten Teils die Furien auftreten und das am markantesten in der Vergewaltigungslust Euphorions zum Ausdruck kommt. Aphrodites Abkehr scheint von daher ein Sinnbild dafür zu sein, daß sich »Mann und Frau so schlecht vertragen«, wie es Mephisto im Laboratorium gegenüber Wagner formuliert (V. 6898), oder auch dafür – um noch einmal Chiron zu zitieren –, daß »Frauen-Schönheit« im klassischen Kosmos nichts »heißen [will]«. An den Platz der diese »Frauen-Schönheit« verkörpernden Liebesgöttin ist mit der Nymphe ein anderes Faszinosum getreten: Galateas Schönheit wird mit den Attributen »hold«, »lieblich«, »anmutig« und »ernst« umschrieben, und dies sind mit Ausnahme des Ernstes allesamt Prädikate, die im *Faust* ausschließlich den androgynen Figuren zukommen. Als »hold« werden etwa auch Paris sowie die von den Nereiden begehrten »Schiffer-Knaben« bezeichnet (V. 6452; 8401, 8416); »Lieblichkeit« und »Anmut« als reizvolle Eigenschaften besitzen der »hermaphroditisch[e]« Homunkulus (V. 8237, 8267), die »spitzbübisch gaukelnden« Lamien (Regieanweisung zu V. 7726, 7753), die »bübisch-mädchenhafte[n]« Engel (V. 11763f.) sowie – nicht zu vergessen – die reizende Helena in ihrer Gestalt eines siebenjährigen Mädchens. Gerade an deren, der jungen Helena Beispiel läßt Goethe Chiron erklären, daß es allein die »Anmut« sei, die eine Person »unwiderstehlich« mache (V. 7404f.), nicht »Frauen-Schönheit«. Angesichts dessen sollte uns wohl, wenn wir dann kurz darauf von der »lockende[n] Anmutigkeit« Galateas lesen (V. 8390), erneut eher das Bild eines Kindmädchens als das einer Aphrodite vor Augen stehen; jedenfalls aber eine Erscheinung, die zwischen männlich und weiblich oszilliert.

Zweitens: Ähnlich der Helena-Geschichte steht die Galatea-Szene in intertextuellem Bezug zum Pygmalion-Stoff, in dessen Rousseauscher Bearbeitung die steinerne Geliebte ebenfalls Galatea heißt. Durch diese Parallele ist auch die Galatea im *Faust* als eines jener scheinlebendigen Idealgebilde konnotiert, an die man sich in dem Begehren nach körperlicher Zeugung nur unter dem Preis der Zerstörung annähern kann. Als eine Symbolgestalt weiblicher Fruchtbarkeit kommt Galatea auch deshalb *nicht* in Frage. Genau wie bei Helena und Paris auf der Rittersaalbühne wäre es bei ihrem Erscheinen abermals angezeigt, Befriedigung allein im Anblick der Schönheit zu finden. Vorgeführt wird dies noch einmal an Galateas Vater Nereus, der sich zwar danach sehnt, von Delphinen zu seiner Tochter hinübergetragen zu werden, sodann aber einschränkt, daß ihm ein hinlängliches Ergötzen nur schon ein »einziger Blick« beschere (V. 8430). Homunkulus dagegen *läßt* sich hinübersetzen, was im Text durchaus anspielungsreich damit begründet wird, daß der Verwandlungsgott Proteus den »allerliebsten Jungen« (V. 8267) »verführt« (V. 8469) habe,

Homunkulus also – im allgemeinsten Sinne verstanden – einer Irreführung auf Abwege erlegen ist. Statt nämlich den Schöpfungsweg ganz von vorn anzufangen, wie es der Vorsokratiker Thales ihm rät, wählt er mit seiner Annäherung an Galatea offenbar eine andere Art der Neuentstehung: Dem Beispiel des Mephistopheles folgend, der sich eine Szene zuvor auf das »Bildnis« der Phorkyaden »übertragen« hat (V. 8013ff.) und damit zum »Hermaphroditen« geworden ist (V. 8029), möchte sich, wie mir scheint, auch Homunkulus auf dem Wege vervollständigen, daß er seinen zweigeschlechtlichen Geist in Galateas androgynen Körper hineinverpflanzt und solcherart zu einer Neugeburt im Schönen nach sokratischem Vorbild gelangt! Dies scheitert allerdings. Denn bei seiner Anfahrt auf den ersehnten Zielkörper bleibt Homunkulus hängen, und zwar ironischerweise an Aphrodites Muschelwagen, der ein Symbol jenes »zarten Punktes« ist, aus dem sein Leben hatte ausdrücklich nicht mehr entspringen sollen. Statt dessen *zer*springt es nun an ihm, zerbricht seine Phiole an der Muschel der Venus und fällt daraufhin die Inkarnation des männlichen Traums von der Selbsterzeugung buchstäblich ins Wasser. Zumindest bei Goethe noch führt an dem weiblichen Schoß als Lebensquelle kein Weg vorbei. Insofern ließe sich hier von einem Sieg Aphrodites sprechen, der aber sogleich wieder relativiert wird – womit ich bei meinem dritten Argument für eine skeptische Lesart der Szene bin:

Anders nämlich als Kaiser dies tut,[35] wird man in dem Glasbruch an der Muschelwand keinen Durchbruch zu voller »Lebensteilhabe« sehen dürfen; besteht doch für die menschenähnliche Flamme Homunkulus auf eine Fortexistenz im Wasser elementarlogisch wenig Aussicht. Daß nämlich Feuer und Wasser zueinander in unversöhnlicher Opposition stehen, wird auch im *Faust* nicht bestritten. Im Gegenteil: Während das Wasser von Handlungsbeginn an als das Element des Lebens konnotiert ist, ist die Flamme als jenes »Apart[e]« ausgewiesen, dessen sich Mephistopheles als Sohn des Chaos zur Körper- und Lebensvernichtung bedient (V. 1363–75). Kostproben davon gibt er bereits in Auerbachs Keller und im zweiten Teil während des Karnevalsumzuges. Am Ende der Klassischen Walpurgisnacht jedoch wächst sich sein Feuer zu einem ersten infernalischen Brand aus. »So herrsche denn Eros, der alles begonnen« –: das meint gerade keinen Triumph der natürlichen Lebensentstehung; beschrieben ist damit vielmehr das so wundersame wie unheilverkündende Phänomen, daß sich das Feuer als lebensvernichtende Kraft gegenüber dem lebenshervorbringenden Wasser (V. 8435: »Alles ist aus dem Wasser entsprungen!!«) hier durchzusetzen vermag. »Heil dem Wasser! Heil dem Feuer!« singen die Sirenen zwar, was zunächst noch den Eindruck eines harmonischen Nebeneinanders der beiden Elemente erweckt; spätestens im fünften Akt aber, wo Faust sich als Wasserbekämpfer betätigt, wird durch eine Rede aus weiblichem Munde rückblickend erhellt, daß mit dem Bild des in Flammen stehenden Meeres die Peripetie zur groß angelegten Lebensaustreibung erreicht ist: »Wo die Flämmchen nächtig schwärmten«, weiß Baucis im Schlußakt zu berichten, bevor sie den Flammen schließlich selbst zum Opfer fällt, wo »die Flämmchen nächtlich schwärmten,/ Stand ein Damm den andern Tag./ Menschenopfer mußten bluten,/ Nachts erscholl des

---

[35] Kaiser: *Ist der Mensch noch zu retten?*, S. 35.

Jammers Qual,/ Meerab flossen Feuergluten;/ Morgens war es ein Kanal« (V. 11125ff.). Dieser Rede vom Eindämmen, Trockenlegen und Ausgrenzen ist mehr zu trauen als dem Heil-Gesang der Sirenen. *Kein* Heil dem Wasser, wo es von Flammen überzogen wird; und *kein* Fest der körperlichen Zeugung, wo auf »nächtlicher Bahn«, wenn Eros herrscht, die »Körper« im Feuer »glühen« (V. 8477); »auf Vernichtung läufts hinaus«, wird des Chaos Sohn im letzten Akt triumphieren (V. 11550), und eben dieser Triumph kündigt sich hier schon an.

Vor diesem Hintergrund läßt sich zum Schluß ein interessantes Ergebnis festhalten, mit dem ich zugleich auch meine anfangs angekündigte dritte These aufgreife:

Anti-Klassik im *Faust*

Während von Humboldt im Eros eine schöpferische Urkraft und fortschrittstiftende Dynamik sieht, von der, wie er schreibt, schon die Griechen geahnt hätten, daß sie das »Chaos« zum Kosmos ordne (S. 295), präsentiert Goethe den Eros als eine Macht, welche zu vermeintlich Großem drängend ins »Chaos« zurücktreibt. Ebenso wie das sich bildende Individuum bei von Humboldt (und Schiller) streben auch Faust und seine Parallelfiguren eine Ganzheit ihrer individuellen Vermögen an, wobei es auch ihnen im Kern darum geht, sich mit autonomen Geburtsakten den Traum der Unsterblichkeit zu erfüllen. Darauf zielen ihre Laborarbeiten ebenso ab wie die Versuche, auf den Spuren Pygmalions künstliche Bilder »ins Leben« zu ziehen. Goethe allerdings deckt mit seiner Tragödie die Nachtseite solchen Ganzheitsanspruches auf, indem er zeigt, daß die Aneignung der Lebenserzeugung durch den Mann einhergeht mit einer Verleugnung des Lebenserzeugenden in der Frau: Von den »Müttern« zu sprechen, ist in der faustischen Welt »Verlegenheit« (V. 6215); die alten »Göttinnen« (V. 6218) als Inbegriff weiblicher Lebensmacht sind in den »allertiefsten Grund« verbannt (V. 6284); was von ihrer Fruchtbarkeit zeugt, wird mit Gift und Flamme vernichtet. Frauen haben in Goethes Drama nur als Mädchengestalten Raum, an denen nichts Mütterliches ist und deren androgynes Aussehen sie prädestiniert, dem nach Ganzheit sich sehnenden Genie ein zauberisches Spiegelbild zu liefern. Wo diese Spiegelbeziehung zusammenbricht, sich die Geschlechterdifferenz nicht länger verleugnen läßt, werden die Ex-Engel dem Henker überlassen, in Brand gesteckt und zum Hades wieder hinabgeschickt. Gretchen und Helena sind Projektionsflächen auf Zeit und müssen, sobald sie als Gebärerinnen den männlichen Omnipotenzanspruch in Frage stellen, mitsamt ihrem Nachwuchs spurlos verschwinden. Das um Zeugungsmacht ringende Genie duldet keine natürliche Konkurrenz, weshalb neben den Frauen auch das lebenshervorbringende Wasser von Faust zunächst umgedeutet (V. 10213, dagegen V. 8435) und dann bekämpft wird. Des Helden Utopie ist eine dem Meer abgezwungene »neuest[e] Erde« (V. 11566), auf deren offenbar frauen-»freiem Grund« lediglich »Kindheit, Mann und Greis« zusammenfinden (V. 11578), während zugleich die Dämme, Deiche und Drainagen, die Faust errichten läßt, Weib und Wasser aus dem

»paradiesisch Land« ausschließen sollen.³⁶ Ausgerechnet mit der Arbeit an diesem »Meisterstück« (V. 11248) meint der einst so verzweifelte Gelehrte zu »der Weisheit letzte[m] Schluß« vorgedrungen zu sein (V. 11574) und sich ein Denkmal zu setzen, das »in Äonen [nicht] untergehn« könne (V. 11584). Ausgerechnet hier also wähnt er sich jene Wahrheitserkenntnis und jene Unsterblichkeit gewonnen zu haben, auf die nach sokratisch-platonischer Auffassung die Dynamik des Eros abzielt. Indessen führt Goethe seinen vom Eros geleiteten Protagonisten als einen Blinden vor, welcher das Massengrab nicht sehen kann (oder will), das unter seinem Kommando entsteht. Statt Lebensraum für »Millionen« zu schaffen, wie Faust es sich einredet (V. 11563), bereitet er mit seinen Dämmen »dem Wasserteufel [...] großen Schmaus«; leistet er einer Flutkatastrophe Vorschub, die jenen Millionen, wenn sein Dämon recht behalten sollte, das Leben kosten wird (V. 11544ff.).

Keine Rede kann mithin sein von einer »Kraft,/ Die stets das Böse will und stets das Gute schafft« (V. 1335f.). Genau umgekehrt verhält es sich: (Des Teufels) Faust (vgl. V. 1381, 11545) strebt scheinbar nach Gutem, das dem Leben dient, wirkt aber mit seinem »Schaffen« de facto darauf hin, »Geschaffenes zu nichts hinwegzuraffen« (V. 11598f.). Wie man am Auferstehungstage im ersten Teil der Tragödie erfährt, sind einst schon »Tausende« an dem »Gift« gestorben, das ihnen der »brave[e] Mann« als »Arzenei« verabreicht hat (V. 1048ff.). Diese Lebensverachtung unter dem Schleier der Lebenshilfe bleibt eine faustische Daseinskonstante bis zum »höchsten Augenblick«. An Veränderung seit den Zeiten der Alchemie gibt Goethes opus summum nichts weiter zu erkennen, als daß sich die Destruktivkraft des Menschen »in seinem dunklen Drange« inzwischen potenziert hat – aus den vernichteten »Tausenden« am Ende »Millionen« geworden sind...

Ausblick

Bei dieser Feststellung sollte die Textanalyse nicht stehenbleiben. Um außer der Differenzproblematik als solcher auch deren möglichen Ursachen (besser) in den Blick zu bekommen, müßten die Texte – ausgehend etwa von psychoanalytisch fundierten Deutungshypothesen³⁷ – weiter befragt werden: Woher rühren die beob-

---

³⁶ Vgl. Klaus Theweleit: *Männerphantasien*, Bd. 1, Reinbek b. H. 1980, S. 367ff.; Hartmut Böhme: »Eros und Tod im Wasser – ›Bändigen und Entlassen der Elemente‹. Das Wasser bei Goethe«, in: Ders. (Hg.): *Kulturgeschichte des Wassers*, Frankfurt a. M. 1988, S. 208–233, hier S. 227f.

³⁷ Es wäre beispielsweise das Bildungsideal der mannweiblichen Ganzheit als präodipales Ich-Ideal zu verstehen, auf das zu beharren Symptom für eine narzißtische Störung sein könnte; siehe hierzu die grundlegende Arbeit von Irene Fast: *Von der Einheit zur Differenz. Psychoanalyse der Geschlechtsidentität*, Heidelberg 1991. Jene die »Ganzheit« des »inneren Menschen« zerstörende »Wunde« sodann, von der Schiller meinte, daß allein die moderne Arbeitsteilung sie dem Menschen schlug, wäre mit dem Begriff der symbolischen Kastration oder auch der Triangulierung in Verbindung zu bringen und aus dieser Perspektive als für die Subjektwerdung *unerläßlich* aufzufassen. Hinsichtlich des Eros schließlich läge es m. E. nahe, ihn in den Begriff des Todestriebs zu übersetzen. Zwar hat Freud im Eros bekanntlich den Gegenspieler zum Todestrieb gesehen; doch ist zu bedenken, daß Freuds (wiederum dem aristophanischen Kugelmenschen-Mythos folgende) Charakterisierung des Eros als einen Trieb, Getrenntes zu größeren Einheiten zu verbinden, mit dem sich überschneidet, was von heutigen AnalytikerInnen – auch

achteten Schwierigkeiten beim Anerkennen der Geschlechterdifferenz? Und wenn sie tatsächlich mit dem Verhältnis zum Tod in Verbindung stehen, wie es die obige Darstellung nahelegt, welche Faktoren erschweren die Anerkennung der Endlichkeit? Unter welchen Bedingungen wird der Wunsch, sich »den Schranken der Zeit zu entreißen«[38], in der Weise virulent, daß er gegen die Schranken auch des Geschlechts anzurennen, – daß er allen weiblichen »Stoff« durch die geistige »Form« zu »vertilgen« treibt[39]? Fernerhin: Wie erklärt sich das an Faust (und Euphorion) zu beobachtende Nebeneinander von Totalitätsstreben, Zerstörungswut und suizidaler Tendenz? Ist die Zerstörungswut eine nach außen geleitete Autoaggression? Ist das Streben nach Totalität und Unendlichkeit das Derivat einer latenten Todes- bzw. Entdifferenzierungssehnsucht?

Zu welchen Befunden eine so fortgesetzte Lektüre auch immer kommen mag – dem Dichter des *Faust* darf eine anhaltende Provokation nachgesagt werden. Sein zu Lebzeiten zurückbehaltenes Werk gibt den bis heute unliebsamen Gedanken zu denken, daß die »Rückwege aus der Entfremdung«[40] auch auf Zerstörung und Tod zulaufen können und namentlich mit dem »Austritt aus der [...] heterosexuellen Geschlechterordnung« nicht notwendig ein »Fortschritt auf dem Weg zu Humanisierung«[41] getan sein muß.

Ist doch der Fortschritt mitunter, woran hier erinnert wird, ein Komplize der Regression.

---

unter Berufung auf Georges Bataille (*Die Erotik*, München 1993) – als die Wirkungsweise gerade des Todestriebs beschrieben wird. Mit diesem Begriff ist im aktuellen Theoriehorizont eine intrapsychische Strebung nach Entdifferenzierung bezeichnet, die überall dort sich auszuwirken scheint, wo subjektkonstitutive Trennungs- und Abspaltungserfahrungen (in letzter Instanz die Trennung von Ich und Nicht-Ich) verleugnet oder versuchsweise aufgehoben werden; vgl. etwa Peter Zagermann: *Ich-Ideal, Sublimierung, Narzißmus. Die Theorie des Schöpferischen in der Psychoanalyse*, Darmstadt 1985; Jessica Benjamin: »›Sympathy for the Devil‹. Einige Bemerkungen zu Sexualität, Aggression und Pornographie«, in: Dies., *Phantasie und Geschlecht. Studien über Idealisierung, Anerkennung und Differenz*, Frankfurt a. M. 1993, S. 141–168.

[38] Schiller: *Über die ästhetische Erziehung des Menschen*, S. 651; vgl. auch S. 665.
[39] Ebd., S. 641.
[40] Unter diesem Obertitel stehen die *Studien zur Entwicklung der deutschen humanistischen Bildungsphilosophie* von Günther Buck (Paderborn und München 1984), mit denen der Verfasser eindringlich an den gesellschaftskritischen Impetus der Bildungsphilosophie erinnert. Gegen eine Rezeptionstradition sich wendend, die den Bildungsvorgang als eine milieuresistente Ausfaltung präformierter Wesenspotentiale beschreibt, betont Buck zu recht, daß das neuhumanistische Bildungskonzept »die verzweifelte Therapie« zur Rückgewinnung einer unter entfremdenden Lebensbedingungen verlorenen »Identität« hatte sein sollen – die Theorie der Bildung als »kompensatorische[r] Gegenentwurf zur Erfahrung eines schmerzlichen Mangels« verstanden werden muß (ebd., S. 10; ausführlich dazu die Kapitel vier und fünf). Allerdings bleiben seine (ansonsten sehr erhellenden!) *Studien* an den Stellen zu abstrakt, wo es jene ersehnte »Identität« bzw. jenen »schmerzlichen Mangel« genauer (d. h. auch auf der Ebene der latenten Textinhalte) zu rekonstruieren gälte. Daß im Streben nach »Identität« (»Totalität«, »Ganzheit«, »Bestimmungslosigkeit«) ein totalitärer Impuls mitschwingen und in der Bildungsutopie ein Stück Realitätsverleugnung enthalten sein könnte, wird (auch) von Buck nicht wahrgenommen.
[41] (Stellvertretend für viele:) Rosemarie Lederer: *Grenzgänger Ich. Psychosoziale Analysen zur Geschlechtsidentität in der Gegenwartsliteratur*, Wien 1998, S. 306f.

Literatur

Benjamin, Jessica: »»Sympathy for the Devil«. Einige Bemerkungen zu Sexualität, Aggression und Pornographie«, in: Dies.: *Phantasie und Geschlecht. Studien über Idealisierung, Anerkennung und Differenz*, Frankfurt a. M. 1993, S. 141–168.

Böhme, Hartmut: »Eros und Tod im Wasser – ›Bändigen und Entlassen der Elemente‹. Das Wasser bei Goethe«, in: Ders. (Hg.): *Kulturgeschichte des Wassers*, Frankfurt a. M. 1988, S. 208–233.

Borsche, Tilman: *Wilhelm von Humboldt*, München 1990.

Buck, Günther: *Rückwege aus der Entfremdung. Studien zur Entwicklung der deutschen humanistischen Bildungsphilosophie*, München 1984.

Detering, Heinrich: *Das offene Geheimnis. Zur literarischen Produktivität eines Tabus von Winckelmann bis Thomas Mann*, Göttingen 1994.

Fast, Irene: *Von der Einheit zur Differenz. Psychoanalyse der Geschlechtsidentität*, Heidelberg 1991.

Foucault, Michel: *Der Gebrauch der Lüste. Sexualität und Wahrheit II*, Frankfurt a. M. 1989.

Gaier, Ulrich: *Kommentar in zwei Bänden*, in: Johann Wolfgang Goethe: *Faust-Dichtungen*, Stuttgart 1999.

Goethe, Johann Wolfgang: *Aus meinem Leben. Dichtung und Wahrheit*, in: Ders.: *Sämtliche Werke, Briefe, Tagebücher und Gespräche in vierzig Bänden*, 1. Abteilung Bd. 14, hg. von Klaus-Detlef Müller, Frankfurt a. M. 1986.

Goethe, Johann Wolfgang: *Faust. Eine Tragödie*, in: Ders.: *Sämtliche Werke [...] in vierzig Bänden*, 1. Abteilung Bd. 7/1, hg. von Albrecht Schöne, Frankfurt a. M. 1994.

Goethe, Johann Wolfgang: *Skizzen zu einer Schilderung Winckelmanns*, in: Ders.: *Sämtliche Werke [...] in vierzig Bänden*, 1. Abteilung Bd. 19, hg. von Friedmar Apel, Frankfurt a. M. 1998, S. 176–212.

Heinrich, Klaus: »Mythos« (Gespräch mit Wolf Dieter Bach), in: *Goethe – ein Denkmal wird lebendig. Dialoge*, hg. von Harald Eggebrecht, München und Zürich 1982, S. 61–79.

Humboldt, Wilhelm von: *Ideen zu einem Versuch, die Grenzen der Wirksamkeit des Staates zu bestimmen*, in: Ders.: *Werke in fünf Bänden*, hg. von Andreas Flittner und Klaus Giel, Darmstadt ³1980, Bd. 1, S. 56–233.

Humboldt, Wilhelm von: »Über den Geschlechtsunterschied«, in: Ders.: *Werke in fünf Bänden*, hg. von Andreas Flittner und Klaus Giel, Darmstadt ³1980, Bd. 1, S. 269–295.

Humboldt, Wilhelm von: »Über die männliche und weibliche Form«, in: Ders.: *Werke in fünf Bänden,* hg. von Andreas Flittner und Klaus Giel, Darmstadt ³1980, Bd. 1, S. 296–336.

Kaiser, Gerhard: *Ist der Mensch noch zu retten? Vision und Kritik der Moderne in Goethes ›Faust‹,* Freiburg i. Br. 1994.

Kant, Immanuel: *Anthropologie in pragmatischer Hinsicht,* in: Ders.: *Werke in sechs Bänden,* hg. von Wilhelm Weischedel, Darmstadt ⁴1983, Bd. 6, S. 595–690.

Kristeva, Julia: *Geschichten von der Liebe,* Frankfurt a. M. 1989.

Lederer, Rosemarie: *Grenzgänger Ich. Psychosoziale Analysen zur Geschlechtsidentität in der Gegenwartsliteratur,* Wien 1998.

Matt, Peter von: »Die Szene, von der man schweigt«, in: *Neue Rundschau* 110 (1999), S. 100–105.

Menze, Clemens: »Ästhetische Erziehung als Erziehung überhaupt«, in: Ders. (Hg.): *Kunst und Bildung,* Münster 1991, S. 16–85.

Platon: *Phaidros,* in: Ders.: *Sämtliche Werke in zehn Bänden,* Griechisch und Deutsch, nach der Übersetzung Friedrich Schleiermachers, hg. von Karlheinz Hülser, Frankfurt a. M. 1991, Bd. 6, S. 9–149.

Platon: *Symposion,* in: Ders.: *Sämtliche Werke in zehn Bänden,* Griechisch und Deutsch, nach der Übersetzung Friedrich Schleiermachers, hg. von Karlheinz Hülser, Frankfurt a. M. 1991, Bd. 4, S. 53–183.

Schiller, Friedrich: *Über die ästhetische Erziehung des Menschen in einer Reihe von Briefen,* in: Ders., *Werke und Briefe in zwölf Bänden,* Bd. 8, hg. von Rolf Peter Janz, Frankfurt a. M. 1992, S. 556–676.

Schmid, Wilhelm: *Die Geburt der Philosophie im Garten der Lüste. Michel Foucaults Archäologie des platonischen Eros,* Frankfurt a. M. 1994 (Neuausgabe).

Schöne, Albrecht: *Faust. Kommentare,* in: Johann Wolfgang Goethe: *Sämtliche Werke [...] in vierzig Bänden,* 1. Abteilung Bd. 7/2, Frankfurt a. M. 1994.

Theweleit, Klaus: *Männerphantasien,* Bd. 1, Reinbek b. H. 1980 (Neuausgabe).

Treusch-Dieter, Gerburg: *Die heilige Hochzeit. Studien zur Totenbraut,* Pfaffenweiler 1997.

Winckelmann, Johann Joachim: *Beschreibung des Apollo im Belvedere in der Geschichte der Kunst des Altertums,* in: Ders.: *Kleine Schriften, Vorreden, Entwürfe,* hg. von Walther Rehm, Berlin 1968, S. 267–268.

Winckelmann, Johann Joachim: *Briefe in vier Bänden,* hg. von Walther Rehm, Berlin 1952–57.

Winckelmann, Johann Joachim: *Gedancken über die Nachahmung der Griechischen Wercke in der Mahlerey und Bildhauer-Kunst*, in: Ders.: *Kleine Schriften, Vorreden, Entwürfe*, hg. von Walther Rehm, Berlin 1968, S. 27–59.

Zagermann, Peter: *Ich-Ideal, Sublimierung, Narzißmus. Die Theorie des Schöpferischen in der Psychoanalyse*, Darmstadt 1985.

Ortrud Gutjahr

CHARLOTTE VON STEINS *DIDO* – EINE ANTI-IPHIGENIE?

Konturen einer Muse

Charlotte von Stein ist den meisten als langjährige enge Freundin und Vertraute Goethes in Weimar ein Begriff. Noch bevor der 26jährige, durch das Schauspiel *Götz von Berlichingen* und den Briefroman *Werther* bereits als Autor reüssierte Goethe die um sieben Jahre ältere erste Hofdame der Herzogin Anna Amalia in Weimar überhaupt gesehen hatte, hielt er auf der Rückreise von der Schweiz, während seines Aufenthaltes in Straßburg im Jahre 1775, ihren Schattenriß in Händen, lavatisierte über ihren Charakter und schrieb unter ihre Silhouette: »Es wäre ein herrliches Schauspiel zu sehen, wie die Welt sich in dieser Seele spiegelt.«[1] Wenn sich auch nicht »die Welt« in dieser Seele gespiegelt hat, so doch zumindest Goethe während einer mehr als zehn Jahre dauernden, so engen wie spekulationsumwitterten Freundschaft, bis er sich im Jahre 1786 fluchtartig nach Italien aufmachte und dadurch einen tiefgreifenden Bruch innerhalb der Beziehung besiegelte.

Nicht nur von den Weimarer Zeitgenossen wurde Stein als vertraute Freundin Goethes mit erhöhter Wertschätzung wahrgenommen,[2] sondern auch die Goethe-Forschung setzte sich schon früh durch biographische Studien mit der Frau auseinander, die über so viele Jahre auf das dichterische Ingenium Goethes gewirkt hatte. Im Bestreben, das Leben Goethes so lückenlos wie nur möglich zu dokumentieren, wurde auch die Biographie Steins akribisch ausgeleuchtet. Heinrich Düntzer hatte bereits 1874 eine zweibändige, nahezu 1000 Seiten umfassende detailbeflissene Biographie vorgelegt,[3] und auch Wilhelm Bode benötigte zu Beginn des zwanzigsten

---

[1] Renate Seydel (Hg.): *Charlotte von Stein und Johann Wolfgang von Goethe. Die Geschichte einer großen Liebe*, München 1993, S. 45.

[2] So urteilte Knebel über Stein: »Reines, richtiges Gefühl, bei natürlicher, leidenschaftsloser, leichter Disposition haben sie bei eigenem Fleiß und durch den Umgang mit vorzüglichen Menschen, der ihrer äußerst feinen Wißbegierde zu statten kam, zu einem Wesen gebildet, dessen Dasein und Art in Deutschland schwerlich oft wieder zustande kommen dürfte.« Karl Ludwig Knebel: Brief vom 13. April 1788, in: *Goethes Briefe an Charlotte von Stein*, hg. von Jonas Fränkel, Berlin 1960, Bd.1, S. 3f. Auch Schiller schätzte unter den Mitgliedern des Weimarer Kreises Stein ganz besonders: »Ein gesunder Verstand, Gefühl und Wahrheit liegen in ihrem Wesen.« *Briefwechsel zwischen Schiller und Körner*, hg. und kommentiert von Klaus L. Berghahn, München 1973, S. 59. Zur Wertschätzung Steins durch die Weimarer Zeitgenossen vgl. auch: Christoph Perels: »Ich begreife, daß Goethe sich so ganz an sie attachiert hat««, in: Ders.: *Goethe in seiner Epoche. Zwölf Versuche*, Tübingen 1998, S. 97–118.

[3] Heinrich Düntzer: *Charlotte von Stein, Goethe's Freundin. Ein Lebensbild mit Benutzung der Familienpapiere entworfen*, 2 Bde., Stuttgart 1874.

Jahrhunderts noch über sechshundert Seiten, um die Lebensgeschichte der Weimarer Hofdame darzulegen.[4] Mit ihrer Materialfülle waren die beiden Biographien nicht nur Grundlage der darauffolgenden biographischen Monographien, sondern sie gaben auch die Tendenz der Auseinandersetzung vor. Das Leben Steins wurde in drei Phasen eingeteilt: vor, mit und nach Goethe. Die Lebensgeschichte der Weimarer Hofdame wurde also um die zehn Jahre der Freundschaft mit Goethe angeordnet, denn schließlich, so die einhellige Meinung, kommt der biographisch Portraitierten allein aufgrund dieser Lebensphase literarhistorische Bedeutung zu.

Hat die Literaturgeschichtsschreibung eine beträchtliche Zahl von Autoren zu vermelden, denen ein gebührender Platz im Literaturkanon zuerkannt wurde, so wurden Autorinnen nur in begründeten Ausnahmefällen aufgenommen. Und doch wurde einigen Frauen gleichsam durch die Hintertür Einlaß in die Literaturgeschichte gewährt und dies oft, ohne daß sie je einen einzigen literarisch bedeutenden Satz zu Papier gebracht haben. Die freien Plätze auf der ›Frauenseite‹ der Literaturgeschichte wurden weitgehend mit denjenigen aufgefüllt, denen durch die biographisch orientierte Forschung zu den kanonisierten Autoren Interesse zukommt: den Freundinnen und Ehefrauen, den Müttern und Schwestern.

Ist nun eine Frau durch verwandtschaftliche Verhältnisse zwangsläufig oder durch Liebesbande glücklich gefügt mit der Lebensgeschichte eines Autors verbunden, so steigert sich das Interesse an ihrer Person exponentiell, wenn sie nachweislich die dichterische Phantasie eines Autors zu beflügeln vermochte, besser noch, wenn die Zeichen ihres Einflusses unzweifelhaft in der Literatur aufzuspüren sind. Die Attraktivität, die von einer solchen Frau für die Literaturbetrachtung ausgeht, findet ihren Multiplikator in der kanonisch festgelegten Bedeutung des Autors. Nach diesem Verfahren ist Charlotte von Stein klare Siegerin nach Punkten. Sie war die enge Vertraute und Förderin Goethes in den ersten zehn Jahren seiner Weimarer Zeit, sie war Adressatin vieler Briefe und Gedichte, und die Orientierung an ihr läßt sich in zahlreichen dichterischen Werken nachweisen. Charlotte von Stein, die nicht, wie bei anderen Frauen dieser Zeit üblich, vertraulich mit dem Vornamen genannt wird, sondern mit der respektvollen, Distanz gebietenden Anrede »Frau von Stein« in die Literaturgeschichte einging, thront konkurrenzlos auf dem Parnaß der Musen bedeutender Dichter.

Über die Beziehung zwischen Stein und Goethe scheint nach detektivischer Durchsicht aller nur auffindbaren Dokumente und immer wieder neuen Vermutungen und Hypothesen darüber, weshalb der junge Dichter, der rasch zu einem (Frauen-)Liebling (nicht nur) des Weimarer Kreises wurde, über so lange Jahre an der älteren, verheirateten Frau festhielt, alles gesagt.[5] Und doch hält das Interesse, das Stein innerhalb der biographisch orientierten Forschung zu Goethe seit je entge-

---

[4] Wilhelm Bode: *Charlotte von Stein*, Berlin 1910.

[5] Vgl. hierzu: Edmund Höfer: *Goethe und Charlotte von Stein*, Berlin und Leipzig 1923. – Walter Hof: *Goethe und Charlotte von Stein*, Frankfurt a. M. 1979. – Bernhard Martin: *Goethe und Charlotte von Stein. Gnade und Tragik in ihrer Freundschaft*, Zürich 1957. – Margarethe Susmann: *Deutung einer großen Liebe. Goethe und Charlotte von Stein*, Zürich 1957. – Lena Voß: *Goethes unsterbliche Freundin (Charlotte von Stein). Eine psychologische Studie an der Hand der Quellen*, Leipzig 1922.

gengebracht wird, wie jüngst erschienene Biographien eindrücklich dokumentieren, unvermindert an.[6] In ihrem Buch *Goethes Weimar* hat Effi Biedrzynski, den Duktus vieler Äußerungen über Stein seit über 200 Jahren ironisch ungebrochen aufgreifend, formuliert:

> Der Glanz, der für uns über Charlottes Namen liegt, gehört dem Dichter. Mit den fast zweitausend ›Zettelgen‹ und Briefen, die Goethe ihr schrieb, die sie umschmeicheln, verwöhnen, die Hoffnung, Wunsch, Beseligung, Verzicht in immer neuen, betörenden Wendungen ins Wort bannen: mit den Lida-Strophen in rhythmisch-melodischer Fülle, mit der *Iphignie*, dem *Tasso* die erlebnisnah und gedankenreich den Duft der Atmosphäre, die sie umgab, auffingen, hat Goethe aus der Weimarer Hofdame, ihr Wesen steigernd und überhöhend, die Figur geschaffen, die ein Beispiel zartester Sittlichkeit, sanftester Humanität ist.[7]

Die Beziehung Goethe und Stein ist ein ebenso umfänglicher wie überdeterminierter ›Roman‹ der Weimarer Klassik, der sich aus subtilen Spekulationen darüber speist, ob Stein jene Standhaftigkeit, die sie während der napoleonischen Kriege patriotisch gegenüber den Franzosen unter Beweis stellte, auch über lange Jahre erotisch gegenüber Goethe durchzuhalten vermochte. Welche libidinösen Energien die Stallmeistersgattin, siebenfache Mutter,[8] Hausfrau und erste Hofdame für den jungen gefeierten Dichter aufbringen konnte und mochte, bleibt, zumal die vielen Briefe Steins an Goethe während der Zeit ihrer engen Freundschaft[9] als vernichtet gelten, im nur phantasiebeleuchteten Dunkel. Fest steht, Stein wirkte befruchtend auf das geistige Klima Weimars als kulturelles Zentrum im Deutschland des ausgehenden 18. und beginnenden 19. Jahrhunderts. Sie stand in engster Verbindung zum Hof, im geselligen Umgang mit dem Weimarer Kreis und pflegte in bezug auf ihre schriftstellerische Tätigkeit auch Kontakt mit Herder, Wieland, Knebel und vor allem Schiller. Bereits im Jahre 1776 hatte Stein die Matinee *Rino* verfaßt[10], und es folgten 1794 das Trauerspiel *Dido*, 1798 das Lustspiel *Neues Freiheitssystem oder die Verschwörung gegen die Liebe* und 1800 die Dramatisierung eines englischen Romanstoffes unter dem Titel *Die zwey Emilien*. Sie überarbeitete die zweite Fassung von Goethes Gedicht *An den*

---

[6] Jochen Klauß: *Charlotte von Stein. Die Frau in Goethes Nähe*, Zürich 1995. – Doris Maurer: *Charlotte von Stein. Eine Biographie*, Frankfurt a. M. u. Leipzig 1997. – Astrid Seele: *Frauen um Goethe*, Reinbek 1997, S. 59–75.

[7] Effi Biedrzynski: *Goethes Weimar. Das Lexikon der Personen und Schauplätz*, Zürich 1993, S. 426.

[8] Die vier Töchter Steins starben im frühen Kindesalter.

[9] Daß die Briefe Goethes an Stein vor dem Hintergrund literarischer Stilisierungen zu lesen sind, hat herausgestellt: Elke-Maria Clauss: »Im Schatten Werthers. Die Briefe Goethes an Frau von Stein«, in: *Weimarer Beiträge* 42 (1996) H. 2, S. 296–304, hier: S. 298. »Denn die Allgegenwart des Werther-Romans wird zur Matrix der Liebesbriefe, in denen Goethe Lebenskonstellationen und -kommunikationen nach Werther-Muster stilisierte.« Ebd., S. 298.

[10] Vgl. hierzu: Katherine R. Goodman: »The Sign Speaks: Charlotte von Stein's Matinees«, in: Dies. u. Edith Waldstein: *In the Shadow of Olympus. German Woman Writers around 1800*, Albany NY 1992, S. 71–93.

Mond[11] und verfaßte zahlreiche, im Nachlaß befindliche Gedichte. Eine weitere Komödie mit dem Titel *Die Probe*, als deren Verfasserin Stein ebenfalls vermutet wird, gilt als verschollen.

Die Schriftstellerin Charlotte von Stein

Da der Blick auf Steins Lebensgeschichte durch das Interesse an Goethes Biographie gelenkt wurde, fand folgerichtig auch ihr literarisches Schaffen keine Erwähnung oder es wurde in die Tradition der durch Schiller und Goethe geführten Dilettantismus-Debatte gestellt. So meint noch Astrid Seele, ohne Steins Texte und die Forschungsliteratur dazu in den Blick zu nehmen, in ihrem 1997 erschienen Buch *Frauen um Goethe* über Stein: »sie beherrschte nicht nur die französische Sprache, das Tanzen, Handarbeiten und Klavierspielen, sondern dilettierte bisweilen auch in der Malerei und Dichtkunst«.[12] Steins Dichtungen fanden jedoch schon früh in bezug auf ihr Verhältnis zu Goethe Beachtung, wie dies neben der Matinee *Rino* vor allem für das Trauerspiel *Dido* gilt.

Bereits durch die Erstausgabe des Dramas im Jahre 1867[13] wurde die Rezeption des Textes durch den Herausgeber gelenkt, insofern er ihn wie eine Scharade, ein heiteres Personenraten zum klassischen Weimar aufbereitete.[14] Gleich im Vorwort werden Leserin und Leser darüber instruiert, welche Zeitgenossen aus Steins unmittelbarem Weimarer Umfeld in den Protagonisten des antiken Stoffes portraitiert seien. Das Drama wird unter der redigierenden Feder des Editors zu einem Schlüsseltext, zur privaten Abrechnung Steins mit Goethe. Fürsorglich stellt sich der Herausgeber in diesem philologisch aufbereiteten Enthüllungsspiel als selbsternannter Verteidiger vor Goethe, indem er jede mögliche Anspielung auf den Dichter oder gar wörtliche Zitate aus seinen Briefen durch Belegstellen kenntlich macht. Die Untersuchung eines Dramas als Personalsatire mag unter ästhetischen Gesichtspunkten durchaus ergiebig sein, zumal jeder literarische Text, in welch ästhetisch rezenter Form auch immer, Autobiographisches gestaltet. Auch erfreute sich die scherzhafte Portraitierung von bekannten Zeitgenossen und hochstehenden Persönlichkeiten gerade im Weimarer Liebhabertheater großer Beliebtheit. Bei Steins

---

[11] Vgl. hierzu: Klauß: Charlotte von Stein, S. 242.

[12] Seele: Frauen um Goethe, S. 60.

[13] Charlotte von Stein: *Dido*. Ein Trauerspiel in fünf Aufzügen, hg. von Heinrich Düntzer, Frankfurt a. M. 1867. Adolf Schöll, der die Briefe Goethes an Frau von Stein erstmals 1848–51 herausgab, edierte im Anhang der 2. Auflage auch Steins Trauerspiel *Dido*. Zum Textbefund des Trauerspiels vermerkt er: »Von diesem Trauerspiel der Frau v. Stein existieren zwei Handschriften die Kochberger, welche obigem Text zu Grunde liegt; und die Frankfurter, die von Düntzer 1867 herausgegeben ist. Beide sind von Schreiberhand sauber kalligraphirt, beide von Frau v. Stein mit einzelnen Correkturen versehen, deren Zahl jedoch im Kochberger Mscr. verschwindend gering ist.« Adolf Schöll: Anmerkungen zu Dido, in: *Goethes Briefe an Frau von Stein*, 2 Bde., hg. von Ders., Frankfurt a. M. ²1885, Bd. 2, S. 666–668, hier: S. 666.

[14] Vgl. hierzu: Anne Fleig: »›... je älter man wird, je lustiger soll man sich das Leben lassen vorkommen‹. Weimar und das dramatische Werk von Charlotte von Stein«, in: Iris Bubenik-Bauer (Hg.): *Frauen in der Aufklärung*: »*... ihr werten Frauenzimmer, auf!*«, Frankfurt a. M. 1995, S. 214–230.

Drama stellt das die Deutung des Textes steuernde Editionsverfahren jedoch nicht nur eine mögliche Lesart vor, sondern behandelt den Text als privates Dokument und supponiert damit, daß ihm allein ob seines Bezuges zu Goethes Biographie literarhistorisches Interesse zukommt. Damit aber verdient das Editionsverfahren weniger unsere philologische Bewunderung als vielmehr unsere kulturkritische Aufmerksamkeit.

Die erst nach dem Tode Steins vorgenommene Edition des Dramas leistet nämlich zweierlei: Zum einen wird Stein in dem Augenblick, da ihr Drama veröffentlicht wird, zugleich als Dichterin negiert. Indem der Herausgeber den durchweg privaten Charakter ihres Schreibens heraushebt, wird Stein von ihrem Status als Autorin, die am literarischen Diskurs der Zeit teilhat, zur Privatperson zurückbuchstabiert, die sich lediglich der literarischen Form bedient, um ihre persönliche Abrechnung zu halten. Zum anderen wird, indem der lediglich private Charakter des Textes reklamiert wird, seine Literarizität auch im Sinne seiner kulturellen Bedeutung marginalisiert.[15] Eine zweite Ausgabe von Steins Drama, die 1920 erschien[16] und von einem Urenkel Schillers besorgt wurde, hielt an den vorgegebenen Editionsprinzipien fest. Danach verschwand das Drama vom Buchmarkt, die schriftstellerische Tätigkeit Steins wurde zu einer Fußnote in der Literaturgeschichte der Klassik. Erst 1998 wurden die Dramen Charlotte von Steins von der Literaturwissenschaftlerin Susanne Kord als Reprint und ohne erläuternden Kommentar wieder herausgegeben.[17] In ihrem Vorwort, in dem sie sich wie kaum jemand zuvor kritisch mit dem Status Steins als Schriftstellerin und der Editionsgeschichte ihrer Dramen auseinandersetzt,[18] meint die Herausgeberin, daß es nun darauf ankomme, »die Goethe-Phase in Charlotte von Steins künstlerischer Entwicklung zu überwinden«[19], da nur die »Aufgabe des Goetheschen von-Stein-Bildes« zu einer »ernsthaften Neubewertung der Autorin«[20] könne. So verdienstvoll es sein mag, Steins Biographie auch jenseits der Freundschaft mit Goethe zu betrachten und damit auch die Zeit ihrer

---

[15] Hierzu auch: Linda Dietrick: »Woman's State: Charlotte von Stein's *Dido. Ein Trauerspiel* and the Aesthetics of Weimar Classicism«, in: Burkhard Krause u. Ulrich Scheck (Hg.): *Verleiblichungen. Literatur- und kulturgeschichtliche Studien über Strategien, Formen und Funktionen der Verleiblichung in Texten von der Frühzeit bis zum Cyberspace*, St. Ingbert 1996, S. 111–131.

[16] Charlotte von Stein: Dido. Ein Trauerspiel in fünf Aufzügen, neu hg. von Alexander von Gleichen-Rußwurm, Berlin 1920.

[17] Charlotte von Stein: *Dido*, ein Trauerspiel in 5 Aufzügen, in: Dies.: *Dramen*, hg. von Susanne Kord (Frühe Frauenliteratur in Deutschland Bd. 15), Hildesheim/Zürich/New York 1998, S. 489–534. Reprint des Schauspiels, wie es abgedruckt ist in: *Goethes Briefe an Frau von Stein*, 2 Bde., hg. von Adolf Schöll, Frankfurt a. M. 1885, Bd. 2, S. 491–534. Der Reprint verzichtet auf den Abdruck der Anmerkungen, die im Dramentext vermerkt sind, so daß im Folgenden aus der von Schöll herausgegebenen Fassung, die auf der Kochberger Handschrift basiert, zitiert wird.

[18] Vgl. hierzu auch den früheren, in den Thesen mit dem Vorwort übereinstimmenden Aufsatz: Susanne Kord: »Not in Goethe's Image. The Playwright Charlotte von Stein«, in: Susan L. Cocalis u. Ferrel Rose (Hg.): *Thalia's Daughters. German Woman Dramatists from the Eighteenth Century to the Present*, Tübingen u. Basel 1996, S. 53–76.

[19] Susanne Kord: Einleitung, in: Charlotte von Stein: *Dramen*, hg. von Susanne Kord (Frühe Frauenliteratur in Deutschland Bd. 15), Hildesheim/Zürich/ New York 1998, S. VI.

[20] Ebd., S. XXV.

schriftstellerischen Tätigkeit als eigenständige Lebens- und Schaffensphase zu beleuchten, wird ein Absehen von Goethe mit dem Verzicht auf werkkonstitutive Bezüge in Steins Drama erkauft. Denn bei einer voluntaristischen Herauslösung des Textes aus einem traditionsmächtigen Rezeptionsstrang, mit welch hehren Absichten dies auch immer geschehen mag, geraten nicht nur zentrale epochenspezifische und intertextuelle Verweisungsbezüge aus dem Blick, sondern auch kulturkritische Elemente des Dramas. Steins Text ist in seiner Editions- und Rezeptionsgeschichte unter kulturwissenschaftlicher Perspektive nämlich ein aufschlußreiches Dokument über Ein- und Ausschlußbewegungen, die zur Formierung und Sicherung eines literarischen Kanons führen, in dem Autorinnen weitgehend nicht repräsentiert sind. Denn ich meine, daß der Text in seinem bisher nur spärlich wahrgenommenen Gehalt gerade Ein- und Ausschlußbewegungen als geschlechtsspezifische Gestehungskosten solch kultureller Entwicklungen thematisiert.

Traditionsstränge des Dido-Stoffes

Stein greift nicht die durch Vergils *Aeneis* populäre Fassung des Mythos auf, nach der Dido, die Königin von Karthago, aus Verzweiflung Selbstmord beging, als der aus Troja entkommene Aeneas sie trotz der bestehenden Liebesbeziehung verließ, um Rom zu gründen. Sie stützt sich in ihrer Bearbeitung vielmehr auf eine frühere Version des Dido-Mythos, die auf Justinius zurückgeht. In Benjamin Hederichs mythologischem Wörterbuch aus dem Jahre 1770, das für die Mythenbearbeitungen in der Zeit um 1800 als unverzichtbares Nachschlagewerk diente, wird die Vergilsche Fassung als »ein Gedicht« bezeichnet, da »Karthago erst 299 Jahre nach der Zerstörung der Stadt Troja erbauet«[21] und Aeneas lange tot gewesen sei, bevor Dido geboren wurde. Demgegenüber wird die auf Justinius zurückgehende Version des Dido-Mythos als »Eigentliche Historie« bezeichnet.

Nach dieser Überlieferung, an die Stein mit ihrem Drama anknüpft, mußte Dido, die Tochter des Königs von Tyros, aus ihrer phönizischen Heimat fliehen, da ihr Bruder Pygmalion aus Habgier ihren Mann erschlagen und die Herrschaft an sich gerissen hatte.[22] Mit einer Schar Getreuen, die mit der Herrschaft Pygmalions unzufrieden waren, flüchtete die junge Witwe zur libyschen Küste. Dort wurde der Exil-Suchenden jedoch nur so viel Land angeboten, wie durch eine Rinderhaut abgedeckt werden könne. Dido reagierte darauf mit einer List und ließ die Rinderhaut in dünne Streifen schneiden, dehnte sie und umlegte damit so viel Land, daß sie eine Zitadelle erbauen konnte. Die neu erbaute Stadt, die zunächst den Namen Kathada (= Neustadt), später Karthago, erhielt, gedieh schnell und zog dadurch viele Menschen aus den umliegenden Gebieten an. Nach frühen römischen Berichten fühlte sich der

---

[21] Benjamin Hederich: *Gründliches mythologisches Lexikon* (Reprint der Ausgabe Leipzig 1770), Darmstadt 1997, S. 925.

[22] Diese Geschichte der Dido wird zuerst bei Timaios berichtet.

libysche König Hiarbas (Jarbas)[23] beunruhigt und bedrängte die phönizischen Adeligen, Dido zur Heirat mit ihm zu bewegen, andernfalls werde er Karthago vernichten. Um den Krieg abzuwenden, ohne der Erpressung nachgeben zu müssen, verfiel Dido abermals auf eine List. Sie willigte zum Schein in die Verbindung ein, erbat sich aber Zeit, um ihrem toten Gatten zu opfern, und beging aus Witwentreue Selbstmord auf dem Scheiterhaufen.

Mit der Wahl der auf Justinius zurückgehenden Überlieferung des mythologischen Stoffes verläßt Stein die unmittelbare Referenz auf die persönliche Situation mit Goethe, die mit der Vergilschen Fassung, bei der Aeneas die Geliebte schnöde heimlich verläßt, um Rom zu gründen, mit kaum zu überbietender Deutlichkeit aufgerufen wäre. Mit der Wahl der mythologischen Überlieferung, vor allem aber mit der Gewichtung und Deutung in ihrer Bearbeitung, greift Stein vielmehr zentrale Epochendiskurse um die Bestimmung von Humanität auf und schreibt sich in die Literatur der Klassik ein. Sie knüpft mit der Wiederentdeckung und Neubearbeitung eines antiken Mythos an den für die Klassik kennzeichnenden Rekurs auf die Antike an.[24] Denn mit neuen Übersetzungen, kunst- und kulturkritischen Schriften sowie in der literarischen Bearbeitung mythologischer Stoffe oder Mythologeme wurde die Antike als eine Vergangenheit konstruiert, die in der Reflexion auf die eigene Zeit als Ursprung kultureller Entwicklung gesetzt wurde. Der Widerspruch zwischen antikem Mythos und aufgeklärter Zivilisation, die Spannung von einem gesetzten Ursprung und der Zeit um 1800 wurde bevorzugt mit weiblichen Figuren der Mythologie dramatisch in Szene gesetzt und im Spannungsfeld von entfesselter Leidenschaft und Affektkontrolle verhandelt. Damit aber wurden die Mythenbearbeitungen in den Epochendiskurs um eine kulturelle Entwicklung eingeschrieben, die in der Überwindung destruktiver Kräfte und der Erreichung aufgeklärter Humanität ihr Ideal sah.

Mit und in der Nachfolge von Johann Joachim Winckelmanns Schriften zur antiken Kunst und Geschichte des Altertums wurde die Antike zum Imaginationsraum einer neuen Ästhetik. Verbunden aber wurde die literarästhetische Debatte mit den geschichtsphilosophischen und kulturanthropologischen Fragestellungen der zweiten Hälfte des 18. Jahrhunderts. So wirkte sich die Erkenntnis der symbolischen Qualität antiker Mythologeme nicht nur fördernd auf die Neubearbeitung mythologischer Figuren aus, sondern sie wurden als ›klassische‹ Bühnenfiguren auch unter kulturkritischer Perspektive neu semantisiert. So hatte vor allem Johann Gottfried Herder in seiner 1774 erschienenen Schrift *Auch eine Philosophie der Geschichte*

---

[23] Bei Stein wird der libysche König Jarbes genannt (in der durch Gleichen-Rußwurm besorgten Ausgabe Jabas wie bei Vergil), bei Justinius heißt er Hiarbas. Vgl.: *Der kleine Pauly: Lexikon der Antike in fünf Bänden*, München 1979, Bd. 2, S. 9.

[24] Weitere Bearbeitungen mythologischer Stoffe von Autorinnen jener Zeit sind u.a. Johanna Maria Sedelmayr (1811–1853): *Romulus und Remus* (1837); Caroline von Wolzogen (1763–1847): *Der leukadische Fels* (1792); Amalie von Helvig (1776–1831): *Die Schwestern auf Corcyra* (1812) und *Die Tageszeiten* (1812). Eine weitere *Dido*-Tragödie schrieb Johanna von Holthausen (1812–1875) im Jahre 1874. Vgl. Susanne Kord: *Ein Blick hinter die Kulissen. Deutschsprachige Dramatikerinnen im 18. und 19. Jahrhundert*, Stuttgart 1992.

zur Bildung der Menschheit den Blick auf die kulturelle Entwicklung der Menschheitsgeschichte gelenkt. Nach den über die Auseinandersetzung mit der Antike entwickelten Leitvorstellungen wird das Griechentum als Überwindung der Barbarei und Vollendung humaner Menschlichkeit gesehen und mit Begriffen wie Freiheit und Autonomie verbunden, während Vorstellungen von Triebhaftigkeit, Naturhaftigkeit und fehlender Affektkontrolle mit dem Barbarischen verknüpft werden. In seinen ab 1793 erschienenen *Briefe[n] zu Beförderung der Humanität* hat Herder die Humanität als Grundbedingung menschlichen Daseins herausgestellt und formuliert: »Humanität ist der Charakter unseres Geschlechts; er ist uns aber nur in Anlagen angeboren und muß uns eigentlich angebildet werden.«[25] Die mythologischen Figuren, die im Kontext der Antike durch die Einbindung in einen schicksalhaften Zwang bestimmt sind, werden für die Bearbeitung im Drama der Klassik unter kulturkritischer Perspektive so attraktiv, weil an ihnen der Humanisierungsprozeß als Notwendigkeit der Verinnerlichung eines äußeren, vormals durch die Götter ausgeübten Zwanges szenisch augenscheinlich umgesetzt werden kann.

Hatte Winckelmann als Wesenszug der griechischen Werke der Bildhauerei »bei aller Leidenschaft eine große und gesetzte Seele«[26] ausgemacht, so scheint dieses Ideal in Steins Dido-Figur vorbildlich verwirklicht. Stein folgt in ihrem fünfaktigen ungereimten Drama in der äußeren Handlungsführung weitgehend der mythologischen Vorlage, gestaltet jedoch auf dieser Folie eine Dido-Figur, deren Vorhaben die »Beförderung der Humanität« ist. Eine Figur also, die im Spannungsfeld von Formen und Möglichkeiten einer an humanitären Leitvorstellungen orientierten Kulturentwicklung konzipiert ist.

Das Drama humanitärer Kulturentwicklung

Stein situiert die Handlung ihres Dramas in einen Zeitenumbruch als eine Krisen- und Bewährungsphase humanitärer Entwicklung.[27] Die Handlung setzt nach dem Ende einer von Hab- und Herrschsucht geprägten Familiengeschichte ein, wie sie durch die Erinnerung an die Greueltat Pygmalions markiert wird, beginnt nach dem Verlassen der Herkunftsfamilie und Herkunftskultur, wie dies durch die Flucht Didos aus Tyros angezeigt ist, und hebt mit einem neuen Stadium der Kulturentwicklung

---

[25] Johann Gottfried Herder: *Briefe zu Beförderung der Humanität*, Bd. 7 der *Werke* in 10 Bd., hg. von Hans Dietrich Irmscher, Frankfurt a. M. 1991, S. 148. Vgl. zu diesem Aspekt ausführlich meinen Aufsatz »›Jeder sei auf seine Art ein Grieche! Aber er sei's.‹ Die Antike als Kultur- und Imaginationsraum im Werk Goethes«, in: Ortrud Gutjahr (Hg.): *Westöstlicher und nordsüdlicher Divan. Goethe in interkultureller Perspektive*, Paderborn 2000, S. 109–126.

[26] Johann Joachim Winckelmann: »Gedanken über die Nachahmung der griechischen Werke in der Malerei und Bildhauerkunst«, in: Ders.: *Kleine Schriften und Briefe*, hg. von Hermann Uhde-Bernays, Leipzig 1925, Bd. 1, S. 59–105, hier S. 81.

[27] Anders aber als beim gleichzeitig entstehenden romantischen triadischen Geschichtsmodell, bei dem von einem verlorenen Idealzustand ausgegangen wird, dem der vorherrschend entfremdete entgegengesetzt wird und der durch Poesie überwunden werden soll, konturiert das klassische Drama vermittels der mythologischen Stoffe die Überwindung eines barbarischen Zustandes zugunsten einer neuen Humanität.

an, wie es durch den Aufbau eines neuen Staates in der Fremde durch die phönizische Prinzessin und ihre Landsleute markiert wird. Im Eingangsmonolog, der als stolzer Rechenschaftsbericht der Regentin konzipiert ist, wird das Bild eines kleinen Landes entworfen, das Dido mit ihren Getreuen durch Landwirtschaft, Künste und Wissenschaft kultiviert und in eine blühende Provinz verwandelt hat:

> Es blühet alles um mich herum, alles ist im Wohlstand, mein Volk, meine Seemacht, alle Handthierungen; es dringt keine Stimme des Mangels mehr zu meinem Ohr! Anbieten muß ich meine Hülfe, es ist nirgends eine dringende Noth, auch Künste und Wissenschaften aus meinem geliebten phönizischen Vaterland, schlagen hier Wurzel, ohne wie dort im übermüthigen Tyrus, auszuarten. Es ist alles glücklich – – –[28]

Als eine Enklave gesitteter Kultur profiliert sich dieser Idealstaat historisch und interkulturell. Historisch handelt es sich bei der erreichten Kulturstufe um eine Überwindung gewalttätiger Entwicklungen in der eigenen Kultur bei gleichzeitiger Bewahrung und Fortführung ihres produktiven Erbes, nämlich der aus der Heimat mitgebrachten und weiterentwickelten Kulturtechniken. Interkulturell profiliert sich der Kleinstaat gegenüber dem angrenzenden Barbarenland als höhergestellte Kultur, politisch in der umsichtigen Regierung Didos, wirtschaftlich in der guten Bodennutzung und steigendem Wachstum, ethisch-moralisch in Gesinnung und Gesittung.

Ort der Handlung ist also ein von den Fremden erlistetes Stück Land, das kultiviert wurde und ob dieses erreichten Standards von den Fremden wieder zurückgefordert wird. Die Zeit der Handlung umfaßt einen Tag, an dem Dido vor ein Ultimatum gestellt wird, das zwar unmittelbar ihre Person betrifft, aber darüber hinaus weitreichende Folgen für ihr Land hat. Durch die im mythologischen Plot vorgegebene kulturdistinktive Gegenüberstellung von Phöniziern und Barbaren werden nicht nur dramaturgisch effektvoll Protagonistin und die ihr zugeordneten Gefolgsleute profiliert, sondern auch das Modell kultureller Identität durch Abgrenzung gegenüber dem Fremden exponiert. Steins Drama inszeniert in der Darstellung eines Humanisierungsprozesses, wie er in seiner theoretischen Fundierung wesentlich auf Herder zurückgeht, wie ich meine, Erzeugungsregeln von Kultur, wie sie in den gegenwärtigen Kulturwissenschaften (die ja in Herder einen ihrer Gründungsväter haben), theoretisch reflektiert werden. So sehen Aleida und Jan Assmann die Aufgabe einer historischen Xenologie darin, die Ein- und Ausschlußbewegungen zu untersuchen, nach denen sich Kultur formiert:

> Eine solche Xenologie geht von der Prämisse aus, daß jede Kultur, schon um überhaupt tradierbar zu sein, eine Grenze ziehen muß zwischen dem Eigenen und dem Fremden. Die Erzeugungsregeln dieser Grenzziehung sind in den Tiefschichten der kulturellen Semantik verankert. Die xenologische

---

[28] Charlotte von Stein: *Dido*. Ein Trauerspiel in fünf Aufzügen, in: *Goethes Briefe an Frau von Stein*, 2 Bde., hg. von Adolf Schöll, Frankfurt a. M. ²1885, Bd. 2, S. 491–534, hier S. 491.

Betrachtungsweise interessiert sich vor allem für die vielfältigen symbolischen Ausdrucksformungen der Grundstruktur.[29]

Solche »symbolischen Ausdrucksformungen«, wie sie die Literatur in besonderer Weise für eine semantische Lesart von Kultur bereitstellt, werden in Steins Drama durch die Notwendigkeit zum interkulturellen Austausch in Szene gesetzt. Dabei wird Humanität, wie sie in der Enklave ideal verwirklicht scheint, von Dido zunächst noch als transkulturelles Aufklärungsprojekt verstanden. Jarbes, der König der angrenzenden Jetulier, hält sich heimlich in Didos Reich auf und ist vom kulturellen Standard beeindruckt. Nach dem Muster des ›edlen Wilden‹ entworfen, bittet er nun darum, daß einige aus dem Kreis der Gebildeten über die Landesgrenze hinweg als Lehrer für die barbarischen Jetulier entsandt werden. Diesem missionarisch-erzieherischen Projekt zur interkulturellen Verständigung möchte Dido sofort entsprechen. Sie wendet sich an den Kreis der Gebildeten, der durch ein Triumvirat repräsentiert ist, einen Philosophen namens Dodus, einen Geschichtsschreiber namens Aratus und einen Poeten namens Ogon. Diese drei als »Göttersöhne«[30] bezeichnete Figuren, die nicht zum Figurenensemble des durch Justinius überlieferten Dido-Stoffes gehören, repräsentieren zentrale Positionen innerhalb des aufgeklärten Gemeinwesens, denen die Möglichkeit zur Beförderung der Humanität ganz wesentlich zugeschrieben werden. Im ironisch gebrochenen Streitgespräch entlarven sich die vorgetragenen Humanitätsvorstellungen des Dreier-Männerbundes jedoch als papieren, da sie der eigenen Profilierung und Besitzstandswahrung, nicht aber der Durchsetzung und Verbreitung des Humanitätsgedankens dienen.

Der Dichter Ogon nimmt selbstbewußt den Diskurs der Zeit um die Bedeutung von Philosophie und Literatur auf, sieht aber in sich selbst schon den Endzweck humanitärer Entwicklung erfüllt, wenn Stein ihn im Sprachgestus der Genie-Zeit formulieren läßt: »Die Natur hat es zu wenigen einzelnen Wesen ihres Ideals bringen können; diese waren ihr Zweck, und in diese Gattung gehören wir Poeten und Philosophen«[31]. Auch der Geschichtsschreiber Aratus, ein hoher Beamter in Didos Staat, empfindet den aufklärerischen Auftrag als Zumutung: »Königin, wer von uns, an das gebildete Land gewöhnt, könnte unter den Barbaren leben!«[32] Während sich die intellektuelle Elite Karthagos selbstbewußt über ihre kulturelle Leistung verständigt, sich aber weigert, in den interkulturellen Austausch zu treten, versucht Dido, ihre Gefolgsleute vom notwendigen Miteinander der Völker zu überzeugen. Stein läßt ihre Protagonistin der Überzeugung Ausdruck geben, daß die Grenze zwischen den Jetuliern und den Karthagern vielleicht als politische, nicht aber als kulturelle Grenze aufrecht zu erhalten ist: »unserer Nachbarn Weisheit bringt uns Heil, so wie ihre Torheit uns auch über die Grenze kommt.«[33] Daß es kein Überleben

---

[29] Aleida u. Jan Assmann: »Kultur und Konflikt. Aspekte einer Theorie kommunikativen Handelns«, in: Dietrich Hart u. Jan Assmann (Hg.): *Kultur und Konflikt*, Frankfurt a. M. 1990, S. 11–48, hier S. 27.
[30] Stein: Dido (hg. v. Schöll), S. 506.
[31] Ebd., S. 495.
[32] Ebd., S. 492.
[33] Ebd.

geben kann, wenn nicht die Teilhabe an Errungenschaften der Kultur über die nationalen Grenzen hinweg gewährleistet wird, ist das Credo, das Stein ihre Dido formulieren läßt.

Während aber aufgeklärte Monarchin und Höflinge über Möglichkeiten der Humanisierung im interkulturellen Austausch theoretisieren, schafft Jarbes neue politische Tatsachen, indem er ein Ultimatum stellt. Die Auseinandersetzung mit der Fremde wird von der Option unversehens zur Überlebensfrage, als der Jetulierkönig mit kriegerischer Invasion der Enklave droht, wenn Dido nicht bereit ist, ihn zu heiraten. Zwischen dem theoretischen Diskurs über den Austausch mit den Anderen und dem Krieg, der radikalsten und zugleich hochorganisiertesten Form der Aggressionslenkung gegen die eigene Spezies als den Anderen, läßt Stein ihre Dido-Figur nach einer kulturellen Lösung suchen.

Das Lösungsmodell, das ihr durch den Hofstaat nahe gelegt wird, entspricht dem konventionellen Programm des 18. Jahrhunderts: die politische Heirat. Um die Verweigerung Didos zu motivieren, setzt Stein nun das Motiv der Witwentreue ein, wie es dem mythologischen Stoff entspricht, gibt aber auch ihm eine kulturelle Bedeutung. Die Erinnerung an den Verstorbenen ist nämlich unmittelbar mit der Erinnerung an den Mord aus Habsucht verbunden. Diese humanitären Vorstellungen diametral entgegengesetzte, niederen Motiven und Affekten entspringende Handlungsweise, wird angesichts der Bedrohung von außen als ein Stadium erinnert, das überwunden werden muß. Der Zwang, sich mit der anderen Kultur auseinanderzusetzen, ruft also die Erinnerung an die vermeintlich überwundene traumatische Geschichte der eigenen Kultur wach. In dieser Krisensituation, in der drastisch deutlich wird, daß Humanität zwar als Idee diskursiv zur Verfügung steht, aber noch kein Stadium kultureller Entwicklung darstellt, geht es in Steins dramatischer Bearbeitung des Dido-Stoffes, wie ich meine, um die Frage, wie eine theoretisch formulierte Idee zur allgemeinen gesellschaftlichen Praxis werden, mithin also kulturell verankert werden kann.

Der Prozeß kultureller Verankerung

Unter ihren Getreuen wird Dido ob ihrer kultivierten Humanität gepriesen, und ihrer »schönen Seele«[34] wegen verehrt. Der Begriff »schöne Seele«, dem eine lange Bedeutungstradition in der abendländischen Denkgeschichte anhaftet und der bereits in Platons *Phaidros* reflektiert wird, geriet verstärkt über den Empfindsamkeitsdiskurs und die Rezeption von Rousseaus *Nouvelle Heloïse* zu einem Modebegriff im Deutschland des 18. Jahrhunderts und wurde darüber hinaus zum Bezugspunkt einer umfassenden literarästhetischen Debatte. In seiner Abhandlung *Über Anmut*

---

[34] Stein: Dido (hg. v. Schöll), S. 509.

*und Würde*³⁵ hat Schiller die »schöne Seele« als »Idealbild harmonischen Menschentums« und »Sinnbild der Klassik«³⁶ gefaßt, indem er formulierte:

> Eine schöne Seele nennt man es, wenn sich das sittliche Gefühl aller Empfindungen des Menschen endlich bis zu dem Grad versichert hat, daß es dem Affekt die Leitung des Willens ohne Scheu überlassen darf und nie Gefahr läuft, mit den Entscheidungen desselben in Widerspruch zu stehen. Daher sind bei einer schönen Seele die einzelnen Handlungen eigentlich nicht sittlich, sondern der ganze Charakter ist es. [...] Die schöne Seele hat kein andres Verdienst, als daß sie ist. [...] In einer schönen Seele ist es also, wo Sinnlichkeit und Vernunft, Pflicht und Neigung harmonieren, und Grazie ist ihr Ausdruck in der Erscheinung.³⁷

Die »schöne Seele« wird in der klassischen Bestimmung zum Charakter- und Verhaltens-Ideal in einem, insofern die Affektregelung nicht mehr durch erzieherische Eingriffe oder die Vernunft gesteuert werden muß, sondern zur zweiten Natur geworden ist. Die Idee muß also von einem programmatischen in einen unbewußten Zustand herabsinken, um zur selbstverständlichen, gleichsam natürlichen Praxis werden zu können. Wie die Entwicklung in der Begriffsbestimmung etwa bei Jacobi, Herder und Schiller, vor allem aber auch in der literarischen Gestaltung bei Wieland, Sophie von La Roche, Goethe und Helene Unger zeigt, war der Begriff »schöne Seele« zunächst als ein allgemein menschlicher konzipiert, wurde dann aber zunehmend mit dem weiblichen Geschlechtscharakter verbunden. Aber die Erzeugungsregeln auch dieser Grenzziehung zwischen Männlichem und Weiblichem sind in den Tiefenschichten der kulturellen Semantik verankert und in literarischen Texten entzifferbar.

Um ihre Dido als »schöne Seele« darstellen zu können, arrangiert Stein ihr Drama um die Achse einer Verschiebung, wobei dies dramaturgisch durch eine Doppelbesetzung der weiblichen Positon umgesetzt wird. Stein führt nämlich – und das ist neu gegenüber der Überlieferung – eine Freundin und enge Vertraute Didos ein. Diese Alter Ego-Figur Didos trägt den Namen Elissa, den phönizischen Namen für Dido.³⁸ Durch diesen Kunstgriff einer Doppelung der weiblichen Figur kann Stein ihre Dido sowohl als öffentliche Person in der Funktion als Monarchin als auch im Gespräch mit Elissa als Privatperson agieren lassen, wie dies im Drama auch sprachlich markiert ist. Die Stilebene der hohen Tragödie ist zwar im öffentlichen Bereich vorherrschend, während die Sprache des Privatbereichs mit dem Vokabular

---

³⁵ Schiller hatte seine Abhandlung »Über Anmut und Würde« am 20.6.1793 abgeschlossen und im gleichen Jahr veröffentlicht.

³⁶ Hans Schmeer: *Der Begriff der »schönen Seele« besonders bei Wieland und in der deutschen Literatur des 18. Jahrhunderts*, Berlin 1926, S. 60.

³⁷ Friedrich Schiller: »Über Anmut und Würde«, in: Ders.: *Werke in drei Bänden*, München 1966, S. 382–424, hier S. 408f.

³⁸ »Eigentlich hieß diese Königinn Elissa, welches von El-Issa so viel, als eine Heldinn oder tapfere Frau [...] oder auch meines Gottes Lamm heißt. [...] Hernach aber bekam sie den Namen Dido, welches nach einigen, so viel, als eine Mörderinn ihres Mannes heißen soll [...] nach anderen aber auch eine tapfere Frau, oder so viel, als Virago, bedeutet.« Hederich: Lexikon, S. 921.

der Empfindsamkeit eingefärbt ist, aber beide Sprachebenen sind auch in sich gebrochen insofern die Konventionalität beider Verständigungsebenen karikiert und ironisch kommentiert werden.[39] Angesichts der Bedrohung von außen steht nun jedoch keine Sprache der Verständigung zur Verfügung, die Redekunst Didos versagt, und Elissa fungiert nun als Stellvertreterin. Denn während sich Dido in der Krisensituation zu einem Einsiedler zurückzieht, um die Lage zu überdenken, agiert Elissa an ihrer statt als öffentliche Person. Dido wird zusehends zur Inkarnation des sich selbst denkenden Denkens, zu einer Reflexionsfigur der Idee von sich selbst und damit einer Figur, die sich leiblich entzieht, während Elissa reziprok zunehmend an politischem Handlungsspielraum gewinnt.

Mit dieser Doppelung in der weiblichen Figur gestaltet Stein nun, wie ich meine, eine Antwort auf Goethe. Allerdings keine biographische, sondern eine literarische Antwort auf jenes Drama, das in der Klassik für die Bearbeitung mythologischer Stoffe insgesamt vorbildhaft wurde und auf das sich auch mehr oder weniger explizit alle ›antikisierenden‹ Dramen der Zeit beziehen, nämlich Goethes *Iphigenie auf Tauris* in der Versversion aus dem Jahre 1786.[40] Goethes Iphigenie-Drama nimmt jenseits späterer Kanonisierung durch die Literaturwissenschaft zu *dem* prototypischen Drama der Klassik bereits für die Zeit um 1800 eine exponierte Stellung innerhalb der Dramen ein, die sich einer szenischen Vergegenwärtigung und kritischen Befragung der Humanitätsidee widmen.

Der intertextuelle Bezug zu Goethe

Auch Goethe hat sein Drama unter der Perspektive kultureller Entwicklung um die Achse einer Verschiebung organisiert. Auch Goethe läßt seine Iphigenie, die wie

---

[39] Deutlich sind bei Steins Drama auch ironische Elemente eingelagert, die auf den sentimentalen Liebesdikurs des 18. Jahrhunderts anspielen. So läßt sie Jarbes daran zweifeln, ob er Dido überhaupt lieben kann: »Sklavinnen sind alles, was ich begehre, und in der Liebe sind meine schönen afrikanischen Pferde mir die nächsten am Herzen.« Stein: *Dido* (hg. Schöll), S. 497. Cocalis meint, daß durch die ironischen Wendungen »the more serious implications of the passages are lost.« Susan L. Cocalis: »Acts of Omission. The Classical Dramas of Caroline von Wolzogen and Charlotte von Stein«, in: Dies. u. Ferrel Rose (Hg.): *Thalia's Daughters. German Women Dramatists from the Eighteenth Century to the Present*, Tübingen u. Basel 1996, S. 79–98, hier S. 91.

[40] Von Februar bis März 1779 hatte Goethe seine *Iphigenie* in der Prosafassung geschrieben. *Iphigenie auf Tauris* in der Versversion aus dem Jahre 1786 eröffnet eine Reihe von Dramen, bei denen bereits der Name von einem Mythos erzählt, noch ehe er über eine literarische Bearbeitung eine spezifische Kontur erhält. In den intertextuellen Bezug mit der Antike hat sich Maximilian Klinger mit seiner *Medea in Korinth* aus dem Jahre 1786 eingeschrieben, vier Jahre später mit seiner *Medea auf dem Kaukasos*. 1794/95 stellt Charlotte von Stein ihr Drama *Dido* fertig, 1808 erscheint Kleists *Penthesilea* und 1820 Franz Grillparzers *Medea*. Vgl. hierzu auch meinen Aufsatz: »Iphigenie, Penthesilea, Medea: Zur Klassizität weiblicher Mythen«, in: Marianne Henn u. Britta Hufeisen (Hg.): *Frauen: MitSprechen – MitSchreiben. Beiträge zur literatur- und sprachwissenschaftlichen Frauenforschung*, Stuttgart 1997, S. 223–244.

Dido als »schöne Seele«[41] bezeichnet wird,[42] in der Auseinandersetzung mit der Fremdheitserfahrung im Barbarenland ihre eigene Kultur neu lesen.[43] Zwar wird sie vom Barbarenkönig Thoas wie Dido vom Barbarenkönig Jarbes begehrt, aber sie will sich nicht im neuen Land assimilieren,[44] sondern richtet ihr Begehren in der Verbannung auf das Vaterland als idealisierte Kultur und Fluchtpunkt ihrer inneren Immigration.[45] Bedingung dieser stabilen Verinnerlichung, bei der Iphigenie die griechische Kultur zur zweiten Natur wird, ist gerade ihr Getrenntsein von der Heimat, denn nur so kann sie ein projektives, ein idealisiertes und damit die traumatische Geschichte negierendes Bild der Heimat entwerfen.

Goethe entwirft mit seinem antikisierenden Schauspiel, das nicht nur im szenischen Aufbau, sondern auch in der Figurengestaltung einer strengen Tektonik folgt, ein Kammerspiel der Humanität. Iphigenie ist mit ihrem humanitären Auftrag von Entsühnung und Versöhnung wie das Mittelbild eines Tryptichons zwischen die Bild- und Symbolwelt der Griechen und die der Barbaren situiert: zwischen dem vom Fluch getriebenen, vom Wahnsinn heimgesuchten Muttermörder Orest und dem unter dem kulturellen Diktat der Xenophobie stehenden Fremdenmörder Thoas. Die Funktion der Scharnierstelle zwischen Iphigenie und Orest kommt dem Griechen Pylades zu, die zwischen Thoas und Iphigenie dem Taurier Arkas. Als Vermittlerin und Grenzgängerin zwischen Griechen und Barbaren ist es Iphigenie aber nicht nur überantwortet, die Logik beider Kulturen zu verstehen, sondern auch aufgegeben, beide Kulturen neu zu semantisieren. Die »symbolischen Ausdrucksformungen« dieser Kulturentwicklung werden in Goethes Iphigenie-Drama in einem Vertauschungsspiel, im Gleiten von der Figur zum Symbol explizit.

Stellt Goethe seine Iphigenie zunächst als eine Figur dar, die ihre griechische Identität über ein idealisiertes Bild absichert, indem sie sich wie hinter einem inneren Schutzschild vor der Fremde bedeckt hält und ihr Denken und Handeln weiterhin an griechischen Werten orientiert, so kann sie zur Sendbotin der Humanität nur werden, insofern sie selbst mit einem Kult-Bild, nämlich dem Bild der Diana, der Schwester Apollons verwechselt wird. Goethe setzt eine Verschiebungsstrategie in Szene, bei

---

[41] Johann Wolfgang von Goethe: *Iphigenie auf Tauris*, in: Ders.: *Werke*. Hamburger Ausgabe in 14 Bd., hg. von Erich Trunz, München 1981 (im folgenden zitiert als HA), Bd. 5, S. 7–67, hier S. 48 (Vers 1493).

[42] Am 6. April 1779 wurde die erste Fassung des Iphigenie-Dramas an der Weimarer Liebhaberbühne mit Goethe als Orest und Corona Schröter als Iphigenie aufgeführt. Die Hofsängerin Schröter wurde ob ihrer Grazie zum Inbegriff der Iphigenie-Gestalt: »Das Junonische ihrer Gestalt, Majestät in Anstand, Wuchs und Gebärden, nebst so vielen anderen seltenen Vorzügen der ernsteren Grazie, die sie in sich vereinigte, hatten sie vor vielen andern zu einer Priesterin Dianens berufen und geeignet.« Lieselotte Blumenthal: »Nachwort zur Iphigenie auf Tauris«, in: HA, Bd. 5, S. 418–445, hier S. 419.

[43] Christa Bürger sieht in der Gegenüberstellung von griechischer und skythischer/barbarischer Kultur den ideologischen Charakter von Goethes Drama begründet, ohne dabei auf die Semantisierungen des Gegensatzpaares griechisch – barbarisch während der Klassik einzugehen. Christa Bürger: *Der Ursprung der bürgerlichen Institution Kunst im höfischen Weimar*, Frankfurt a. M. 1977, S. 191.

[44] Vgl. auch: David Barry: »›Ist uns nichts übrig?‹: The Residue of Resistance in Goethe's *Iphigenie auf Tauris*«, in: *German Life and Letters* XLIX (1996), S. 283–296.

[45] Zu meiner ausführlicheren Interpretation der *Iphigenie auf Tauris* vgl.: Gutjahr: Antike.

welcher der Bruder Orest, der ja nach Taurien kommt, um das Bildnis der Schwester Apollons nach Griechenland zu bringen, statt der gesuchten Diana-Statue die eigene Schwester findet, der Barbarenkönig aber statt der Begehrten die Statue als symbolische Ausformung aufgeklärter Humanität zurückbehält. Erst als diese Verschiebung in Gang gesetzt wird, die einem künstlerischen Prozeß vergleichbar ist, bei dem Erlebtes und Erfahrenes im Kunstwerk aufgehoben wird, reflektiert Iphigenie ihre Einordnung in die Genealogie ihrer Familie als einer vom Fluch beladenen Geschichte, der sie durch ihr Getrenntsein von der Heimat zu entfliehen glaubte. Die Kultur, der Iphigenie auf der Spur ist, wenn sie sich nun an Griechenland erinnert, erweist sich allerdings nicht mehr als Ideal, läßt sich nicht mehr mit dem introjezierten Bild in Einklang bringen, wie dies in der Erinnerung an das Parzenlied deutlich wird, in dem die fluchbeladene Geschichte tradiert ist: »Vor meinen Ohren tönt das alte Lied, – / Vergessen hatt ich's und vergaß es gern – / Das Lied der Parzen das sie grausend sangen, / Als Tantalus vom goldnen Stuhle fiel [...]«[46].

Auf der Ebene der Dramenhandlung markiert das Parzenlied Iphigenies Eingedenken ihrer vergessenen, verdrängten Geschichte, die gerade in der Literatur ihrer eigenen Kultur bewahrt ist und so auch nach langer Zeit wieder erinnert werden kann. Erst aus diesem durch die Literatur initiierten Erinnern erwächst die eigentliche Humanität Iphignies, bei der sie durch kommunikatives Handeln einen Raum des Austausches jenseits des mythischen Zwanges und zwischen den Kulturen eröffnet. Zugleich aber figuriert diese Szene einer literarischen Memoria selbstreflexiv Goethes eigene Gestaltung von Humanität im Eingedenken der antiken Mythologie. Und doch hatte Goethe seine Iphigenie später in einem Brief an Schiller »Verteufelt human«[47] genannt, und ich glaube, daß sich das ›Verteufelte‹ an der Humanitätsvorstellung, das für die antikisierenden Dramen um 1800 kennzeichnend ist, beispielhaft an Charlotte von Steins Drama zeigen läßt, bei dem trotz unterschiedlichem mythologischem Stoff eine vergleichbare Figurenkonstellation im Spannungsfeld von Eigenem und Fremdem, Barbarischem und Kultiviertem gewählt wurde wie bei Goethe.

Kulturationsprozesse in Steins *Dido*

Auch Stein thematisiert die Selbstbehauptung der Frau in einer doppelt erlebten Fremdheit, in der Agression der anderen Kultur und dem Zwang der eigenen. Die dramatische Handlung ist auch hier an eine Vorgeschichte der Gewalt angebunden, auch hier wird die Auseinandersetzung mit der Fremde zur Überlebensfrage, denn der Barbarenkönig Jarbes droht mit kriegerischer Invasion der Enklave, wenn sie nicht bereit ist, ihn zu heiraten. Dido weigert sich, den Jetulier zu heiraten, weil sie am Bild ihres verstorbenen Mannes, vor allem aber – wie Iphigenie – an Errungenschaften und Werten ihrer Abstammungskultur festhält. Um Dido als »schöne Seele«

---

[46] Goethe: Iphigenie, S. 54 (Vers 1718–1721).
[47] Goethes Brief an Schiller vom 19. Januar 1802, in: Johann Wolfgang von Goethe: *Werke* in 40 Bänden, Bd. 32 (2.5), hg. v. Volker C. Dörr und Norbert Oellers, Frankfurt a. M. 1999, S. 215.

gestalten zu können, arrangiert auch Stein ihr Drama um die Achse einer Verschiebung, wobei auch dies dramaturgisch durch eine Doppelbesetzung der weiblichen Position umgesetzt wird. Dido findet aber keine Stellvertretung in einer Kunstfigur, dem Abbild einer Göttin, denn das Menschenopfer, das Iphigenie durch die Kunst ihrer Rede aussetzen konnte,[48] muß von Dido am eigenen Leibe erbracht werden. Weshalb dies ein Opfer zugunsten der Kultur ist, läßt Stein einen Einsiedler gegenüber Dido formulieren:

> Die unedlen Entwürfe werden willige Aufnehmer finden; die Raserei wird die Thorheit leiten, und so stürzt ein berühmtes Reich in den Abgrund der Dunkelheit, daß es durch Jahrhunderte die Geschichte nicht mehr nennen wird, deine erhabene Tugend aber wird durch Jahrtausende aufgezeichnet bleiben.[49]

Während Goethes Iphigenie als symbolische Ausdrucksformung durch die Statue, ein von Menschenhand geformtes Götterbildnis, mithin also durch Kunst ersetzt werden kann, gestaltet Stein den Kulturationsprozeß durch die Errichtung eines vorbildhaften Frauenbildes, das kulturell verankert werden muß, um zum Selbstbild werden zu können. So formuliert der Priester Albicerio gegenüber Dido, ehe er den Opferaltar für die Götter bereitet: »Gute Götter! wie leicht hättet ihr uns die Tugend machen können, hättet ihr immer unsre Empfindungen mit den höheren Befehlen in uns übereinstimmen lassen!«[50] Da dieser Zustand, in dem die Empfindung mit der Gewissensinstanz übereinstimmt, oder, um Schillers Formulierungen aus seiner Kennzeichnung der »schönen Seele« aufzugreifen, »das sittliche Gefühl aller Empfindungen« noch nicht so weit entwickelt ist, »daß es dem Affekt die Leitung des Willens ohne Scheu überlassen darf«, so muß zunächst noch ein allgemein verbindliches, für alle unmittelbar sichtbares Vorbild der Handlungsorientierung dienen.

Erst im Exempel, im symbolischen Selbstopfer Didos als öffentlicher Kulthandlung kann ihre vorbildhafte Tugend dem Gedächtnis aller Mitglieder des Gemeinwesens kulturell verbindlich eingeschrieben werden. Denn über einen solchen Akt, der kollektiv zelebriert wird und und von allen erinnerbar ist, kann eine Gemeinschaft im Geiste der Humanität gestiftet werden. Über den gemeinsam erlebten symbolischen Akt haben nun alle teil an einer kollektiven Identität. Wie Pierre Nora in seiner Untersuchung zum Zusammenhang von Gedächtnis und Geschichte dargelegt hat, formiert sich erst über ein solches Gruppengedächtnis eine Gemeinschaft oder Nation:

---

[48] Da Iphigenie nicht bereit ist, Thoas zu heiraten, droht dieser mit der Wiedereinführung der Menschenopfer. »Letzten Endes läßt sich die Frage nicht schlüssig beantworten, warum Thoas, der hier zum Opfer seiner Blutgier wird, am Schluß des Dramas doch zur Versöhnung bereit ist.« Karl-Josef Müller: »Konstruierte Humanität. Zu Lessings *Nathan der Weise*, Goethes *Iphigenie auf Tauris*, und Brechts *Die Maßnahme*«, in: *Germanisch-Romanische Monatsschrift*. Neue Folge 45 (1995), S. 301–314, hier S. 306.

[49] Stein: Dido (hg. v. Schöll), S. 514.

[50] Ebd., S. 501.

> Das Gedächtnis ist ein stets aktuelles Phänomen, eine in ewiger Gegenwart erlebte Bindung, die Geschichte hingegen eine Repräsentation der Vergangenheit. [...] Das Gedächtnis rückt die Erinnerung ins Sakrale, die Geschichte vertreibt sie daraus, ihre Sache ist die Entzauberung. Das Gedächtnis entwächst einer Gruppe, deren Zusammenhang es stiftet [...].[51]

Im sakralen Akt des Selbstopfers spricht der Körper gerade im Moment der Auslöschung sein Begehren nach der Teilhabe an der männlich geprägten Heldengeschichte aus, denn Dido wird erst im Moment der öffentlichen Anerkennung ihrer Tat als Opfer zur Heroine. Sie vernichtet sich somit nicht aufgrund individueller leidvoller Erfahrung, sondern entbindet mit dem Tod aus ihrem Körper seine kulturelle Inschrift. Entsprechend dem Opfertod Jesu in der christlichen Tradition wird die Zerstörung des Körpers notwendig, um das sprechende Subjekt und seine kulturelle Bedeutung hervorzubringen. Die kulturelle Bedeutungseinschreibung wird hier gemäß cartesianischer Denktradion als Akt inszeniert, der das Bewußtsein radikal entleiblicht. In Steins Drama überlebt jedoch Didos Alter Ego Elissa, die damit zur Stellvertreterin der Verstorbenen und Inkarnation aller wird, in denen die Tugend nun verankert ist und durch die sie kulturell tradierbar wird.

Für die Gestaltung des Kulturationsprozesses in Steins Drama ist das Opfer nicht nur ein entscheidendes Moment, sondern es verändert im Verlaufe der Handlung auch seine Funktion und kulturelle Reichweite. Zunächst wird zur Sicherung des Gemeinwohls von Dido das Opfer der politischen Heirat verlangt, wie es der Rath fomuliert: »Königin! dein Volk wird dies Opfer, wie es schon einmal äußerte, von dir verlangen, zwar versteht es nicht, daß es dir ein Opfer ist; der große Haufe begreift nicht die zarten inneren Gefühle – «[52] Demnach muß zum einen das Opfer erbracht werden, weil die Mehrheit des Volkes sich trotz kulturellen Fortschritts in ihrem sittlichen Empfinden mit den barbarischen Jetuliern auf gleicher Stufe befindet, und zum anderen aber auch, weil die aggressiven Affekte einer harmonischen Fort- und Höherentwicklung des Menschengeschlechts im Wege stehen, wie es Elissa unter geschlechtsspezifischer Perspektive formuliert: »O zerstörendes Geschlecht! ohne euch wär uns die Kriegslust unbekannt. Warum gabst du Natur! den Männern dieses Treiben, diese Thatensucht, um den ruhigen Gang nach einem besseren Ziele, wozu deine Ewigkeiten dir genug Zeit lassen, widrig zu stören?«[53] Wenn aber in Steins Drama Männer in ihrem individuellen und nationalen Hegemonialstreben als »zerstörendes Geschlecht« bezeichnet werden, so korrespondiert dem keine Geschlechterdichotomisierung, nach der die Frauen das friedfertige Geschlecht wären, sondern vielmehr dasjenige, bei dem die Zerstörung nach innen gelenkt wird. Die Dramenhandlung setzt in der öffentlich zelebrierten Opferhandlung theatralisch in Szene, wie das von außen geforderte Opfer zur Selbstzerstörung führt. Der Kulturanthropologe René Girard hat in seinem Hauptwerk *Das Heilige und die Gewalt* die in zahlreichen Mythen beglaubigte »Gründungsgewalt« untersucht, die

---

[51] Pierre Nora: *Zwischen Geschichte und Gedächtnis*, Berlin 1990, S. 12f.
[52] Stein: Dido (hg. v. Schöll), S. 493.
[53] Ebd., S. 502.

den Anfang sozialer Gemeinschaften markiert. Dabei wird die Gewalt einer Gruppe oder Gesellschaft, wie er feststellte, auf ein Mitglied gelenkt, das stellvertretend geopfert wird:

> Das Opfer tritt nicht an die Stelle dieses oder jenes besonders bedrohten Individuums, es wird nicht diesem oder jenem besonders blutrünstigen Individuum geopfert, sondern es tritt an die Stelle aller Mitglieder der Gesellschaft und wird zugleich allen Mitgliedern der Gesellschaft von allen ihren Mitgliedern dargebracht. Das Opfer schützt die ganze Gemeinschaft von [sic!] ihrer eigenen Gewalt, es lenkt die ganze Gemeinschaft auf andere Opfer außer ihrer selbst.[54]

Mit seinem »Ach! sie selbst das Opfer!«[55] kurz vor Ende des Dramas weist der Priester Albicerio, der von Dido den Auftrag erhalten hatte, den Göttern einen Stier als Dankesopfer darzubringen, für die Gemeinschaft auf die Stellvertretungsfunktion des Opfers hin. Mit der Selbstopferung Didos wird der Weg vom Kultus zur Kultur nachgezeichnet, denn erst aus der Symbolisierung des barbarischen Aktes, des Menschenopfers, erwächst Humanität. Indem Stein in ihrem Drama den Weiblichkeitsdiskurs des 18. Jahrhunderts aufnimmt, der im Begriff der »schönen Seele« einen literarästhetischen Bezugspunkt findet, wird die Funktion des Opferkults als Verschiebung offenkundig. Da durch den mythologischen Plot die Gewalt immer auf die Anderen, die Barbaren, verschoben ist, gibt sich die Zurichtung zu einem Bild als gewaltsame Verinnerlichung, als Autoaggression im Vollzug der Selbstopferung zu erkennen. Das Menschenopfer, das als *das* signifikante Merkmal des Barbarischen gilt, markiert den Beginn aufgeklärter Kulturordnung und erweist sich somit als dessen kulturell verdrängtes Konstruktionsprinzip. Die »schöne Seele«, die Steins Text als Ideal errichtet, ist entgegen dem ästhetischen Diskurs der Zeit keine natürliche Bestimmung und harmonische Einheit, sondern ein Weiblichkeitsideal, dessen Gestehungskosten mit der Selbstauslöschung der Protagonistin in Szene gesetzt werden.[56] Über solche kulturellen Konstruktionsmechanismen von Geschlechtsidentität hat Judith Butler in ihrem Buch *Körper von Gewicht* herausgestellt:

> Die Konstruktion des Geschlechts arbeitet mit den Mitteln des *Ausschlusses*, und zwar so, daß das Menschliche nicht nur in Abgrenzung gegenüber dem Unmenschlichen produziert wird, sondern durch eine Reihe von Verwerfun-

---

[54] René Girard: *Das Heilige und die Gewalt*, Frankfurt a. M. 1992, S. 18.
[55] Stein: Dido (hg. v. Schöll), S. 534.
[56] Plagwitz interpretiert Didos Entschlußfähigkeit und innere Strenge hingegen als Überlegenheit gegenüber Jarbes: »Dido's inner strength of character allows her to act with consistency and confidence, despite the chaos which breaks out around her.« Elisabeth J. Plagwitz: »Wem geziemt die Aufopferung? Sacrifice in Charlotte von Stein's *Dido*«, in: Marianne Henn u. Britta Hufeisen (Hg.): *Frauen: MitSprechen – MitSchreiben. Beiträge zur literatur- und sprachwissenschaftlichen Frauenforschung*, Stuttgart 1997, S. 119–127, hier S. 125.

gen, radikalen Auslöschungen, denen die Möglichkeit kultureller Artikulation regelrecht verwehrt wird.[57]

Die kulturspezifischen »Verwerfungen« und »Auslöschungen« werden jedoch in der Literatur als Wiederkehr des kulturell Verdrängten lesbar, und so enthält Steins Drama, wie ich meine, auch ein Stück ›Parzenlied unserer Kultur‹. Hatten Horkheimer und Adorno in ihrer *Dialektik der Aufklärung* in der listenreichen und selbstverleugnenden Überlebensstrategie von Homers Odysseus ein prägendes kulturelles Muster ausgemacht und formuliert: »Furchtbares hat die Menschheit sich antun müssen, bis das Selbst, der identische zweckgerichtete männliche Charakter des Menschen geschaffen war, und etwas davon wird noch in jeder Kindheit wiederholt«,[58] so ließe sich mit der Analyse kultureller Zuschreibung und Zurichtung in Steins Drama sagen, daß dies in spezifischer Weise auch für den ›schönen‹ weiblichen Charakter des Menschen gilt.

Steins Drama läßt sich in seinem kulturkritischen Gehalt literarhistorisch im Schnittpunkt zweier Entwicklungen verorten. Zum einen synchron als Einschreibung in den Epochendiskurs der Klassik in der Reflexion auf Humanitätsvorstellungen, wie sie im Begriff der »schönen Seele« ihren literarästhetischen Bezugspunkt finden, sowie im intertextuellen Verhältnis zu Goethes *Iphigenie auf Tauris*. Stein konzipierte mit ihrer Bearbeitung des Dido-Stoffes eine Anti-Iphigenie, insofern der weibliche Körper nicht durch Kunst ersetzt werden kann, sondern im Dienste kultureller Entwicklung ausgelöscht und im Opfer-Ritual dem kollektiven Gedächtnis wieder eingeschrieben wird. Selbstreflexiv gestaltet Stein damit aber auch ihre eigene Situation als Autorin, die nach Maßgabe kultureller Standards nicht über ihre Kunst, sondern über die Erfüllung eines Weiblichkeitsideals Anerkennung finden konnte. Zum anderen ist Steins Drama diachron als Antwort auf eine lange Tradition zu verstehen, die durch die Vergilsche Version des Dido-Stoffes geprägt wurde. Denn daß ihr Drama trotz der bewußt gesetzten Abweichung in der Stoffwahl als Liebesdrama rezipiert wurde, ist der Übermacht einer literarischen Tradition geschuldet, die auf der *Aeneis* des Vergil basiert.

Traditionsbildungen und Kanonisierung

Vergil ist nicht der Erfinder der Dido-Gestalt, aber er begründete durch seine Version ihrer Lebensgeschichte, die er auf die unglückliche Liebesgeschichte mit Aeneas hin zentrierte, eine lange Tradition in der Weltliteratur.[59] Begünstigt wurde die Popularisierung seiner Fassung durch die normative Funktion, welche Vergils

---

[57] Judith Butler: *Körper von Gewicht. Die diskursiven Grenzen des Geschlechts*, Berlin 1995, S. 29.

[58] Max Horkheimer u. Theodor W. Adorno: *Dialektik der Aufklärung*, Frankfurt a. M. 1978, S. 33.

[59] Über Vergils Einfluß auf die Gestaltung des Mythenstoffes bemerkt Semrau: »Ohne ihn wäre Dido wohl noch heute, was sie vor ihm war: Heldin einer antiken Lokalsage; durch ihn wurde sie zu einer immer und immer wieder geformten Gestalt der abendländischen Dichtung, zum Prototyp des heroischen Weibes.« Eberhard Semrau: *Dido in der deutschen Dichtung*. Stoff- und Motivgeschichte der Deutschen Literatur Bd. 9, hg. von Paul Merker und Gerhard Lüdke, Berlin und Leipzig 1930, S. 2.

Dichtung über lange Zeit innerhalb der Literaturgeschichte eingenommen hat, wobei jede Epoche der weiblichen Figur ihre eigene Deutung und Prägung eingeschrieben hat. Bereits im Mittelalter zählte Vergil zu den am meisten gelesenen Dichtern.[60] In Heinrich von Veldekes Versepos *Eneide*,[61] der bearbeiteten und das höfische Leben ausschmückenden freien Übersetzung eines französischen Romans,[62] wird die heroische, leidenschaftlich liebende und hassende Herrscherin des Karthago der Antike tendenziell zur sentimentalen Geliebten. Um den männlichen Helden in seinem Verhalten zu exkulpieren, gibt sie sich selbst die Schuld, daß Aeneas sie verlassen hat, und ihr Selbstmord auf dem Scheiterhaufen wird gar mit geistiger Umnachtung entschuldigt. Für die mittelalterliche Literatur wurden neben Tristan und Isolde vor allem Aeneas und Dido zu den großen, bewunderten Liebespaaren, die zahlreiche Erwähnungen finden.[63] Im Gefolge von Renaissance und Humanismus und einer verstärkten Rezeption der Antike kam es zu einer Blüte in der Bearbeitung des Dido-Stoffes. Auch in den in neulateinischer Sprache verfaßten Dramen des 16. und 17. Jahrhunderts, durch welche die Kenntnis Vergils bei Schülern und Studenten gefördert werden sollte, wurde der Dido-Mythos bevorzugt aufgegriffen. Mit seiner Vorliebe für heroische Gestalten der Antike wurde für das Barock Dido als eifersüchtig Rasende zu einer beliebten Figur der Oper und des Hoftheaters.[64] In den zahlreichen Bearbeitungen der Aufklärung, wie etwa auch bei Johann Elias Schlegels Drama *Dido*, das im Jahre 1744 in Gottscheds Deutscher Schaubühne erschien, rückt verstärkt die fehlende Affektkontrolle der leidenschaftlich liebenden und hassenden Dido ins Zentrum.[65] Durch Bürgers und Schillers Übersetzungen des 4. Buches der *Aeneis* wurde die Liebesgeschichte von Aeneas und Dido zu Ende des 18. Jahrhunderts so populär, daß sie auch in derben Travestien und Parodien aufgegriffen wurde.

Charlotte von Steins Drama setzt sich gegen die Zeittendenz und eine mächtige literarische Tradition ab, denn die auf Justinius zurückgehende Version wurde nur selten aufgegriffen, wie etwa bei Hans Sachs, der in einer knappen Versdichtung aus dem Jahre 1557[66] lediglich Zucht und Keuschheit der standhaften Witwe darzustel-

---

[60] Semrau: Dido in der deutschen Dichtung, S. 3.
[61] Entstanden etwa 1170–1190.
[62] *Roman d'Eneas*, ca. 1160, hg. von Jaques Salveda de Graves, Halle 1891.
[63] Vgl. Gottfried von Straßburg: *Tristan*, Darmstadt 1967, S. 374 (Vers 13345: Verweis auf Dido) und Wolfram von Eschenbach: *Parzival*, Darmstadt 1963, S. 337 (Vers 399, 14: Verweis auf Dido).
[64] Damian Türckis hat für eine Festaufführungen anläßlich der Vermählung des Kurprinzen Johann Georg am sächsischen Fürstenhof im Jahre 1607 ein Dido-Drama verfaßt, dessen vollständiger Titel lautet: *Schoene Newe Tragedy aus dem Ersten und Vierten Buch Virgily Von Aenaea und von der Koenigin Dido zue Agieren Miett Sieben unnd Viertzig Personen Hat 5 Actus*,Wolfenbüttel, Mscr. Nova 992. 4⁰. Vgl. hierzu: Semrau, Dido in der deutschen Dichtung, S. 16.
[65] So spricht Dido zu Aeneas: »Aenaes, fürchte Dich! erzittre falsche Seele! / Ich flieh in meine Gruft, doch nur, daß ich Dich quäle«. Johann Elias Schlegel: *Dido, ein Trauerspiel*, in: Ders.: *Werke*, 5 Bde., Frankfurt a. M. 1971, Bd. 1, 70–136, hier S. 136.
[66] Hans Sachs: *Historia. Die Königin Didonis*, hg. von Adelbert v. Keller, Tübingen 1874. Diese Version wird auch bei Boccaccio erzählt.

len suchte, die lieber in den Tod geht, als ihrem toten Gatten untreu zu werden.[67] In den beiden ungleich verbreiteten Versionen handelt es sich aber nicht nur um verschiedene Fassungen oder eine Weitererzählung des Mythos, sondern um einen grundsätzlich unterschiedlichen Status der Dido-Figur. In der populären Fassung bei Vergil nimmt Didos Vorgeschichte zwar den größten Teil des ersten Buches der *Aeneis* ein und die Liebesbeziehung zwischen Dido und Aeneas füllt das gesamte vierte Buch, aber die Geschichte Didos ist Teil des römischen Nationalepos, Teil der Geschichte des Gründers von Rom, der im Konflikt von Pflicht und Neigung die Liebe überwinden muß, um seinem Staatsauftrag nachkommen zu können.

Verdankt sich bei Vergil das Interesse an der Dido-Gestalt also ihrer Einbettung in ein paradigmatisches männliches Heldenepos, bei welchem ihr lediglich die Funktion einer Übergangsfigur zukommt, an welcher der Protagonist seine Standhaftigkeit erweisen muß, so handelt es sich bei der durch Justinius überlieferten Version hingegen um eine eigenständige Dido-Geschichte, bei der die Problematik der weiblichen Heroine im Zentrum steht. Steins Drama stellt also auch in dieser Hinsicht, so meine ich, eine Herausforderung dar, gegen eine populäre und wirkungsmächtige Traditon zu lesen, um so bisher nicht erinnerte, unerschlossene Teile der Literatur als Teil unseres kulturellen Gedächtnisses zu erschließen.

Dafür gilt es auch bisher vernachlässigte Ansätze und Forschungsrichtungen innerhalb der Literaturwissenschaft historisch aufzuarbeiten und systematisch weiterzuentwickeln. Denn die Germanistik hat bei ihrem Beginn, der im ersten Drittel des 19. Jahrhunderts mit den Arbeiten der Gebrüder Grimm angesetzt wird, eine philologische *und* kulturwissenschaftliche Ausrichtung inauguriert, in der Folgezeit aber einseitig die Weiterentwicklung philologischer Methoden und Bewertungskriterien verfolgt.[68] Georg Gottfried Gervinus versuchte mit seiner Literaturgeschichtsschreibung eine, wie er es nannte, »poetische National-Literatur« zu etablieren,[69] was vor dem Hintergrund der langen Bestrebungen zu sehen ist, sich einerseits von der französischen Vormachtstellung in der Literatur zu emanzipieren und andererseits über Literatur und Literaturgeschichtsschreibung eine deutsche Nation zu begründen. In der zweiten Hälfte des 19. Jahrhunderts setzte eine Verwissenschaftlichung und Systematisierung der Literaturgeschichtsschreibung durch den Positivismus Wilhelm Scherers ein und die Begründung einer als Verstehenswissenschaft sich definierenden geisteswissenschaftlichen Germanistik durch Wilhelm Dilthey. Ihm folgte der ideengeschichtliche Ansatz zu Beginn des 20. Jahrhunderts, wie er beispielsweise durch Friedrich Gundolf vertreten wurde. Festgeschrieben

---

[67] Auch Johanna von Holthausen hat in ihrem 1874 erschienenen Dido-Drama die Vergilsche Liebesgeschichte aufgegriffen.

[68] Vgl. Jürgen Fohrmann: *Das Projekt der deutschen Literaturgeschichte. Entstehung und Scheitern einer nationalen Poesiegeschichtsschreibung zwischen Humanismus und Deutschem Kaiserreich*, Stuttgart 1989.

[69] Georg Gottfried Gervinus: *Geschichte der poetischen Nationalliteratur der Deutschen*, 5 Bde., Leipzig 1835–42. Gervinus' »Literaturgeschichte ist auf lange Zeit das Referenzwerk schlechthin für Literaturgeschichtsschreiber geworden, eine Autorität, auf die man sich beziehen und an der man sich auch reiben konnte.« Klaus Weimar: *Geschichte der deutschen Literaturwissenschaft bis zum Ende des 19. Jahrhunderts*, München 1999, S. 317.

wurde durch diese Ausrichtung der Literaturwissenschaft ein Literaturkanon, der maßgeblich an philologischen Kriterien orientiert ist.

Der Versuch, Autorinnen in diesen literarischen Kanon zu integrieren, stößt unweigerlich auf eben diese philologischen Grenzziehungen, nach denen er formiert und tradiert wurde. Gerade auch Texte von Schriftstellerinnen, die in der Zeit schrieben, als die Bemühungen vorangetrieben wurden, einen nationalen literarischen Kanon herauszubilden, können den Qualitätskriterien philologisch-ästhetischer Zugangsweisen häufig nicht standhalten.[70] Dies führte dazu, daß Texte von Autorinnen bis in die zweite Hälfte des 20. Jahrhunderts hinein weitgehend dem literaturwissenschaftlichen Vergessen anheim gefallen sind. Klassizität, die ja Texten aufgrund ihrer stabilen kanonischen Verankerung und (dadurch konfirmierten) kulturellen Bedeutung zugesprochen wird, war somit ein Gütesiegel, das der Literatur von Autorinnen systemimmanent verweigert werden mußte. Demnach ist Klassizität im Sinne epochenübergreifender kultureller Wertschätzung ein geschlechtsspezifisches Konstrukt, bei dem, wie es Aleida Assmann feststellt, »›Größe‹ ein Prädikat ist, das von Männern für Männer gemacht ist«[71]. Aus dieser Perspektive wird der Ruhm, der ›den Klassikern‹ zukommt, strukturell aus dem Vergessen gespeist:

> Durch alle sozialen Schichten hindurch bilden Frauen den anonymen Hintergrund, vor dem sich männlicher Ruhm leuchtend abhebt. Solange die Bedingung für den Einlaß ins kulturelle Gedächtnis heroische Größe und die Kanonisierung als Klassiker ist, fallen Frauen systematisch dem kulturellen Vergessen anheim. Es handelt sich dabei um einen klassischen Fall struktureller Amnesie.[72]

Wenn die Literaturwissenschaft aber nur an den in einer langen philologischen (männlichen) Tradition entwickelten Kriterien festhält, so wird sie den Ausschluß von Autorinnen aus dem Kanon, auch wenn sie sich gerade diesen zuwendet, noch einmal vollziehen. Indem dann nämlich unweigerlich tradierte philologisch-ästhetische Maßstäbe angelegt werden, sanktioniert die literaturwissenschaftliche Analyse und Bewertung auch Ausschluß und Ausgrenzung noch einmal insofern die Marginalität (die nach philologischen Gesichtspunkten im Vergleich zu kanonisierten Autoren oftmals zu attestieren ist) noch einmal festgeschrieben wird.[73]

---

[70] Vgl. hierzu: Albrecht Koschorke: »Geschlechterpolitik und Zeichenökonomie. Zur Geschichte der deutschen Klassik vor ihrer Entstehung«, in: Renate von Heydebrand (Hg.): *Kanon Macht Kultur. Theoretische, historische und soziale Aspekte ästhetischer Kanonbildungen*, Stuttgart u. Weimar 1998, S. 581–599, hier S. 581: »Ein literarisches Werk wird nicht einfach darum kanonisch, weil seine professionellen Leser es für bedeutungsvoll halten; es bezieht umgekehrt einen Großteil seiner Bedeusamkeit aus der einmal unter sehr unterschiedlichen und oft kontingenten Umständen erlangten Kanonizität.«

[71] Aleida Assmann: *Erinnerungsräume. Formen und Wandlungen des kulturellen Gedächtnisses*, München 1999, S. 61.

[72] Ebd.

[73] Vgl. zu diesen Aspekten ausführlich: Renate von Heydebrand u. Simone Winko: »Geschlechterdifferenz und literarischer Kanon. Historische Beobachtungen und systematische Überlegungen«, in: *Internationales Archiv für Sozialgeschichte der deutschen Literatur* 19 (1994), S. 96–172.

Ein kulturwissenschaftlicher Zugang, der den (auch geschlechtsspezifischen) Konstruktionscharakter kultureller Symbolformen und Bewertungssysteme reflektiert, ermöglicht über neue Diskursebenen einen Zugang, der diesen bisher ausgegrenzten Texten Rechnung tragen und vor allem ihre kulturhistorische Bedeutung erschließen kann.[74] Auch Steins *Dido* ist – wie übrigens viele Dramen aus der Zeit der Klassik – nach philologisch-ästhetischen Gesichtspunkten keine Herausforderung für Goethes *Iphigenie auf Tauris*, sie ist es aber, wie ich zu zeigen versuchte, unter kulturwissenschaftlichen.

Das Drama erschließt sich von daher auch nicht allein über seine Verknüpfung epochenspezifischer Diskurse mit einer anti-traditionellen Mythenbearbeitung oder über die Erschließung der Entstehungsgeschichte, Publikationsstrategie und Rezeptionshaltung im literarhistorischen Kontext, sondern es lassen sich auch biographische und intertextuelle Bezüge ergänzen, die das Schauspiel nicht monoperspektivisch verengen, sondern seine Deutung und Einordnung um weitere Aspekte und Dimensionen bereichern.[75] Denn so unzweifelhaft Stein in ihrem Trauerspiel auf die literarästhetischen und kulturanthropologischen Debatten ihrer Zeit bezug nimmt, so unübersehbar hat sie ihrem Text auch Reflexe auf die französische Revolution, ihre Erfahrungen am Weimarer Hof und Elemente ihrer perönlichen Situation eingeschrieben.[76] Goethe aber kommt in diesem Zusammenhang für das Trauerspiel und das literarische Schaffen Steins besondere Bedeutung zu. Denn Stein stand mit ihm nicht nur über viele Jahre bei Hofe und im persönlichen Bereich im engen Kontakt, sondern pflegte mit ihm einen regen (literarischen) Briefwechsel, suchte mit ihm (das etwa auch durch gemeinsame Lektüre) animierte Gespräch und tauschte sich über literarische und literarästhetische Fragen mit ihm aus. Unter dieser Perspektive gerät Goethe nicht nur als Dichter in den Blick, der Autorinnen wie Autoren seiner Epoche in ihren literarischen Ambitionen beeinflußt hat, sondern auch als Muse der Dichterin Charlotte von Stein. Aber nicht nur durch die unmittelbare Nähe und Vertrautheit mit Goethe und seinem Kreis wurde Stein zur Dichtung inspiriert, sondern sie war auch eine intime Kennerin seines Werkes und bearbeitete über den intertextuellen Bezug zu Goethes *Iphigenie auf Tauris* literarisch, was sie aus nächster Nähe

---

[74] Für eine solche Wende plädiert auch Bachmann-Medick, wenn sie Kultur als Text zu beschreiben sucht: »Kultur ist vielmehr eine Konstellation von Texten, die – über das geschriebene oder gesprochene Wort hinaus – auch in Ritualen, Theater, Gebärden, Festen usw. verkörpert sind. Solche Ausdrucksformen sind höchst aufschlußreich, wenn es darum geht, das Netzwerk historischer, sozialer, geschlechtsspezifischer Beziehungen im Licht ihrer kulturellen Vertextung, Symbolisierung und Kodierung zu rekonstruieren.« Doris Bachmann-Medick: Einleitung, in: Dies. (Hg.): *Kultur als Text. Die anthropologische Wende in der Literaturwissenschaft*, Frankfurt a. M. 1996, S. 7–64, hier S. 10.

[75] Derrida hat in seinen Ausführungen zur Theatralität darlegte daß »das Leben selbst« als »der nicht darstellbare Ursprung der Repräsentation« angesehen werden muß«. Jacques Derrida: »Das Theater der Grausamkeit und die Geschlossenheit der Repräsentation«, in: Ders.: *Die Schrift und die Differenz*, Frankfurt a. M. 1985, S. 351–379, hier S. 353.

[76] Der Rückgriff auf die Justinius-Überlieferung des Dido-Mythos kam Steins persönlicher Situation entgegen, da ihr Mann, der herzogliche Stallmeister Josias von Stein, im Jahre 1793, also ein Jahr bevor Stein ihr Dido-Drama beendete, verstorben war.

erleben und am eigenen Leibe erfahren konnte: die Diskrepanz zwischen Ideal und Wirklichkeit.

Eine Literaturwissenschaft, die sich kulturwissenschaftlicher Herausforderung stellt, wird einen wirkungsmächtigen literarischen Kanon auch vom Nicht-Kanonisierten, vom Ausgeschlossenen aus durchdenken und das Klassische vom Nicht- oder Anti-Klassischen aus lesen. So wird auch im Umkreis von Dichtungen, die bereits »in den Rang kultureller Texte erhoben«[77] worden sind, nach Texten gefragt werden, die ihnen unter geschlechtsspezifischer und kulturkritischer Perspektive antworten. Dabei wird es unweigerlich zu einer verstärkten Auseinandersetzung mit Autorinnen kommen, und zwar nicht als einem Spezialgebiet einiger Literaturwissenschaftlerinnen, sondern als Aufgabe einer Literaturwissenschaft, die sich auch diesen Teil des kulturellen Gedächtnisses offen hält. Wenn Klassik als Epochenbezeichnung der deutschen Literaturgeschichte eine innovative Blütezeit der Literatur, den Anschluß an die europäische Literatur meint, klassisch aber das Normative, die Zeiten überdauernd Gültige anvisiert, so ist die kanonische Nichtpräsenz von Autorinnen als klassisch innerhalb der Klassik anzusehen. Das Klassische bedarf aber der Wiederholung, der Rituale der Vergewisserung und Bestätigung, der Feier des Immer-noch-Gültigen. Daß Goethes Geburtstag auch noch bei seiner 250. Wiederkehr in zugegebenermaßen unspektakulären Ritualen wie Tagungen, Symposien und Vorlesungsreihen gefeiert wird, zeugt von dem offensichtlichen Wunsch, immer wieder und ohne absehbares Ende Goethes Bedeutung ins Bewußtsein zu heben – auch, wie in meinen Ausführungen, für die Autorin Charlotte von Stein.

Literatur

Anonym: *Roman d'Eneas*, hg. von Jaques Salveda de Graves, Halle 1891.

Assmann, Aleida u. Jan: »Kultur und Konflikt. Aspekte einer Theorie kommunikativen Handelns«, in: Dietrich Hart u. Jan Assmann (Hg.): *Kultur und Konflikt*, Frankfurt a. M. 1990, S. 11–48.

---

[77] Aleida Assmann unterscheidet zwischen literarischen und kulturellen Texten. Während sich literarische Texte an den Leser als Individuum und autonomes Subjekt richten, richtet sich der kulturelle Text an den Repräsentanten eines Kollektivs, das sich durch kanonisierte Texte formiert: »Kulturelle Texte bieten einen Ersatz für genetisch gesteuerte Identität. Sie stiften durch Schrift vermittelte Identitäten: religöse, nationale, persönliche. Die persönliche Identität, die sich auf kulturelle Texte beruft, beruft sich auf einen Bildungskanon. [...] Der Bildungskanon besteht aus literarischen Texten, die in den Rang kultureller Texte erhoben sind.« Aleida Assmann: »Was sind kulturelle Texte?«, in: Andreas Poltermann (Hg.): *Literaturkanon – Medienereignis – Kultureller Text. Formen interkultureller Kommunikation und Übersetzung*, Berlin 1995, S. 232–244, hier S. 238.

Assmann, Aleida: »Was sind kulturelle Texte?«, in: Andreas Poltermann (Hg.): *Literaturkanon – Medienereignis – Kultureller Text. Formen interkultureller Kommunikation und Übersetzung*, Berlin 1995, S. 232–244.

Assmann, Aleida: *Erinnerungsräume. Formen und Wandlungen des kulturellen Gedächtnisses*, München 1999.

Bachmann-Medick, Doris (Hg.): *Kultur als Text. Die anthropologische Wende in der Literaturwissenschaft*, Frankfurt a. M. 1996.

Barry, David: »›Ist uns nichts übrig?‹: The Residue of Resistance in Goethe's *Iphigenie auf Tauris*«, in: *German Life and Letters* XLIX (1996), S. 283–296.

Biedrzynski, Effi: *Goethes Weimar. Das Lexikon der Personen und Schauplätze*, Zürich 1993.

Blumenthal, Lieselotte: »Nachwort zur ›Iphigenie auf Tauris‹«, in: Johann Wolfgang von Goethe: *Werke*. Hamburger Ausgabe in 14 Bdn., hg. von Erich Trunz, München 1981, Bd. 5, S. 418–445.

Bode, Wilhelm: *Charlotte von Stein*, Berlin 1910.

Bürger, Christa: *Der Ursprung der bürgerlichen Institution Kunst im höfischen Weimar*, Frankfurt a. M. 1977.

Butler, Judith: *Körper von Gewicht. Die diskursiven Grenzen des Geschlechts*, Berlin 1995.

Clauss, Elke-Maria: »Im Schatten Werthers. Die Briefe Goethes an Frau von Stein«, in: *Weimarer Beiträge* 42 (1996) H. 2, S. 296–304.

Cocalis, Susan L.: »Acts of Omission. The Classical Dramas of Caroline von Wolzogen and Charlotte von Stein«, in: Dies. u. Ferrel Rose (Hg.): *Thalia's Daughters. German Women Dramatists from the Eighteenth Century to the Present*, Tübingen u. Basel 1996, S. 79–98.

Derrida, Jacques: »Das Theater der Grausamkeit und die Geschlossenheit der Repräsentation«, in: Ders.: *Die Schrift und die Differenz*, Frankfurt a. M. 1985, S. 351–379.

Dietrick, Linda: »Woman's State: Charlotte von Stein's *Dido. Ein Trauerspiel* and the Aesthetics of Weimar Classicism«, in: Burkhard Krause u. Ulrich Scheck (Hg.): *Verleiblichungen. Literatur- und kulturgeschichtliche Studien über Strategien, Formen und Funktionen der Verleiblichung in Texten von der Frühzeit bis zum Cyberspace*, St. Ingbert 1996, S. 111–131.

Düntzer, Heinrich: *Charlotte von Stein, Goethe's Freundin. Ein Lebensbild mit Benutzung der Familienpapiere entworfen*, 2 Bde., Stuttgart 1874.

Fleig, Anne: »»... je älter man wird, je lustiger soll man sich das Leben lassen vorkommen«. Weimar und das dramatische Werk von Charlotte von Stein«, in: Iris Bubenik-Bauer (Hg.): *Frauen in der Aufklärung: »... ihr werten Frauenzimmer, auf!«*, Frankfurt a. M. 1995.

Fohrmann, Jürgen: *Das Projekt der deutschen Literaturgeschichte. Entstehung und Scheitern einer nationalen Poesiegeschichtsschreibung zwischen Humanismus und Deutschem Kaiserreich*, Stuttgart 1989.

Gervinus, Georg Gottfried: *Geschichte der poetischen Nationalliteratur der Deutschen*, 5 Bde., Leipzig 1835–42.

Girard, René: *Das Heilige und die Gewalt*, Frankfurt a. M. 1992.

Goethe, Johann Wolfgang von: *Iphigenie auf Tauris*, in: Ders.: *Werke*. Hamburger Ausgabe in 14 Bdn., hg. von Erich Trunz, München 1981, Bd. 5, S. 7–67.

Goethe, Johann Wolfgang von: *Werke* in 40 Bänden, Frankfurt a. M. 1999.

Goethes Briefe an Charlotte von Stein, hg. von Jonas Fränkel, Berlin 1960.

Goodman, Katherine R.: »The Sign Speaks: Charlotte von Stein's Matinees«, in: Dies. u. Edith Waldstein: *In the Shadow of Olympus. German Woman Writers around 1800*, Albany NY 1992, S. 71–93.

Gottfried von Straßburg: *Tristan*, Darmstadt 1967.

Gutjahr, Ortrud: »»Jeder sei auf seine Art ein Grieche! Aber er sei's.‹ Die Antike als Kultur- und Imaginationsraum im Werk Goethes«, in: Dies. (Hg.): *Westöstlicher und nordsüdlicher Divan. Goethe in interkultureller Perspektive*, Paderborn 2000, S. 109–126.

Gutjahr, Ortrud: »Iphigenie, Penthesilea, Medea: Zur Klassizität weiblicher Mythen«, in: Marianne Henn u. Britta Hufeisen (Hg.): *Frauen: MitSprechen – MitSchreiben. Beiträge zur literatur- und sprachwissenschaftlichen Frauenforschung*, Stuttgart 1997, S. 223–244.

Hederich, Benjamin: *Gründliches mythologisches Lexikon* (Reprint der Ausgabe Leipzig 1770), Darmstadt 1997.

Herder, Johann Gottfried: *Briefe zu Beförderung der Humanität*, Bd. 7 der *Werke* in 10 Bd., hg. von Hans Dietrich Irmscher, Frankfurt a. M. 1991.

Heydebrand, Renate von, u. Simone Winko: »Geschlechterdifferenz und literarischer Kanon. Historische Beobachtungen und systematische Überlegungen«, in: *Internationales Archiv für Sozialgeschichte der deutschen Literatur* 19 (1994), S. 96–172.

Hof, Walter: *Goethe und Charlotte von Stein*, Frankfurt a. M. 1979.

Höfer, Edmund: *Goethe und Charlotte von Stein*, Berlin und Leipzig 1923.

Horkheimer, Max, u. Theodor W. Adorno: *Dialektik der Aufklärung*, Frankfurt a. M. 1978.

Klauß, Jochen: *Charlotte von Stein. Die Frau in Goethes Nähe*, Zürich 1995.

Kord, Susanne: »Not in Goethe's Image. The Playwright Charlotte von Stein«, in: Susan L. Cocalis u. Ferrel Rose (Hg.): *Thalia's Daughters. German Woman Dramatists from the Eighteenth Century to the Present*, Tübingen u. Basel 1996, S. 53–76.

Kord, Susanne: *Ein Blick hinter die Kulissen. Deutschsprachige Dramatikerinnen im 18. und 19. Jahrhundert*, Stuttgart 1992.

Kord, Susanne: Einleitung, in: Charlotte von Stein: *Dramen*, hg. von Susanne Kord (Frühe Frauenliteratur in Deutschland Bd. 15), Hildesheim/Zürich/New York 1998, S. I–XXXIV.

Koschorke, Albrecht: »Geschlechterpolitik und Zeichenökonomie. Zur Geschichte der deutschen Klassik vor ihrer Entstehung«, in:Renate von Heydebrand (Hg.): *Kanon Macht Kultur. Theoretische, historische und soziale Aspekte ästhetischer Kanonbildungen*, Stuttgart u. Weimar 1998, S. 581–599.

Martin, Bernhard: *Goethe und Charlotte von Stein. Gnade und Tragik in ihrer Freundschaft*, Zürich 1957.

Maurer, Doris: *Charlotte von Stein. Eine Biographie*, Frankfurt a. M. u. Leipzig 1997.

Müller, Karl-Josef: »Konstruierte Humanität. Zu Lessings *Nathan der Weise*, Goethes *Iphigenie auf Tauris* und Brechts *Die Maßnahme*«, in: *Germanisch-Romanische Monatsschrift*. Neue Folge 45 (1995), S. 301–314.

Nora, Pierre: *Zwischen Geschichte und Gedächtnis*, Berlin 1990.

Der kleine Pauly. Lexikon der Antike in fünf Bänden, München 1979.

Perels, Christoph: »›Ich begreife, daß Goethe sich so ganz an sie attachiert hat‹«, in: Ders.: *Goethe in seiner Epoche. Zwölf Versuche*, Tübingen 1998, S. 97–118.

Plagwitz, Elisabeth J.: »Wem geziemt die Aufopferung? Sacrifice in Charlotte von Stein's *Dido*«, in: Marianne Henn u. Britta Hufeisen (Hg.): *Frauen: MitSprechen – MitSchreiben. Beiträge zur literatur- und sprachwissenschaftlichen Frauenforschung*, Stuttgart 1997, S. 119–127.

Sachs, Hans: *Historia. Die Königin Didonis*, hg. von Adelbert v. Keller. Tübingen 1874.

Schiller, Friedrich: »Über Anmut und Würde«, in: Ders.: *Werke in drei Bänden*, München 1966, S. 382–424.

Schiller, Friedrich: *Briefwechsel zwischen Schiller und Körner*, hg. und kommentiert von Klaus L. Berghahn, München 1973.

Schlegel, Johann Elias: *Dido, ein Trauerspiel*, in: Ders.: Werke, 5 Bde., Frankfurt a. M. 1971, Bd. 1, S. 70–136.

Schmeer, Hans: *Der Begriff der »schönen Seele« besonders bei Wieland und in der deutschen Literatur des 18. Jahrhunderts*, Berlin 1926.

Schöll, Adolf: Anmerkungen zu Dido, in: *Goethes Briefe an Frau von Stein*, 2 Bde., hg. v. Ders., Frankfurt a. M. ²1885, Bd. 2, S. 666–668.

Seele, Astrid: *Frauen um Goethe*, Reinbek 1997.

Semrau, Eberhard: *Dido in der deutschen Dichtung*. Stoff- und Motivgeschichte der Deutschen Literatur Bd. 9, hg. von Paul Merker und Gerhard Lüdke, Berlin und Leipzig 1930.

Seydel, Renate (Hg.): *Charlotte von Stein und Johann Wolfgang von Goethe. Die Geschichte einer großen Liebe*, München 1993.

Stein, Charlotte von: *Dido, ein Trauerspiel in fünf Aufzügen*, in: Dies.: *Dramen*, hg. von Susanne Kord (Frühe Frauenliteratur in Deutschland Bd. 15), Hildesheim/Zürich/New York 1998, S. 489–534.

Stein, Charlotte von: *Dido. Ein Trauerspiel in fünf Aufzügen*, hg. von Heinrich Düntzer, Frankfurt a. M. 1867.

Stein, Charlotte von: *Dido. Ein Trauerspiel in fünf Aufzügen*, in: *Goethes Briefe an Frau von Stein*, 2 Bde., hg. von Adolf Schöll, Frankfurt a. M. ²1885, Bd. 2., S. 491–534.

Stein, Charlotte von: *Dido. Ein Trauerspiel in fünf Aufzügen*, neu hg. von Alexander von Gleichen-Rußwurm, Berlin 1920.

Susmann, Margarethe: *Deutung einer großen Liebe. Goethe und Charlotte von Stein*, Zürich 1957.

Türckis, Damian: *Schoene Newe Tragedy aus dem Ersten und Vierten Buch Virgily Von Aenaea und von der Koenigin Dido zue Agieren Miett Sieben unnd Viertzig Personen Hat 5 Actus*, Wolfenbüttel, Mscr. Nova 992. 4⁰.

Voß, Lena: *Goethes unsterbliche Freundin (Charlotte von Stein). Eine psychologische Studie an der Hand der Quellen*, Leipzig 1922.

Weimar, Klaus: *Geschichte der deutschen Literaturwissenschaft bis zum Ende des 19. Jahrhundert*, München 1999.

Winckelmann, Johann Joachim: »Gedanken über die Nachahmung der griechischen Werke in der Malerei und Bildhauerkunst«, in: Ders.: *Kleine Schriften und Briefe*, hg. von Hermann Uhde-Bernays, Leipzig 1925, Bd. 1, S. 59–105.

Wolfram von Eschenbach: *Parzival*, Darmstadt 1963.

Klaus Bartels

DIE ERHABENHEIT DES KRIEGES, DER TECHNIK UND DES MORDES
Eine neue Ordnung der Dinge bei Heinrich von Kleist

Die kulturelle Hegemonie des Hellenismus[1]

Goethes *Iphigenie auf Tauris* ist ein klassischer Referenztext aufklärerischer Humanität. Die Tatsache, daß die Heldin für die Abschaffung der barbarischen Menschenopfer der Taurier sorgt und ihr Gastgeber, König Thoas, bewegt durch ihren Edelmut, von der angedrohten Wiedereinführung des traditionellen taurischen Opferkultes zurücktritt, sie, ihren Bruder Orest und dessen Freund Pylades frei abziehen läßt, obwohl Iphigenie seinen Heiratsantrag brüsk abgelehnt hat und obwohl die beiden Freunde gekommen sind, um das den Tauriern heilige Standbild der Diana zu entwenden, gilt nicht nur den Zeitgenossen Goethes als Nachweis humanitärer Gesinnung.

Selten jedoch wurde die kulturelle Dequalifizierung der Taurier thematisiert, die Goethe bei der Bearbeitung des Stoffes vornahm. Während nämlich die Iphigenie des Euripides als Priesterin der Artemis widerspruchslos Menschenopfer zelebriert und Orest sich durchaus willentlich dem Gebot der Rache unterwirft, sind es bei Goethe eben nur die Taurier, die solchen barbarischen Ritualen frönen: Nachdem sie sich allmählich von einem strapazenreichen Feldzug erholt haben, mit dem der Tod des Königsohns gerächt wurde, fordern sie murrend die Wiedereinführung der von Iphigenie abgeschafften Menschenopfer. Die politische und soziale Ordnung der Taurier beruht auf der Identität von Rache, Opfer und gerichtlicher Strafe, nach René Girard ein Merkmal primitiver Gesellschaften.[2] Iphigenie stürzt die Taurier durch die Abschaffung der Opferriten und die rachebrechende Strategie der gütlichen Einigung[3] in eine tiefe Krise, die Goethe allerdings weniger interessiert als die Ausarbeitung des Gegensatzes von griechischer und barbarischer Kultur.[4] Das humanistische

---

[1] Unter »Hellenisten« verstehe ich mit Girard jene Bewunderer der Antike, die immer bereit sind, »von Blasphemie zu sprechen, sobald auch nur der geringste Berührungspunkt zwischen dem klassischen Griechenland und den primitiven Gesellschaften suggeriert wird.« Vgl. René Girard: *Das Heilige und die Gewalt*, Frankfurt a. M. 1992, S. 86.

[2] Ebd., S. 41.

[3] Zur distanzierenden Funktion der gütlichen Einigung vgl. ebd., S. 36.

[4] Der Kommentator der Jubiläumsausgabe Albert Köster zählt insgesamt neun Stellen, an denen dieser Gegensatz behandelt wird. Albert Köster: »Einleitungen«, in: *Goethes sämtliche Werke*. Jubiläums-Ausgabe, hg. von E. v. d. Hellen, 40 Bände u. ein Registerband, Stuttgart u. Berlin o. J. [1902–1912], Band 12, S. V–XXXII, hier S. VII.

Klassikbild beruht auf einer solchen »hellenistischen« Verschiebung paganer Opfer- und Racherituale auf fremde, als primitiv qualifizierte soziale Systeme.

Widerspruch gegen diese hegemoniale Sichtweise formulierte Charlotte von Stein, das angeblich reale Vorbild der Iphigenie.[5] Im Mittelpunkt ihres Dramas *Dido* steht die eher unbekannte mythische Gründerin Karthagos. Ob Stein mit dem ausdrücklichen Rekurs auf die Geschichte Karthagos – sie läßt Dido auch den punischen Namen Elissa tragen – an die blutigen Auseinandersetzungen zwischen Römern und Karthagern um die Vorherrschaft im Mittelmeerraum während der drei Punischen Kriege erinnern wollte, muß bei dem gegenwärtigen Stand der Stein-Forschung offen bleiben. Unbezweifelbar jedoch ist die barbarische Gründerin Karthagos dem Romgründer Äneas ebenbürtig und wird nicht als dessen Geliebte abgewertet. Diesbezüglich handelt es sich bei der *Dido* um eine gegen die Dequalifizierung der Barbaren gerichtete »Anti-Iphigenie«.[6]

Goethe sah sich ungern mit den Kriegen zwischen Römern und Karthagern konfrontiert[7], sie widersprachen in ihrer Brutalität seiner Vorstellung von der Antike. Immerhin wurde am 2. August 216 in der Schlacht von Cannae die größte Streitmacht blutig niedergemetzelt, die jemals von den Römern aufgestellt worden war. Der Name der Stadt, in deren Umgebung diese Schlacht stattfand, ist auch heute noch das Synonym für eine totale Niederlage. Zwischen fünfzig- bis achtzigtausend römische Soldaten fanden den Tod, obwohl das karthagische Heer an Zahl doppelt unterlegen war. Schlachtentscheidend war Hannibals Taktik, in der Mitte der Front nachzugeben und die vorrückenden römischen Legionen von beiden Seiten durch schnelle und bewegliche numidische Reitertruppen, die effektivsten Einheiten der Antike, einzukesseln und dem unvorbereiteten Feind in den Rücken zu fallen. Trotz dieses strategisch bedeutenden Sieges schreckte Hannibal vor einer Belagerung Roms zurück. Unverständlicherweise wurde er vom karthagischen Senat weder politisch noch materiell unterstützt, mit dem Ergebnis, daß er 202 in der Schlacht von Zama den Römern unter Publius Cornelius Scipio Africanus unterlag. Diese verheerende Niederlage war das Vorspiel zur völligen Vernichtung Karthagos im Anschluß an den dritten Punischen Krieg 149–146. Über das Gebiet der größten Gegnerin Roms wurde der Pflug gezogen und die griechisch-römische Antike etablierte sich als Grundlage der kulturellen und politischen Entwicklung in Europa.

Das Schicksal Karthagos erinnerte daran, daß die abendländische Kultur nicht aufgrund gütlicher Einigung, sondern mit Gewalt durchgesetzt wurde. Heinrich von Kleist hielt, im Gegensatz zu Goethe, die gütliche Einigung für einen Glücksfall

---

[5] Vgl. ebd., S. VI: »Diese jahrelangen, seelischen Beziehungen [zu Charlotte von Stein, K.B.] hat Goethe in der Entsühnung des Orest durch Iphigenie zusammengefaßt. Wir hören einen Nachklang seiner Unterredungen mit der geliebten Frau, auch wenn der Dichter nie der Beziehungen des Dramas auf Frau von Stein ausdrücklich gedacht hat.«

[6] Vgl. hierzu ausführlich den Beitrag von Ortrud Gutjahr in diesem Band.

[7] Vgl. Johann Wolfgang von Goethe: *Italienische Reise*, in: *Goethes Werke*. Hamburger Ausgabe in vierzehn Bänden, hg. von Erich Trunz u. a., Hamburg 1948–1960, Band 11, S. 233. Hier verweist Goethe anläßlich der Besichtigung eines Schlachtfeldes, Hasdrubal mit Hannibal verwechselnd, seinem Führer das »fatale Hervorrufen solcher abgeschiedenen Gespenster.«

menschlicher Kommunikation. Den Normalfall dramatisierte er in *Die Familie Schroffenstein* als mißlingende Kommunikation, die einen erst durch die Opferung zweier unschuldiger Kinder unterbrochenen Mechanismus der Rache in Gang setzt. Auch das finale Duell zwischen Penthesilea und Achill in der *Penthesilea* ist der Effekt mißlingender Kommunikation. Und es ist kein Zufall, wenn die Amazone wie Hannibal mit Elefanten und Fackeln in dieses Duell zieht.[8] Ihre Art, sich zu bewegen und zu kämpfen, wird schon zuvor numidisch genannt und in den Kontext der karthagischen Elitetruppen gerückt.[9] In der *Hermannsschlacht* gelingt Kommunikation nur, weil der Titelheld ihr Mißlingen einplant. Anstatt Verständigung oder gütliche Einigung anzustreben, lenkt er mit ihrer Hilfe wortreich von seinem eigentlichen Vorhaben, der Vernichtung der Römer, ab. Von Varus wird der blonde und blauäugige Wortführer der barbarischen Stämme wegen seiner Verstellungskunst mit einem Punier verglichen.[10] Für Hermann ist dies ein ehrenvoller Vergleich, brachten die Punier unter Hannibal bei Cannae und er selbst im Teutoburger Wald den Römern doch die schmachvollsten Niederlagen ein, und dies jeweils durch neuartige Strategien, die Kesselschlacht bzw., so stellt Kleist es dar, den Partisanenkrieg.[11]

Die Anspielungen auf Karthago relativierten das hellenistische Klassikbild der Zeitgenossen. Unter dem Eindruck der Auseinandersetzungen zwischen den österreichisch-preußischen Koalitionstruppen und der französischen Revolutionsarmee trieb Kleist den von Goethe andiskutierten Gegensatz von Griechen und Barbaren ins Kenntliche: Die gütliche Einigung versagt, weil deren Grundlage, die militärische Überlegenheit, zerfallen ist. Die Griechen der *Penthesilea* sind den Strategien der Amazonen ebenso hilflos ausgeliefert wie die Römer der *Hermannsschlacht* denen der Cherusker. Die altgriechische Phalanx, im preußischen Karree durchaus noch lebendig, wurde durch strategische Innovationen wie den Partisanenkrieg und den Einsatz moderner Massenvernichtungsmittel ihrer Wirkung beraubt, so daß sich seither auch Minderheitenkulturen dem hegemonialen Zugriff widersetzen konnten. Damit aber löste sich das ordnungspolitische Kalkül der machtgestützten gütlichen Einigung auf, den modernen Gesellschaften drohte der Rückfall in den blinden Mechanismus von Rache und Opfer.

Kleists *Penthesilea* behandelt die Krise des traditionellen Krieges, den dadurch verursachten Wiedereintritt der Heldin in die primitive Unterschiedslosigkeit von

---

[8] Heinrich von Kleist: *Penthesilea*, in: Ders.: *Werke und Briefe in vier Bänden*, hg. von Siegfried Streller u. a., Berlin 1978, Band 2, S. 95. Legendär ist Hannibals Fackeltrick. Um einen von Römern besetzten Paß überqueren zu können, band er 2000 Ochsen Fackeln an die Hörner, zündete die Fackeln an und trieb die Tiere in der Nacht einen Berg hinauf. Die Römer verließen den Paß, um den von Ochsen besetzten Berg zu stürmen, im Glauben, es handele sich um die Karthager. Dies ist möglicherweise nur eine Anekdote, aber wie die Kriegselefanten so gehört sie zum Bild, das die Nachwelt sich von Hannibal gemacht hat.

[9] Ebd., S. 20: Sie fliegt, wie von der Senne abgeschossen:
Numid'sche Pfeile sind nicht hurtiger!

[10] Heinrich von Kleist: *Die Hermannsschlacht*, in: *Werke und Briefe*, Band 2, S. 326.

[11] Zu Kleists Partisanendichtung vgl. Wolf Kittler: *Die Geburt des Partisanen aus dem Geist der Poesie. Heinrich von Kleist und die Strategie der Befreiungskriege*, Freiburg 1987. Über die *Hermannsschlacht* S. 250–255.

Rache, Opfer und gerichtlicher Strafe und beurteilt ihre Handlungen nach dem Maßstab moderner Rechtsauffassungen. Diese Thematik bildet den Hintergrund für die Ausdifferenzierung der Diskurse des technisch Erhabenen und des sublimen Mordes aus dem traditionellen Diskurs der Kriegserhabenheit. Mit der Umkodierung des Kriegserhabenen vollzieht Kleist auf der Ebene der Rhetorik die neue Ordnung der Dinge, wie sie sich nach seiner im *Marionettentheater* ausführlich dargestellten Meinung durch die ubiquitäre Mediatisierung und Semiotisierung des Wirklichen ergibt.

Das Wirkliche und sein Zeichen: Medien im 18. Jahrhundert

Die Kleist-Forschung hat sehr viel Scharfsinniges über den Jüngling aus dem *Marionettentheater* geschrieben, der durch ständige Selbstbetrachtung im Spiegel allmählich seine angeborene Anmut und Grazie verliert. Sie hat sich so sehr mit ebenen Spiegeln beschäftigt[12], daß ihr die zentrale Äußerung über den Hohlspiegel gegen Ende des Textes entgangen ist:

> Doch so, wie sich der Durchschnitt zweier Linien, auf der einen Seite eines Punktes, nach dem Durchgang durch das Unendliche, plötzlich wieder auf der andern Seite einfindet, oder das Bild des Hohlspiegels, nachdem es sich in das Unendliche entfernt hat, plötzlich wieder dicht vor uns tritt; so findet sich auch, wenn die Erkenntnis gleichsam durch ein Unendliches gegangen ist, die Grazie wieder ein; so daß sie, zu gleicher Zeit, in demjenigen menschlichen Körperbau am reinsten erscheint, der entweder gar keins, oder ein unendliches Bewußtsein hat, d. h. in dem Gliedermann, oder in dem Gott.[13]

Anschließend fallen die berühmten Worte über die Notwendigkeit einer zweiten Schöpfung: »›Mithin‹, sagte ich ein wenig zerstreut, ›müßten wir wieder von dem Baum der Erkenntnis essen, um in den Stand der Unschuld zurückzufallen?‹«[14] Diesen Stand der Unschuld nimmt das Bild des Hohlspiegels ein. Wie aber entsteht es? Kleist behauptet, es entferne sich in das Unendliche und trete plötzlich wieder vor uns hin. Dies ist eine unzutreffende Beschreibung der Hohlspiegelprojektion; denn auf einen Hohlspiegel geklebte oder aber zwischen Hohlspiegel, Lichtquelle und Linse gehaltene Bilder und Gegenstände durchlaufen allenfalls den zwischen Hohlspiegel und Projektionsfläche gelegenen Brennpunkt, aber keineswegs die Unendlichkeit. Hohlspiegel, Lichtquelle, Bildschieber und Linse bilden das System der Laterna magica, an die Kleist denkt, wenn er von Hohlspiegelbildern spricht.

Es gab allerdings eine Hohlspiegelprojektion, die Phantasmagorie, die Kleists Beschreibung auf der Erscheinungsebene entsprach, ohne daß ihm ihr technischer Ursprung bewußt gewesen wäre. Durch das Hin- und Zurückschieben eines beweglichen, den Blicken des Publikums vollständig verborgenen Schlittens und einer

---

[12] Vgl. Manfred Schneider: »Die Gewalt von Zeit und Raum. Kleists optische Medien und das Kriegstheater«, in: *Kleist-Jahrbuch* 1998, S. 209–226.
[13] Heinrich von Kleist: *Über das Marionettentheater*, in: *Werke und Briefe*, Band 3, S. 480.
[14] Ebd., S. 480.

darauf befestigten Laterna magica ließen sich auf einem hauchdünnen, kaum wahrnehmbaren Schirm Projektionen erzeugen, die scheinbar im Unendlichen verschwanden und scheinbar plötzlich wiederauftauchten. David Brewster befaßte sich in seinem Buch *Briefe über die natürliche Magie, an Sir Walter Scott* (1833) mit Phantasmagorien, u. a. mit Vorführungen von Paul de Philipsthal, der im Winter 1801, das ist im übrigen auch das fiktive Entstehungsdatum des *Marionettentheaters*, die Phantasmagorie mit großem Erfolg in England einführte und popularisierte. Brewster beschrieb den typischen Ablauf einer Philipsthal-Vorführung folgendermaßen:

> Nachdem die erste Figur eine kurze Zeit war gezeigt worden, so wurde sie kleiner und kleiner, als wenn sie sehr weit vom Auge weggerückt würde, und verschwand zuletzt als kleines Lichtwölkchen. Aus diesem, als Keim, fing eine andere Figur sich zu entwickeln an, wurde nach und nach größer, näherte sich den Zuschauern, bis sie vollkommen ausgebildet war. [...] Auf die Darstellung dieser Verwandelungen folgten Gespenster, Knochengerippe und Schauder erregende Gestalten, die, statt zurück zu weichen und zu verschwinden, wie die vorhergehenden, plötzlich gegen die Zuschauer vordrangen, größer wurden, so wie sie sich näherten, und endlich verschwanden, indem sie zu versinken schienen.[15]

Kleist hätte, stationiert in Potsdam, nur um die Ecke fahren müssen, um sich eine Phantasmagorie anzusehen; denn seit 1796 machte der Stuttgarter Mechanikus Johann Karl Enslen an einem Berliner Theater mit Automatenvorführungen, aerostatischen Figuren und Phantasmagorien Furore.[16] Enslen zeigte in der ersten Abteilung seiner Multimedia-Show mehrere Automaten, u.a. einen Turnautomaten:

> Seine Bewegungen des Kopfs waren sehr ungezwungen, aber sein Voltigiren, seine regelmäßigen hundertfachen Schwingungen um und unter und über der Stange, an der er sich als an dem einzigen Schwerpunkte mit beyden Händen hielt, waren allen Zuschauern unerklärbar. Bald schwang er sich, an den Händen hangend, hin und her, bald warf er sich über die Stange herüber, bald setzte er sich wieder, bald stand er mit den Füßen in die Höhe auf den Händen, bewegte oben die Füße wechselnd, frey und weit; alle seine Glieder hatten Ebenmaaß, alle seine Bewegungen Leichtigkeit und so viel Abwechs-

---

[15] David Brewster: *Briefe über die natürliche Magie, an Sir Walter Scott*, aus dem Englischen übersetzt und mit Anmerkungen versehen von Friedrich Wolff, Berlin 1833, S. 107.

[16] »Theatralische Gaukelspiele in Berlin«, in: *Journal des Luxus und der Moden*, 20. Juni 1796, S. 263–271. (= Teilnachdruck aus den Bänden 11–20 [1796–1805], Auswahl und Einleitung von Werner Schmidt, Leipzig 1968.) Über Enslen S. 266–271. Johann Karl Enslen wird in der Literatur nicht selten mit seinem Sohn Karl Georg Enslen verwechselt oder sie werden gar für Brüder gehalten. Karl Georg Enslen war wegen seiner Kleinpanoramen berühmt, seine »malerische Zimmerreise« wurde zwischen 1816 und 1865 in fast jedem europäischen Land ausgestellt. Vgl. Stephan Oettermann: *Das Panorama. Die Geschichte eines Massenmediums*, Frankfurt a. M. 1980, S. 182.

lung, daß [...] man sich schwerlich hätte überreden können, daß es nicht ein
lebendiger Mensch mit außerordentlichen Fertigkeiten im Voltigiren sey.[17]

Hierauf folgten die Phantasmagorien, darunter eine Friedhofszene, ein mit großem
Beifall des Publikums aufgenommenes Bild Friedrichs des Großen und zum Schluß
ein optisches Ballett:

> Zuerst erschien in der Mitte des finstern Theaters eine weiße fußlange Figur
> eines mit Lanze und Schild Bewaffneten, und schien zu tanzen. Erst zertheilte
> sie sich in vier gleiche Figuren die eine Quadrille tanzten, dann in 16, dann
> entstanden auf einmal 4, dann 16 Genien mit Flügeln, eben so viel weibliche
> Figuren, und so viel Kinder; diese alle tanzten und schwebten regelmäßig
> durch einander und aufwärts und abwärts, bald schnell, bald langsam einen
> großen regelmäßigen Tanz. Ihr weißer Schein machte das Parterre etwas
> heller. Dann zogen sich immer vier in eins zusammen; nach und nach,
> verschwanden ganze Gruppen, bis zuletzt der erste übrig blieb der in schnel-
> len Bewegungen einigemal aufs Parterre loszuschießen und dann in einen
> Lichtdunst zu zerflattern schien.[18]

Die große Überzeugungskraft seiner Phantasmagorien erreichte Enslen dadurch, daß
er zusätzlich zu den üblichen gemalten Laterna magica-Einschiebebildern wirkliche
Menschen als Projektionsvorlage benutzte und sie in Zeichenketten verwandelte.[19]
Die verwirrende Multiplikation der Gestalten bewirkte er durch das Verrücken der
Lichtquellen. Die Kunststücke erregten das Interesse des preußischen Königs, der am
24. Juni 1796 mit Prinz und Prinzessin die »Geisterfabrik« besuchte.[20] Enslen proji-
zierte an Stelle des Bildes Friedrichs des Großen ein Porträt des gegenwärtigen
Königs, während das Orchester »Heil dir im Siegerkranze!« intonierte und das ganze
Parterre laut einstimmte.[21]

Ob auch Kleist eine Vorstellung Enslens besuchte, ist nicht überliefert. Er
kannte offenkundig jedoch Hohlspiegelprojektionen, wie aus dem *Marionettentheater* hervorgeht. Und er hat sich für Illusionsmaschinen interessiert. Am 16. August
1800 berichtete er Wilhelmine von Zenge über seinen Besuch des *Panoramas der
Stadt Rom* von Johann Adam Breysig. Bei aller Anerkennung für den Versuch, eine

---

[17] »Theatralische Gaukelspiele«, S. 268. Des Turnautomaten gedenkt noch E. T. A. Hoffmann, ein
Bewunderer des *Marionettentheaters,* in *Die Automate:* »Einer der vollkommensten Automate, die ich je
sah, ist der Enslersche Voltigeur, allein so wie seine kraftvollen Bewegungen wahrhaft imponirten,
ebenso hatte sein plötzliches Sitzenbleiben auf dem Seil, sein freundliches Nicken mit dem Kopfe, etwas
höchst Skurriles.« E. T. A. Hoffmann: Die Automate, in: *E. T. A. Hoffmann's sämtliche Werke in
fünfzehn Bänden,* hg. mit einer biographischen Einleitung von Eduard Grisebach, Leipzig o. J., Band 7,
S. 77–78.

[18] »Theatralische Gaukelspiele«, S. 270.

[19] Nach der Beschreibung des Übersetzers von Brewster, Friedrich Wolff, verschaltete Enslen eine
Camera obscura, in der sich eine stark erleuchtete menschliche Figur befand, mit einem Hohlspiegel und
einer Linse. Wie diese Projektionsanordnung funktionierte, bleibt dennoch Enslens Geheimnis. Vgl.
Brewster: *Briefe,* S. 113–114 (Fußnote).

[20] »Theatralische Gaukelspiele«, S. 271.

[21] Ebd., S. 271.

Illusion der Stadt zu erzeugen, bemängelte er die allenthalben vorfindlichen Rahmungen des Panoramas in Form von Podesten und Barrieren, kulminierend in ebenen Spiegeln:

> Aus der Mitte erhebt sich ein vierkantiger Pfahl, der eine glatte hölzerne Decke trägt, um die obere Öffnung zu verdecken. Was das eigentlich vorstellen soll, sieht man gar nicht ein; und um die Täuschung vollends mit dem Dolche der Wirklichkeit niederzubohren, hangen an jeder Seite des Pfahles vier niedliche Spiegel, die das Bild des Gemäldes auf eine widerliche künstliche Art zurückwerfen.[22]

Nach seiner Meinung ist die für das Panorama am besten geeignete Form die Kugel, ohne jeden Rahmen, ohne jede Barriere, ohne jede Erhöhung: »Man müßte auf dem Gemälde selbst stehen, und nach allen Seiten zu keinem Punkt finden, der nicht Gemälde wäre.«[23] Die Illusion wäre demnach perfekt, wenn auch der Körper des Beobachtenden als Maßstab der Beobachtung verschwände und es keinen Anhalt des Realen mehr gäbe. Nach Edmund Burke erregen Rotunden generell das Gefühl des Erhabenen, weil sich, wohin man auch blickt, immer dasselbe Objekt fortzusetzen scheint und die Einbildungskraft nirgendwo einen Ruhepunkt findet[24], ein Effekt, den eine panoramatisch ausgemalte Rotunde, wie Kleist sie vorschwebte und wie er sie in einem leider verlorengegangenen Plan niederlegte[25], ohne Frage verstärken würde. Die niedlichen Spiegel als Zierat und Rahmen des Rundumgemäldes dekomponieren die im Panorama angelegte Erhabenheit. Auch hier sind, wie im *Marionettentheater*, die ebenen Spiegel negativ konnotiert.

Die Hohlspiegelmetapher hingegen steht für ein grenzenloses semiotisches Paralleluniversum, das zustande kommt durch die protokinematographischen Medienmaschinen und die zeitgenössischen Massenmedien wie das Panorama. Die Medien generieren eine zweite Schöpfung, einen erneuten Stand der Unschuld, eine neue zeichengesteuerte Ordnung der Anmut und Grazie. Die Verdoppelung in das Wirkliche und sein Zeichen sprengt die traditionelle Ordnung der Dinge, löst die Gegenstände aus ihrem naturwüchsigen Zusammenhang. Enslens Vervielfältigung eines Körpers in ein vollständiges optisches Ballett demonstriert paradigmatisch die Befreiung von dem einzigen organischen Körper und von dem durch ihn über seinen Besitzer verhängten biologischen Schicksal. Enslen dekodiert den Körper als berechenbare semiotische Ordnung, als Element der Kultur und nicht nur der Biologie. Die große Anziehungskraft der Massenmedien um die Wende vom 18. zum 19.

---

[22] Heinrich von Kleist an Wilhelmine von Zenge, 16. August 1800, *Werke und Briefe*, Band 4, S. 69. Der inkriminierte Pfahl war fünfeckig und trug fünf Spiegel. Vgl. Oettermann: *Panorama*, S. 154.

[23] Kleist an Wilhelmine von Zenge, 16. August 1800, *Werke und Briefe*, Band 4, S. 69.

[24] Edmund Burke: *Philosophische Untersuchung über den Ursprung unserer Ideen vom Erhabenen und Schönen*, übersetzt von Friedrich Bassenge, neu eingeleitet u. hg. von Werner Strube, Hamburg 1980, S. 111–112.

[25] Kleist spricht in seinem Brief an Wilhelmine von Zenge vom Plan eines Panoramas, den er dem Brief beigelegt habe, der aber leider nicht erhalten ist. *Werke und Briefe*, Band 4, S. 69.

Jahrhundert verdankt sich weniger einer mysteriösen »Sehsucht«[26], als vielmehr der propagierten Freiheit durch Zeichen.

Die Lebewesen der zweiten Schöpfung – Paradigma der Marionette

Die durch die Massenmedien beschleunigte epochale Entwirklichung und Semiotisierung der Dinge[27] wird zur Grundlage der zweiten Schöpfung, von der Kleist in Zusammenhang mit der Hohlspiegelprojektion spricht. Das erste Geschöpf der zweiten Schöpfung ist der Gliedermann. Kleist wählt mit Bedacht die ferngesteuerte Puppe, weil sie »antigrav« ist[28], der Erdanziehung scheinbar nicht unterliegt und scheinbar keinen Schwerpunkt hat. Während Enslens Turnautomat an einem von seinem Konstrukteur festgelegten Schwerpunkt hängt, um den herum er rotiert und seine sicherlich beeindruckenden mechanischen Kunststücke vollführt, ist der Schwerpunkt der Puppe exzentrisch. Er ruht im Maschinisten, der, wenn er seine Puppe zum Tanzen bringen will, sich nach Kleist in ihren Schwerpunkt hineinversetzen und selber tanzen muß. Er hebt sozusagen die Newtonsche Physik auf. Maschinist und Marionette kommunizieren über den Faden, der sie *beide* bewegt. Zwischen ihnen findet eine ständige Rückkopplung statt, »Kontrolle im kybernetischen Wortsinn«, so Bernhard Dotzler.[29] Aus dem von Dotzler erstmals artikulierten, gut begründeten und bisher meines Wissens unwidersprochenen Gedanken, das Verhältnis von Spieler und Puppe beruhe auf dem Prinzip der Rückkopplung, ergibt sich die Konsequenz, daß es sich bei Spieler und Marionette um ein rückgekoppeltes kybernetisches System handelt.

Kleist selbst hält die Steuerfunktion des Spielers für entbehrlich und mathematisch darstellbar, da die Kommunikation zwischen Spieler und Puppe ohnehin nach dem Verhältnis der Zahlen zu ihren Logarithmen oder der Asymptote zur Hyperbel[30] in einer mathematischen und geometrischen Sprache verläuft. Der Spieler kann nach Kleist durch eine Kurbel ersetzt werden. Mit Kurbeln wurden seinerzeit Leierkästen und vor allem Rechenmaschinen angetrieben wie die Differenzmaschine, die der deutsche Ingenieur Johann Müller 1784, der Differenzmaschine von Charles Babbage vorgreifend, gebaut hatte.[31] Die von Kleist angedachte Substitution des Spielers durch eine Kurbel liefe auf die Konzeption eines mathematische und geometrische Informationen verarbeitenden Lebewesens – eines Roboters – hinaus. Ein

---

[26] Vgl. *Sehsucht. Das Panorama als Massenunterhaltung des 19. Jahrhunderts*, hg. von der Kunst- und Ausstellungshalle der Bundesrepublik Deutschland, Basel u. Frankfurt a. M. 1993.

[27] Zur Semiotisierung im 18. Jahrhundert vgl. Klaus Bartels: »Proto-kinematographische Effekte der Laterna magica in Literatur und Theater des achtzehnten Jahrhunderts«, in: Harro Segeberg (Hg.): *Die Mobilisierung des Sehens. Zur Vor- und Frühgeschichte des Films in Literatur und Kunst*, München 1996, S. 113–147.

[28] Kleist: *Marionettentheater*, S. 477.

[29] Bernhard J. Dotzler: »›Federkrieg‹. Kleist und die Autorschaft des Produzenten«, in: *Kleist-Jahrbuch* 1998, S. 37–61, hier S. 44.

[30] Kleist: *Marionettentheater*, S. 475.

[31] Vgl. Doron D. Swade: »Der mechanische Computer des Charles Babbage«, in: *Spektrum der Wissenschaft* 4 (1993), S. 78–84.

›Lebewesen‹ ist demnach jedes beliebige Gebilde, »das Information (im physikalischen Sinn des Wortes) codiert, wobei die codierte Information durch natürliche Auslese bewahrt wird.«[32] Derartige hochspekulative Schlußfolgerungen aus der Existenz eines in den Dingen verborgenen semiotischen Paralleluniversums ziehen zwar erst postmoderne Quantenphysiker wie Frank J. Tipler oder Roboterspezialisten wie Hans Moravec[33], aber schon das *Marionettentheater* schließt in die Vorstellung von ›Leben‹ biologische und semiotechnische Gebilde ein.

Das *Marionettentheater* behandelt entsprechend vier unterschiedliche Stufen des Organischen. Die *lebenden* Organismen, die Tiere einschließlich der Menschen; die *unbelebten* Organismen, den Gliedermann und die Automaten; sowie, als eine neue Stufe der Evolution, *gemischt-lebendige, teils lebende* und *teils unbelebte* Organismen, in die rückgekoppelte lebende und unbelebte Organismen involviert sind, und, als hypothetischen Fluchtpunkt der durch die zweite Schöpfung ermöglichten quasigöttlichen Anmut, *künstliche semiotechnische* Organismen, die Roboter. Im Mittelpunkt seines Interesses stehen allerdings gemischtlebendige kybernetische Organismen wie das System aus Spieler und Marionette, besser unter dem Namen Cyborg bekannt.[34] Kleist thematisiert aber auch den Cyborg im engeren Sinne, die Rückkopplung einer technischen Prothese mit einem biologischen Organismus. Als Beispiel zitiert er jenen Beinamputierten, bei dem sich ähnliche Anpassungsleistungen des Organismus an das technische System ergeben wie zwischen Spieler und Marionette, mit dem Ergebnis, daß der Amputierte im engen Kreise der ihm möglichen Bewegungen sich mindestens ebenso anmutig bewege wie ein rein organisches menschliches System.[35]

Der Krieg als Bild-, Ton- und Medienereignis

Die Mediatisierung des Wirklichen erfaßte auch den Krieg. Das über Jahrhunderte zelebrierte, scheinbar naturwüchsige Kriegstheater[36] mit dem geometrisch abgezir-

---

[32] Vgl. Frank J. Tipler: *Die Physik der Unsterblichkeit. Moderne Kosmologie, Gott und die Auferstehung der Toten*, München u. Zürich 1994, S. 163.

[33] Zu Tipler vgl. Anm. 32. Zu Moravecs Vorstellung von der Evolution der Roboter vgl. Hans Moravec: »Körper, Roboter, Geist«, in: Stefan Iglhaut, Armin Medosch, Florian Rötzer (Hg.): *Stadt am Netz. Ansichten von Telepolis*, Mannheim 1996, S. 91–117.

[34] Der Begriff »Cyborg« setzt sich zusammen aus »cyb[ernetics]« und »org[anism]«. Er wurde zuerst verwendet von Manfred E. Clynes und Nathan S. Kline in einem 1960 unter dem Titel »Cyborgs and Space« veröffentlichten Aufsatz. Darin ging es um eine durch die Implantation einer osmotischen Pumpe zu einem Cyborg gemachte Laborratte. Vgl. Donna Haraway: »Cyborgs and Symbionts: Living Together in the New World Order«, in: Chris Hables Gray (Ed.): *The Cyborg Handbook*, New York & London 1995, S. XI–XX. Evelyn Fox Keller versteht unter Cyborgs gemischtlebendige Systeme. Vgl. Evelyn Fox Keller: *Refiguring Life. Metaphors of Twentieth-Century Biology*, New York 1995, S.†90.

[35] Kleist: *Marionettentheater*, S. 475.

[36] Johann Wolfgang von Goethe: *Campagne in Frankreich*, in: *Goethes Werke*, Hamburger Ausgabe, Band 10, S. 188, 204, 232. Bevor Goethe sich während der Kanonade von Valmy zwischen die Linien begab, hat er sich nach eigenen Angaben vier Wochen lang die Karten des Kriegstheaters genau eingeprägt; ebd., S. 232. Zum Begriff »Kriegstheater« vgl. Hans-Christian v. Herrmann: »Bewegliche

kelten ebenen Schlachtfeld als Bühne, der ballettartigen Choreographie der kämpfenden Truppen[37] und den erhöhten Beobachtungslogen für die Generäle explodierte durch den massenhaften Einsatz von Menschen, Technik und Material förmlich aus den Koordinaten der Kartographie in das Universum hinein und verwandelte es in eine gigantische Medienmaschine. Teilnehmer an der Schlacht von Waterloo (1815) empfanden die Ereignisse und sich selbst wegen des Pulverdampfes, des Staubes und des fahlen, schräg einfallenden Lichtes als unwirklich wie die Bilder einer gigantischen Camera obscura.[38]

Ähnlich ließ Kleist, indem er das reale Kriegstheater mit dem Drama zur Deckung brachte, die Grenzen der Bühne explodieren: Die Duelle und Scharmützel der *Penthesilea* spielen sich in einem unsichtbaren Raum ab und können lediglich als Hörspiele wahrgenommen werden, vermittelt durch Botenbericht oder Teichoskopie. Daraus erklärt sich die von vielen zeitgenössischen Kritikern bemängelte Handlungsarmut des Stückes. Statt dessen gibt es, ebenfalls ein Kritikpunkt, viel Bewegung auf der Bühne. Karl August Böttiger hörte nach der Lektüre des im ersten *Phöbus*-Heft vom Februar 1808 erschienenen *Organischen Fragments* bereits Pferdegetrappel durchs Theater schallen und subsumierte die Tragödie unter die damals offenkundig modischen Spektakelstücke.[39]

In der Tat gleicht das Stück schon beim Lesen einem Son et Lumière-Spektakel. Besonders auffällig sind die Lichteffekte, das Spiel mit Sonne und Schatten, mit Wolken, Blitzen, Staub und Spiegelungen auf den Rüstungen der Griechen. Durch den von den Amazonen aufgewirbelten Staub glänzen und blinken die Rüstungen und Waffen der Griechen:

> Staub ringsum,
> Vom Glanz der Rüstungen durchzuckt und Waffen:
> Das Aug erkennt nichts mehr, wie scharf es sieht.
> Ein Knäuel, ein verworrener, von Jungfraun,
> Durchwebt von Rossen bunt: das Chaos war,
> Das erst', aus dem die Welt entsprang, deutlicher. [40]

Heere. Zur Kalkulation des Irregulären bei Kleist und Clausewitz«, in: *Kleist-Jahrbuch* 1998, S. 227–243, hier S. 239, Anm. 74, und Heiner Mühlmann: *Die Natur der Kulturen. Entwurf einer kulturgenetischen Theorie,* Wien u. New York 1996, S. 43–44.

[37] Über den Zusammenhang von Tanz und Militärchoreographie im Barock vgl. Rudolf zur Lippe: *Naturbeherrschung am Menschen II. Geometrisierung des Menschen und Repräsentation des Privaten im französischen Absolutismus,* Frankfurt a. M. 1979, S. 127–250, und Henning Eichberg: »Die Rationalität der Technik ist veränderlich. Festungsbau im Barock«, in: Ulrich Troitzsch und Gabriele Wohlauf (Hg.): *Technik-Geschichte. Historische Beiträge und neuere Ansätze,* Frankfurt a. M. 1980, S. 212–240.

[38] Vgl. John Keegan: *Das Antlitz des Krieges,* Düsseldorf u. Wien 1978, S. 151.

[39] Auszüge aus Karl August Böttigers anonym im Rahmen einer Besprechung des ersten *Phöbus*-Heftes am 5. und 6. Februar 1808 in *Der Freimütige* erschienener Rezension sind abgedruckt in Kleist: *Werke und Briefe,* S. 648–650. Hiernach zitiert.

[40] Ebd., S. 21.

Die Erhabenheit des Krieges, der Technik und des Mordes 257

Penthesilea verachtet sich, weil die Rüstung des Achill sie als klar umrissenes Bild einer Liebenden zurückspiegelt, wenn sich ihr Fuß ihm naht[41]; ihr Element ist nicht der Spiegel, sondern die Projektion: Auf die »Funkelpracht«[42] Achills, dessen sonnenhafte erhabene Erscheinung immer wieder das Kriegstheater beleuchtet und Griechen wie Amazonen entzückt, fällt schon zu Beginn des Stücks, als Projektion der Morgensonne, phantasmagorisch der riesenhafte Schatten Penthesileas:

[...] Ihr Schatten,
Groß wie ein Riese, in der Morgensonne,
Erschlägt ihn schon![43]

Zwar kann Achill anfangs dem drohenden Schatten noch durch ein kühnes Manöver entweichen, am Schluß des Dramas jedoch wird die Projektion zum Projektil: Ein als ›Penthesilea‹ maskiertes Geschoß schlägt ein in seine weiße Brust.[44] Auf den Schlachtfeldern der modernen Massenvernichtungskriege fallen die Körper der Soldaten phantasmagorischen Schatten und Phantomen zum Opfer.

Die Irrealisierung des Krieges entwertet die körperlichen Tugenden und Fertigkeiten, derer Achill sich rühmen darf und deretwegen er ein Kriegsheld genannt wird. Er fällt nicht im heroischen Duell mit Blankwaffen, wie es einem Krieger seiner Größenordnung zugestanden hätte, sondern wird Opfer eines Mordanschlags. Denn daß Penthesilea, in voller Rüstung, gemeinsam mit ihren Hunden den leichtbewaffneten, ahnungslos zum Rendezvous eilenden Peliden zerfleischt, läßt sich nicht mehr als Kriegshandlung interpretieren, die mit den Kriterien der Erhabenheit vereinbar wäre. Es ist, daran zweifelt die Oberpriesterin der Amazonen keine Sekunde, eine Mordtat[45], aber dennoch von erhabener Größe. Blitzartig[46] schlägt die traditionelle Kriegskultur in aggressive Ghetto- und Bandenkulturen um. Die Königin der Amazonen entpuppt sich unversehens als Haupt einer kriminellen

---

[41] Kleist: *Penthesilea*, S. 29.
[42] Ebd., S. 43: Seht, seht, wie durch der Wetterwolken Riß,
Mit einer Masse Licht, die Sonne eben
Auf des Peliden Scheitel niederfällt!
[...]
Auf einem Hügel leuchtend steht er da,
In Stahl geschient sein Roß und er, der Saphir,
Der Chrysolith wirft solche Strahlen nicht!
Die Erde rings, die bunte blühende,
In Schwärze der Gewitternacht gehüllt,
Nichts als ein dunkler Grund nur, eine Folie,
Die Funkelpracht des Einzigen zu heben!
[43] Ebd., S. 20.
[44] Ebd., S. 105.
[45] Ebd., S. 107.
[46] Zur Figur des Blitzes bei Kleist vgl. Gerhard Neumann: »Das Stocken der Sprache und das Straucheln des Körpers. Umrisse von Kleists kultureller Anthropologie«, in: ders. (Hg.): *Heinrich von Kleist. Kriegsfall – Rechtsfall – Sündenfall*, Freiburg 1994, S. 13–29.

Vereinigung, als Anführerin von »Kriegsgesindel«.⁴⁷ Die Auseinandersetzung zwischen Griechen und Amazonen sinkt auf das Niveau rivalisierender sozialer Randgruppen.

Das Vergleichsinteresse: Alte und neue Kriegsmaschinen

Das Umschlagen heroischer Erhabenheit in Mordlust spiegelt die epochale Relativierung und Dekomposition der traditionellen Kultur, einschließlich des Krieges. Nach Niklas Luhmann entwickelte sich seit Mitte des 18. Jahrhunderts Kultur zu einer in die Gesellschaft eingezogenen Ebene für Beobachtungen, Beschreibungen und Vergleiche. Das wachsende Vergleichsinteresse der modernen westlichen sozialen Systeme relativierte »alle Wesenheiten und Naturformen, mit denen die alte Gesellschaft sich selber und ihre Welt bestimmt hatte.«⁴⁸ Begünstigt wurde das Vergleichsinteresse durch die Semiotisierung des Wirklichen; denn auf der Zeichenebene ließen sich die Gegenstände leichter vergleichen als in ihrer materiellen Dinglichkeit:

> Nach wie vor kann man mit einem Messer schneiden, kann man zu Gott beten, zur See fahren, Verträge schließen oder Gegenstände verzieren. Aber außerdem läßt sich das alles ein zweites Mal beobachten und beschreiben, wenn man es als kulturelles Phänomen erfaßt und Vergleichen aussetzt. Kultur ermöglicht die Dekomposition aller Phänomene mit offenen Rekompositionshorizonten. Aber das hat Folgen, die über den Einzelfall hinausreichen. Was einmal dekomponiert und rekomponiert wurde, kann immer wieder dekomponiert werden, ohne daß die Tauglichkeit der Objekte dadurch beeinträchtigt würde.⁴⁹

In der *Penthesilea* schlägt sich das Vergleichsinteresse nieder im Konflikt der Griechen mit den Amazonen. Kleist vergleicht die mechanische Kriegsmaschinerie der Phalanx, verkörpert durch die Griechen, mit modernen Partisanenstrategien, verkörpert durch die Amazonen. Die Kleistschen Griechen tragen durchweg eine glänzende blinkende Rüstung, eine Anspielung auf den Automatencharakter der Phalanx. Nach Auffassung zeitgenössischer Kritiker, zu denen auch Kleist gehörte, vollzogen in der alten Strategie durch Drill abgerichtete Soldaten wie Vaucansonsche Automaten⁵⁰ die Kriegshandlungen. Sie standen einander entweder relativ unbeweglich gegenüber oder zogen vor den Augen der Kriegsführer mehr oder weniger elegant aneinander vorbei, um gelegentlich aufeinander einzuschlagen. Die schwerfällige Schlachtordnung der Phalanx⁵¹ war durch kleinere bewegliche Einhei-

---

⁴⁷ Kleist: *Penthesilea*, S. 26.

⁴⁸ Niklas Luhmann: »Kultur als historischer Begriff«, in: Ders.: *Gesellschaftsstruktur und Semantik. Studien zur Wissenssoziologie der modernen Gesellschaft*, Band 4, Frankfurt a. M. 1995, S. 31–54, hier S. 39.

⁴⁹ Ebd., S. 42.

⁵⁰ Nach Auffassung Georg Heinrichs von Berenhorst, eines Kritikers der Phalanxstrategie, sind die Soldaten keine Vaucansonschen Automaten. Vgl. Kittler, *Partisan*, S. 348.

⁵¹ Selbstverständlich handelt es sich bei den Schlachtlinien des 18. Jahrhunderts wie zum Beispiel beim preußischen Karree um abgewandelte Formen der altgriechischen Phalanx.

ten leicht aufzureiben, wie der erfolgreiche Einsatz von Partisanen und Heckenschützen gegen die österreichisch-preußische Koalitionsarmee durch die französischen Revolutionstruppen zeigte.

Kleist vergleicht jedoch nicht nur unterschiedliche Strategien. Wenn seine Amazonen eine Uniform aus Schlangenleder[52] tragen und eine Brust amputieren, um den Bogen besser in Position bringen zu können, so kennzeichnet das eine neuartige Verknüpfung des Organischen mit dem Mechanischen, die den Vaucansonschen Kriegsautomaten überlegen ist. Sehr weit entfernt von historischer Treue realisiert Kleist in Gestalt der Amazonen das organo-mechanische Konzept des Cyborgs.

Mordlust, strategische und technologische Innovationen veränderten die Kultur des Krieges im nachrevolutionären Europa, sie relativierten alle überkommenen Wesenheiten und Naturformen. Sie spalteten den Krieg in eine reale Handlung und in eine Medienversion. Als semiotisches Ereignis ließ Cannae sich dekomponieren, in der Schlacht zwischen Griechen und Amazonen oder in der Schlacht im Teutoburger Wald rekomponieren und mit den zeitgenössischen Kriegen vergleichen. Die Antike war für Kleist nicht Vorbild, dem es nachzueifern galt, sondern eine Ansammlung semiotischer Massen, vor allem zum Vergleich geeignet.

Die Rhetorik reagierte auf die Krise des Krieges, weswegen eine Theorie des Kriegserhabenen bei den Klassikern der Philosophie nahezu vollständig fehlt. Außer einer kurzen Passage bei Kant[53] weist keine Bemerkung mehr auf die einstmals zentrale Funktion der Erhabenheit des Krieges für die Konstruktion der vormodernen Gesellschaften hin. Hegel und Edmund Burke exorzieren sie förmlich aus der Weltgeschichte. Sogar in der bis zur Kleinlichkeit genauen Monographie des Erhabenen von Carsten Zelle hat sie keine Spuren hinterlassen.[54] Die Erhabenheit des Krieges wird, so Hayden White, seit etwa Mitte des 18. Jahrhunderts sublimiert[55] und vor allem dysfunktional, was Heiner Mühlmann in einer 1996 erschienenen Untersuchung zur *Natur der Kulturen* zu beschreiben versucht.

Die Dysfunktionalität des Kriegserhabenen

Nach Mühlmann verdankt sich der Siegeszug der westlichen Kultur dynamischen Kooperationen im Angesicht der äußersten denkbaren Streßsituation, des Krieges. In

---

[52] Kleist: *Penthesilea*, S. 7.

[53] Immanuel Kant: *Kritik der Urteilskraft*, in: Ders.: *Werke in zehn Bänden*, hg. von Wilhelm Weischedel, Darmstadt 1968, Band 8, S. 351.

[54] Carsten Zelle: *Die doppelte Ästhetik der Moderne. Revisionen des Schönen von Boileau bis Nietzsche*, Stuttgart u. Weimar 1995. Kleist taucht in Zelles Untersuchung nur am Rande auf. Vgl. S. 271.

[55] Hayden White: »The Politics of Historical Interpretation: Discipline and De-Sublimation«, in: *Critical Inquiry* 9 (1982), S. 113–137. Im Anschluß an White folgert Freeman, auch das »feminine sublime« sei unterdrückt worden. Die von White angeschnittene Frage des Kriegserhabenen allerdings berührt Freeman mit keinem Wort, möglicherweise, weil die Erhabenheit des Krieges mit männlicher Dominanz verbunden ist, um die es dem weiblichen Erhabenen nicht geht. Vgl. Barbara Claire Freeman: *The Feminine Sublime. Gender and Excess in Women's Fiction*, Berkeley/Los Angeles/London 1995, S. 161–162.

solchen Momenten, Mühlmann nennt sie »Maximal-Stress-Cooperation« (MSC), komme es zu leistungssteigernden, kollektiven, geordneten und synergetischen Ausschüttungen von Neurotransmittern (Cortisol, Noradrenalin, Adrenalin) in den Körpern der Soldaten. Den Erfolg der westlichen Kriegstaktiken habe die Abschaffung der Wahl zwischen Flucht oder Kampf begründet. Die griechische Schlachtordnung der Phalanx, das Ursprungsereignis der Maximal-Stress-Cooperation, sei erfunden worden, um die Flucht vor dem Feind zu verhindern und MSC zu verstärken.

In Erholungsphasen nach Kriegen habe sich eine Regeleinstellung der Gesellschaft durch MSC-gesättigtes »decorum« vollzogen. Unter decorum versteht Mühlmann rituelle Feiern »poststreßaler Relaxation«[56] wie etwa den römischen Triumphzug. MSC sedimentierte sich nach Mühlmann aber auch im Stil der Architekturornamente, in der Rhetorik der Sprache, der Malerei und der Musik: Die Stile waren um so angesehener, je näher sie dem Krieg standen; das höchste Ansehen genoß dementsprechend die Rhetorik des Erhabenen, als deren zentrale Figur Mühlmann die Aposiopese, das Verstummen, darstellt. Nach seiner Auffassung bewirkt die Aposiopese das »Umschalten von der Symbolkommunikation in die Affektkommunikation«[57], womit das empathische Nachfühlen der MSC-Aktion für die globale Population ermöglicht wird, für alle jene also, die nicht an der Aktion teilgenommen haben.[58]

Bis etwa in die Mitte des 18. Jahrhunderts hinein hätten ungenutzte MSC-Potentiale noch durch ein weitgehend intaktes System der Rhetorik und Ästhetik abgefedert werden können. Danach jedoch verlagere sich MSC zunehmend dorthin, »wo die bindenden bzw. kongregierenden Kräfte der Kultur im Zustand des Weltwirtschaftkriegs und der ästhetischen Beliebigkeit nicht mehr greifen«, auf die Störkulturen der verarmten Bevölkerung im Innern der westlichen Kultur und in Zweit- und Drittweltländer.[59]

Kleists *Penthesilea* befaßt sich mit der schleichenden Dysfunktionalität des Kriegserhabenen. Schon der Beginn macht deutlich, daß die Phalanx nicht mehr funktioniert. Die MSC-Aktion der Griechen stockt. Zwar treten sie in ihren goldenen Rüstungen immer wieder auf die Bühne des Schlachtfeldes und trompeten ihren Fürstenstand heraus, aber es kommt nicht zur Schlacht auf freiem Feld. Die Amazonen, ›falsch‹ wie die Schlangen, deren Häute ihren Körper kleiden, halten sich versteckt und greifen bei günstiger Gelegenheit blitzschnell aus dem Hinterhalt an. In diesen Scharmützeln zeigen sie sich überlegen, weil sie viel beweglicher als die

---

[56] Mühlmann: *Natur der Kulturen*, S. 54.
[57] Ebd., S. 68.
[58] Ebd., S. 69: »MSC, Maximal-Stress-Cooperation erscheint im decorum als das Erhabene. [...] Das Erhabene ist eine kulturelle Technik, die das empathische Nachfühlen der MSC-Aktion für die globale Population ermöglicht, denn an der unmittelbaren Ausführung der Streß-Cooperation ist nur ein Teil der Population beteiligt. Wenn die Streß-Cooperation die Energie freisetzt, durch die Globalordnung und damit unterscheidbare Kultur erzeugt wird, so ist das Erhabene das Eigengefühl der Kultur. Das Erhabene und die Tragödie sind kulturelle Propriozeption.«
[59] Ebd., S. 148.

Griechen sind. Lediglich Achill hält scheinbar mit und träumt davon, daß er Penthesilea,

> [...] die Stirn bekränzt mit Todeswunden,
> Kann durch die Straßen häuptlings [...][60]

mit sich schleifen. Er wird sie ohne jeden Zweifel, Liebe hin, Liebe her, unterwerfen und im heimatlichen Triumphzug als Trophäe vorführen, wie es sich für das decorum des Kriegserhabenen gehört.

Auch die zentrale rhetorische Figur des Kriegserhabenen, die Aposiopese, wird in dem Stück verhandelt, aber sie gehört in ein völlig anderes Register. Penthesilea verstummt, tritt ein in eine andere Welt, während sie Achill tötet, wird transfiguriert wie Macbeth, als er Duncan in seinem eigenen Schloß erschlägt.[61] Und wie Macbeth in die gewöhnliche Welt zurückkehrt, nachdem es an die Tür seines Schlosses geklopft hat, so wird sich auch Penthesilea ihrer Tat erst bewußt durch die Stimmen und Geräusche der Umwelt. Die Erhabenheit, von der hier die Rede ist, behandelt Thomas De Quincey 1823 in seinem Essay *On the Knocking at the Gate in Macbeth* und ausführlicher 1827 in *On Murder Considerered as One of the Fine Arts* als die Erhabenheit des Mordes.[62]

Die Umpolung des Erhabenen

Am Beispiel der *Penthesilea* wird deutlich, daß die Erhabenheit des Krieges während des 18. Jahrhunderts nicht einfach nur verschwand, sondern anders kommuniziert und auf verschiedene zeitgenössische Diskurse des Erhabenen umgepolt wurde, auf den Diskurs der Naturerhabenheit, auf den Diskurs des technisch Erhabenen einschließlich der Medien und auf den Diskurs der Erhabenheit des Mordes. Für das Verständnis dieses Prozesses ist es nützlich, die traditionellen Erhabenheiten kurz zu resümieren.

Kant unterscheidet in seiner *Kritik der Urteilskraft* das dynamisch Erhabene der Natur vom mathematisch Erhabenen. Unter dem dynamisch Erhabenen der Natur versteht er die Entfesselung gewaltiger Naturkräfte, Erdbeben, Vulkanausbrüche, Sturmfluten, aber auch Gewitter; unter dem mathematisch Erhabenen das schlechthin Große, mit dem verglichen alles andere klein ist, die Pyramiden, den Petersdom u. a. Die Erhabenheit liegt allerdings nicht in der Natur oder in den Gegenständen, sie werden lediglich erhaben genannt, weil sie ein korrespondierendes, aus Angst und Lust gemischtes Gefühl im Menschen auslösen. Bei Kant heißt es »negative

---

[60] Kleist: *Penthesilea*, S. 28.

[61] Thomas De Quincey: *On the Knocking at the Gate in Macbeth*, in: *The Collected Writings of Thomas De Quincey*, New and Enlarged Edition by David Masson, Vol. X, Edinburgh 1890, S. 389–394, hier S. 393.

[62] Thomas De Quincey: *On Murder Considered as One of the Fine Arts*, in: Ders.: *Confessions of an English Opium-Eater: Murder Considered as One of the Fine Arts, The English Mail-Coach, & a Selection from Suspiria de Profundis*, London 1907, S. 244–274. Darin auch das *Supplementary Paper* von 1839, S. 275–286, und das *Postscript* von 1854, S. 287–335.

Lust«. Die Angst angesichts empörter Natur resultiert aus der Drohung, durch die Naturgewalten vernichtet zu werden, die Lust aus dem Bewußtsein, über diese Drohung moralisch erhaben zu sein. Burke nennt dieses Gefühl »frohen Schrecken« (delightful horror) und vergleicht es mit jener Mischung aus Schrecken und erleichterter Verwunderung, die sich im Mienenspiel eines Verbrechers ausdrückt, wenn er zu seinem Erstaunen unbehelligt dem Tatort entkommt.[63] Die Theorie des *american technological sublime* geht davon aus, daß auch durch technische Großprojekte Erhabenheitsgefühle ausgelöst werden können. Als ein solches Projekt gilt gegenwärtig beispielsweise das Internet.

Die dynamische Erhabenheit des Krieges

Die ersten Beschreibungen der modernen Massenvernichtungs- und Materialschlachten benutzten die Rhetorik des dynamisch Erhabenen der Natur.[64] Der wohl berühmteste Bericht aus deutscher Feder stammt von Goethe. Am 20. September 1792 begibt er sich absichtlich, während der Kanonade von Valmy, ins Trommelfeuer, um das vielzitierte »Kanonenfieber« zu erleben. Er betont ausdrücklich, daß er diesen Ausflug nur riskiert, weil er durch vierwöchiges, genaues Studium des Jägerschen Kriegstheaters, das ist eine topographische Kartensammlung Deutschlands, 1789 von Joh. Wilh. Abr. Jäger in Frankfurt herausgegeben, den Kriegsraum genau zu kennen glaubt. Seinen Lesern indes schildert er eine gänzlich von kartographischen Parametern abweichende Raumerfahrung. Die modernen Materialkriege ›verdampfen‹ gewissermaßen jegliche geometrische Gliederung des Schlachtfeldes:

> Es schien, als wäre man an einem sehr heißen Orte, und zugleich von derselben Hitze völlig durchdrungen, so daß man sich mit demselben Element, in welchem man sich befindet, vollkommen gleich fühlt. Die Augen verlieren nichts an ihrer Stärke, noch Deutlichkeit; aber es ist doch, als wenn die Welt einen gewissen braunrötlichen Ton hätte, der den Zustand sowie die Gegenstände noch apprehensiver macht.[65]

Als Verdampfungsprozeß wird Carl von Clausewitz den Krieg in seiner 1834 erschienenen Schrift *Vom Kriege* bezeichnen: Im modernen Materialkrieg treffen die Kriegsparteien eher wie Wolken aufeinander, die sich als Kondensat über besonders heißen Schlachtzonen bilden, sich abkühlen und an anderer unerwarteter Stelle neu zusammenfügen. Die Kriegsteilnehmer und Geräte bilden labile Systeme in festerer oder loser Kopplung, so daß sie für den Gegner ein nur schwer zu treffendes Ziel bieten.[66] Schon die Kanonade von Valmy beschreibt Goethe in diesem Sinne als eher

---

[63] Burke: *Philosophische Untersuchung*, S. 67.

[64] Vgl. David Nye: *American Technological Sublime*, Cambridge, MA 1996, S. xvi und S. 298, Anm. 10. Auch bei Kant wird die Erhabenheit des Krieges im Kontext des dynamisch Erhabenen der Natur abgehandelt. Vgl. Kant: *Kritik der Urteilskraft*, S. 351.

[65] Goethe: *Campagne in Frankreich*, S. 234.

[66] Zu Clausewitz vgl. v. Herrmann: »Bewegliche Heere«, S. 230. In seiner Grundlagenschrift zur Kybernetik verglich Norbert Wiener kybernetische (Waffen-)Systeme mit unberechenbaren Kopplungs-

naturerhabenes Ereignis. Den Lärm der herumschwirrenden Geschosse empfindet er, »als wär' er zusammengesetzt aus dem Brummen des Kreisels, dem Butteln des Wassers und dem Pfeifen eines Vogels.«[67] Aber dem Leser macht er deutlich, daß es sich um ein vom Naturerhabenen klar unterschiedenes, durch technische Gegenstände ausgelöstes Gefühl des Erhabenen handelt, für das ihm allerdings die Worte fehlen:

> Bemerkenswert bleibt es indessen, daß jenes gräßlich Bängliche nur durch die Ohren zu uns gebracht wird; denn der Kanonendonner, das Heulen, Pfeifen, Schmettern der Kugeln durch die Luft ist doch eigentlich Ursache an diesen Empfindungen.[68]

Kleist stützt sich in seinen Schlachtbeschreibungen ebenfalls auf den Metaphernschatz des dynamisch Erhabenen der Natur. Tumultuarische Natur, Gewitter, Blitze, Wolken, Hagelschauer, Orkane charakterisieren den Krieg als meteorologisches Ereignis, als Verdampfungsprozeß. Im Vokabular des dynamisch Erhabenen findet Kleist das Analogon zur Entfesselung der Technik im Kriege. Die Sprachlosigkeit endete erst mit der Erfindung des Begriffs *technology* durch Jacob Bigelow in seinem 1828 erschienenen Buch *Elements of Technology*.[69] Bigelows Begriff machte das technisch Erhabene formulierbar.

American Technological Sublime

Im Unterschied zu Europa kennen die amerikanischen Theoretiker nicht allein das dynamisch Erhabene der Natur. Seit ungefähr 1820 werden die Gestaltung der Natur durch Technik und technische Einbauten in die Natur wie die Verkehrswege, später auch die Ausbeutung der Natur durch technische Großprojekte technisch-erhaben genannt. Ein klassisches Modell für das american technological sublime ist der Erie-Kanal, der den amerikanischen Kontinent auf dem Wasserwege erschloß. Er galt als ebenso erhaben wie die Niagara-Fälle. Weitere historische Zeugen des american technological sublime sind das Eisenbahnnetz, Staudämme und Wolkenkratzer, Brücken, Fabriken, die Elektrizität usw.[70] Heutzutage wird es repräsentiert durch

---

und Entkopplungseffekten von Partikeln in Wolkenbildungen und unterschied diese von der relativ gleichförmigen Mechanik der Planetenbewegungen. Kleist zielt mit dem Bild des in der Sonne glänzenden Achill, der von den (Staub-)Wolken der Amazonen und dem Schatten Penthesileas verschluckt wird, auf einen ähnlichen Gegensatz planetarischer und meteorologischer Bewegungen. Vgl. Norbert Wiener: *Kybernetik. Regelung und Nachrichtenübertragung im Lebewesen und in der Maschine*, Düsseldorf u. a. 1992, S. 63 ff.

[67] Goethe: *Campagne in Frankreich*, S. 234.
[68] Ebd., S. 234.
[69] Nye: *American Technological Sublime*, S. 45.
[70] Vgl. hierzu außer Nye: *American Technological Sublime* vor allem James W. Carey u. John J. Quirk: »The Mythos of the Electronic Revolution«, in: James W. Carey: *Communication as Culture: Essays on Media and Society*, Winchester, MA 1989, S. 113–141.

Cyborgs, das Internet bzw. die Hypertheory.[71] In Gestalt des Staatsgefängnisses von Pennsylvania, das in den zwanziger Jahren des 19. Jahrhunderts entstand, setzten die Amerikaner auch die Erhabenheit des Panoramas in großtechnischem Maßstab um.[72]

Das Western Penitentiary of Pennsylvania stellte einen der frühesten Versuche dar, Jeremy Benthams 1787 konzipiertes Panopticon zu realisieren. Benthams Konzept sah, wie Kleist es für ein ideales Panorama gefordert hatte, ein kugelförmiges Gebäude vor, mehrgeschossig und in Zellen aufgeteilt, das durch ein Oberlicht beleuchtet wurde. Die rückwärtigen Zellenfenster sollten von Wächtern eingesehen werden, die ihrerseits den Blicken der Gefangenen entzogen waren. Da Bentham auch an den Vorderseiten der Zellen Fenster vorsah, hätte die Zelle wie ein Projektionsmechanismus, wie eine Camera obscura oder eine Laterna magica gewirkt, und die Bewohner in Silhouetten verwandelt.[73] Das Panopticon war eine Medienmaschine und geeignet, den menschlichen Körper in einen Organismus und in eine semiotische Struktur zu verdoppeln. Es machte die unterschiedlichsten Körper auf der Zeichenebene vergleichbar und war daher, als panoptisches Schema, nicht nur in Gefängnissen anwendbar, sondern überall dort, wo es um qualitative und funktionale Vergleiche ging, in Schulen beispielsweise oder in Fabriken.

Der europäische Blick nahm das american technological sublime offenkundig nicht wahr. So erlebte Herzog Bernhard von Sachsen-Weimar während seiner Amerikareise in den Jahren 1825 und 1826 zwar alle einschlägigen Naturwunder der USA gewohnheitsmäßig als erhaben, aber zum Erie-Kanal fielen ihm lediglich die viel besseren Kanäle der Franzosen, der Holländer und der Engländer ein[74], ungeachtet der völlig unterschiedlichen Dimensionen des Raumes, der durch die Wasserwege in den Staaten erschlossen wurde, und ungeachtet der von Bernhard penibel

---

[71] Vgl. zum Beispiel Hilmar Schmundt: »Strom, Spannung, Widerstand«, in: Martin Klepper, Ruth Mayer, Ernst-Peter Schneck (Hg.): *Hyperkultur. Zur Fiktion des Computerzeitalters*, Berlin u. New York 1996, S. 44–67.

[72] Über die konstruktiven und optischen Entsprechungen von Panorama und Panopticon vgl. Oettermann: *Panorama*, S. 34–37.

[73] Michel Foucault: *Überwachen und Strafen. Die Geburt des Gefängnisses*, Frankfurt a. M. ³1979, S. 257: »Vor dem Gegenlicht lassen sich vom Turm aus die kleinen Gefangenensilhouetten in den Zellen des Ringes genau ausnehmen. Jeder Käfig ist ein kleines Theater, in dem jeder Akteur allein ist, vollkommen individualisiert und ständig sichtbar.« Jeremy Bentham endete im übrigen selbst als Autoikone und Schauobjekt. Testamentarisch hatte er Doktor Southwood Smith seinen Körper vermacht, mit der Verfügung, ihn im Rahmen eines Vortrags vor geladenen Gästen zu sezieren. Hernach versuchte Smith, Bentham zu konservieren, was indes daran scheiterte, daß sich Benthams Kopf während der Prozedur in einen Schrumpfkopf verwandelt hatte. Kurzerhand ließ Smith ein Wachsmodell des Kopfes nachbilden und auf dem Rumpf befestigen. In dieser Aufmachung ist Bentham noch heute im Londoner University College zu besichtigen. Vgl. Mario Praz: »Wachsfiguren«, in: Ders.: *Der Garten der Erinnerung. Essays 1922–1980*, Band 1, Frankfurt a. M. 1994, S. 200–209.

[74] *Reise Sr. Hoheit des Herzogs Bernhard zu Sachsen Weimar durch Nord-Amerika in den Jahren 1825 und 1826*, hg. von Heinrich Luden, Zwei Theile, Weimar 1828, Erster Theil, S. 115: »Allerdings macht die Unternehmung dieses Canals [...] dem Geiste der Erfinder alle mögliche Ehre; hat man aber die französischen, niederländischen und englischen Canäle gesehen und noch im frischen Gedächtnis, so findet man, dass hier zu Lande die Wasserbaukunst noch Fortschritte machen kann.«

registrierten zahlreichen Unfälle mit der Stage Coach und mit den Dampfschiffen[75], die in der Tat die Verbesserung der Verkehrsinfrastruktur dringend forderten. Auch an die Wirksamkeit des panoptischen Schemas glaubte er nicht so recht. Anläßlich seiner Besichtigung des noch nicht vollständig errichteten Staatsgefängnisses von Pennsylvania bezeichnete er die zukünftigen Insassen als »Schlachtopfer einer übelverstandenen Philanthropie.«[76]

Penthesilea, Cyborg

Kleists Konzept der Amazonen in der *Penthesilea* bezeugt demgegenüber ein intuitives Verständnis für das technisch Erhabene. Das Konzept ist zentriert um die im *Marionettentheater* entworfene Verbindung von Organismus und Technik, auf der die Überlegenheit der Amazonen über die griechischen Kriegsautomaten beruht. Kleist beschreibt diese Verbindung beim ersten Duell zwischen Achill und Penthesilea:

> Seht! wie sie mit den Schenkeln
> Des Tigers Leib inbrünstiglich umarmt!
> Wie sie, bis auf die Mähn herabgebeugt,
> Hinweg die Luft trinkt lechzend, die sie hemmt!
> Sie fliegt, wie von der Senne abgeschossen:
> Numid'sche Pfeile sind nicht hurtiger![77]

Die Griechen dekodieren die auffällige Einheit, die Penthesilea mit ihrem Pferd bildet, mythologisch: »Kentaurin« wird sie genannt.[78] Aber es gibt auch eine schöpfungsgeschichtliche Konnotation. Als organomechanisches System, das den Organismus mit der Technik, dem Geschoß, verbindet, kann sie nach den Kriterien des *Marionettentheaters* als ein Lebewesen der zweiten Schöpfung gelten.

In *Penthesilea* verläßt Kleist den Diskurs des dynamisch erhabenen Krieges, weil er im Cyborg ein Bild technischer Erhabenheit gefunden hat, das alle Aspekte der modernen Massenvernichtungskriege abdeckt. Erst sehr viel später wird Ernst Jünger eine Ikone der Massenvernichtung finden, die »organische Konstruktion«, die etwas ähnliches meint wie Kleist, die rückgekoppelte Verbindung eines Organismus mit einer technischen Konstruktion, bei Jünger ist es u. a. ein bemannter Torpedo[79], bei Kleist eine aus Natur und Technik gekreuzte erhabene Hybride: Ihre amputierte

---

[75] Ebd., Zweiter Theil, S. 34. Hier notiert Bernhard, er sei das 8. Mal mit der Kutsche umgestürzt. Allein auf den Seiten 45–47 beschreibt er vier Schiffsunfälle.

[76] Ebd., Zweiter Theil, S. 213.

[77] Kleist: *Penthesilea*, S. 19 f.

[78] Ebd., S. 25.

[79] Ernst Jünger: *Über den Schmerz*, in: Ders.: *Sämtliche Werke*, Zweite Abteilung, Essays, Band 7, Essays 1, Stuttgart 1980, S. 143–191, hier S. 160. Vgl. auch Ernst Jünger: *Der Arbeiter. Herrschaft und Gestalt*, Stuttgart 1982, S. 177: »Die Annäherung an diese Einheit drückt sich aus in der Verschmelzung des Unterschiedes zwischen organischer und mechanischer Welt; ihr Symbol ist die organische Konstruktion.«

Brust ist durch eine Prothese ersetzt, durch den Bogen, dessen Wölbung die des fehlenden Organs nachahmt. Im Gegenzug paßt Penthesilea gemäß der von Kleist im *Marionettentheater* diskutierten Logik der Rückkopplung ihren Körper an das technische System des Bogens an. Sie bewegt sich pfeilschnell auf ihrem Pferd:

> Sie fliegt, wie von der Senne abgeschossen:
> Numid'sche Pfeile sind nicht hurtiger![80]

Im finalen Duell fliegt sie fast synchron dem abgeschossenen Pfeil nach und schlägt, gemeinsam mit den Hunden, ihre Zähne in die Brust des wehrlosen Opfers. Die modernen Waffen zerfetzen ihre Ziele. Zusammen mit ihrem gefleckten Tigerpferd, dem Bogen und dem Schwert bildet Penthesilea ein sich selbst steuerndes kybernetisches System, ein unfehlbar treffendes Geschoß. Daher will Achill sie unbedingt vom Pferd herunterreißen, um sie zu entschärfen.[81] Sie ist der Steuermann, der *Kybernetes* des organomechanischen Systems, von dem sie ihrerseits gesteuert wird. Wie das Käthchen von Heilbronn dem Grafen vom Strahl folgt, »geführt am Strahl seines Angesichts, fünfdrähtig, wie einen Tau, um ihre Seele gelegt«[82], so verfolgt Penthesilea – beide Stücke verhalten sich nach Kleist wie das + und - in der Algebra[83] – ihr Opfer ebenso somnambul wie Käthchen, ferngesteuert allerdings von der Sehne des Bogens.

Kleists Phantasma einer intelligenten Waffe ist durchaus nicht neu. Seit Ausgang des 16. Jahrhunderts gibt es die Vorstellung, es ließe sich auf fliegenden Kanonenkugeln bequem reisen, die Gottfried August Bürger zu seiner 1786 veröffentlichten Münchhausiade vom Ritt auf der Kanonenkugel inspirierte.[84] Im System Münchhausen/Geschoß fehlt allerdings das Moment der Rückkopplung. Münchhausen kann das Transportmittel nicht beeinflussen. Will er die Flugrichtung ändern, muß er auf eine andere Kugel wechseln.

Hegemoniale Maskulinität

Bis heute ist es nicht gelungen, die Geschlechtsidentität der erhabenen Hybride eindeutig festzulegen. Zwischen der Auffassung, Penthesilea sei keinesfalls als Verkörperung eines weiblichen Prinzips zu betrachten[85], und jener anderen, sie sei

---

[80] Kleist: *Penthesilea*, S. 20.
[81] Ebd., S. 13.
[82] Heinrich von Kleist: *Das Käthchen von Heilbronn*, in: *Werke und Briefe*, Band 2, S. 131.
[83] Heinrich von Kleist an Heinrich Joseph von Collin, 8. Dezember 1808, in: *Werke und Briefe*, Band 4, S. 413.
[84] Zur Quellensituation vgl. Erwin Wackermann: *Münchhausiana. Bibliographie der Münchhausen-Ausgaben und Münchhausiaden. Mit einem Beitrag zur Geschichte der frühen Ausgaben*, Stuttgart 1969, S. 60. Die Realisierung eines sich selbst steuernden Geschosses, das sein Ziel ausmachen, verfolgen und vernichten kann, gelang erst mit Hilfe der Kybernetik. Die cruise missiles stellen die technisch neueste Version der Münchhausenschen Kanonenkugeln dar.
[85] Vgl. Chris Cullens und Dorothea von Mücke: »Love in Kleist's *Penthesilea* and essentialization«, in: *DVjs* 63 (1989), S. 461–493.

zwei Frauen gleichzeitig, nämlich das Käthchen von Heilbronn und Kunigunde von Thurneck[86], schwankt die Forschung unentschlossen hin und her. Die zweite Auffassung hat viel für sich, insofern Penthesilea mit Käthchen den Somnambulismus und mit Kunigunde die Selbstprothetisierung teilt. Über Kunigunde erfahren wir, daß sie eine Ganzkörperprothese ist,

> eine mosaische Arbeit, aus allen drei Reichen der Natur zusammengesetzt. Ihre Zähne gehören einem Mädchen aus München, ihre Haare sind aus Frankreich verschrieben, ihrer Wangen Gesundheit kommt aus den Bergwerken in Ungarn, und den Wuchs, den ihr an ihr bewundert, hat sie einem Hemde zu danken, das ihr der Schmidt, aus schwedischem Eisen, verfertigt hat.[87]

Kunigundes und Penthesileas Körper beschreibt Kleist im Sinne der Cyborg-Theorie von Donna Haraway als »materiell-semiotische Erzeugungsknoten«[88], das heißt, die Geschlechtsidentität ist nicht durch die Biologie schicksalhaft verhängt, sondern wird durch Verhalten und semiotechnische Manipulationen sozial »bewerkstelligt«.[89] Enslens optisches Ballett führte exemplarisch vor, daß in einem Körper unzählig viele stecken.

Nun kann Penthesilea, als Bürgerin eines Frauenstaates in einen ihr fremden paternalen Kulturkreis verschlagen, niemanden daran hindern, insbesondere den donjuanesken[90] Achill nicht, sie gemäß der fremdkulturellen Geschlechtertrennung als Frau zu identifizieren und ihr den Hof zu machen. Mit seinem Werben um Penthesileas Liebe reproduziert Achill drei Aspekte »hegemonialer Maskulinität«: Die sexuelle Vormachtstellung gegenüber den Frauen und die Kontrolle über den Nachwuchs, indem er Penthesilea zu verführen sucht (Erzeugerfunktion). Die Kontrolle der Gewalt dadurch, daß er sich ihr nahezu unbewaffnet ausliefert, um einen Zweikampf zu verhindern, in dessen Verlauf sie verletzt werden könnte (Ritterlichkeit, Beschützerfunktion). Die Versorgungsfunktion, wenn er sie als durch den Liebesakt unterworfene Sklavin mit sich führen will.[91] Die Liebe soll die durch

---

[86] Vgl. Kittler: *Partisan*, S. 196: »Was sich im *Käthchen von Heilbronn* auf zwei gegensätzliche Frauen [Käthchen, Kunigunde von Thurneck, K.B.] verteilt, das verkörpert Penthesilea in einer einzigen Gestalt.«

[87] Kleist: *Käthchen von Heilbronn*, S. 225.

[88] Donna Haraway: *Die Neuerfindung der Natur. Primaten, Cyborgs und Frauen*, hg. u. eingeleitet von Carmen Hammer u. Immanuel Stieß, Frankfurt a. M. 1995, S. 96.

[89] Mit »Bewerkstelligung von Männlichkeit und Weiblichkeit« übersetzt Joachim Kersten den Begriff des *accomplishing gender*. Darunter versteht er »eine situations- und kontextbezogene Vielfalt von Interaktionen, in denen Individuen und Gruppen jeweils Männlichkeit und Weiblichkeit, auch durch Kriminalität, bewerkstelligen«.« Vgl. Joachim Kersten: *Gut und (Ge)schlecht. Männlichkeit, Kultur und Kriminalität*, Berlin u. New York 1997, S. 3.

[90] Kleist: *Penthesilea*, S. 27:   Im Leben keiner Schönen war ich spröd;
Seit mir der Bart gekeimt, ihr lieben Freunde,
Ihr wißt's, zu Willen war ich jeder gern:

[91] Unter »hegemonialer Maskulinität« versteht Kersten jene soziale »Bewerkstelligung« von Männlichkeit, die sich gegenüber anderen »Männlichkeiten« in einer Kultur durchsetzt und zur machtgestützten Norm der Bewerkstelligung von Männlichkeit und Weiblichkeit wird. Zeugen, Beschützen und Versorgen sind nach Kersten im Bereich sozialen Handelns die wesentlichen Domänen hegemonialer

die Amazonen verrückte Ordnung der Dinge wieder herstellen. Die Kultur der Amazonen wird im Umkehrschluß kriminalisiert, da sie in jedem dieser zentralen Punkte als Gegenüber von Maskulinität fungiert und dieses Gegenüberstehen nach paternalistischer Logik gleichbedeutend mit Kriminalität ist[92]: Die Amazonen suchen ihre Männer selber aus und kontrollieren allein den Nachwuchs, sie schützen sich selber nach innen und außen, sie versorgen die Erzeuger ihrer Kinder über die Paarungszeit hinaus anstatt sie zu töten. Der eigentliche Konflikt der *Penthesilea* besteht in der Auseinandersetzung hegemonialer Maskulinität mit subordinierten »Männlichkeiten« bzw. »Weiblichkeiten«. Die in der Goetheschen *Iphigenie* von einer ›Frau‹ praktizierte Idee der kulturellen Hegemonie des Hellenismus ist demgegenüber eine geschlechtslose Konstruktion.

Penthesilea sieht sich durchaus als das Gegenüber hegemonialer Männlichkeit, im Spiegel der Rüstung des Achill nämlich, der sie als ›subordinierte‹ liebende Frau zurückzuspiegeln beginnt und nicht als hybride Kriegsmaschine. Daher verachtet sie ihr Spiegelbild, rächt sich am Spiegel, der sie zur Frau macht, und opfert sich anschließend, um den Kreislauf der Rache sofort zu unterbrechen. Das ist die barbarische, kriegerisch-erhabene, königliche Lesart ihrer Tötungshandlung. Aus zeitgenössischer paternalistischer Sicht indes begeht sie ein Verbrechen. Ausgerechnet die Oberpriesterin der Amazonen bringt diesen Gesichtspunkt ins Spiel, wenn sie von Mord spricht. Als Vertreterin subordinierter Weiblichkeit kriminalisiert sie die Tat ihrer Königin. Für Kleist scheint eine homogene, nicht an hegemonialer Maskulinität orientierte Frauenkultur undenkbar. Penthesilea, die Ikone des technisch Erhabenen, wird entsprechend von einem zweiten Erhabenheitsdiskurs durchkreuzt, von der Erhabenheit des Mordes.

Heimweh und Verbrechen: Die Erhabenheit des Mordes

Die Ermordung Achills ist unmotiviert, aber nicht motivlos. Als ›Motiv‹ für motivlose Verbrechen nennt die 1898 erschienene *Criminalpsychologie* des Kriminologen Hans Gross das Heimweh: »[M]an denke an Heimweh in allen Fällen, wo kein rechtes Motiv für eine Gewaltthat zu finden ist [...].«[93] Die Grundvoraussetzung für ein Verbrechen aus Nostalgie ist die Abwesenheit der Heimat, der Aufenthalt in der Fremde. Bei Penthesilea und den Amazonen, die sich in fremden Ländern die Väter ihrer zukünftigen Kinder zusammenstehlen müssen, ist diese Grundvoraussetzung gegeben. Nach Karl Jaspers, der 1909 in seiner Dissertation über *Heimweh und Verbrechen* einen heute durchaus noch instruktiven Überblick über die Geschichte der Heimwehkrankheit vorlegte, litten insbesondere Soldaten epidemisch an Nostal-

---

Maskulinität. Im Bereich der sozialen Struktur sind dies die Sorge um den Fortbestand der Kultur/Nation, um die innere und äußere Sicherheit und um den Arbeitsmarkt. Vgl. Kersten: *Gut und (Ge)schlecht*, S. 55.

[92] Ebd., S. 52–55.
[93] Hanns Gross: *Criminalpsychologie*, Graz 1898, S. 96.

gie. »Nostalgie persistante« machte noch zu Beginn des 20. Jahrhunderts französische Soldaten offiziell dienstuntauglich.[94]

Zunächst jedoch galt Nostalgie als Schweizer Krankheit; denn das Wort »Heimweh« ist zuerst seit Ende des 17. Jahrhunderts im Schweizerischen belegt. 1705 erschien ein Aufsatz J. J. Scheuchzers mit dem Titel *Vom Heimweh*, der die Schweizerische Nostalgie aus der Veränderung des Luftdrucks ableitete, die den Alpenmenschen quälte, wenn er die Berge seiner Heimat verließ. Dieser physikalischen Deutung der Schweizer Krankheit korrespondierte bald eine ästhetische, wonach Heimweh die Reaktion auf den Verlust des erhabenen Alpenpanoramas sein sollte.[95] Das Alpenpanorama wurde auf diese Weise zum Sinnbild von Heimweh und Heimat.

Die seit dem 18. Jahrhundert heftig geführte Debatte, ob es einen Brandstiftungstrieb gebe, die Pyromanie, oder ob das Brandlegen durch Kinder in den Formenkreis der Verbrechen gehörte, beeinflußte auch die Ätiologie der Heimwehkrankheit. 1795 tauchte die Behauptung auf, die meisten Brandstiftungen rührten von heimwehkranken Mädchen, »welche aus dem väterlichen Hause in fremde Dienste gegeben werden.«[96] Der eigentliche Durchbruch der Dienstmädchenhypothese erfolgte durch Platner. In einem 1801 gefertigten Gutachten über die zweifache Brandstiftung eines Dienstmädchens, im Alter von vierzehn und fünfzehn Jahren aus Heimweh begangen, unterschied Platner die Schweizer Krankheit von einem Heimweh in forensischer Bedeutung. Nach seiner Auffassung wurde die begutachtete Nostalgika keineswegs von einem blinden Trieb erfaßt, sondern handelte mit Vorsatz, um aufgrund ihrer Tat wieder nach Hause geschickt zu werden. Platners Gutachten sorgte dafür, daß die fünfzehnjährige Johanne Friederike Roßwein zum Tode verurteilt wurde.[97] Die Härte dieses Urteils unterstreicht im übrigen die außerordentliche Angst der Zeitgenossen vor dem Feuer, auf die auch Kleist spekulierte, als er in den ersten Nummern der von ihm herausgegebenen *Berliner Abendblätter* ausführlich über eine vagabundierende Mordbrennerbande berichtete, um den Verkauf seiner Zeitung anzukurbeln.[98]

Seit Platners Gutachten wurden Brandstiftungen und Kindstötungen durch Dienstmädchen zunehmend auf Heimweh zurückgeführt. Bei den straffällig gewordenen Mädchen handelte es sich um Abkömmlinge aus gut beleumdeten, zumeist kinderreichen, armen Familien, die das jüngste Kind oft aus Not hergaben. Die Heimat der delinquenten Nostalgika lag mitunter nur den Fußmarsch einer Stunde von der Fremde entfernt, gar nicht zu vergleichen mit den von den Amazonen zurückgelegten Entfernungen und dem Kulturschock, dem diese beim Anblick der

---

[94] Karl Jaspers: *Heimweh und Verbrechen*, in: Ders.: *Gesammelte Schriften zur Psychopathologie*, Berlin/Göttingen/Heidelberg 1963, S. 1–84, hier S. 22. Zur Nostalgie als Krankheit der Soldaten vgl. auch S. 3, 6–9, 14, 17, 19.

[95] Ebd., S. 17.

[96] *Kleins Annalen* 1795, zitiert nach ebd., S. 23.

[97] Die Schilderung des Falles Roßwein findet sich ebd., S. 67, die Diskussion des Platnerschen Gutachtens S. 23–24.

[98] Vgl. Dotzler: *Federkrieg*, S. 48 ff.

fremdartigen Männerwelt ausgesetzt waren. Typische Merkmale der Heimwehverbrecherinnen, deren Alter zwischen dreizehn und sechzehn Jahren schwankte, sind laut Jaspers eine »kindliche Art des Seelenlebens, Umwälzungen beginnender Pubertätsentwicklung, psychopathische Veranlagung [Somnambulismus, Reizbarkeit, Absenzen, K.B.] und körperliche Krankheit.«[99]

Penthesilea weist eine Reihe dieser Merkmale auf: Obwohl sie nach eigenen Angaben mindestens dreiundzwanzig Jahre alt ist[100], verhält sie sich unreif wie eine Sechzehnjährige.[101] Sie lehnt das von Achill zurückgespiegelte Frauenbild ab, was für ein eher kindliches Seelenleben spricht. Sie leidet an Reizbarkeit und Absenzen. Und sie hat, in den Augen der Griechen jedenfalls, einen krankheitsähnlichen körperlichen Defekt, eine amputierte Brust. Es fehlt indes, scheinbar, das soziale Merkmal. Penthesilea ist kein Dienstmädchen, sondern Königin, nach den Kriterien der Fremdkultur freilich eine asoziale Räuberkönigin, rauben sie und ihre Amazonen doch das wertvollste Gut, das die paternalistischen Gesellschaften zu verteidigen haben: die Männer. Achill billigt Penthesilea nicht einmal das soziale Ansehen eines Dienstmädchens zu, wenn er sie als Sklavin seinem Triumphzug einverleiben will.

Die Lektüre der von Jaspers mitgeteilten Fallgeschichten vermittelt den Eindruck, als sei die von ihm geteilte Einschätzung, Heimwehverbrecherinnen bezweckten die Rückkehr in den Schoß der Familie, viel zu kurz gegriffen. Denn die straffälligen Dienstmädchen erwarteten Gefängnis oder Tod, aber nicht die Heimat; außerdem begingen sie, obwohl ein kleines Vergehen zweifellos genügt hätte, um aus den Gastfamilien gewiesen zu werden, dennoch häufig Serien von schweren Straftaten, in erster Linie Mehrfach-Brandstiftungen und Mehrfach-Kindstötungen, oder auch beides zusammen. Sie gingen nach ihrer Verurteilung überdies offenkundig beruhigt ins Gefängnis oder in den Tod. Elisabeth Bronfen hat daher die Vermutung geäußert, daß die nostalgischen Dienstmädchen durch kriminelle Handlungen die Rückkehr in ihre Heimat gerade verhindern wollten:

> Als Brandstifterinnen und Mörderinnen müssen sie nicht mehr nach Hause zurückkehren, als ob die akute Gefahr für ihr Überleben nicht von Anfang an in der Absenz, sondern in der unerträglichen Präsenz von zuviel Heim, der mit

---

[99] Jaspers: *Heimweh*, S. 52.
[100] Kleist: *Penthesilea*, S. 82:   [...] Sieh ich hatte schon
Das heitre Fest der Rosen zwanzigmal
Erlebt und drei, [...].
[101] Ebd., S. 9:   [...] Sie wendet,
Mit einem Ausdruck der Verwunderung,
Gleich einem sechzehnjähr'gen Mädchen plötzlich,
Das von olymp'schen Spielen wiederkehrt,
Zu einer Freundin, ihr zur Seite sich,
Und ruft: solch einem Mann, o Prothoe, ist
Otrere, meine Mutter, nie begegnet!

Der offensichtliche Widerspruch von angegebenem Alter und mädchenhaftem Verhalten ruft das Bild einer Jungfrau in Waffen hervor, einer Johanna von Orléans. Penthesileas Ende läßt sich durchaus als parodistische Version der Himmelfahrt der Schillerschen Jungfrau lesen.

dem sozialen Raum der Mutter verknüpften chaotischen Nähe bestanden hätte.[102]

Den Amazonen ist die Mutter ihrer Königin auch in der Fremde stets und unentrinnbar gegenwärtig als das Gesetz, sich nur wegen der Fortpflanzung kurzfristig mit gestohlenen Männern einzulassen. Penthesilea leidet, nachdem sie sich in Achill verliebt hat, an der Schweizerischen Krankheit, an der Präsenz des mütterlichen Gesetzes, das die Heimat verkörpert, an der Präsenz der Erhabenheit. Es geht darum, gewissermaßen das innere Alpenpanorama umzukodieren oder auszulöschen, das sie keineswegs anzieht, sondern im Gegenteil abschreckt. Wie die Nostalgika, deren Taten zumeist von Aphasien, Trance und Absenzen begleitet werden, versucht sie, der Unerträglichkeit des Erhabenen dadurch zu entrinnen, daß sie von der Symbol- in die Affektkommunikation umschaltet. Während sie verstummt, artikuliert ihr Mund durch Bisse in den Körper Achills buchstäblich ein Gedicht:

> [...]. Küsse, Bisse,
> Das reimt sich, und wer recht von Herzen liebt,
> Kann schon das eine für das andre greifen.[103]

Ihr gelingt die Umkodierung der klassischen Figur des Kriegserhabenen, der Aposiopese, indem sie mordet.

Penthesileas Vergleich ihrer Tat mit einem Dichtungsakt entspricht der von Thomas De Quincey 1827 in seinem Murder-Essay formulierten Auffassung, daß der Mord, so sehr man ihn aus moralischer Sicht auch verabscheue, nach ästhetischen Kriterien beurteilt von höchster Vollkommenheit[104] sein könne:

> Wir fangen langsam an zu erkennen, daß zur künstlerischen Abrundung einer Mordtat doch etwas mehr gehört als ein Messer, eine Brieftasche, eine dunkle Seitenstraße und zwei Idioten, einen, der tötet, und einen, der getötet wird. Formgebung, meine Herren, Sinn für Gruppierung, für Verteilung von Licht und Schatten, das Poetische, die Empfindungsstärke, das sind heute die unerläßlichen Voraussetzungen [...]. Für uns alle verbindlich hat Williams hier ein unerreichbares Ideal postuliert [...]. Wie Aischylos oder Milton in der

---

[102] Elisabeth Bronfen: *Das verknotete Subjekt. Hysterie in der Moderne*, Berlin 1998, S. 493.

[103] Kleist: *Penthesilea*, S. 118.

[104] Es gebe bei Verbrechen ebenso wie bei entstellten Organismen jenseits aller moralischen oder ästhetischen Bedenken einen impliziten Maßstab der Vollkommenheit: Es dürfe als wahr gelten, »daß sowohl ein Dieb als ein Ulcus, wie abstoßend beide an sich selbst sein mögen, in ihrer Art, per se und relativ zu artgleichen Phänomenen, den höchsten Gradus der Vollkommenheit erreichen können. [...] Ein Dieb [...] und eine maligne Geschwulst, die man durch alle ihre Stadien hindurch beobachtet, können den Idealtypus ihrer Gattung ebenso gut verkörpern wie eine Moosrose, die gerade aufblüht, oder wie eine junge Frau das kann, die im vollen Ornat ihres Geschlechts vor uns hintritt.« Thomas De Quincey: *Der Mord als eine schöne Kunst betrachtet (1827/1854)*, in: Ders.: *Bekenntnisse eines englischen Opiumessers. Suspiria de profundis. Die englische Postkutsche. Der Mord als eine schöne Kunst betrachtet*, übersetzt von Walter Schmiele, Stuttgart 1962, S. 369–490, hier S. 375–376.

Dichtung, wie Michelangelo in der Malerei, so hat er seine Kunst zu kolossaler Majestät [im Original: colossal sublimity, K.B.] gesteigert [...].«[105]

Bei dem so hoch gepriesenen Mr. Williams handelt es sich um den Serienmörder John Williams, der im Dezember 1811 zwei Familien fast vollständig tötete. Der Maßstab, an dem De Quincey dessen Verbrechen mißt, ist der Maßstab des Erhabenen. Williams' Taten repräsentieren »colossal sublimity«, sie sind für De Quincey die »erhabensten und vielleicht vollkommensten Schöpfungen unserer Kunst, die je gelungen sind.«[106] In Zusammenhang mit den Verbrechen des Serienmörderpärchens William Burke und William Hare während der 1820er Jahre spricht er von der »erhabenen Epoche des Burkismus und Harismus.«[107]

Das von De Quincey verwendete Kompositum colossal sublimity ist keineswegs als Superlativ zu verstehen, als Supererhabenheit etwa. Das Kolossalische verbindet sich bei ihm wie bei Kant vielmehr mit dem Begriff der Grenze. Kant diskutiert das Kolossalische im Kontext des mathematisch Erhabenen als beinahe zu große Größe. Kolossalisch werde die bloße Darstellung eines Begriffs genannt, »die für alle Darstellung beinahe zu groß ist (an das relativ Ungeheure *grenzt*).«[108] Zur bloßen Darstellung eines Begriffs komme es immer dann, wenn die Anschauung eines Gegenstandes für unser Auffassungsvermögen »beinahe zu groß« ist. Das Kolossalische setzt den Unterschied zwischen dem Darstellbaren und dem Undarstellbaren, an deren Grenze, die es als beinahe zu Großes selber zieht, es sich konstituiert.[109] Weil De Quincey sublimity auf das dynamisch Erhabene der Natur bezieht, kennzeichnet das Kompositum colossal sublimity eine beinahe undarstellbare, für das menschliche Auffassungsvermögen beinahe unfaßbare dynamische Erhabenheit. De Quincey versucht, die Erhabenheit des Mordes als eine Erhabenheit der Grenze zu denken, einschließlich der durch den Rechtsdikurs gesetzten Grenzen.

Schon Friedrich Schiller sah sich veranlaßt, sein Interesse an delikaten Gewaltthemen mit dem Kolossalischen zu begründen. In der Vorrede zur ersten Auflage der *Räuber* führte er die »kolossalische Größe« an, die lasterhaften Gesetzesübertretern nicht abzusprechen sei.[110] In der Einleitung zum *Verbrecher aus verlorener Ehre* empfahl er dem feineren Menschenkenner – einem prospektiven »Linnäus« des

---

[105] Ebd., S. 372.

[106] Ebd., S. 408. Williams wird von De Quincey schon in *On the Knocking at the Gate in Macbeth* gewürdigt, da es im Mordfall der Familie Marr ebenfalls um das Klopfen an eine Tür ging, von dem Williams, wie Macbeth, in die reale Welt zurückgeholt worden sei. Vgl. De Quincey: *On the Knocking*, S. 390–391.

[107] De Quincey: *On Murder*, S. 284. Eigene Übersetzung.

[108] Kant: *Kritik der Urteilskraft*, S. 339. Hervorhebung von mir.

[109] Zu den Begriffen des Kolossalischen und der Grenze vgl. auch Jacques Derrida: *Die Wahrheit in der Malerei*, hg. von Peter Engelmann, aus dem Französischen von Michael Wetzel, Wien 1992, S. 173: »Die Größe des Kolosses ist weder Kultur noch Natur, zugleich das eine und das andere. Vielleicht ist er in seiner Zwischenstellung zwischen dem Darstellbaren und dem Undarstellbaren ebenso Übergang wie Irreduzibilität des einen auf das andere. Zuschnitt, Umrandung, Schnittkante, das, was von der einen zur anderen übergeht und vorübergeht, ohne hinüberzugehen.«

[110] Friedrich Schiller: *Die Räuber*, in: Ders.: *Werke in drei Bänden*, unter Mitwirkung von Gerhard Fricke hg. von Herbert G. Göpfert, München 1966, Band 1, S. 55.

Kolossalischen – das Studium der Menschen im Zustande gewaltsamer Leidenschaft, weil dort die Affekte »kolossalischer« hervorspringen und sich manche Analogie zum Leben des Normalbürgers ziehen lasse.[111]

Während Schiller relativ einfache Formen der Gewalt- und Eigentumskriminalität unter dem Titel des Kolossalischen abhandelte, stand im Zentrum der Erhabenheitstheorie De Quinceys ein ›monströses Ungeheuer‹, der multiple Mörder. Kleist thematisierte darüber hinaus die Grenzverletzung als eine Überschreitung der Geschlechtergrenzen: In der *Penthesilea* agiert eine Doppelmörderin als Surrogat ruhmreicher Feldherrn à la Achill, eine Relativierung hegemonialer Maskulinität, die identisch ist mit einer Relativierung der Wesenheiten und Naturformen des Krieges. Kleist konfrontierte das vom aufklärerischen Hellenismus bestochene Publikum kommentarlos mit einer Kapitalverbrecherin, stillschweigend den Konsens kündigend, daß Frauen Gewalttaten eher verhindern, wie Goethes Iphigenie, als sie zu begehen, und allenfalls zu Giftmorden fähig seien, die bis heute als charakteristische kapitale Frauenverbrechen gelten.[112] Er reanimierte überwunden geglaubte barbarische Opfer- und Racherituale, verband sie mit neuem technischen und strategischen Wissen, das auch nichthegemonialen Störkulturen Überlebenschancen sicherte, und zweifelte öffentlich an der Magie der machtgestützten gütlichen Einigung. Statt dessen erkundete er die Grenzen des Darstellbaren. An dieser Grenze, die Grenzen menschlichen Verhaltens und des Geschlechterdualismus einbezieht, spielt der ästhetische Diskurs in einen kriminologischen[113] hinüber. Die delinquente Amazonenkönigin, das Sinnbild der epochalen Krise, ist daher Schnittpunkt dreier Diskurse des Erhabenen: des zerfallenden Kriegserhabenen, des technisch Erhabenen und des sublimen Mordes.

---

[111] Friedrich Schiller: *Der Verbrecher aus verlorener Ehre*, in: ebd., Band 1, S. 564.

[112] Vgl. Inge Weiler: *Giftmordwissen und Giftmörderinnen. Eine diskursgeschichtliche Studie*, Tübingen 1998.

[113] Kleist hat kriminologische »Collegia« bei Ludwig Gottfried Madihn gehört. Madihn, Professor für Rechtskunde in Frankfurt an der Oder, war in der neu entstehenden kriminologischen Literatur bekannt. Er wird von Johann Gottlieb Münch in der 1799 erschienenen akademischen Vorlesung »Ueber den Einfluß der Criminal-Psychologie auf ein System des Criminal-Rechts, auf menschlichere Gesetze und Cultur der Verbrecher« in einer Reihe mit damals bekannten Rechtswissenschaftlern aufgezählt. Münchs Vortrag besteht über weite Strecken aus einer Paraphrase und Analyse von Schillers *Verbrecher aus verlorener Ehre*. Er ist, mit einer Einleitung von Manfred Schneider, abgedruckt in Bernhard J. Dotzler und Pamela Moucha (Hg.): *Grundlagen der Literaturwissenschaft. Exemplarische Texte*, Köln, Weimar, Wien 1999, S. 254–265. Der Hinweis auf Madihn befindet sich auf S. 259. Kleist erwähnt Madihn in einem Brief an seine Schwester vom 26. August 1800. Vgl. Kleist: *Werke und Briefe*, Band 4, S. 86.

Literatur

Bartels, Klaus: »Proto-kinematographische Effekte der Laterna magica in Literatur und Theater des achtzehnten Jahrhunderts«, in: Harro Segeberg (Hg.): *Die Mobilisierung des Sehens. Zur Vor- und Frühgeschichte des Films in Literatur und Kunst,* München 1996, S. 113–147.

Brewster, David: *Briefe über die natürliche Magie, an Sir Walter Scott,* aus dem Englischen übersetzt und mit Anmerkungen versehen von Friedrich Wolff, Berlin 1833.

Bronfen, Elisabeth: *Das verknotete Subjekt. Hysterie in der Moderne,* Berlin 1998.

Burke, Edmund: *Philosophische Untersuchung über den Ursprung unserer Ideen vom Erhabenen und Schönen,* übersetzt von Friedrich Bassenge, neu eingeleitet u. hg. von Werner Strube, Hamburg 1980.

Carey, James W. u. John J. Quirk: »The Mythos of the Electronic Revolution«, in: James W. Carey: *Communication as Culture: Essays on Media and Society,* Winchester, MA 1989, S. 113–141.

Cullens, Chris und Dorothea von Mücke: »Love in Kleist's *Penthesilea* and essentialization«, in: *DVjs* 63 (1989), S. 461–493.

De Quincey, Thomas: *Der Mord als eine schöne Kunst betrachtet (1827/1854),* in: Ders.: *Bekenntnisse eines englischen Opiumessers. Suspiria de profundis. Die englische Postkutsche. Der Mord als eine schöne Kunst betrachtet,* übersetzt von Walter Schmiele, Stuttgart 1962, S. 369–490.

De Quincey, Thomas: *On Murder Considered as One of the Fine Arts,* in: Ders.: *Confessions of an English Opium-Eater: Murder Considered as One of the Fine Arts, The English Mail-Coach, & a Selection from Suspiria de Profundis,* London 1907, S. 244–274.

De Quincey, Thomas: *On the Knocking at the Gate in Macbeth,* in: *The Collected Writings of Thomas De Quincey,* New and Enlarged Edition by David Masson, Vol. X, Edinburgh 1890, S. 389–394.

Derrida, Jacques: *Die Wahrheit in der Malerei,* hg. von Peter Engelmann, aus dem Französischen von Michael Wetzel, Wien 1992.

Dotzler, Bernhard J.: »›Federkrieg‹. Kleist und die Autorschaft des Produzenten«, in: *Kleist-Jahrbuch* 1998, S. 37–61.

Eichberg, Henning: »Die Rationalität der Technik ist veränderlich. Festungsbau im Barock«, in: Ulrich Troitzsch und Gabriele Wohlauf (Hg.): *Technik-Geschichte. Historische Beiträge und neuere Ansätze,* Frankfurt a. M. 1980, S. 212–240.

Foucault, Michel: *Überwachen und Strafen. Die Geburt des Gefängnisses,* Frankfurt a. M. ^{3}1979.

Fox Keller, Evelyn: *Refiguring Life. Metaphors of Twentieth-Century Biology,* New York 1995.

Freeman, Barbara Claire: *The Feminine Sublime. Gender and Excess in Women's Fiction,* Berkeley, Los Angeles, London 1995.

Girard, René: *Das Heilige und die Gewalt,* Frankfurt a. M. 1992.

Goethes sämtliche Werke. Jubiläums-Ausgabe, hg. von E. v. d. Hellen, 40 Bände u. ein Registerband, Stuttgart u. Berlin o. J. [1902–1912].

Goethes Werke. Hamburger Ausgabe in vierzehn Bänden, hg. von Erich Trunz u. a., Hamburg 1948–1960.

Gross, Hanns: *Criminalpsychologie,* Graz 1898.

Haraway, Donna: »Cyborgs and Symbionts: Living Together in the New World Order«, in: Chris Hables Gray (Ed.): *The Cyborg Handbook,* New York & London 1995, S. XI–XX.

Haraway, Donna: *Die Neuerfindung der Natur. Primaten, Cyborgs und Frauen,* hg. u. eingeleitet von Carmen Hammer u. Immanuel Stieß, Frankfurt a. M. 1995.

Herrmann, Hans-Christian v.: »Bewegliche Heere. Zur Kalkulation des Irregulären bei Kleist und Clausewitz«, in: *Kleist-Jahrbuch* 1998, S. 227–243.

E. T. A. Hoffmann's sämtliche Werke in fünfzehn Bänden, hg. mit einer biographischen Einleitung von Eduard Grisebach, Leipzig o. J.

Jaspers, Karl: *Heimweh und Verbrechen,* in: Ders.: *Gesammelte Schriften zur Psychopathologie,* Berlin, Göttingen, Heidelberg 1963.

Jünger, Ernst: *Der Arbeiter. Herrschaft und Gestalt,* Stuttgart 1982.

Jünger, Ernst: *Über den Schmerz,* in: Ders.: *Sämtliche Werke,* Zweite Abteilung, Essays, Band 7, Essays 1, Stuttgart 1980, S. 143–191.

Kant, Immanuel: *Kritik der Urteilskraft,* in: Ders.: *Werke in zehn Bänden,* hg. von Wilhelm Weischedel, Darmstadt 1968, Band 8, S. 35.

Keegan, John: *Das Antlitz des Krieges,* Düsseldorf u. Wien 1978.

Kersten, Joachim: *Gut und (Ge)schlecht. Männlichkeit, Kultur und Kriminalität,* Berlin u. New York 1997.

Kittler, Wolf: *Die Geburt des Partisanen aus dem Geist der Poesie. Heinrich von Kleist und die Strategie der Befreiungskriege,* Freiburg 1987.

Kleist, Heinrich von: *Werke und Briefe in vier Bänden,* hg. von Siegfried Streller u. a., Berlin 1978.

Lippe, Rudolf zur: *Naturbeherrschung am Menschen,* Bd. II: *Geometrisierung des Menschen und Repräsentation des Privaten im französischen Absolutismus,* Frankfurt a. M. 1979.

Luhmann, Niklas: »Kultur als historischer Begriff«, in: Ders.: *Gesellschaftsstruktur und Semantik. Studien zur Wissenssoziologie der modernen Gesellschaft*, Band 4, Frankfurt a. M. 1995, S. 31–54.

Moravec, Hans: »Körper, Roboter, Geist«, in: Stefan Iglhaut, Armin Medosch, Florian Rötzer (Hg.): *Stadt am Netz. Ansichten von Telepolis*, Mannheim 1996, S. 91–117.

Mühlmann, Heiner: *Die Natur der Kulturen. Entwurf einer kulturgenetischen Theorie*, Wien u. New York 1996.

Münch, Johann Gottlieb: »Ueber den Einfluß der Criminal-Psychologie auf ein System des Criminal-Rechts, auf menschlichere Gesetze und Cultur der Verbrecher«, in: Bernhard J. Dotzler und Pamela Moucha (Hg.): *Grundlagen der Literaturwissenschaft. Exemplarische Texte*, Köln, Weimar, Wien 1999, S. 254–265.

Neumann, Gerhard: »Das Stocken der Sprache und das Straucheln des Körpers. Umrisse von Kleists kultureller Anthropologie«, in: ders. (Hg.): *Heinrich von Kleist. Kriegsfall – Rechtsfall – Sündenfall*, Freiburg 1994, S. 13–29.

Nye, David: *American Technological Sublime*, Cambridge, MA 1996.

Oettermann, Stephan: *Das Panorama. Die Geschichte eines Massenmediums*, Frankfurt a. M. 1980.

Praz, Mario: »Wachsfiguren«, in: Ders.: *Der Garten der Erinnerung. Essays 1922–1980*, Band 1, Frankfurt a. M. 1994, S. 200–209.

Reise Sr. Hoheit des Herzogs Bernhard zu Sachsen Weimar durch Nord-Amerika in den Jahren 1825 und 1826, hg. von Heinrich Luden, Zwei Theile, Weimar 1828.

Schiller, Friedrich: *Werke in drei Bänden*, unter Mitwirkung von Gerhard Fricke hg. von Herbert G. Göpfert, München 1966.

Schmundt, Hilmar: »Strom, Spannung, Widerstand«, in: Martin Klepper, Ruth Mayer, Ernst-Peter Schneck (Hg.): *Hyperkultur. Zur Fiktion des Computerzeitalters*, Berlin u. New York 1996, S. 44–67.

Schneider, Manfred: »Die Gewalt von Zeit und Raum. Kleists optische Medien und das Kriegstheater«, in: *Kleist-Jahrbuch* 1998, S. 209–226.

Sehsucht. Das Panorama als Massenunterhaltung des 19. Jahrhunderts, hg. von der Kunst- und Ausstellungshalle der Bundesrepublik Deutschland, Basel u. Frankfurt a. M. 1993.

Swade, Doron D.: »Der mechanische Computer des Charles Babbage«, in: *Spektrum der Wissenschaft* 4 (1993), S. 78–84.

»Theatralische Gaukelspiele in Berlin«, in: *Journal des Luxus und der Moden,* 20. Juni 1796, S. 263–271. (= Teilnachdruck aus den Bänden 11–20 [1796–1805], Auswahl und Einleitung von Werner Schmidt, Leipzig 1968.)

Tipler, Frank J.: *Die Physik der Unsterblichkeit. Moderne Kosmologie, Gott und die Auferstehung der Toten,* München u. Zürich 1994.

Wackermann, Erwin: *Münchhausiana. Bibliographie der Münchhausen-Ausgaben und Münchhausiaden. Mit einem Beitrag zur Geschichte der frühen Ausgaben,* Stuttgart 1969.

Weiler, Inge: *Giftmordwissen und Giftmörderinnen. Eine diskursgeschichtliche Studie,* Tübingen 1998.

White, Hayden: »The Politics of Historical Interpretation: Discipline and De-Sublimation«, in: *Critical Inquiry* 9 (1982), S. 113–137.

Wiener, Norbert: *Kybernetik. Regelung und Nachrichtenübertragung im Lebewesen und in der Maschine,* Düsseldorf u. a. 1992.

Zelle, Carsten: *Die doppelte Ästhetik der Moderne. Revisionen des Schönen von Boileau bis Nietzsche,* Stuttgart u. Weimar 1995.

Harro Segeberg

FRIEDRICH MAXIMILIAN KLINGER
Ein Beitrag zur Geschichte der Gegen-Klassik

Der Weltmann und der Dichter Klinger

Fragt man den literarisch gebildeten Zeitgenossen von heute nach dem für die deutsche Literatur repräsentativen Versuch, Dichtung und politisches Handeln miteinander zu vermitteln, so wird der Antwortende mit ziemlicher Sicherheit an erster Stelle immer noch den Geheimen Rat von Goethe nennen. Sein ebenso gerühmtes wie auch umstrittenes Wirken als Staatsmann und Minister im kleindeutschen Herzogtum Sachsen-Weimar galt lange als beispielhaft für das Bemühen, einem Auseinandertreten von literarischer und politischer Kultur entgegenzuwirken. Umfangreiche Textsammlungen und Darstellungen zeugen von der Nachwirkung dieses in positiver wie kritischer Hinsicht kanonisch gewordenen Beispiels.[1]

Der Name Friedrich Maximilian Klingers (1752–1831) spielt dagegen in diesem Zusammenhang bis heute eine allenfalls marginale Rolle. Sein von den Zeitgenossen vielbestaunter Aufstieg vom mittellosen *Sturm und Drang*-Poeten zum russischen General und hohen Kultusbeamten in St. Petersburg wurde von der in Zustimmung wie Kritik auf den Weimarer Klassiker fixierten Nachwelt recht schnell vergessen. Das ist um so erstaunlicher, wenn man bedenkt, in welche entscheidenden Phasen der russischen Geschichte *der Weltmann und der Dichter* Klinger (so ein stark autobiographisch getönter Roman aus dem Jahre 1798)[2] durch seine Übersiedlung nach Petersburg im Jahre 1780 hineinkam: Die Maßnahmen zur Modernisierung und »Verwestlichung« der russischen Autokratie (= Selbstherrschaft), wie sie – nach der vehementen Initiative Peters I. – unter Katharina II. und Alexander I. fortgesetzt wurden, bestimmten ganz entscheidend sein politisches Schicksal. Hinzu

---

[1] Vgl. Willy Flach und Helma Dahl (Hg.): *Goethes Amtliche Schriften. Bd. 1–3: Goethes Tätigkeit im Geheimen Consilium.* Weimar 1950–1972. Und als scharfe Kritik an der Verklärung von Goethes politischer Tätigkeit Hans Mayer: *Goethe. Ein Versuch über den Erfolg,* Frankfurt a. M. 1973. Sowie jetzt mit nur teilweise neuem Material, aber stark überspitzten Schlußfolgerungen Daniel Wilson: *Das Goethe-Tabu. Protest und Menschenrechte im klassischen Weima,.* München 1999.

[2] Klinger wollte schon mit diesem Titel die Doppelexistenz als politisch Handelnder und als literarischer Schriftsteller als sein entscheidendes Lebensproblem herausstellen. Vgl. jetzt die Neuausgabe des Romans Friedrich Maximilian Klinger: *Der Weltmann und der Dichter* (1798), Hg. von Thomas Salumets und Sander L. Gilman, Tübingen 1985 (= F. M. Klinger. *Werke. Historisch-kritische Gesamtausgabe.* Band XVIII).

kam die Beobachtung eines »despotomanischen« Zwischenspiels (106/I, 128)[3] unter Paul I., zu dessen engerem Hofstaat Klinger lange gehört hatte.

Die spezifische Schärfe, mit der der Dichter Klinger am wachsenden Skeptizismus der Spätaufklärung teilhat,[4] ist ohne die praktischen Erfahrungen des Weltmanns Klinger, nach dessen eigenem Zeugnis, nicht erklärbar. Wenn Klinger nämlich darlegen wollte, warum für ihn die Entfaltung einer mit Goethes klassischen Werken vergleichbaren literarischen Werkautonomie nicht möglich war, hat er immer wieder darauf hingewiesen, daß unter seinen besonderen Lebensbedingungen »die Wirkung der Erscheinungen« der politischen Welt anders ausfallen mußte. »Mit dem Leben ein Spiel [zu treiben]« und so mit Hilfe der Literarisierung der eigenen Biographie eine nachträgliche Sinnstiftung gegen alle Fehlschläge und Krisenerfahrungen zu wagen, war für Klinger – so der Autor selber in einem Brief an den befreundeten Dorpater Universitätsprofessor und Initiator des Begriffs vom deutschen Bildungsroman Karl Morgenstern – nicht möglich (5. März 1815).[5] Gerade dies aber sollte, so meine ich, Anlaß genug sein, endlich der Aufforderung Arno Schmidts aus dem Jahre 1951 zu entsprechen: »Unerbittlich wie die Inquisition: Lesen Sie Maximilian Klinger. Geschichte Raphaels de Aquillas: das ist ein Buch.«[6]

Klinger im Rußland

Friedrich Maximilian Klinger – Sohn eines Frankfurter Konstablers und einer Wäscherin – kam als stellungsloser ehemaliger »Sturm und Drang«-Poet im Jahre 1780 nach Rußland. Der Freund Johann Georg Schlosser hatte ihn an die deutsche

---

[3] [F.M. Klinger:]: *Betrachtungen und Gedanken über verschiedene Gegenstände der Welt und der Litteratur. Nebst Bruchstücken aus einer Handschrift* [...] Cöln [recte Leipzig 1803]; Zweyter Theil. Cöln [recte Leipzig] 1803; Dritter Theil. St. Petersburg [recte Leipzig] 1805. Die Sammlung der *Betrachtungen und Gedanken* wird im folgenden mit der arabischen Nummer der Eintragung, dann mit der römischen Bandziffer und der nachfolgenden arabischen Seitenzahl direkt im Text zitiert. Bevorzugt wird die Erstausgabe, weil Klingers Bearbeitung für die Gesamtausgabe, die von 1809 bis 1815 in Königsberg erschien, viele politische Spitzen und sozialkritische Anspielungen getilgt hat. Vgl. dazu im einzelnen Christoph Hering: *Friedrich Maximilian Klinger. Der Weltmann als Dichter*, Berlin 1966, S. 361–372.

[4] Zum Skeptizismus der deutschen Spätaufklärung vgl. generell Peter J. Brenner: *Die Krise der Selbstbehauptung. Subjekt und Wirklichkeit im Roman der Aufklärung*, Tübingen 1981. Und mit spezieller Blickrichtung auf den Wandel der Satire der Spätaufklärung Regine Seibert: *Satirische Empirie. Literarische Struktur und geschichtlicher Wandel der Satire in der Spätaufklärung*, Würzburg 1981.

[5] Zu Goethes Autobiographie vgl. die entsprechenden Kapitel in: Klaus Detlev Müller. *Autobiographie und Roman. Studien zur literarischen Autobiographie der Goethezeit*, Tübingen 1976. – Briefe Klingers werden im folgenden mit bloßem Datum nach der Ausgabe von Max Rieger im Text zitiert. Vgl. Max Rieger (Hg.): *Briefbuch zu Friedrich Maximilian Klinger*, Darmstadt 1896 (= M. Rieger: *F. M. Klinger. Sein Leben und Werke. Zugabe zum zweiten Teil*). Eine zusätzliche Seitenzahl gebe ich nur bei Briefen, die sich nicht im Hauptteil, sondern in einem der Anhänge des Briefbandes befinden. Diese Briefsammlung ist freilich unvollständig.

[6] Hier zit. nach Arno Schmidt: *Das erzählerische Werk in 8 Bänden*, Bargfeld 1985, Bd. 3, S. 147.

Prinzessin Sophie Dorothea von Württemberg vermittelt, die als Maria Fjodorowna den damaligen Großfürsten und späteren Zaren Paul I. heiraten sollte. Klinger bekleidete in Petersburg zunächst das Amt eines Hofvorlesers beim Großfürsten und erhielt zugleich das lang ersehnte Offizierspatent als Leutnant, um das er sich in Deutschland vergeblich bemüht hatte. Nach einigen Dienstjahren in einem regulären Linienregiment wechselte er 1785 in das Petersburger Kadettenkorps über. Damit begann eine lange Tätigkeit als »Friedenssoldat«, die erst im Jahre 1820 enden sollte.[7]

Klinger hat bis zum Tode Katharinas II. im Jahre 1796 als Erzieher und als eine Art militärische Aufsichtsperson, zuletzt im Range eines Majors, im Petersburger Kadettenkorps gearbeitet. Mit der Stellung eines Stabsoffiziers war zugleich, nach der von Peter I. für den zivilen und militärischen Staatsdienst eingeführten Rangtabelle, die Verleihung des erblichen Adelstitels verbunden.[8] Seine gesellschaftliche Position festigte Klinger 1788 durch die Heirat mit Elisabeth Alexejewna, der Tochter eines Petersburger Obersten, von der gleichwohl berichtet wird, sie sei möglicherweise ein Kind des Grafen Orlow gewesen, allerdings nicht aus dessen Verhältnis mit Katharina.[9] Noch 1818 schrieb Klinger: »Aus der großen Welt trat sie zu mir ein, als ich noch Subalterner war« (2. April 1818).

Schon die nicht öffentliche Standesschule des in aller Regel für Adelssöhne reservierten Kadettenkorps dürfte mit ihrer Mischung aus adliger Standeserziehung und universalistischer Aufklärungskultur für Klinger ein lebendiger Anschauungsunterricht dafür gewesen sein, daß sich die Aufklärung in Rußland auch unter Katharina II. nur im Rahmen vorgegebener sozialer Bedingungen entfalten konnte. So wurden im Kadettenkorps neben Russisch, Deutsch und Französisch mit Erdbeschreibung, Staatenkunde, Physik, Naturgeschichte, Baukunst und Mathematik zwar durchaus die für eine breite anwendungsorientierte Aufklärungskultur charakteristischen Erfahrungswissenschaften unterrichtet.[10] Mit einer eigenen Zeitung und einer eigenen Übersetzungswerkstatt war das Petersburger Kadettenkorps – neben der

---

[7] Zur Biographie Klingers immer noch wichtig ist die zweibändige Biographie Max Riegers: *Klinger in der Sturm und Drangperiode. Mit vielen Briefen* [I], Darmstadt 1880. Und Ders.: *Klinger in seiner Reife. Mit einem Briefbuch*, Darmstadt 1896 (= M. Rieger: *F.M. Klinger. Sein Leben und Werke. Zweiter Teil*). Sowie Olga Smoljan: *Friedrich Maximilian Klinger. Leben und Werk*, Weimar 1962. Zitat nach Rieger II, S. 74.

[8] Vgl. Rieger II, S. 216. Sowie Hans Joachim Torke: *Das russische Beamtentum in der ersten Hälfte des 19. Jahrhunderts*, Berlin 1967, S. 54.

[9] So jedenfalls Rieger II, S. 143–146. Die folgenden Darlegungen zur Karriere Klingers in Rußland greifen zurück auf Harro Segeberg: »Klinger in Rußland. Zum Verhältnis von westlicher Aufklärung und östlicher Autokratie«, in: Mechthild Keller (Hg.): *Russen und Rußland aus deutscher Sicht*, Band 2, München 1987, S. 536–563.

[10] Vgl. Rieger II, S. 78. Seine Angaben werden bestätigt durch Rosemarie Taylor: »Cadet Corps«, in: Joseph L. Wieczynski (Ed.): *The Modern Encyclopedia of Russian and Soviet History*, Vol. 6, New York 1978. S. 86–89, bes. S. 87. Und Marc Raeff: *The Origins of the Russian Intelligentsia. The Eighteenth-Century Nobility*, New York 1966, S. 137 ff. Sowie Isabel de Madariaga: *Russia in the Age of Catherine the Great*, London 1981, S. 82. Es gab allerdings auch Bestrebungen, in Grenzen auch nicht-adlige Studenten zum Kadettenkorps zuzulassen.

Moskauer Universität – eine der angesehensten Bildungsanstalten und eine der wichtigsten Vermittlungsinstanzen für westeuropäische Kulturleistungen.[11] Es verwundert daher nicht, daß aus dem Kadettenkorps nicht nur angesehene Generäle und hohe Zivilbeamte, sondern auch bedeutende Schriftsteller hervorgingen; ja, berühmte Revolutionäre wie die Dekabristen K. E. Rylejew und A. E. v. Rosen brachten den Lehrern des Kadettenkorps im frühen 19. Jahrhundert sogar den Vorwurf ein, aufrührerisches Gedankengut zu vermitteln.[12] Aber sieht man genauer hin, dann spricht einiges dafür, daß es auch hier in erster Linie darum ging, adlige Führungseliten für die in ihrer Funktion und Effizienz zu modernisierende russische Autokratie heranzubilden. Dies macht weiter verständlich, daß die Vorrangstellung des Kadettenkorps inmitten des von Katharina gleichfalls vorangetriebenen Aufbaus eines nicht-standesgebundenen öffentlichen Schul- und Unterrichtswesens unangetastet bleiben sollte.[13]

Solche Erscheinungen verstärkten schon bei den Zeitgenossen den Eindruck, daß es Katharina einerseits ohne Zweifel ernst damit war, die russische Autokratie aus einer Selbstherrschaft ohne konstitutionelle Einschränkungen (worunter man in der zeitgenössischen Terminologie ganz allgemein eine ›Despotie‹ verstand) in einen vom Monarchen zu schaffenden und dann auch zu respektierenden Rechts- und Kulturstaat zu verwandeln.[14] Gleichwohl ließ sich aber anderseits nicht übersehen, daß dies unter den spezifischen Bedingungen Rußlands im Kern auf die ziemlich exklusive rechtliche Privilegierung einer vergleichsweise schmalen Adelskaste hinauslaufen sollte, neben der nur noch Bürger und die auf den Staatsgütern der Krone persönlich mitunter weitgehend freien Staatsbauern eine eigenständige Rechtsstellung erlangen konnten,[15] während die große Gruppe der leibeigenen Bauern, die im späten 18. Jahrhundert ungefähr 40–50% der Gesamtbevölkerung ausmachte, davon ausgeschlossen blieb.[16] In diesem Sinne sollte der Entschluß

---

[11] Vgl. neben den in Anm. 10 genannten Arbeiten weiter Erich Donnert: *Rußland im Zeitalter der Aufklärung*, Leipzig 1983, S. 59 ff., 64, 215. Zudem George K. Epp: *The Educational Policies of Catherine II. The Era of Enlightenment in Russia*; Frankfurt a. M./Bern/New York/Nancy 1984, S. 57–60.

[12] So jedenfalls Smoljan: *Klinger*, S. 129ff.

[13] Vgl. dazu im einzelnen J. L. Black: *Citizen for the Fatherland. Education, Educators and Paedogical Ideals in Eighteenth Century Russia*, New York 1979, S. 95f., 99.

[14] Zum Für und Wider der Frage, wie ernsthaft Katharina diese Projekte betrieben hat, vgl. im einzelnen de Madariaga: *Russia*, S. 292–307. Sowie Günter Stökl: *Russische Geschichte. Von den Anfängen bis zur Gegenwart*, Stuttgart ⁵1965, S. 399–407.

[15] Vgl. zusammenfassend de Madariaga: *Russia*, S. 79–138 und 277–326. Daß auch die in sich wieder vielfältig differenzierte Gruppe der Staatsbauern unterschiedlichen Restriktionen ihrer persönlichen Freizügigkeit unterworfen war, wird ebd., S. 100 ff. deutlich. Vgl. weiter Richard Pipes: *Rußland vor der Revolution. Staat und Gesellschaft im Zarenreich*, München 1977 (zuerst 1974), S.†150ff. und S. 159. Zur Schwierigkeit, zwischen Bauern auf Staatsbesitzungen (den eigentlichen Staatsbauern) und Bauern auf den privaten Ländereien der Zaren (den sog. Schloßbauern) zu unterscheiden, vgl. Erik Amburger: *Ingermanland. Eine junge Provinz Rußlands im Wirkungsbereich der Residenz und Weltstadt St. Petersburg–Leningrad*, 2 Bde., Köln und Wien 1980; bes. Bd. 1, S. 231ff.. Danach glich die Lage der Schloßbauern eher der Situation der privaten Gutsbauern.

[16] So Pipes: *Rußland*, S. 150f. und 168.

Katharinas, in einer »Gnadenurkunde« für den Adel (1785) die persönliche Untertänigkeit der an den Grund und Boden ihrer Grundherren gebundenen leibeigenen Bauern rechtlich zu sanktionieren, sicherlich einerseits die soziale Stellung der Aristokratie und damit deren Selbstbewußtsein gegenüber einer in politischer Hinsicht allmächtig gewordenen Autokratie stärken;[17] dieser Schritt hatte aber andererseits eben auch den Effekt, daß dadurch die bisher nur durch Brauch und Herkommen eingespielte Praxis der Leibeigenschaft gesetzlich abgesichert und ausgebaut wurde.[18]

Es ist nun sicherlich nicht die Aufgabe des auf die westliche Forschungsliteratur verwiesenen Germanisten, die Streitfrage zu entscheiden, ob sich die aufgeklärte Reformpolitik Katharinas, die 1766 immerhin mit der für ihre Zeit spektakulären Einberufung einer Ständeversammlung begonnen hatte, an anderen historischen Möglichkeiten hätte orientieren können. Deutlich muß zum Verständnis Klingers nur werden, daß es vor allem zwei Tendenzen ihrer Politik gab, die das Bild einer von den Prinzipien ihrer eigenen Herrschaft zunehmend korrumpierten Autokratin entwerfen konnten: die endgültige Übereignung der Leibeigenen an einen Adel, der – so Klinger – den »Regenten« zunehmend als Mittel zur Disziplinierung »seiner Unterthanen« betrachtete (661/II, 505), und die Ausbreitung eines Favoritentums, das die aufgeklärten Schriftsteller Europas allenfalls einem männlichen Monarchen wie Ludwig XIV. nachsehen wollten.[19] Insofern bot Katharina, zumal gegen Ende ihrer Regierungszeit, für den kritischen Beobachter das Bild einer Autokratin, die nach außen hin nach Belieben schalten und walten konnte, nach innen aber in zunehmendem Maße die Kontrolle über eine ihr entgleitende Gesellschaft zu verlieren drohte, in der sich jeder so gut wie möglich in dem ihm zugewiesenen Stand und Amt zu bereichern versuchte. Im äußerst verschwenderischen Lebensstil der mit der Zeit immer rascher wechselnden »amants en titre« sahen die Zeitgenossen am sichtbarsten Merkmale einer »despotischen« Herrschaft fortdauern, in der allein die Willkür der absoluten Herrscherin über Aufstieg und Fall eines Günstlings entscheiden konnte.

Wo aber, so gesehen, Geschmeidigkeit und Anpassungsbereitschaft am ehesten Erfolg versprachen, konnten sich Charakterstärke und politisch-administrative Begabung immer schwerer behaupten.[20] Die Folgen solcher Machtausübung hat Klinger, sarkastisch überspitzt, in einer Anekdote dargestellt, die er vorsichtshalber einer Vorgängerin Katharinas II. zuschreibt:

---

[17] Dietrich Geyer: »öGesellschaf«« als staatliche Veranstaltung. Sozialgeschichtliche Aspekte des russischen Behördenstaats im 18. Jahrhundert«, in: ders. (Hg.): *Wirtschaft und Gesellschaft im vorrevolutionären Rußland*, Köln 1975, S. 20–52, bes. S. 43ff.

[18] Pipes: *Rußland*, S. 155, 159, 188; Stökl: *Russische Geschichte*, S. 406 f.

[19] Aufstieg und Fall der sogenannten »amants en titre« wurden von den auswärtigen Gesandten und Botschaftern sorgfältig registriert. Vgl. die Dokumente bei Hans Dollinger: *Rußland. 1200 Jahre in Bildern und Dokumenten*. Vorwort von Klaus Mehnert, München/Gütersloh/Wien 1977, S.137.

[20] Das galt besonders für den Aufstieg Platon Subows. Vgl. zum ganzen Problem die sehr ausgewogene Darstellung bei de Madariaga: *Russia*, S. 343–358.

Die Kaiserin E. [Elisabeth I., H.S.] trank einst bey guter Laune folgende moralische Gesundheit ihren Gästen zu: Verderben allen Dieben und Schurken meines Reiches! Pst! rief ihr ein kluger Hofmann zu; Eure Majestät trinken die Pest über ihr Reich. (68/I,82 f.)

Koordinaten literarischer Gesellschaftskritik

Der an den Schriften der »Voltaire, Montesquieu, Rousseau, Mably, Diderot« geschulte westliche Aufklärer Klinger (vgl. 19/I,17) hat sich nun bestenfalls in sehr allgemein gehaltenen Anspielungen über seine politischen Erfahrungen in Petersburg geäußert. Wohl aus Angst vor der zaristischen Zensur, die Briefe öffnete, kopierte oder gar verschwinden ließ,[21] hat Klinger die Brieffreunde aus Deutschland immer aufgefordert, »kein Verhältnis (von welcher Art es sey) des Landes zu berühren, in dem ich lebe« (7. Januar 1790). Daß Briefe, in denen »von öffentlichen Verhältnissen« die Rede ist, einfach verloren gehen können, war Klinger durchaus deutlich (7. Januar 1792). Klinger hat sich aber auch deshalb zurückgehalten, weil er dem Land Dank zu schulden glaubte, das ihm eine militärische Karriere eröffnet hatte (7. Januar 1790).

Sein Blickwinkel blieb immer der Sehweise eines in St. Petersburg lebenden Ausländers verpflichtet, der noch lange nach seiner Anstellung in Rußland auf eine Rückkehr nach Deutschland in eine vergleichbare Position hoffte.[22] Abgesehen von einer größeren Reise im Gefolge des damaligen Großfürsten Paul, die 1781 über zentralrussische, weißrussische und ukrainische Gebiete nach Europa führte, und einer Dienstzeit in einem Infanterieregiment von 1783 bis 1785 an der Süd- und Ostgrenze des Reiches, hat Klinger die russischen Kernprovinzen nicht genauer erkunden können.[23] Sein Thema ist daher in erster Linie der in seine militärische und administrative Erfahrungswelt direkt hineinreichende Widerspruch von aufgeklärtem Reformwillen und tatsächlicher »despotischer« Herrschaftspraxis. Von den Schwierigkeiten bei der Umwandlung einer Despotie in einen vom Monarchen zuerst zu schaffenden und dann zu respektierenden Rechts- und Verfassungsstaat hat Klinger dabei immer so gehandelt, daß seine spezifisch russischen Erlebnisse eine auch auf andere Länder übertragbare Bedeutung erlangen sollten.

Der Autor bewegte sich damit in den Bahnen einer spätaufklärerischen Geschichtsauffassung, die die historischen Besonderheiten von Wirtschaft, Gesellschaft, politischer Verfassung, Religion, Sitten und Gebräuchen einerseits durchaus wahrnahm, andererseits aber zurückführte auf vorgegebene diversifizierende Naturfaktoren wie Klima oder Bodenbeschaffenheit, die eine als Grundeinheit voraus-

---

[21] Vgl. den Bericht Friedrich Leopolds Graf zu Stolberg, in Ders.: *Briefe*, hg. v. Jürgen Behrens. Neumünster 1966, S. 191 (Brief vom 2.1.1786). Zur Fortsetzung dieser Praxis unter Paul I. vgl. Hugh Ragsdale: »Paul I.«, in: Joseph L. Wieczynski (Ed.): *The Modern Encyclopedia of Russian and Soviet History*, Vol. 27 (1982), S. 64–73; S. 67.

[22] Vgl. Rieger II, S. 75. Oder Brief an Schleiermacher vom 14.6.1789.

[23] Vgl. Smoljan: *Klinger*, S. 89f.

gesetzte Natur des Menschen lediglich modifizierten.[24] Geschichtlich unterschiedliche Ausprägungen können in einem solchen universalistischen Denkmodell zwar gesehen und mit großer Intensität dargestellt werden,[25] haben aber im Kern die Funktion, mögliche Variationen innerhalb eines anthropologischen Koordinatensystems zu erhellen. Der Versuch zur historischen Konkretisierung kann daher nie die universelle Gültigkeit des Denkmodells in Frage stellen. Klingers Methode der literarischen Auseinandersetzung bestand demzufolge darin, seine eigenen konkreten Erfahrungen in ein typologisches Deutungsmuster hinüberzuspielen, das inmitten aller Empirie universell gültige Entwicklungsgesetze wahrnahm.

Dieser hier nur sehr knapp skizzierte aufgeklärt-universalistische Diskurstyp brachte nun für den zur Vorsicht genötigten Dichter Klinger einen unschätzbaren Vorzug mit sich: Er konnte ohne Bedenken auf Fallbeispiele zurückgreifen, die nicht aus seinem leicht identifizierbaren russischen Umfeld stammten. Schon Klingers ins Politische ausgreifende Dramatik bevorzugte antike Stoffe (*Medea in Korinth* 1786/87, *Aristodemos* 1787/90, *Damokles* 1788/90, *Medea auf dem Kaukasus* 1790/91) oder Vorlagen aus der, von Rußland aus gesehen, auf den ersten Blick sehr fernliegenden spanischen Geschichte (*Roderico* 1788/90, *Der Günstling* 1785/87). Das Tyrannisproblem (*Damokles*) oder die zur patriotischen Raserei gesteigerte Vaterlandsliebe eines gegen eine expansive Machtpolitik kämpfenden kleinen Volkes (*Aristodemos*) bezeugen allerdings deutlich die politischen Sympathien des Verfassers. Im Drama *Der Günstling*, das wahrscheinlich Klingers Förderer, den damaligen Großfürsten Paul, vor den Gefahren der auf ihn zukommenden absolutistischen Herrschaft warnen sollte, wird in der düsteren Kulissenwelt spanischer Könige das Thema des skrupellosen Höflings so abgehandelt, daß daran die Kehrseite einer unbegrenzten »despotischen« Machtausübung in exemplarischer und damit auf andere Beispiele übertragbarer Weise sichtbar werden konnte.[26] Für alle diese Dramen gilt, was ein Rezensent bereits zu den *Scenen aus Pyrrhus Leben und Tod* (1776/77/79) ausgeführt hatte: »Etwas ganz mittelmäßiges kann Herr Klinger wohl nicht machen. [...] Stärke der Seele, und die wilden, großen Leidenschaften scheinen die Gegenstände zu sein, die seinem Pinsel am besten geraten«.[27]

---

[24] Vgl. Jörn Garber: »Geschichtsphilosophie und Revolution. Spätaufklärerische Geschichtstheorien im Einflußfeld der Französischen Revolution«, in: Jürgen Voß (Hg.): *Deutschland und die Französische Revolution. 17. deutsch-französisches Historikerkolloquium [...] (1981)*, München und Zürich 1983, S.168–193.

[25] Zu den damit verbundenen Problemen anläßlich des Klingerschen Versuches eines Geschichtsromans, der *Geschichte Raphaels de Aquillas* (1793), vgl. im einzelnen Harro Segeberg: *Friedrich Maximilian Klingers Romandichtung. Untersuchungen zum Roman der Spätaufklärung*, Heidelberg 1974, S. 82–118, bes. S. 104–118.

[26] Vgl. den Auszug bei Gert Ueding (Hg.): *Friedrich Maximilian Klinger. Ein verbannter Göttersohn. Lebensspuren 1752–1831. Eine Auswahl aus dem Werk*, Stuttgart 1981, S. 73–77. Da zwischen Entstehungszeit und Veröffentlichung häufig mehrere Jahre liegen, gebe ich für beides Jahreszahlen im Text an. Ich verfahre dabei wie Hering: *Klinger*.

[27] So eine Rezension des Jahres 1776, zit. in der Einleitung zu F.M. Klinger: *Otto. Das leidende Weib. Scenen aus Pyrrhus Leben und Tod*, hg. v. Edward P. Harris, Tübingen 1987 (= F.M. Klinger. Werke. Historisch-kritische Gesamtausgabe, Bd. 1), S. XXV.

Sehr viel konkreter fielen die Anspielungen im *Oriantes*-Drama von 1789/90 aus, in dem ein »gesetzgebender König« aus Thrakien die Zivilisierung seines vermeintlich barbarischen Naturvolks mit Hilfe einer künstlich aufgepflanzten griechischen Kultur vorantreibt; dieser Herrscher opfert nämlich seiner Menschenveredelung den widerstrebenden eigenen Sohn wie einen trotzigen »Empörer gegen den Staat« so auf, daß darin Parallelen zum Konflikt zwischen Peter I. und seinem Sohn Alexej gesehen werden konnten: Dieser Alexej war wegen Hochverrats auf die Folter gespannt worden und daran gestorben.[28] Auch in seiner kulturgeschichtlichen Romansatire *Die Geschichte vom Goldnen Hahn* (1785) ließ Klinger durchblicken, daß eine Staatsreform, die sich ausschließlich als von oben geförderter Kulturimport vollzieht, die Korrumpierung eines wehrlosen einfachen ›Natur‹-Volks einschließt. Die Invektiven des Romanerzählers gegen die aus Europa in ein imaginäres Circassien einfallenden »Köche, Coiffeurs, Affen, Philosophen, Komödianten, Quaksalber, Mönche, Politiker, Mahler, Poeten, Bildhauer« zeigen jedenfalls an, daß Klinger seine eigene Rolle als Ausländer in einem für ihn zunächst völlig fremden Land durchaus kritisch wahrnahm.[29]

Klingers Aufklärungsrealismus ging, wie gesagt, prinzipiell davon aus, daß der Vielfalt empirischer Erscheinungen stets wiederkehrende Strukturmerkmale unterlegt werden konnten, die er besonders in Rousseaus negativer Historik erhellt sah.[30] Klinger fand darin, ungeachtet aller damit verbundenen Vereinfachungen, ein Deutungsmodell für die Aporien einer aufgeklärten Reformpolitik, mit dessen Hilfe er von jedweder vordergründigen persönlichen Polemik zugunsten einer strukturellen Erklärung absehen konnte. Denn ein uneingeschränkter und gesetzloser Absolutismus, der mit Despotismus gleichgesetzt wird, hat ja auch in Rousseaus abstraktem historischen Verlaufsmodell die Aufgabe, ein gesellschaftliches Ordnungsgefüge gewaltsam aufrechtzuerhalten, in dem geburtsständische Privilegierungen tiefgreifenden Klassenunterschieden den Anschein unanfechtbarer Legitimität verleihen sollen. Adel und Alleinherrscher wissen in diesem Sinne auch in Klingers Romanen, wie sehr sie aufeinander angewiesen sind und einander brauchen.

Klinger folgt mit diesen die realen Machtkonstellationen sicherlich sehr stark vereinfachenden Schematisierungen ganz Rousseau; der Despotismus steht für beide am Ende einer negativen historischen Entwicklung, die – so Rousseau – die ursprüngliche natürliche Gleichheit der Menschen vernichtet habe. Im schrankenlosen Absolutismus meint Gleichheit nur noch die Abhängigkeit aller vom Willen des Alleinherrschers (vgl. Rousseaus *Discours sur l'origine et les fondements de l'inégalité parmi les hommes* 1754). Die Rückverwandlung eines solchen »Despotismus« in eine auf Recht und Gesetz gegründete monarchische und konstitutionelle Herrschaft setzt demzufolge einen Reformwillen voraus, der sich gegen mächtige soziale Interessengruppen durchsetzt, unter denen Klinger, neben den ihm zutiefst verhaßten Günstlingen, vor allem einen nur an der Mehrung des eigenen Reichtums

---

[28] Vgl die Auszüge bei Ueding (Hg.): *Klinger*, S. 78–81; Zitate S. 79 und 81. Zu den Parallelen zur russischen Herrschergeschichte vgl. Ueding, a. a. O., S. 15, und Hering: *Klinger*, S. 211f.

[29] Zit. nach Rieger II, S. 60.

[30] Vgl. Segeberg: *Klingers Romandichtung*, S. 38–47.

interessierten grundbesitzenden Adel wahrnahm. Über die Schwierigkeiten einer Reformpolitik unter solchen Voraussetzungen hat er, wovon noch die Rede sein wird, in Romanen wie den *Reisen vor der Sündfluth* (1794) mit großer Eindringlichkeit gehandelt.[31]

Die Gegensätze zwischen autonomer Reformmoral und »despotischer« Herrschaftspraxis sind also für Klinger Konflikte, deren Verlauf sich entweder an konkreten historischen Beispielen demonstrieren oder aber in einem von vornherein auf die überall abstrakten Gesetzmäßigkeiten konzentrierten literarischen Problemspiel entfalten ließ. Klinger hat daher im bedeutendsten Werk seiner russischen Zeit, einem auf zehn Bände geplanten Romanzyklus, einerseits historische Romane (etwa die *Geschichte Raphaels de Aquillas* 1793) und Zeitromane (zum Beispiel die *Geschichte eines Teutschen der neusten Zeit* 1798) geschrieben, andererseits aber auch Romanhandlungen erdacht, deren zumeist orientalische Umwelt so aufgebaut war, daß der in den Traditionen aufgeklärter Staatskritik geschulte Leser sie sogleich als Kulissenarrangement zur Darstellung allgemeiner Problemerkundungen durchschauen konnte. Für die Gattung des Staatsromans war die Verlegung von Romanhandlungen in orientalische Despotien seit Hallers *Usong* (1771) oder Wielands *Goldnem Spiegel* (1772) ja durchaus üblich.[32] Klinger knüpft als Romanautor an diese Traditionen an und führt sie, in den Grenzen dessen, was wir Aufklärungsrealismus genannt haben, weiter.

Es ist dieses durchaus zeitgebundene Denkmodell, in dem Klingers russische Erfahrungen zum Ausgangspunkt für ein Vorhaben werden konnten, das, wie er selber ausführt, »so viel ihm bekannt ist, kein Schriftsteller vor ihm gewagt hat«, weshalb es, wie wir heute ergänzen können, auf Romanzyklen des 19. Jahrhunderts wie etwa Balzacs *Comédie humaine* vorauswies. Denn schon Klinger hielt es für ausgeschlossen, in einem Roman allein das Totalgemälde eines von widerstreitenden Tendenzen geprägten Zeitalters zu geben. Daher ging es ihm darum, in der, wie er sagt, von vornherein geplanten Dekade, eine Abfolge von Werken zu schreiben, die seine »aus Erfahrung und Nachdenken entsprungene Denkungs-Art über die natürlichen und erkünstelten Verhältnisse des Menschen enthalten. [...] Gesellschaft, Regierung, Wissenschaften, Religion, hoher idealischer Sinn« sollten darin so abgehandelt werden, daß statt vordergründiger Harmonisierungen die »bis zur Empörung widersprechenden Seiten« der Wirklichkeit deutlich werden konnten. »Die Widersprüche zu vereinigen, oder das Räthsel gar zu lösen, geht über unsre Kräfte«.[33]

Die Romandekade

Zumal der letzte Satz macht die Konstante deutlich, die allen Romanen dieser geplanten Dekade zugrundeliegen sollte: Ihr Autor schickt seine Helden, darin ganz Aufklärer, immer auf's neue in einen Konflikt zwischen einer Moral, deren norma-

---

[31] Vgl. auch ebd., S. 143–162.
[32] Vgl. dazu im einzelnen Christoph Siegrist: *Albrecht von Haller*, Stuttgart 1967.
[33] Klingers Vorrede zu seinen Romanen wird zitiert nach der Erstfassung von 1798 in Rieger: *Briefbuch*, S. 44–46, hier S. 44 und 45.

tive Gültigkeit über jeden empirische Zweifel hinaus ist, und einer fiktiven Romanrealität, die – von einer derart absoluten Moral herausgefordert – exakt so konstruiert ist, daß sie diese stets zerstört, indem sie sie zusammen mit ihren Leitfiguren beseitigt. Oder anders gesagt: Moral ist bei Klinger entweder sozial angepaßt und daher ebenso korrumpiert wie unwirksam oder absolut und damit zum Untergang verurteilt. Dies macht verständlich, warum Klinger mit dem von der Klassik und Romantik zur gleichen Zeit geschaffenen Typus eines mit – vorübergehenden – Lösungen arbeitenden Bildungsromans nichts anfangen konnte;[34] die wie auch immer vorläufig gemeinte Lösung einer sozialreformerischen Turmgesellschaft, mit der etwa Goethe die *Lehrjahre* seines *Wilhelm Meister* beendet, ist in diesen Kontexten nicht möglich.

In diesem Sinne beginnt die Romandekade im Romanerstling *Fausts Leben, Thaten und Höllenfahrt* (1791) mit einer Kritik des früheren Sturm und Drang-Autors Klinger am moralisch ziemlich bedenkenlosen Genie-Selbsthelfer Faust, dessen Figur (was dem Roman unter mediengeschichtlichen Fragestellungen eine erneute Aktualität geben könnte) mit der Gestalt des Johannes Fust, eines Kompagnons und Gläubigers Gutenbergs, kombiniert wird.[35] Darauf folgt – so der Untertitel – als *Seitenstück zu Fausts Leben, Thaten und Höllenfahrt* der Inquisitionsroman *Geschichte Raphaels de Aquillas* (1793),[36] der anhand der Verfolgung und Ausrottung der sogenannten Moriscos, der zwangsgetauften Nachfahren der maurischen Bevölkerung Spaniens, seine anti-absolutistischen und anti-klerikalen Aggressionen mit der gleichen Unerbittlichkeit formuliert, die die hier angegriffene Inquisition auszeichnet. Verrechnet man die Überspitzungen des Romans mit der Einseitigkeit seiner anglikanischen Hauptquelle,[37] dann kann man in der Unglücksgeschichte des spanischen *Émile*-Nachfahren Rapheal und seiner Morisco-Freunde durchaus so etwas wie den Versuch zur historischen Konkretisierung eines typologisch denkenden Aufklärungsrealismus sehen.

Daran schließt sich an – als weiteres *Seitenstück zu Fausts Leben, Thaten und Höllenfahrt* – die in zwei Bänden erschienene *Geschichte Giafars des Barmeciden* (1792/94), die ausgerechnet am Hofe des – so die abendländische Konvention – orientalischen Ideal-Herrschers Haroun al Raschid vom Schicksal des ebenso unbeugsamen wie moralischen integren Staatsreformators Giafar erzählt, der mit der Unabhängigkeit seiner moralischen Integrität zuerst das Mißtrauen und dann die satanische Intrige eines aus Furcht um seine Allmacht den Einflüsterungen seiner Günstlinge erlegenen Allein-Herrschers herausfordert. Auch wenn man berücksichtigt, daß Klingers Romanhelden generell immer personifizierte Eigenschaften darstellen sollen, die ein denkbares Handlungsmuster in durchaus einseitiger Zuspit-

---

[34] Vgl. hierzu im einzelnen Michael Müller: *Philosophie und Anthropologie der Spätaufklärung. Der Romanzyklus Friedrich Maximlian Klingers*, Passau 1992.

[35] Vgl. jetzt die Neuausgabe F. M. Klinger: *Faust's Leben, Thaten und Höllenfahrt*, hg. von Sander L. Gilman, Tübingen 1978 (= F. M. Klinger. *Werke. Historisch-kritische Gesamtausgabe*, Bd. XI).

[36] Jetzt neu als F. M. Klinger: *Geschichte Rapheals de Aquillas*, hg. von Sander L. Gilman, Tübingen 1990 (=F. M. Klinger. *Werke. Historisch-kritische Gesamtausgabe*, Bd. XIII).

[37] Zitate aus den für Klinger einschlägigen Darstellungen des Engländers Robert Watson finden sich in der Einleitung zu Klinger: *Geschichte*, S. Xff.

zung erproben, so wird man nur schwer übersehen können, wie kenntnisreich der Hofmann Klinger hier die tödliche Automatik geschildert hat, mit der im eigentlich gutwilligen Haroun al Raschid Haß und Eifersucht auf einen Mann entstehen, der sich der Allmacht seines Willens dadurch entzieht, daß er sich von »Gold und Herrlichkeit und Pracht«[38] eben nicht korrumpieren lassen will. Klinger hat damit auf die direkt neben dem Herrscher postierte Beraterfigur projiziert, was ihm selber bereits in seiner damals noch untergeordneten Stellung zur täglichen Erfahrung werden sollte: daß der »Staatsbeamte, von welchem Rang er sey, der streng auf Pflicht und Gewissen hält, [...] und weiter keine Ansprüche macht«, gerade deshalb keineswegs »ohne Feinde leben kann« (593/II, 435).

Die radikale Düsternis eines solchen literarischen Anti-Despotismus wird in den nächsten beiden orientalischen Romanen dadurch aufgehellt, daß Klinger in den *Reisen vor der Sündfluth* (1794) und dem *Faust der Morgenländer* (1796) mit der ironisch bis witzig gezeichneten Figur des morgenländischen Hofvorlesers Ben Hafi auf seine eigene Tätigkeit als Hofvorleser bei dem nachmaligen Zaren Paul I. anspielt. Dadurch wird es jetzt möglich, in der Binnenhandlung einer dialogischen Rahmenhandlung das Grundmuster einer Rousseauschen Geschichts- und Gesellschaftskritik zu entwerfen, in der Ständegesellschaft und Absolutismus die äußerste Zuspitzung einer negativen Historik darstellen; ihr ›Sündenfall‹ wird – in einer Art von rousseauistisch geprägtem Marxismus *avant la lettre* – auf die Einführung des Privateigentums und der Geldwirtschaft zurückgeführt. Über die Aporie eines sich selber abschaffenden Reformdespotismus, der als einziger eine als fortschreitende Denaturierung aller Menschen aufgefaßte Geschichte umkehren könnte, läßt sich vor diesem Hintergrund in der Rahmenhandlung ebenso hitzig wie witzig streiten. Die Versicherung eines angeblichen fiktiven Herausgebers, er sehe sich »genötigt, fünf Abende aus diesem Buche herauszuschneiden, und das darum, weil die Begebenheiten, die sie enthalten, einigen Vorfällen unsrer neuern Zeit so ähnlich sind«, stellt auch für die verbliebenen Erzählabende klar, daß der Held der Binnenhandlung seine *Reisen vor der Sündfluth* ebensogut »im achtzehnten Jahrhundert und zwar nicht in Asien, sondern in dem christlichen aufgeklärten Europa gemacht« haben könnte.[39]

Nach dem Zwischenspiel der für die Dekade neu bearbeiteten kulturgeschichtliche Satire von *Sahir, Evas Erstgebornem im Paradiese* (1784/98) beginnt sodann mit dem ins Deutschland der Revolutionskriege verlegten Zeitroman *Geschichte eines Teutschen der neuesten Zeit* (1798) die Reihe der Romane, in denen das Grundsatzproblem einer durchgreifenden politischen und sozialen Reform ohne die bis dahin wirksamen orientalischen Kulissen erörtert werden sollte. Dabei werden in der *Geschichte eines Teutschen*, ähnlich wie in der Turmgesellschaft des *Wilhelm Meister*-Romans, einige wichtige Grundideen der nach der preußischen Niederlage von 1806/07 wirksamen Preußischen Reformen im Rahmen einer vorerst noch

---

[38] Vgl. F. M. Klinger: *Geschichte Giafars des Barmeciden*, St. Petersburg [recte Leipzig] 1792 (Buch 1 und 2); Fortsetzung St. Petersburg [recte Leipzig] 1794. Zit. in: Bd. 1, S. 288.

[39] F. M. Klinger: *Reisen vor der Sündfluth*, zit. nach Ders.: *Sämmtliche Werke*, 12 Bde., Stuttgart und Tübingen 1842, Bd. 6, S. 260.

scheiternden literarischen Utopie erörtert,[40] woraufhin der Dialogroman *Der Weltmann und der Dichter* (1798) noch einmal den in der politischen Praxis für Klinger unaufhebbaren Zwiespalt zwischen dem geschmeidig angepaßten Weltmann und dem seiner Zeit idealisch vorauseilenden Dichter herausstellt. Und auch der enttäuschte Abgesang auf die Französische Revolution, deren jakobinische Phase Klinger erbittert bekämpft hat, zeigt als das *Zu frühe Erwachen des Genius der Menschheit* (1798) an, daß Klinger im Terrorismus einer nach 1793/94 zunehmend kriegerischen revolutionären Realpolitik der Französischen Republik das alle Verfassungsrevolutionen überdauernde Grundgesetz einer von den politischen Realitäten korrumpierten Aufklärungsmoral erblickte.

So gesehen kann es auch nicht verwundern, daß der ursprünglich geplante autobiographische Roman über das eigene Wirken als *Weltmann und Dichter* nie geschrieben wurde. An seine Stelle tritt die dreibändige Sammlung der *Betrachtungen und Gedanken über verschiedenen Gegenstände der Welt und der Litteratur* (1803–1805), die – inmitten der Kämpfe um die von Alexander I. erneut belebte Reformpolitik begonnen – einen der schärfsten, weil stets dissonanten Epochenkommentar im Übergang zum 19. Jahrhundert darstellen. Denn der unter Alexander zum Generalleutnant, Direktor des Kadettenkorps, leitenden Kultusbeamten und Dorpater Universitätskurator aufgestiegene Klinger sah im Kampf der Reformer gegen einen im Kampf gegen Napoleon erstarkenden Adelsnationalismus keinen Anlaß dazu, sein Urteil über die Gegenwehr eines eigensüchtigen »herrschenden Adels« (661/II, 505) oder über die Begehrlichkeit habgieriger »Staatsbeamter, [...] Hofleute und Favoriten« (686/III, 25) abzumildern. Vielmehr glaubte er je länger je mehr festzustellen zu müssen, daß die schon »durch [ihre] Zahl allgewaltige Gegenpartei« sogar den »größten, unumschränktesten Monarchen« dazu zwinge, seine Reformpläne »im Stillen, im Dunkeln« zu verfolgen.[41] Es gehört zur Ironie der Geschichte, daß im Jahre 1812 mit Speranskij einer der wichtigsten unbestechlichen und damit unabhängigen Initiatoren dieser Reformpolitik das Opfer einer Hofintrige wurde, wie sie selbst dem Historiker von heute nur dort möglich erscheint, wo einer allein über Aufstieg und Fall seiner Berater entscheidet.[42]

Das aber heißt: Inmitten der in der Dekade ohne Zweifel wirksamen systemintegrativen Komponente einer alle Romane verbindenden Problemkonstellation[43] ist nicht zu übersehen, daß sich am Ende mit aller Schärfe die desintegrativen bis systemsprengenden Dynamiken durchsetzen, und in der Radikalität, mit der dies in Klingers *Betrachtungen und Gedanken* geschieht, sind Klingers wohl nur mit Lichtenbergs *Sudelbüchern* vergleichbaren Sammlungen aus Essays, Aphorismen, Dialogen, Notaten und kulturgeschichtlichen Exkursen als gleichsam letztes Wort dieses Autors zu betrachten. Von ihm hat daher sein der Dichter-Kollege Jean Paul

---

[40] Vgl. dazu im einzelnen Segeberg: *Klingers Romandichtung*, S. 181f.

[41] Vgl. eine in die Neuausgabe von 1809 aufgenommene Eintragung in die *Betrachtungen und Gedanken*, hier zit. nach Klinger: *Sämmtliche Werke*, Bd. 12, S. 29.

[42] So jedenfalls der Historiker Pipes: *Rußland*, S. 123. Und Marc Raeff: *Michael Speransky. Statesman of Imperial Russia 1772–1839*, The Hague 1969, S. 178 und 183.

[43] So dezidiert strukturalistisch Müller: *Philosophie und Anthropologie*.

zu Recht gesagt, daß seine »Poesien den Zwiespalt zwischen Wirklichkeit und Ideal, anstatt zu versöhnen, nur erweitern, und daß jeder Roman desselben, wie ein Dorfgeigenstück, die Dissonanzen in eine schreiendere letzte auflöse«, weshalb inmitten aller klassisch-romantischen Versöhnungsversuche gerade die Radikalität dieser dissonanten Stimme – so wieder Jean Paul – »für den vergeblichen Wunsch eines froheren farbigen Spiels« entschädigen könne.[44]

In diesem Sinne sind es die in ihrer Erkenntnis- und Wahrnehmungsschärfe noch lange nicht richtig gewürdigten *Betrachtungen und Gedanken*, die allen Verächtern der Aufklärung zum Trotz das eigentlich überfällige Bild einer im Übergang zum 19. Jahrhundert bis zum Zerreißen zerspannten, weil selbstkritischen Aufklärung entwerfen könnten, und die Gegen-Klassik des Dramatikers, Romanerzählers und Aphoristikers Klinger fände exakt darin ihre kongeniale Zuspitzung.

Literatur

Amburger, Erik: *Ingermanland. Eine junge Provinz Rußlands im Wirkungsbereich der Residenz und Weltstadt St. Petersburg–Leningrad*, 2 Bde., Köln und Wien 1980.

Black, J. L.: *Citizen for the Fatherland. Education, Educators and Paedogical Ideals in Eighteenth Century Russia*, New York 1979.

Brenner, Peter J.: *Die Krise der Selbstbehauptung. Subjekt und Wirklichkeit im Roman der Aufklärung*, Tübingen 1981.

Dollinger, Hans: *Rußland. 1200 Jahre in Bildern und Dokumenten*, Vorwort von Klaus Mehnert, München/Gütersloh/Wien 1977.

Donnert, Erich: *Rußland im Zeitalter der Aufklärung*, Leipzig 1983.

Epp, George K.: *The Educanial Policies of Catherine II. The Era of Enlightenment in Russiak* Frankfurt a. M./Bern/New York/Nancy 1984.

Flach, Willy, und Dahl, Helma (Hg.): *Goethes Amtliche Schriften*. Bd. 1–3: *Goethes Tätigkeit im Geheimen Consilium*, Weimar 1950–1972.

Garber, Jörn: »Geschichtsphilosophie und Revolution. Spätaufklärerische Geschichtstheorien im Einflußfeld der Französischen Revolution«, in: Jürgen Voß (Hg.): *Deutschland und die Französische Revolution. 17. deutsch-französisches Historikerkolloquium [...] (1981)*, München und Zürich 1983, S.168–193.

---

[44] Zu den Zitaten vgl. Jean Paul: *Vorschule der Ästhetik* (1804/2. Aufl.1813). Zit. nach Jean Paul: *Werke*; Bd. 5, hg. v. Norbert Miller. München 1963, S. 99f.

Geyer, Dietrich: »›Gesellschaft‹ als staatliche Veranstaltung. Sozialgeschichtliche Aspekte des russischen Behördenstaats im 18. Jahrhundert«, in: ders. (Hg.): *Wirtschaft und Gesellschaft im vorrevolutionären Rußland*, Köln 1975, S. 20–52.

Hering, Christoph: *Friedrich Maximilian Klinger. Der Weltmann als Dichter*, Berlin 1966.

Klinger, F. M.: *Betrachtungen und Gedanken über verschiedene Gegenstände der Welt und der Litteratur. Nebst Bruchstücken aus einer Handschrift* [...] Cöln [recte Leipzig 1803]; Zweyter Theil. Cöln [recte Leipzig) 1803; Dritter Theil. St. Petersburg [recte Leipzig] 1805.

Klinger, F. M.: *Der Weltmann und der Dichter* (1798), hg. von Thomas Salumets und Sander L. Gilman, Tübingen 1985 (= F. M. Klinger. *Werke. Historisch-kritische Gesamtausgabe*, Band XVIII).

Klinger, F. M.: *Faust's Leben, Thaten und Höllenfahrt*, hg. v. Sander L. Gilman, Tübingen 1978 (= F. M. Klinger. *Werke. Historisch-kritische Gesamtausgabe*, Bd. XI).

Klinger, F. M.: *Geschichte Giafars des Barmeciden*. St. Petersburg [recte Leipzig] 1792 (Buch 1 und 2). Fortsetzung St. Petersburg [recte Leipzig] 1794.

Klinger, F. M.: *Geschichte Rapheals de Aquillas*, hg. v. Sander L. Gilman, Tübingen 1990 (= F. M. Klinger. *Werke. Historisch-kritische Gesamtausgabe*, Bd. XIII).

Klinger, F. M.: *Otto. Das leidende Weib. Scenen aus Pyrrhus Leben und Tod*, hg. v. Edward P. Harris, Tübingen 1987 (= F. M. Klinger. *Werke. Historisch-kritische Gesamtausgabe*, Bd. I).

Klinger, F. M.: *Reisen vor der Sündfluth*, zit. nach Ders.: *Sämmtliche Werke*, 12 Bde., Stuttgart und Tübingen 1842, Bd. 6.

Madariaga, Isabel de: *Russia in the Age of Catherine the Great*. London 1981.

Mayer, Hans: *Goethe. Ein Versuch über den Erfolg*, Frankfurt a. M. 1973.

Müller, Klaus Detlev: *Autobiographie und Roman. Studien zur literarischen Autobiographie der Goethezeit*, Tübingen 1976.

Müller, Michael: *Philosophie und Anthropologie der Spätaufklärung. Der Romanzyklus Friedrich Maximlian Klingers*, Passau 1992.

Paul, Jean: *Vorschule der Ästhetik* ($1804/^2 1813$). Zit. nach Ders.: *Werke*, Bd. 5, hg. v. Norbert Miller, München 1963, S. 99f.

Pipes, Richard: *Rußland vor der Revolution. Staat und Gesellschaft im Zarenreich*, (zuerst 1974), München 1977.

Raeff, Marc: *Michael Speransky. Statesman of Imperial Russia 1772–1839*, The Hague 1969.

Raeff, Marc: *The Origins of the Russian Intelligentsia. The Eighteenth-Century Nobility*, New York 1966.

Ragsdale, Hugh: »Paul I.«, in: Joseph L. Wieczynski (Ed.): *The Modern Encyclopedia of Russian and Soviet History*, Vol. 27 (1982), S. 64–73.

Rieger, Max (Hg.): *Briefbuch zu Friedrich Maximilian Klinger*, Darmstadt 1896 (= M. Rieger: *F. M. Klinger. Sein Leben und Werke. Zugabe zum zweiten Teil*).

Rieger, Max: *Klinger in der Sturm und Drangperiode. Mit vielen Briefen* [I], Darmstadt 1880.

Rieger, Max: *Klinger in seiner Reife. Mit einem Briefbuch*, Darmstadt 1896 (= M. Rieger: *F. M. Klinger. Sein Leben und Werke. Zweiter Teil*).

Schmidt, Arno: *Das erzählerische Werk in 8 Bänden*, Bargfeld 1985.

Segeberg, Harro: »Klinger in Rußland. Zum Verhältnis von westlicher Aufklärung und östlicher Autokratie«, in: Mechthild Keller (Hg.): *Russen und Rußland aus deutscher Sicht*, Bd. 2, München 1987, S. 536–563.

Segeberg, Harro: *Friedrich Maximilian Klingers Romandichtung. Untersuchungen zum Roman der Spätaufklärung*, Heidelberg 1974.

Seibert, Regine: *Satirische Empirie. Literarische Struktur und geschichtlicher Wandel der Satire in der Spätaufklärung*, Würzburg 1981.

Siegrist, Christoph: *Albrecht von Haller*, Stuttgart 1967.

Smoljan, Olga: *Friedrich Maximilian Klinger. Leben und Werk*, Weimar 1962.

Stökl, Günter: *Russische Geschichte. Von den Anfängen bis zur Gegenwart*, Stuttgart ^{5}1965.

Stolberg, Friedrich Leopold Graf zu: *Briefe*, hg. v. Jürgen Behrens, Neumünster 1966.

Taylor, Rosemarie: »Cadet Corps«, in: Joseph L. Wieczynski (Ed.): *The Modern Encyclopedia of Russian and Soviet History*, Vol. 6, New York 1978. S. 86–89.

Torke, Hans Joachim: *Das russische Beamtentum in der ersten Hälfte des 19. Jahrhunderts*, Berlin 1967.

Ueding, Gert (Hg.): *Friedrich Maximilian Klinger. Ein verbannter Göttersohn. Lebensspuren 1752–1831. Eine Auswahl aus dem Werk*, Stuttgart 1981.

Wilson, W. Daniel: *Das Goethe-Tabu. Protest und Menschenrechte im klassischen Weimar*, München 1999.

Gerhard R. Kaiser

FRIEDRICH JUSTIN BERTUCH (1747–1822)
Herzoglicher Geheimsekretär, Literat, Verleger, Unternehmer, Politiker
im klassischen Weimar

Weimar um 1800 ist von den Zeitgenossen sehr unterschiedlich imaginiert, wahrgenommen und dargestellt worden. Das berühmteste Buch, das der Stadt je gewidmet wurde, *De l'Allemagne*, erschien 1813. Mme de Staël, seine Verfasserin, war 1803, bei ihrem ersten Besuch, schon kurz nach der Ankunft bei Hof empfangen worden und hatte eine Woche später, am 24. Dezember, mit Schiller bei Goethe gespeist. Sie spricht fast ausschließlich von der herzoglichen Familie und den vier Großen Weimars, das für sie metonymisch die angebliche Liberalität und die kulturelle Produktivität der deutschen Provinz vertritt. Anders der ehemalige Hallenser Dozent und spätere preußische Söldner Friedrich Christian Laukhard in seiner zwischen 1792 und 1802 erschienenen Autobiographie *Leben und Schicksale von ihm selbst beschrieben, und zur Warnung für Eltern und studierende Jünglinge herausgegeben*. Laukhard nennt zwar den »göttlichen *Herder*«, doch setzt er einen ganz anderen Akzent, indem er auf die »Schul- und Kirchenlehrer« im Herzogtum Sachsen-Eisenach-Weimar hinweist, die »so düster« leuchteten, »daß sie des Putzens von allen Seiten selbst« bedürften. Auch Weimar besitze, pointiert er weiter, »seine Gelehrte [!] mehr fürs Ausland, als für sich«.[1] Von dem Literaten, Verleger und Unternehmer Friedrich Justin Bertuch, einem der einflußreichsten, wohlhabendsten und auch in kultureller Hinsicht bedeutendsten Bürger Weimars, ist weder im panoramatischen genus grande der Mme de Staël noch im pikarischen genus humile Laukhards die Rede, wohl aber im praktischen genus mediocre der *Reise durch Thüringen, den Ober- und Niederrheinischen Kreis nebst Anmerkungen über Staatsverfassungen, öffentliche Anstalten, Gewerbe, Cultur und Sitten*, die ein gewisser Wölfing 1796 anonym erscheinen ließ. Wölfing nennt Bertuch in einem Atemzug mit dem Herzog, mit Goethe, mit Herder, mit Wieland und hätte Schiller nicht vergessen, wenn dieser nicht erst 1799 nach Weimar übersiedelt wäre. Er spricht von der Stadt, »in welcher der Fürst, ein schöner Geist und Mäcen aller guten Köpfe, der Geheime Rath ein Genie, der Oberbramin des ganzen Priesterthums Sänger in dem Geiste Ossians, Deutschlands Horaz und Lucian, der Lehrer und Liebling, und ein

---

[1] F. C. Laukhard: *F. C. Laukhards, vorzeitigen Magisters der Philosophie, und jetzt Musketiers unter dem von Thaddenschen Regiment zu Halle, Leben und Schicksale, von ihm selbst beschrieben, und zur Warnung für Eltern und studierende Jünglinge herausgegeben. Ein Beitrag zur Charakteristik der Universitäten in Deutschland*. Zweiter Theil, Halle 1792, S. 315–317 (Reprint: Ders.: *Leben und Schicksale*. Fünf Theile in drei Bänden, hg. von Hans-Werner Engels und Andreas Harms, Frankfurt a. M. 1987).

Belletrist, der Schatullenaufseher des Regenten ist«. Und noch in anderem Zusammenhang hebt Wölfing Bertuch hervor: »das Einzige, was hier von Industrie existiert«, sei »das Industrie-Comtoir des Herrn Bertuch«; dieser habe »den Namen Industrie seit einiger Zeit zu Weimar in Gang gebracht«.[2]

Bertuchs Geburtsjahr jährte sich 1997 zum 250., sein Todesjahr zum 175. Male. Was man sich von einer genaueren Kenntnis dieser meist übersehenen Gestalt erwarten kann, ist eine angemessenere Wahrnehmung des Kulturraums Weimar um 1800, als sie die traditionell literaturwissenschaftliche Analyse bietet. Im Lichte dieser erweiterten Wahrnehmung könnten gerade aber auch die vier Weimarer Großen, deren Ruhm Mme de Staël nach Europa trug, neue Facetten gewinnen.

Ich konzentriere mich bei meinem skizzenhaften Porträt Bertuchs auf das Doppeljahr 1797/98, genauer auf ein einziges seiner vielfältigen Unternehmungen dieser Zeit, die Gründung des Periodikums *London und Paris*. Orientierungshalber vorweg nur so viel: Bertuch, 1747 in Weimar geboren, verlor 1752 den Vater, 1762 die Mutter, im selben Jahr den Stiefvater, wuchs danach in der Familie eines Oheims auf und studierte von 1765 bis 1769 ohne Abschluß in Jena zuerst Theologie, dann Jurisprudenz. 1769 wurde er Hauslehrer auf Gut Dobitschen bei Altenburg, wo er sich mit Hilfe des Freiherrn Bachoff von Echt, seines Arbeitgebers, das Spanische aneignete. 1773 kehrte er nach Weimar zurück, protegiert von Wieland, an dessen »Teutschem Merkur« er mitarbeitete und der ihm bei Hof die Wege ebnete. Schon 1775, ein Tag nach dem Regierungsantritt Carl Augusts, trat er in die Dienste des Herzogs, wo er als Geheimsekretär und Schatullier, Verwalter des Privatvermögens, – später mit dem Titel eines Legationsrates – in enger, regelmäßiger, zu manchen Zeiten wohl täglicher Verbindung zu Goethe stand. Dieser hatte ihm sogar, was er sonst selten genug tat, das Du angeboten, entzog es ihm freilich später wieder. Auch das Verhältnis zu Wieland kühlte sich ab und wurde wechselhaft; konstant – gleichbleibend schlecht – war das zu Herder; Schiller, der Bertuch um Kredit anging, äußerte sich geringschätzig über ihn.

Bertuch war früh als Schriftsteller erfolgreich, mit der Romanze *Das Märchen vom Bilboquet*, mit der Tragödie *Elfride*, die in Weimar wiederholt, noch unter Goethes 1791 einsetzender Intendanz, aufgeführt wurde, mit *Wiegenliederchen*, deren eines der Kinderbuchsammler Walter Benjamin ebenso wie das *Bilderbuch für Kinder* erinnern wird. Bedeutender und folgenreicher war Bertuch als Mittler spanischer Sprache und Literatur. Mit der deutschen Übersetzung des *Don Quijote* festigte er seinen Ruf als Schriftsteller und legte dabei zugleich den Grundstein eines planmäßig, klug und weitsichtig vermehrten Vermögens.

Über zwanzig Jahre war Bertuch, ein höchst disziplinierter Arbeiter, für den Herzog tätig. In dieser Zeit baute er schrittweise, unterstützt von seiner Frau, ein Unternehmen auf, das nachmalige Landes-Industrie-Comptoir, zu dem eine umfängliche Verlagsproduktion und eigene Druckerei ebenso gehörten wie Kommissionsgeschäfte, die auswärtige, auch ausländische, Mode- und Gebrauchsgegenstände in

---

[2] Anonym [Wölfing]: *Reise durch Thüringen, den Ober- und Niederrheinischen Kreis, nebst Bemerkungen über Staatsverfassung, öffentliche Anstalten, Gewerbe, Cultur und Sitten*, Dritter Theil, Dresden und Leipzig 1796, S. 523 u. 527.

Weimar erhältlich machten, und die Produktion künstlicher Blumen – Christiane Vulpius arbeitete für ihn, Goethes Mutter zählte zu seinen Kundinnen (gleich »ein Dutzend Blumensträuße [...] der vortreflichen Weimarer Fabrick« erbat sie sich 1784 brieflich von Bertuch, »besonders [...] Kornblumen, Vergißmeinicht, Reseda, Klapperroßen«[3]). Als Bertuch im Juli 1796 auf eigenen Wunsch aus den Diensten des Herzogs ausschied – »Ich bin nun ein freyer Mann und kann [...] mir, meinen Geschäften und Freunden leben«[4] teilt er bei dieser Gelegenheit Schütz in Jena mit – war er einer der reichsten und angesehensten Bürger Weimars. Die schriftstellerische Arbeit war schon seit längerem in den Hintergrund getreten, obwohl er sich mit bedeutenden grundsätzlichen Stellungnahmen, etwa zu Fragen der Typographie und des Raubdrucks, zum Modebegriff »Aufklärung« und zum Weimarer Bettelwesen, immer wieder zu Wort meldete. Ich verzichte auf weitere Einzelheiten und füge nur hinzu, daß Bertuch sich auch in der Weimarer Stadtpolitik engagierte und nach dem Wiener Kongreß als Verleger frühliberaler politischer Zeitschriften bzw. Zeitungen hervortrat. Der Kanzler Müller hielt ihm im Namen der Loge Anna Amalia 1822 die Grabrede, aus deren hochgreifend-abgemessenen Worten wohl auch Goethe spricht, der denn seinen Respekt dem ihm – toute proportion gardée – in bestimmter Hinsicht durchaus verwandten Bertuch wenigstens posthum nicht verweigert haben dürfte. Was Bertuch für das Weimar der Goethezeit bedeutete, läßt sich noch heute an seinem nur teilweise erhaltenen und gleichwohl eindrucksvollen Anwesen in der Karl-Liebknecht-Straße ablesen, das man als gebauten alternativen Lebensentwurf zu Goethes Haus am Frauenplan, ja zu Carl Augusts wiedererrichtetem Residenz-Schloß und Römischem Haus – auch an das Wittumspalais wäre in diesem Zusammenhang zu denken – bezeichnen könnte. »Ohnstreitig in ganz Weimar das schönste Haus« hatte Schiller den gerade errichteten Nordflügel des nachmals dreiflügeligen Komplexes genannt.[5] Die Fertigstellung, die ihm, dem finanziell chronisch Bedrängten, noch mehr zugesetzt hätte, hat er nicht mehr erleben müssen. Keine Frage, daß Bertuch als kultureller Mittler, als Herausgeber und Verleger, als wichtigster industrieller Arbeitgeber mit einem weit über das Herzogtum hinausreichenden Blick neben den vier Großen und dem Hof eine tragende Säule der kulturellen Blüte Weimars um 1800 war.

1797 siedelt Wieland nach Oßmannstedt über, und Johann Daniel Falk, dem die Welt das Weihnachtslied »O du fröhliche« verdankt, zieht von Halle nach Weimar um. Karoline Jagemann erlebt in Wranitzkys *Oberon*-Oper Triumphe, und der Herzog feiert die Vollendung des Römischen Hauses. Goethe übernimmt mit Voigt die Oberaufsicht der Bibliothek, arbeitet an der *Farbenlehre* und an *Hermann und Dorothea*, schreibt *Die Braut von Korinth*, den *Zauberlehrling* und die »Zueignung« zum *Faust*, diskutiert in Jena mit Schiller über die Gattung Ballade und veröffent-

---

[3] Mario Leis, Karl Riha und Carsten Zelle (Hgg.): *Die Briefe von Goethes Mutter*, hg. nach der Ausgabe von Albert Köster, Frankfurt a. M./Leipzig 1996, S. 194 f.

[4] Zit. nach Albrecht von Heinemann: *Ein Kaufmann der Goethezeit. Friedrich Johann Justin Bertuchs Leben und Werk*, Weimar 1955, S. 90.

[5] Friedrich Schiller: *Werke*. Begründet von Julius Petersen, hg. von Norbert Oellers u. a., Weimar 1943 ff. (Nationalausgabe), Bd. 24, S. 136 (18./19. August 1787 an Körner).

licht die gemeinsam verfaßten *Xenien* in Schillers *Musenalmanach auf das Jahr 1797*. Bertuch, der im Vorjahr aus den Diensten des Herzogs ausgeschieden war und sich nun uneingeschränkt seinen geschäftlichen Unternehmungen zuwenden kann, geht an die Realisierung längst gehegter Pläne und sinnt auf Neues. 1797 erlebt er das, was heutige Sportreporter eine Leistungsexplosion nennen. Er entwirft für den Freiherrn von Erdmannsdorff in Dessau den alsbald realisierten Plan einer Chalcographischen Gesellschaft, d. h. einer Aktiengesellschaft, die sich der Vervielfältigung klassischer Bildvorlagen in Form von Kupferstichen widmen soll. Im selben Jahr erwirbt er das Würzburger Bürgerrecht und erhält das Privileg, Kohle, Metalle, Ton und andere Erden des Bistums zu erschließen. Er kauft ein Salzwerk bei Cronach, erschließt eine Saline bei Neustadt an der Saale und pachtet die Salzwerke Clemenshall in Offenau am Neckar. Im Verlag seines Landes-Industrie-Comptoirs kommen unter anderem ein aus dem Italienischen übersetztes Handbuch der »Schwimmkunst«, Böttigers *Griechische Vasengemälde* und eine *Kurze Beschreibung des allgemeinen Krankenhauses zu Bamberg* von Adalbert Friedrich Marcus heraus, dem späteren Freund E. T. A. Hoffmanns. Nicht weniger als vier Periodika beginnen 1797/98 im Verlag des Industrie-Comptoirs zu erscheinen, alle durch Bertuch angeregt, einige von ihm selber herausgegeben: 1. Ergänzend zum *Bilderbuch für Kinder*, das seit 1792 erschienen ist, veröffentlicht der Dessauer Pädagoge Karl Philipp Funke einen *Ausführlichen Text zu Bertuchs Bilderbuch für Kinder*, laut Untertitel *Ein Commentar für Eltern und Lehrer, welche sich jenes Werks bei dem Unterricht ihrer Kinder und Schüler bedienen wollen*. 2. Johann Daniel Albrecht Höck beginnt mit der Herausgabe eines *Magazins der Staatswissenschaft und Statistik*. 3. F. von Zach, »herzoglich Sachsen-Gothaischer Obristwachtmeister und Director der herzoglichen Sternwarte Seeberg bei Gotha«, startet die *Allgemeinen Geographischen Ephemeriden*, in deren Herausgeberschaft ihm ab 1800 Adam Christian Gaspari und Bertuch höchstpersönlich folgen werden. 4. Von Beginn an zeichnet Bertuch selber als – ungenannter – Herausgeber eines weiteren neuen Periodikums, *London und Paris*.[6]

Zu den größten verlegerischen Erfolgen Bertuchs zählte die von ihm mit Georg Melchior Kraus seit 1786 unter dem Titel *Journal der Moden*, ab 1787 unter dem Titel *Journal des Luxus und der Moden* monatlich herausgegebene und jeweils mit einem »Intelligenzblatt«, d. h. einer Anzeigenbeilage, versehene Zeitschrift. *London und Paris* glich dem Modejournal nicht nur in Format, Umfang und Umschlagfarbe, sondern es gab auch zahlreiche inhaltliche Überschneidungen. Das Modejournal war, trotz eines deutlichen Schwerpunktes, keine Modezeitung im eingeschränkten, sondern eine Kulturzeitschrift im umfassenden Sinn, die unter anderem über neueste Musikalien, Möbel und Equipagen berichtete, »Historische Bemerkungen über den Gebrauch der Schminke« mitteilte und – ohne die Bildbeigaben – den Zweitdruck von Goethes *Römischem Carneval* brachte. Regelmäßig wurden Nachrichten aus Paris und London mitgeteilt, und sie galten nicht nur den Moden, sondern durchaus

---

[6] Dazu das *Magazin für den neuesten Zustand der Naturkunde in Rücksicht auf die dazu gehörigen Hülfswissenschaften*, 1797–1800 in der akademischen Buchhandlung Jena, 1801–1806 in Bertuchs Weimarer Landes-Industrie-Comptoir.

auch dem politischen Geschehen. *London und Paris* seinerseits war eine breit angelegte Kulturzeitschrift, wenngleich durch die Fokussierung auf die beiden westlichen Metropolen ebenso wie durch das stärkere Hervortreten der politischen Berichterstattung mit anderer Akzentsetzung. Auch nach dem Erscheinen von *London und Paris* berichtete das Modejournal aus der englischen und der französischen Hauptstadt. Das Verhältnis beider Zeitschriften hat man sich also nicht nur als eines arbeitsteiliger Ausdifferenzierung zwischen stärker kultureller und stärker politischer Berichterstattung vorzustellen. Vielmehr trat *London und Paris* dem *Journal des Luxus und der Moden* in dem Sinne supplementierend an die Seite, daß es aus dem von Rom über Wien bis nach Berlin und Hamburg, von St. Petersburg über Dresden und Paris bis nach London reichenden Kulturraum, den das Modejournal abdeckte, die Zentren der beiden seit Jahrhunderten rivalisierenden westeuropäischen Führungsmächte hervorhob, über die nun ausführlicher, als es im Modejournal möglich war, berichtet werden konnte. Allein diese Fokussierung schon der zwischen 1798 und 1815 unter wechselnden Titeln erscheinenden Zeitschrift war von größter politischer Bedeutung.

Anders als das Modejournal hatte *London und Paris* von Anfang an eine feste Struktur, von der erst in den letzten Jahrgängen abgewichen wurde. Die achtmal jährlich – nicht zwölfmal wie das Modejournal – im Umfang von sieben Bogen erscheinenden Hefte, von denen jeweils vier durchpaginiert, zu einem Band zusammengefaßt und durch Register erschlossen wurden, enthielten einen London-, einen Paris- sowie einen weiteren Textteil, der ausführliche Erklärungen zu den im Anhang wiedergegebenen Karikaturen aus London bzw. aus Paris brachte. Gelegentlich gab es auch Liedtexte mit Noten und andere Originaldokumente, jeweils mit knappen Erläuterungen, Werbetexte etwa oder die politischer Anschläge. Formgeschichtlich knüpfte die Zeitschrift im wesentlichen an drei Traditionen an: 1. an das durch Merciers *Tableau de Paris* für die Vergegenwärtigung der Großstadt maßgeblich geprägte Genre des tableau: Mercier, im letzten Drittel des 18. Jahrhunderts einer der in Deutschland meistgelesenen französischen Autoren, dessen wiederholte Lektüre unter anderem durch Goethe bezeugt ist, wird in »Plan und Ankündigung« der neuen Zeitschrift in engem Zusammenhang mit dem versprochenen »tableau mouvant« der beiden Metropolen genannt und findet in den ersten Jahrgängen regelmäßig Erwähnung. Die mit seinem Namen verbundene Formtradition dürfte im übrigen schon für das Modejournal wichtig geworden sein, in deren Einleitung von 1786 der Begriff »tableau« fällt. 2. Das bildkünstlerische Genre der Karikatur, weniger der Mode- als der politischen Karikatur und dabei nicht so sehr die in der Formensprache eher konventionelle französische als vielmehr die aggressive englische Karikatur, vorzugsweise die Gillrays, der damals mit Cruikshank und Rowlandson die englische politische Karikatur in der Nachfolge von Hogarth zur formensprachlich avanciertesten Karikatur Europas gemacht hatte. 3. Die Bildbeschreibung, wie sie Lichtenberg in der *Ausführlichen Erklärung der Hogarthschen Kupferstiche* im Zusammenspiel von sachhaltigem Kommentar und launig-phantasievoll fabulierender Ausdeutung erneuert hatte.

Bertuch ließ sich gerade bei seinen größten kommerziellen Erfolgen – und auch die neue Zeitschrift wurde zu einem solchen – nie von unbestimmtem Gefühl leiten. Er hatte Witterung für das, was gebraucht werden würde, und er dachte nicht nur taktisch, sondern strategisch, konzeptionell. Wenn wir sagen, *London und Paris* verhalte sich arbeitsteilig-differenzierend und zugleich supplementierend zum Modejournal, und auf die Formtraditionen des tableau, der Bildkarikatur und der Lichtenbergischen Hogarth-*Erklärungen* hinweisen, nennen wir freilich eher Mittel, deren Bertuch sich bediente, als die eigentlichen Gründe seines Erfolges. Ein Blick auf die politische Landkarte Europas hilft weiter. 1794 war Robespierre hingerichtet worden, 1795 übernahm in Paris das Direktorium die Macht, das die offensive Außenpolitik der revolutionären Republik fortführte, 1796/97 feierte Bonaparte bei Lodi, Arcole und Rivoli glanzvolle Siege über die Österreicher, 1797 gelangte im Frieden von Campo Formio das linke Rheinufer an Frankreich, und in Oberitalien wurden mit der cisalpinischen und der ligurischen französische Tochterrepubliken errichtet. Während das postjakobinische Frankreich auf dem Kontinent triumphierte, zeichnete sich England immer deutlicher als sein entscheidender Gegenspieler ab. Bertuch reagierte auf den beschleunigten Prozeßcharakter der europäischen Geschichte und die damit verbundenen gesteigerten Informations- und Orientierungsbedürfnisse, indem er mit London und Paris die beiden Gegner des Kampfes metonymisch fokussierte, von dessen Ausgang auch das Schicksal Deutschlands abhängen würde. Dabei wurden London und Paris nicht nur als militärische, sondern auch als politische, gesellschaftliche und kulturelle Alternativen verstanden. Deutsche London-Berichterstattung hatte es seit längerem gegeben, ebenso Paris-Berichterstattung, seit 1789 in gesteigerter Frequenz, punktuell auch schon Vergleiche zwischen London und Paris, ja für Paris sogar schon Berichterstattung in der Form eigens dafür geschaffener Periodika, etwa Johann Friedrich Reichardts und Peter Poels von 1795 bis 1805 erscheinende gallophile Monatsschrift *Frankreich*. Bertuch antwortete im Sinn einer Überbietung. »Wer ein Buch«, so in »Plan und Ankündigung« des den beiden »ungeheuren Retorten« London und Paris gewidmeten Projektes, »wer ein *Buch* darüber schreibt, setzt nur Grabsteine. Aber eine regelmäßig wiederkehrende *periodische* Schrift verjüngt sich mit dem verjüngenden, fliegt mit dem fliegenden Genius der Zeit, und liefert stets frische Gemälde so wie sie selbst frisch ist«.[7] Bertuch führt die Traditionsstränge der deutschen London- und Paris-Berichterstattung zusammen, macht so die grundsätzliche Verschiedenheit eines revolutionär-diskontinuierlichen und eines evolutionär-stetigen Weges der Abwendung vom Absolutismus deutlich und prägt sie den Deutschen unausdrücklich als alternative Optionen ihres eigenen Weges in die Moderne periodisch-regelmäßig ein. Mit der polaren Organisation des Informationsmaterials eröffnet er, über alle Einzelnachrichten hinaus, durch London und Paris für Deutschland die Perspektive einer im doppelten Sinn kontrastiven Orientierung auf dem eigenen Weg in die Zukunft. »London und Paris«, heißt es in »Plan und Ankündigung«,

---

[7] *London und Paris*, Jg. 1 (1798), H. 1, S. 6 f.

haben sich, wie die zwey ältern Söhne des Kronos, in die Welt getheilt, und bevölkern nun das Reich des dritten Bruders um die Wette durch ihren Zwist. Alle übrigen Hauptstädte Europens sind freywillig in die zweyte Ordnung zurückgetreten. Von London und Paris gehen die Schläge aus, die in Philadelphia und Calcutta, an der Newa und in der Capstadt oft eher gefühlt werden, als der empfindlichste Electrometer den politischen Beobachtern ihr Ausströmen bemerkbar machen konnte. Was Wunder, daß nun diese zwey Mittelpuncte, um welche sich in entgegengesetzter Richtung alle Welthändel drehen, alle, die Augen zu sehen, und Hände zu schreiben haben, ihre Blicke ebenso unverwandt heften, als jene Königscandidaten den ersten Sonnenstral bewachten, dessen frühester Anb!ick dem Späher eine Crone brachte.[8]

Das Motto, das jedem Heft der ersten Jahrgänge von *London und Paris* voransteht, lautet: »Quicquid, quos Tamisis nutrit, quos Sequana, rident / Gaudia, discursus nostri est farrago libelli.« (»Alles, was die Themse nährt [bildet, aufzieht], worüber die Seine lacht, / die Späße, die Zerstreuungen sind unseres Büchleins gemischter Inhalt.«) Das entspricht der Breite des aus den beiden Metropolen zu unterhaltsamer Belehrung Berichteten. Gerade durch diese Breite aber kam der Weimarer Zeitschrift für das Deutschland in den Jahren des Umbruchs zwischen dem Aufstieg Bonapartes und dem Wiener Kongreß eine über das Politische hinausreichende orientierende Funktion zu. In *London und Paris* las man in der Geschichtsschreibung englischer und französischer Gegenwart und dem möglichen militärischen Aufeinanderprallen beider Mächte auch mögliche deutsche Zukunftsgeschichte.

»Künste, Gewerbe, neue Patentartikel, neue Modewaaren, Ornamente, Costumes, alles«, so heißt es in »Plan und Ankündigung« der neuen Zeitschrift, liege

in ihrem Plane, aber nur in sofern es einen Charakterzug zum Ernst und Schimpf verschiedener Menschenklassen liefert, die sich dann im Kreise der genannten zwey Metropolen belustigen, langweilen, putzen, ruinieren. Darinn schließt sie sich schwesterlich an's Journal des Luxus und der Moden an, zu dem sie gleichsam den zweyten, ausländischen Theil macht, und das weiter ausführt, was dort nur angedeutet werden konnte; aber sie wird weder dieß, noch ein anderes Journal, das sich ähnliche Zwecke vorgenommen haben könnte, entbehrlich machen.[9]

Tatsächlich bietet die Zeitschrift zu London und Paris bzw., in begrenztem Umfang, zu England und Frankreich, einschließlich deren kolonialen Einflußsphären, Informationen in der ganzen thematischen Breite dessen, was das Modejournal ohne örtliche Fokussierung gebracht hatte und weiterhin brachte. So ist von der neuesten Damen- und Herrenmode, von Wachsbusen, antisyphilitischen Marktschreiereien, Teegärten und anderen Zentren großstädtischen Vergnügens, vom Badeleben, Musikalienläden und Buchvertrieb, Werbestrategien, Museen und Gemälden, leichten Mädchen, Theaterereignissen, insbesondere Vaudevilles, Zeitschriftenauslagen, Cabriolets, der Feuerwehr und Panoramen die Rede. Insofern wurde die programma-

---

[8] Ebd., S. 3 f.
[9] Ebd., S. 8 f.

tische Ankündigung eingelöst. Gleichzeitig aber nahm die Zeitschrift verstärkt politische Züge an. Zwar heißt es im ersten Heft, *London und Paris* werde »sich vor der Politik, als vor einer Sphinx« hüten,

> die täglich die Söhne und Töchter der Böotier frißt. Alle Staatsverhandlungen, alle politischen Raisonnements, alles, was in die zwey großen Hauptrubriken, Krieg und Frieden, gehört, liegt auf immer außer ihrem Plane. Aber was oft schon die geheime Triebfeder einer Kriegserklärung oder eines Friedensbruches wurde, die geheimere Anecdote, und wie sich der Volksgeist bey Kriegs- und Friedensbegebenheiten, bey Wahlen und Zurüstungen, bey Siegen und Niederlagen, charakteristisch ausdrückt, dieses wird sie gern berichten.[10]

Tatsächlich wurde diese Scheidung in der Praxis der Zeitschrift von Anfang an unterlaufen. Der Titel *London und Paris* gibt nicht eine neutrale Reihen- , sondern eine Rangfolge wieder, zumal in der Regel über Paris ausführlicher als über London gehandelt wurde. Zwar kam London durchaus auch kritisch in den Blick, etwa in der detaillierten Erläuterung einer neuen betrügerischen Finanzmanipulation, während der Leser zu Paris auch Positives erfuhr, wenn beispielsweise die französische Urbanität wiederholt lobende Erwähnung fand. Aufs Ganze gesehen aber verhält es sich so, daß über London deutlich weniger politisch und wenn, dann deutlich weniger kritisch als über Paris berichtet wurde, es sei denn, es handelte sich um den als Jakobinerfreund verdächtigten Fox, demgegenüber Pitt, der Gegner des postrevolutionären Frankreich, fast ausnahmslos positiv herausgestellt wurde. Im wesentlichen erschien London als Hauptstadt eines Landes, das, wenn provoziert, zu äußerster militärischer Anstrengung fähig ist, vorzugsweise aber Handel treibt und den »comfort«, die Bequemlichkeit des Alltagslebens, auf ein maßstabsetzendes Niveau brachte. Paris seinerseits wurde als Ort vergegenwärtigt, in dem zwar der Schrecken der Jakobinerdiktatur gebrochen ist, der aber anhaltend politisch labil bleibt, in dem Füsilladen weiterhin auf der Tagesordnung stehen und von dem, mit Bonapartes Ägyptenfeldzug, eine kriegerisch-expansive Politik ausgeht, die Europa nicht zur Ruhe kommen läßt. Dem soliden, traditionsverhafteten und kontinuierlich voranschreitenden Engländer wurde der leicht erregbare, zu voluntaristischen Setzungen und dezisionistischen Aktionen neigende Franzose gegenübergestellt, dessen Hegemonialanspruch man in die Tradition des französischen Absolutismus stellte, was eine besondere Pointierung durch die Mitteilung erhielt, das Frankreich des Directoire habe noch längst nicht wieder die ökonomische Leistungsfähigkeit des ancien régime erreicht. Die ausführlichen Bezugnahmen auf Nelsons Sieg bei Abukir lassen keinen Zweifel daran, welcher der beiden um die europäische Führungsrolle ringenden Mächte die Sympathie der Zeitschrift gehörte.

Diese Präferenz kam noch – und wirksamer – auf einer anderen medialen Ebene, nämlich den jeweils drei am Ende von *London und Paris* wiedergegebenen Karikaturen bzw. in den ausführlichen Kommentaren zum Ausdruck, die ihnen jeweils vorangingen. Denn erstens finden wir mehr englische als französische

---

[10] Ebd., S. 7.

Karikaturen, zweitens mehr kritische Karikaturen gegen das Frankreich des Directoire bzw. Bonapartes und gegen Fox als gegen das von Pitt regierte England, und drittens war die Bildsprache der englischen Karikaturen, meist solchen des Franzosenhassers Gillray, den französischen im Sinne einer gesteigerten Expressivität ästhetisch und zumal rezeptionsästhetisch deutlich überlegen.

Das Konzept von *London und Paris*, wie es »Plan und Ankündigung« im ersten Heft entwarfen und wie es der erste Jahrgang, 1798, einlöste, war so gut durchdacht, daß es lange Jahre beibehalten werden konnte. Diese Stetigkeit trug mit zum großen Erfolg der Zeitschrift bei. Nicht zuletzt sie auch war es, die ihr jene die Deutschen auf dem Weg in die Moderne durch die Doppelfokussierung auf London und Paris orientierende Funktion gesichert haben dürfte, die Bertuch ihr unausdrücklich von Anfang an zugesprochen haben wird. Die Zeitschrift steht am Anfang einer für die Geschichte der deutschen Reiseliteratur signifikanten Reihe monographischer Gegenüberstellungen beider Metropolen, die über Michael August Ries' *Kleine Ausbeute aus dem Leben für das Leben. Gesammelt auf einer Ferienreise nach London und Paris* (1827), Ludwig Kalischs *Paris und London* (1851) und Julius Fauchers *Vergleichende Kulturbilder aus den vier europäischen Millionenstädten* (Berlin – Wien – Paris– London) (1877) bis zu Arthur Holitschers *Paris und London* gegenüberstellendem *Narrenbaedeker* (1925) reicht. Noch Heine hat sich Bertuchs entsonnen, als er Campe am 30. März 1838 den – nicht realisierten – Plan einer Monatsschrift mit dem Titel *Paris und London* oder *London und Paris* vortrug, für deren Anhang er nach dem Modell der Vorgängerzeitschrift kolorierte Bildbeigaben vorsah.[11]

Welche Einsichten und Perspektiven lassen sich von *London und Paris* aus für die Physiognomie Bertuchs und für ein weiteres Verständnis der Weimar-Jenaer Kultur um 1800 gewinnen?

1. Zumal dann, wenn man *London und Paris* nicht nur im Zusammenhang mit dem *Journal des Luxus und der Moden*, sondern den gleichfalls 1798 startenden *Geographischen Ephemeriden* sieht, die ihrerseits Pariser Berichte – wissenschaftlichen Charakters – brachten, wird Bertuch als ein Verleger und Herausgeber kenntlich, der die thematische, diskursive und adressatenbezogene Entfaltung der periodischen Presse souverän vorantreibt. Im Spektrum der Periodika des Landes-Industrie-Comptoirs nimmt *London und Paris* eine Mittelstellung ein zwischen dem Modejournal und den entschieden politisch orientierten Periodika, die Bertuch später verlegte (*Die Zeiten, oder Archiv für neueste Staatengeschichte und Politik*, 1805–1820, *Nemesis*, 1814–1818, *Allgemeines Staats- und Verfassungsarchiv*, 1816–1817, *Oppositions-Blatt oder Weimarer Zeitung*, 1817–1820).

2. Um den Erfolg der neuen Zeitschrift zu sichern, zieht Bertuch alle Register der Werbung. Er knüpft an das erprobte Modejournal auch äußerlich an und bedient sich beliebter, reizästhetisch wirksamer Formen wie des tableaus, der Karikatur und der Bilderklärung in Lichtenbergs Nachfolge. Er zeigt sich nicht nur als gewiefter

---

[11] Heinrich Heine: *Briefe*. Erste Gesamtausgabe nach den Handschriften, hg. und eingeleitet von Friedrich Hirth, Bd. 1: Briefe, 2. Teil: Briefe 1831–1844, Fotomechanischer Nachdruck: Weinheim 1965, S. 256 (1. Aufl. Mainz und Berlin 1949/50).

Taktiker, sondern als Stratege, der das deutsche Lesepublikum durch den Doppelfokus »London« und »Paris« mit einer den aktuellen Konflikt zwischen England und Frankreich übersteigenden Alternative konfrontiert: Die klare Wahrnehmung dieser Alternative und die Abarbeitung an ihr sollen, unausdrücklich, der Selbstverständigung über den eigenen Weg in die Moderne dienen. London, das Paradies des Kaufmanns und die Heimstatt des »comfort«, erhält dabei deutlich den Vorzug gegenüber dem politisch erregten, militärisch aggressiven und somit doppelt labilen Paris.

3. Während die Klassik auf die postrevolutionären Informationszumutungen im Sinne thematischer Ausgrenzung, aufs Wesenhafte gerichteter, typisierender Sistierung und ästhetischer Geschmacksnormierung antwortet und die Romantik ihrerseits programmatisch auf prinzipiell ins Unendliche auslaufende potenzierende Integration der heterogensten Gehalte und Formen setzt, führt Bertuch die enzyklopädische Tradition der Aufklärung mit verstärkt aufs Praktische und das heißt wesentlich auf den ökonomischen Nutzen zielender Ausrichtung fort. Die kritische Selbstreflexion der Aufklärung, die deren vorgeschobenste Positionen kennzeichnete, bleibt ihm dabei verschlossen.

4. In Frankreich ist von Merciers *Tableau de Paris* über Balzac bis zu Baudelaires *Tableaux parisiens* die Fortentwicklung der pragmatischen Großstadtliteratur des 18. Jahrhunderts zu fiktional und lyrisch hochkomplexen Gebilden zu beobachten. In der deutschen Literatur hingegen gelingt es allenfalls Heine, diesem freilich ebenfalls auf weltliterarischem Niveau, die reiche Welt des Metropolenstoffes, wie ihn *London und Paris* in der Orientierung an Mercier ausgebreitet hatte, inhaltlich in sein Werk aufzunehmen (*Französische Zustände, Lutezia*). Es gibt keinen deutschen Romancier, der wie Balzac einen Gesellschaftsroman von Rang über ein so banales Sujek wie die Haarwasserwerbung geschrieben hätte. Der Stoff, den Bertuch ausbreitete, blieb literarisch weitgehend ungenutzt. Ästhetisch folgenreich hingegen dürfte *London und Paris* mit der Propagierung der zeitgenössischen englischen Karikatur und zumal Gillrays geworden sein, der mit der Ambivalenz von Gewalt und Sexualität spielte, darin Goya nahekam und die bildkünstlerische Moderne mit vorbereitete.[12] Das sehr moderne, wirkungsmächtige Werk E. T. A. Hoffmanns ist in hohem Maße ein Werk aus dem Geist der Karikatur.

5. Die Romantiker dürften Bertuch, so sie ihn nicht überhaupt durch Stillschweigen zu annihilieren suchten, als Verkörperung des verachteten Philisters wahrgenommen haben. Von der unterschiedlichen Distanz der vier Weimarer Großen war schon die Rede. Auf das heftigste angegriffen wurde er von ›links‹ – möglicherweise von Rebmann – im *Obscuranten-Almanach auf das Jahr 1801*, in dem man seine anglophile Option unter dem Titel »Fragmente über die Bertuchs-Industrie zu Weimar« auch moralisch verdächtig zu machen suchte. Lohnender als den punktuellen Äußerungen über Bertuch nachzugehen wäre es möglicherweise, die Gestalt des Kaufmanns, Händlers und Unternehmers bei Goethe – Bertuch dabei im

---

[12] Vgl. Werner Busch: *Das sentimentalische Bild. Die Krise der Kunst im 18. Jahrhundert und die Geburt der Moderne*, München 1993, S. 460–476 (Das Verhältnis zur Tradition bei Thomas Rowlandson und James Gillray).

Auge behaltend – zu verfolgen, nicht zuletzt auch im Zusammenhang des Weltliteratur-Konzeptes. Oder bei Novalis, der sagte:

> Der Handelsgeist ist der Geist der Welt. Er ist der großartige Geist schlechthin. Er sezt alles in Bewegung und verbindet alles. Er weckt Länder und Städte – Nationen und Kunstwercke. Er ist der Geist der Kultur – der Vervollkommnung des Menschengeschlechts.

Die Kluft zwischen solchen Einschätzungen und der Nichtbeachtung bzw. Nichtachtung des in Weimar und Jena nicht zu übersehenden Bertuch könnte ein sinnvoller Gegenstand weiteren Nachdenkens sein. Novalis fährt nach dem Zitierten fort: »Der historische Handelsgeist – der sklavisch sich nach den gegebenen Bedürfnissen – nach den Umständen der Zeit und des Ort [!] richtet – ist nur ein Bastard des ächten, schaffenden Handelsgeistes.«[13]

6. Im Zusammenhang des Versuchs, Weimar / Jena um 1800 umfassender als bislang zu denken, dürfte es nützlich sein, sich an personellen und das heißt auch an konzeptionellen Präferenzen Bertuchs selber zu orientieren: an dem Mercier nicht zuletzt des sehr stark politisch ausgerichteten *Nouveau Tableau de Paris*, an Benjamin Franklin, den Bertuch in den neunziger Jahren und dann wieder im zweiten Jahrzehnt des 19. Jahrhunderts verlegte; an Constantin François Volney, den er ebenfalls in Verlag nahm und der als einer der »idéologues« der napoleonischen Zeit eine andere Alternative zur stark spekulativ geprägten Kultur Weimar / Jenas um 1800 darstellte; am Grafen Rumford, dessen vierbändige Ausgabe *Kleine[r] Schriften politischen, ökonomischen und philosophischen Inhalts* Bertuch von 1797 bis 1805 herausgab; an Johann Georg Büsch, den deutschen Vermittler der Adam Smithschen Nationalökonomie. In der Bezugnahme auf Autoren, mit denen sich auch Goethe teilweise beschäftigte – Mercier, Franklin, Büsch – , kommt hier eine Tradition in den Blick, die dem Aufstieg des deutschen Bürgertums im 19. Jahrhundert in anderer Weise als die Großen Weimars und Jenas den Weg mit bereitete.[14]

---

[13] Novalis: *Schriften*, Bd. 3: *Das philosophische Werk II*, hg. von Richard Samuel in Zusammenarbeit mit Hans-Joachim Mähl und Gerhard Schulz, Darmstadt 1968, S. 464.

[14] Für genauere Informationen und Analysen zu Bertuch vgl. nun: Gerhard R. Kaiser, Siegfried Seifert (Hg.): *Friedrich Justin Bertuch (1747–1822) – Verleger, Schriftsteller und Unternehmer im klassischen Weimar*, Tübingen 2000.

Literatur

Anonym [Wölfing]: *Reise durch Thüringen, den Ober- und Niederrheinischen Kreis, nebst Bemerkungen über Staatsverfassung, öffentliche Anstalten, Gewerbe, Cultur und Sitten,* Dritter Theil, Dresden und Leipzig 1796.

Busch, Werner: *Das sentimentalische Bild. Die Krise der Kunst im 18. Jahrhundert und die Geburt der Moderne,* München 1993.

Heine, Heinrich: *Briefe.* Erste Gesamtausgabe nach den Handschriften, hg. und eingeleitet von Friedrich Hirth, Bd. 1: Briefe, 2. Teil: Briefe 1831–1844, Fotomechanischer Nachdruck: Weinheim 1965 (1. Aufl. Mainz/Berlin 1949/50).

Heinemann, Albrecht von: *Ein Kaufmann der Goethezeit. Friedrich Johann Justin Bertuchs Leben und Werk,* Weimar 1955.

Hohenstein, Siglinde: *Friedrich Justin Bertuch, 1747–1822 – bewundert, beneidet, umstritten. Liberaler mit Verdiensten. Dichter ohne Talent. In Weimar kluger Verwalter der fürstlichen Privatschatulle, erfolgreicher Herausgeber und Verleger, Freund Goethes. Ein Kapitalist und Philanthrop der Aufklärung,* Berlin/New York 1989.

Kaiser, Gerhard R., und Seifert, Siegfried (Hgg.): *Friedrich Justin Bertuch (1747–1822). Verleger, Schriftsteller und Unternehmer im klassischen Weimar,* Tübingen 2000.

Laukhard, F. C.: *F. C. Laukhards, vorzeitigen Magisters der Philosophie, und jetzt Musketiers unter dem von Thaddenschen Regiment zu Halle, Leben und Schicksale, von ihm selbst beschrieben, und zur Warnung für Eltern und studierende Jünglinge herausgegeben. Ein Beitrag zur Charakteristik der Universitäten in Deutschland.* Zweiter Theil, Halle 1792, S. 315–317 (Reprint: ders.: *Leben und Schicksale.* Fünf Theile in drei Bänden, hg. von Hans-Werner Engels und Andreas Harms, Frankfurt a. M. 1987).

Leis, Mario, Karl Riha und Carsten Zelle (Hgg.): *Die Briefe von Goethes Mutter,* hg. nach der Ausgabe von Albert Köster, Frankfurt a. M., Leipzig 1996.

London und Paris (1798–1819), *Paris, Wien und London. Ein fortgehendes Panorama dieser drei Hauptstädte* (1811), *Paris und Wien. Ein fortgehendes Panorama dieser beiden Hauptstädte* (1812/13), *London, Paris und Wien* (1815), Weimar (bis 1803), Halle (bis 1807), Rudolstadt..

Magazin für den neuesten Zustand der Naturkunde in Rücksicht auf die dazu gehörigen Hülfswissenschaften, Jena (1797–1800), Weimar (1801–1806).

Novalis: *Schriften,* Bd. 3: *Das philosophische Werk II,* hg. von Richard Samuel in Zusammenarbeit mit Hans-Joachim Mähl und Gerhard Schulz, Darmstadt 1968.

Schiller, Friedrich: *Werke.* Begründet von Julius Petersen, hg. von Norbert Oellers u. a., Weimar 1943 ff. (Nationalausgabe).

Kurzangaben zu den Autorinnen und Autoren

Klaus Bartels
Prof., lehrt am Institut für Germanistik II der Universität Hamburg u. a. in den Themengebieten Multimedia, Internetkultur und Schnittstellendesign. In den achtziger Jahren Mitbegründer, Gesellschafter und Berater eines Hamburger Multimedia-Unternehmens. Letzte Veröffentlichung: »Selbstverkunstung, Denaturalisierung, Auflösung. Der Dandy als postmoderner Sozialisationstyp«, in: Stephan Poromba u. Susanne Scharnowski (Hg.): *Phänomene der Derealisierung*, Wien 1999, S. 225–245.

Stefan Blessin
Professor für Neuere deutsche Literatur an der Universität Hamburg. Veröffentlichungen u. a.: *Erzählstruktur und Leserhandlung. Zur Theorie der literarischen Kommunikation am Beispiel von Goethes ›Wahlverwandtschaften‹*, Heidelberg 1974. – *Johann Wolfgang Goethe. Die Leiden des jungen Werther* (= Grundlagen und Gedanken / Erzählende Literatur), 6. Aufl. Frankfurt a. M. 1998. – *Die Romane Goethes*, Königstein/Ts. 1979. – *Goethes Romane. Aufbruch in die Moderne*, Paderborn 1996. Außerdem diverse Veröffentlichungen zu Horst Janssen.

Peter Brandes
geb. 1970; Studium der Germanistik und der Philosophie in Göttingen und Hamburg; seit 1997 Doktorand am Literaturwissenschaftlichen Seminar der Universtität Hamburg; Thema der Dissertation: *Bin die Verschwendung, bin die Poesie* - Spuren einer Poetik der Gabe in Goethes *Faust*

Bernhard J. Dotzler
Dr. phil., Wiss. Assistent am Institut für deutsche Sprache und Literatur sowie Projektleiter (Teilprojekt: »Archäologie der Medientheorie«) am Kulturwissenschaftlichen Forschungskolleg »Medien und kulturelle Kommunikation« der Universität zu Köln. 1997 Gastdozent an der University of Cambridge, UK. 1998 Gastprofessor für Medientheorie an der Akademie der Bildenden Künste in Nürnberg. Bücher u.a.: *Der Hochstapler. Thomas Mann und die Simulakren der Literatur* (München 1991). – *Papiermaschinen. Versuch über COMMUNICATION & CONTROL in Literatur und Technik* (Berlin 1996). – *Cachaça. Fragmente zur Geschichte von Poesie und Imagination* (Hg. zus. mit Helmar Schramm, Berlin 1996). – *Grundlagen der Literaturwissenschaft. Exemplarische Texte* (Hg., Köln/Weimar/Wien 1999).

Wolfram Malte Fues
Jg. 1944, Professor Dr. phil., lehrt Neuere Deutsche Literatur sowie systematische und historische Epistemologie an der Universität Basel. Publikationen zum deutschen Roman von der Aufklärung bis zu Gegenwart, zum Diskurs der Geschlechterdifferenz in der deutschen Aufklärung, zur klassischen und zur modernen Aesthetik, zur Postmoderne, zu den neuen Medien und zur Wissenschaftstheorie. Letzte Buchveröffentlichungen: *Verletzte Systeme (Gedichte)*, Zürich 1994. – *Text als Intertext. Zur Moderne in der deutschen Literatur des 20. Jahrhunderts*, Heidelberg 1995.

Ortrud Gutjahr
Professorin für Neuere deutsche Literatur und Interkulturelle Literaturwissenschaft an der Universität Hamburg. Forschungsschwerpunkte/Publikationen: Literatur vom 18. bis 20. Jahrhundert, Theorien der literarischen Moderne, Kulturtheorien und Theorien der Interkulturalität; Literatur und Psychoanalyse. Zu Goethe zuletzt: »Theaterfest und Liebesspiel. Zur Theatralität der Premierenfeier in Goethes ›Wilhelm Meisters Lehrjahre‹«, in: Denise Blondeau u.a. (Hg.): *Jeux et fêtes dans l'œuvre de Goethe*, Straßburg 2000, S. 313–331. – »›Jeder sei auf seine Art ein Grieche! Aber er sei's.‹ Die Antike als Kultur- und Imaginationsraum im Werk Goethes«, in: O. Gutjahr (Hg.): *Westöstlicher und nordsüdlicher Divan – Goethe in interkultureller Perspektive*, Würzburg 2000, S. 109–126.

Angelika Jacobs
geb. 1961 in Hamburg. Studium der Germanistik und Romanistik in Konstanz; 1993–1995 Lektorin an der Universität Paris IV-Sorbonne; 1995 Promotion in Konstanz zum Thema *Goethe und die Renaissance. Studien zum Konnex von historischem Bewußtsein und ästhetischer Identitätskonstruktion*; 1997 zweites Staatsexamen in Lübeck; seit 1998 wissenschaftliche Assistentin an der Universität Hamburg.

Gerhard R. Kaiser
geb. 1943. Studium der Germanistik, Romanistik, Vergleichenden Literaturwissenschaft, Philosophie in Mainz und Tübingen. 1973–93 Prof. f. Vergleichende Literaturwissenschaft mit Schwerpunkt neuere deutsche Literatur in Gießen, seit 1993 Lehrstuhl für Neuere deutsche Literaturwissenschaft, Allgemeine und Vergleichende Literaturwissenschaft in Jena. 1987–1993 Vors. d. »Deutschen Gesellschaft für Allgemeine und Vergleichende Literaturwissenschaft«, 1996–2000 Fachgutachter der DFG für Neuere deutsche Literatur. Forschungsschwerpunkt: deutsch-französische Literaturbeziehungen. Letzte Buchveröffentlichungen: (Hg): *Der unzeitgemäße Held in der Weltliteratur*, Heidelberg 1998; – (Hg.) *Gegenwart*, 2 Bde., Stuttgart 2000 (= Die deutsche Literatur. Ein Abriß in Text und Darstellung, Bde. 16 u. 17); – (Hg. mit Siegfried Seifert): *Friedrich Justin Bertuch (1747–1822). Verleger, Schriftsteller und Unternehmer in klassischen Weimar*, Tübingen 2000.

Karl Robert Mandelkow
Studium der Literaturwissenschaft, Theologie und Philosophie an der Universität Haburg. Promotion 1958. 1961 Dozent an der Universität Amsterdam. 1965 o. Professor an der Universität Leiden/Niederlande. 1970 o. Professor an der Universität Hamburg. 1991 emeritiert. Veröffentlichungen: Hermann Brochs Romantrilogie „Die Schlafwandler" 1962, 2. Aufl. 1975. Edition der Briefe von und an Goethe im Rahmen der „Hamburger Ausgabe" in 6 Bänden (1962–1969. 4. Aufl. 1988). *Goethe im Urteil seiner Kritiker.* 4 Bde. (1975–1984). *Orpheus und Maschine* (1975). *Goethe in Deutschland.* 2 Bde. (1980–1989). Zahlreiche Aufsätze.

Alexander Mehlmann
ist außerordentlicher Professor für Operations Research (sprich: Wirtschafts- und Planungsmathematik) an der Technischen Universität Wien. Dessen ungeachtet verspürt er selbst in der prosaischsten Grammatik des Erbsenzählens den längst verloren geglaubten Hauch pythagoräischer Poetik. Mit seinem Versuch zur spieltheoretischen Interpretation der Teufelswette in Goethes *Faust* fand er schließlich den provisorischen Passierschein ins Niemandsland zwischen Mathematik und Literatur. Buchveröffentlichungen: *De Salvatione Fausti – Die Wette zwischen Faust und Mephisto im Lichte von spieltheoretischem Calcül und neuerem Operational Research*, Konstanz 1989. – *Wer gewinnt das Spiel? Spieltheorie in Fabeln und Paradoxa*, Wiesbaden 1997.

Harro Segeberg
geb. 1942, Studium der Germanistik, Geschichte, Philosophie und Pädagogik, seit 1983 Professor für Neuere deutsche Literatur an der Universität Hamburg. Veröffentlichungen zur Literatur des 18. bis 20. Jahrhunderts, zur Geschichte und Theorie der Rezeptionforschung: *Polyperspektivik in der literarischen Moderne* (Mithg. 1988); zur Sozial- und Literaturgeschichte der Arbeit: *Vom Wert der Arbeit* (Hg. 1991); zum Verhältnis von Literatur und Medien seit der Aufklärung: *Theodor Storm und die Medien* (Hg. 1999), *Mediengeschichte des Films* (Hg. 3 Bde. 1996–1999); zum Verhältnis von Literatur und Technik: *Soziale Maschinen* (zus. mit Bettina Clausen, 1978), *Literarische Technik-Bilder* 1987, *Technik in der Literatur* (Hg. 1987); *Literatur im technischen Zeitalter* (Bd. 1 1997, Bd. 2 in Vorbereitung).

Malte Stein
geb. 1969, Studium der Germanistik, Geschichte und Sozialwissenschaft in Bonn und Hamburg, Aufsätze zu Achim von Arnim (1995) und Storm (1996, 2000), ist Doktorand am Literaturwissenschaftlichen Seminar der Universität Hamburg.

Péter Varga
Ph.D., geb. 1961, Universitäts-Oberassistent an der Eötvös-Loránd-Universität in Budapest und an der Pázmány-Péter-Universität in Piliscsaba. Zugleich leitet er das 1994 von ihm gegründete Jiddisch-Programm der Eötvös-Loránd-Universität, ein selbständiges Forschungs- und Unterrichtsprogramm im Rahmen der Philosophischen Fakultät. 1998 Promotion zum Dr. phil. über Mendelssohns Wirkung auf die osteuropäisch-jüdische Aufklärung. Mitbegründer und Vorstandsmitglied der ungarischen Goethe-Gesellschaft. Veröffentlichungen und Vorträge über die jiddischsprachige jüdische Kultur in Ungarn sowie über den Sprach- und Identitätswandel des ungarischen Judentums.

Waltraud Wende
PD Dr. phil. habil. Hochschuldozentin für Neuere deutsche Literaturwissenschaft und Medienwissenschaft an der Universität-Gesamthochschule-Siegen und an der privaten Universität Witten/Herdecke; Buchveröffentlichungen: *Ein neuer Anfang? Schriftsteller-Reden zwischen 1949 und 1949*, Stuttgart 1990; – *Goethe-Parodien. Zur Wirkungsgeschichte eines Klassikers*, Stuttgart ²1999; sowie Herausgeberschaften und Aufsätze zu literatur- und medienwissenschaftlichen Themen.

Reiner Wild
geb. 1944. Studium der Germanistik und der Geschichte in Heidelberg. Promotion in Heidelberg, Habilitation in Saarbrücken. Professor für Neuere deutsche Literturgeschichte an der Universität Mannheim. Veröffentlichungen zur Literatur-, Geistes- und Sozialgeschichte des 18. Jahrhunderts, zu Goethe, zur Literatur des 19. und 20. Jahrhunderts, zur Theorie der Literaturwissenschaft und zur Kinder- und Jugendlitertur. Zuletzt erschienen: *Goethes klassische Lyrik*, Stuttgart/Weimar 1999.

Literaturwissenschaft

THOMAS ANZ/CHRISTINE KANZ
(HRSG.)
Psychoanalyse in der modernen Literatur
Kooperation und Konkurrenz
232 Seiten, DM 58,–/SFr 52,70/ÖS 423,–
ISBN 3-8260-1727-7

HELMUT KOOPMANN (HRSG.)
Brechts Lyrik – neue Deutungen
216 Seiten, DM 39,80/SFr 37,–/ÖS 291,–
ISBN 3-8260-1689-0

Goethes Biologie
Die wissenschaftlichen und die autobiographischen Texte
EINGELEITET UND KOMMENTIERT VON
HANS JOACHIM BECKER
414 Seiten, zahlr. Abb., DM 68,–/SFr 61,80/ÖS 496,–
ISBN 3-8260-1744-7

HANS-GEORG VON ARBURG/MICHAEL GAMPER/DOMINIK MÜLLER (HRSG.)
Popularität
Zum Problem von Esoterik und Exoterik in Literatur und Philosophie
Ulrich Stadler zum 60. Geburtstag
218 Seiten, DM 68,–/SFr 61,80/ÖS 496,–
ISBN 3-8260-1688-2

CAROLINA ROMAHN/GEROLD SCHIPPER-HÖNICKE (HRSG.)
Das Paradoxe
Literatur zwischen Logik und Rethorik
Festschrift für Ralph-Rainer Wuthenow
320 Seiten, DM 68,–/SFr 61,80/ÖS 496,–
ISBN 3-8260-1666-1

NICHOLAUS SAUL
„Prediger aus der neuen romantischen Clique"
Zur Interaktion von Romantik und Homiletik um 1800
220 Seiten, DM 58,–/SFr 52,70/ÖS 423,–
ISBN 3-8260-1749-8

GÜNTHER OESTERLE/
GERHARD NEUMANN (HRSG.)
Bild und Schrift in der Romantik
465 Seiten, zahlr. Abb., DM 68,–/SFr 61,80/ÖS 496,–
ISBN 3-8260-1758-7

RUTH PETZOLD
Albernheit mit Hintersinn
Intertextuelle Spiele in Ludwig Tiecks romantischen Komödien
260 Seiten, DM 58,–/SFr 52,70/ÖS 423,–
ISBN 3-8260-1680-7

JOACHIM HOELL/KAI LUEHRS-KAISER
(HRSG.)
Thomas Bernhard –
Traditionen und Trabanten
232 Seiten, DM 48,–/SFr 44,60/ÖS 350,–
ISBN 3-8260-1695-5

ALEXANDER HONOLD/MARKUS JOCH
(HRSG.)
Thomas Bernhard –
Die Zurichtung des Menschen
230 Seiten, DM 48,–/SFr 44,60/ÖS 350,–
ISBN 3-8260-1696-3

Verlag Königshausen & Neumann
Postfach 6007 – D-97010 Würzburg

Literaturwissenschaft

JOHANNA BOSSINADE
Moderne Textpoetik
Entfaltung eines Verfahrens
Mit dem Beispiel Peter Handkes
250 Seiten, DM 58,–/SFr 52,70/ÖS 423,–
ISBN 3-8260-1663-7

GERHARD RIECK
Kafka konkret – Das Trauma ein Leben
Wiederholungsmotive im Werk als Grundlage einer psychologischen Deutung
360 Seiten, Festeinband, DM 68,–/
SFr 61,80/ÖS 496,–
ISBN 3-8260-1623-8

PETER HUTCHINSON
Stefan Heym
Dissident auf Lebenszeit
240 Seiten, DM 68,–/SFr 61,80/ÖS 496,–
ISBN 3-8260-1626-2

BEATRICE WEHRLI
Wenn die Sirenen schweigen
Gender Studies. Intertext im Kontext
122 Seiten, 10 Abb., DM 38,–/SFr 35,30/
ÖS 277,–
ISBN 3-8260-1650-5

GUSTAV LOHMANN
Jean Paul – Entwicklung zum Dichter
hg. v. Brigitte Stephan
624 Seiten, Festeinband, DM 68,–/
SFr 61,80/ÖS 496,–
ISBN 3-8260-1403-0

EGIL A. WYLLER
Ibsen I: Der Cherub
Von *Brand* bis *Wenn wir Toten erwachen*
160 Seiten, DM 38,–/SFr 35,30/ÖS 277,–
ISBN 3-8260-1574-6

WILHELM AMANN
„Die stille Arbeit des Geschmacks"
Die Kategorie des Geschmacks in der Ästhetik Schillers und in den Debatten der Aufklärung
338 Seiten, DM 78,–/SFr 70,90/ÖS 569,–
ISBN 3-8260-1506-1

RAINER GULDIN
Körpermetaphern
Zum Verhältnis von Politik und Medizin
230 Seiten, DM 58,–/SFr 52,70/ÖS 423,–
ISBN 3-8260-1569-X

TANJA HETZER
Kinderblick auf die Shoa
Formen der Erinnerung bei Ilse Aichinger, Hubert Fichte und Danilo Kis
160 Seiten, DM 29,80/SFr 27,70/ÖS 218,–
ISBN 3-8260-1532-0

MATTHIAS HARDER
Erfahrung Krieg
Zur Darstellung des Zweiten Weltkrieges in den Romanen von Heinz G. Konsalik
310 Seiten, DM 68,–/SFr 61,80/ÖS 496,–
ISBN 3-8260-1565-7

Verlag Königshausen & Neumann
Postfach 6007 – D-97010 Würzburg